고린도후서

ESV 성경 해설 주석

편집자 주

• 성경의 문단과 절 구분은 ESV 성경의 구분을 기준하였습니다.

• 본문의 성경은 《성경전서 개역개정판》과 ESV 역을 주로 사용하였습니다.

ESV Expository Commentary: 2 Corinthians

© 2020 Crossway

Originally published as *ESV Expository Commentary,* Volume 10: *Romans-Galatians*

Published by Crossway

a publishing ministry of Good News Publishers

Wheaton, Illinois 60187, U.S.A.

ESV EXPOSITORY COMMENTARY

고린도후서

ESV 성경 해설 주석

데인 오틀런드 지음 · 홍병룡 옮김

국제제자훈련원

성경은 하나님의 생명의 맥박이다. 성경은 사망에서 생명으로 옮겨 주는 생명의 책이다. 성경은 하나님의 창조와 구원 디자인에 따라 삶을 풍요롭게 하는 생활의 책이다. 성경을 바로 이해하고 적용해서 그대로 살면 우선 내가 살고 또 남을 살릴 수 있다. '하나님의 생기'가 약동하는 성경을 바로 강해하면 성령을 통한 생명과 생활의 변화가 분출된다. 이번에 〈ESV 성경 해설 주석〉 시리즈가 나왔다. 미국 필라델피아 웨스트민스터신학교의 이언 두기드 교수와 남침례교신학교의 제임스 해밀턴 교수와 커버넌트신학교의 제이 스클라 교수 등이 편집했다. 학문이 뛰어나고 경험이 많은 신세대 목회자/신학자들이 대거 주석 집필에 동참했다. 일단 개혁주의 성경신학 교수들이 편집한 주석으로 신학적으로 건전하다. 〈ESV 성경 해설 주석〉은 또한 목회와 신앙생활 전반에 소중한 자료다. 성경 내용을 총체적으로 이해하고 적용한 주석으로 읽고 사용하기가 쉽게 되어 있다. 성경 각 권의 개요와 주제와 저자와 집필 연대, 문학 형태, 성경 전체와의 관계, 해석적 도전 등을 서론으로 정리한 후 구절마다 충실하게 주석해 두었다. 정금보다 더 값지고 꿀보다 더 달고 태양보다 더 밝은 성경 말씀을 개혁주의 성경 해석의 원리에 따라 탁월하게 해석하고 적용한 〈ESV 성경 해설 주석〉이 지구촌 각 교회 지도자들과 성도들에게 널리 읽혀서 생명과 생활의 변화를 통해 하나님의 영광이 극대화되기 바란다.

권성수 | 대구 동신교회 담임목사

〈ESV 성경 해설 주석〉은 미국의 건전한 개혁주의 전통에 서 있는 젊고 탁월한 학자들을 중심으로 집필된 해설 주석이다. 이 책은 매우 읽기 쉬운 주석임에도 세세한 부분까지 놓치지 않고 해설을 집필해 놓았다. 성경 전체를 아우르는 신학적 큰 그림을 견지하면서도 난제는 간결하고 핵심을 찌르듯 해설한다. 목회자들이나 성경을 연구하는 이들은 이 주석을 통해 성경 기자의 의도를 쉽게 파악하여 설교와 삶의 적용에 적절하게 활용할 수 있을 것이다.

김성수 | 고려신학대학원 구약학 교수

ESV 성경은 복음주의 학자들이 원문에 충실하게 현대 언어로 번역한다는 원칙으로 2001년에 출간된 성경이다. ESV 번역을 기초로 한 이 해설 주석은 성경 본문의 역사적 의미를 밝힘으로써, 독자가 하나님의 영감된 메시지를 발견하도록 도울 목적으로 기획되었다. 각 저자는 본문에 대한 학문적 논의에 근거하여 일반 독자가 이해하고 적용할 수 있도록 충실하게 안내하고 있다. 또한 성경 각 권에 대한 서론은 저자와 본문을 이해하는 데 큰 도움을 준다. 이 주석은 말씀을 사모하는 모든 사람들, 특별히 말씀을 선포하고 가르치는 책임을 맡은 이들에게 신뢰할 만하고 사용하기에 유익한 안내서다.

김영봉 | 와싱톤사귐의교회 담임목사

〈ESV 성경 해설 주석〉은 성경 해석의 정확성, 명료성, 간결성, 통합성을 두루 갖춘 '건실한 주석'이다. 단단한 문법적 분석의 토대 위에 문학적 테크닉을 따라 복음 스토리의 흐름을 잘 따라가며, 구약 본문과의 연관성 속에서 견고한 성경신학적 함의를 제시한다. 성경을 이해하는 데 관심 있는 일반 독자들은 이 책을 통해 최신 해석들을 접할 수 있으며, 설교자들은 영적 묵상과 현대적 적용에 통찰을 얻을 수 있을 것이다.

김정우 | 총신대학교 명예교수, 한국신학정보연구원 원장

〈ESV 성경 해설 주석〉은 단락 개요, 주석 그리고 응답의 구조로 전개되기 때문에 독자는 성경의 말씀들을 독자 자신의 영적 형편에 적합하게 적용할 수 있다. 특히 절 단위의 분절적인 주석이 아니라 각 단락을 하나의 이야기로 묶어 해석하기 때문에 본서는 성경이라는 전체 숲을 파악하는 데 더없이 유익하다. 목회자, 성경 교사, 그리고 성경 애호적인 평신도들에게 추천할 만하다.

김회권 | 숭실대학교 기독교학과 구약신학 교수

성경 주석의 가장 중요한 사명은 하나님의 말씀을 바르게 해석하고 오늘날 청중에게 유익하게 적용할 수 있도록 안내하는 일이다. 〈ESV 성경 해설 주석〉은 목회자와 성도 모두에게 성경에 새겨진 하나님의 마음을 읽게 함으로 진리의 샘물을 마시게 할 뿐 아니라 하나님을 더욱 사랑하는 마음을 불러일으킨다. 성경과 함께 〈ESV 성경 해설 주석〉을 곁에 두라. 목회자는 강단에 생명력 있는 설교에 도움을 얻을 것이고 일반 독자는 말씀을 더 깊이 깨닫는 기쁨을 누릴 것이다.

류응렬 | 와싱톤중앙장로교회 담임목사, 고든콘웰신학교 객원교수

주석들의 주석이 아니라 성경을 섬기는 주석을, 학자들만의 유희의 공간이 아니라 현장을 섬기는 주석을, 역사적 의미만이 아니라 역사 속의 의미와 오늘 여기를 향하는 의미를 고민하는 주석을, 기발함보다는 기본에 충실한 주석을 보고 싶었다. 그래서 책장 속에 진열되는 주석이 아니라 책상 위에 있어 늘 손이 가는 주석을 기다렸다. 학문성을 갖추면서도 말씀의 능력을 믿으며 쓰고, 은혜를 갈망하며 쓰고, 교회를 염두에 두고 쓴 주석을 기대했다. 〈ESV 성경 해설 주석〉은 나를 성경으로 돌아가게 하고 그 성경으로 설교하고 싶게 한다. 내가 가진 다른 주석들을 대체하지 않으면서도 가장 먼저 찾게 할 만큼 탄탄하고 적실하다. 현학과 현란을 내려놓고 수수하고 담백하게 성경 본문을 도드라지게 한다.

박대영 | 광주소명교회 책임목사, 《묵상과 설교》 편집장

또 하나의 주석을 접하며 무엇이 특별한가 하는 질문부터 하게 된다. 먼저 디테일하고 전문적인 주석과 학문적인 논의의 지루함을 면케 해주면서도 성경 본문의 흐름과 의미 그리고 중요한 주제의 핵심을 잘 파악하게 해 준다는 점을 들 수 있다. 그래서 분주한 사역과 삶으로 쫓기는 이들의 시간과 에너지를 절약해 준다는 이점이 있다. 또한 본문에 대한 충실한 해석뿐 아니라 그 적용까지 이끌어낼 수 있도록 돕는다는 점이 유익하다. 더불어 가독성이 뛰어나다는 점에서 설교를 준비하는 이들뿐 아니라 성경을 바로 이해하기 원하는 모든 교인들에게 적합한 주석이다.

박영돈 | 작은목자들교회 담임목사, 고려신학대학원 교의학 명예교수

성경이 질문하고 성경이 답변하게 하는 방법을 찾는 것은 이 시대에 성경을 연구하거나 가르치거나 설교하는 이들의 가장 큰 고민거리라고 할 수 있다. 그동안 접했던 많은 성경 주석서들은 내용이 너무 간략하거나 지나치게 방대했다. 〈ESV 성경 해설 주석〉은 이 시대의 목회자들뿐만 아니라 진리를 갈망하는 모든 신자들, 특히 제자

훈련을 경험하는 모든 동역자들에게 매우 신선하고 깊이 있는 영감을 공급하는 주석이다. 첫째, 해석이 매우 간결하고 담백하면서도 깊이가 있다. 둘째, 영어 성경과 대조해서 본문을 폭넓게 이해할 수 있다. 셋째, 성경 원어 이해를 돕기 위한 세심한 배려는 목회자뿐만 아니라 성경의 깊이를 탐구하는 모든 신앙인들에게도 큰 유익을 준다. 넷째, 이 한 권으로 충분할 수 있다. 성경이 말하기를 갈망하는 목회자의 서재뿐만 아니라 말씀을 사랑하는 모든 신앙인들의 거실과 믿음 안에서 자라나는 다음 세대의 공부방들도 〈ESV 성경 해설 주석〉이 선물하는 그 풍성한 말씀의 보고(寶庫)가 되기를 염원한다.

故 박정식 | 전 은혜의교회 담임목사

〈ESV 성경 해설 주석〉는 성경 본문을 통해 저자가 드러내기 원하는 사고의 흐름을 따라가면서 예수님을 중심으로 하는 구원계시사적 관점에서 친절히 해설한다. 《ESV 스터디 바이블》의 묘미를 맛본 분이라면, 이번 〈ESV 성경 해설 주석〉을 통해 복음에 충실한 개혁주의 해설 주석의 간명하고도 풍성한 진미를 기대해도 좋다. 설교자는 물론 성경을 진지하게 읽음으로 복음의 유익을 얻기 원하는 모든 크리스천에게 독자 친화적이며 목회 적용적인 이 주석 시리즈를 기쁘게 추천한다.

송영목 | 고신대학교 신학과 신약학 교수

일반 성도들이 성경을 읽을 때 곁에 두고 참고할 만한 자료가 의외로 많지 않다. 그런 점에서 〈ESV 성경 해설 주석〉이 한국에 소개되는 것을 매우 기쁘게 생각한다. 학술적이지 않으면서도 깊이가 있는 성경 강해를 명료하게 담아내고 있기 때문이다. 성경을 바르고 분명하게 이해하려는 모든 성도들에게 큰 도움이 되리라 확신하며 추천한다.

송태근 | 삼일교회 담임목사, 미셔널신학연구소 대표

본 시리즈는 장황한 문법적·구문론적 논의는 피하고 본문의 흐름을 따라 단락별로 본문의 핵심을 파악할 수 있도록 도와주는 매우 간결하고 효율적인 주석 시리즈다. 본 시리즈는 석의 과정에서 성경신학적으로 건전한 관점을 지향하면서도, 각 책의 고유한 신학적 특성을 드러내 보여주는 것도 소홀히 하지 않는다. 특히 본 시리즈는 목회자들이 설교를 준비할 때 본문 이해의 시발점으로 사용하기에 적절하며, 평신도들이 읽기에도 과히 어렵지 않은 독자 친화적 주석이다. 본 시리즈는 성경을 연구하는 모든 이들에게 매우 요긴한 동반자가 될 것이다.

양용의 | 에스라성경대학원대학교 신약학 교수

메시아적 시각을 평신도의 눈높이로 풀어낸 주석이다. 주석은 그저 어려운 책이라는 편견을 깨뜨리고 성경을 사랑하는 모든 이의 가슴 속으로 살갑게 파고든다. 좋은 책은 평생의 친구처럼 이야기를 듣고 들려주면서 함께 호흡한다는 점에서 〈ESV 성경 해설 주석〉은 가히 독보적이다. 깊이에서는 신학적이요, 통찰에서는 목회적이며, 영감에서는 말씀에 갈급한 모든 이들에게 열린 책이라고 할 수 있다. 서사적 구조와 시의 적절한 비유적 서술은 누구라도 마음의 빗장을 해제하고, 침실의 머리맡에 두면서 읽어도 좋을 만큼 영혼의 위로를 주면서도, 말씀이 주는 은혜로 새벽녘까지 심령을 사로잡을 것으로 믿는다. 비대면의 일상화 속에서 말씀을 가까이하는 모든 이들이 재산을 팔아 진주가 묻힌 밭을 사는 심정으로 사서 평생의 반려자처럼 품어야 할 책이다.

오정현 | 사랑의교회 담임목사, SaRang Global Academy 총장

〈ESV 성경 해설 주석〉 시리즈의 특징은 신학자나 목회자들에게도 도움이 되겠지만 평신도 지도자인 소그룹 인도자들의 성경본문 이해에 대한 통찰력을 제공한다. 건강한 교회의 공통분모인 소그룹 활성화를 위하여 인도자의 영적 양식은 물론 그룹원들의 일상을 새로운 각도에서 조명하는 원리를 찾아주는 데 도움을 준다. 서로 마음이 통하는 반가운 친구처럼 손 가까이 두고 싶은 책으로 추천하고 싶다.

오정호 | 새로남교회 담임목사, 제자훈련 목회자네트워크(CAL-NET) 이사장

〈ESV 성경 해설 주석〉은 내용이 충실하여 활용성이 높고, 문체와 편집이 돋보여 생동감을 주기에 충분하다. 이와 함께 본문의 의미를 최대한 살려내는 심오한 해석은 기존의 우수한 주석들과 어깨를 나란히 할 만큼 정교하다. 또한 본 시리즈는 성경 각 권을 주석함과 동시에 성경 전체를 관통하는 그리스도 중심의 구속사적 관점을 생생하게 적용함으로써 탁월함을 보인다. 설교자와 성경 연구자에게는 본문에 대한 알찬 주석을 제공한다는 차원에서 오아시스와 같고, 실용적인 주석을 기다려온 평신도들에게는 설명이 뛰어나다는 점에서 가장 이상적인 해설서로 적극 추천한다.

윤철원 | 서울신학대학원 신약학 교수, 한국신약학회 회장

설교자들은 늘 신학적으로 탄탄하면서도 성경신학적인 주석서가 목말랐다. 학문적으로 치우쳐 부담되거나 석의가 부실한 가벼운 주석서들과는 달리 〈ESV 성경 해설 주석〉은 깊이 있는 주해와 적용에 이르기까지 여러 면에서 균형을 고루 갖춘 해설 주석서다. 한국 교회 강단을 풍성케 할 역작으로 기대된다.

이규현 | 수영로교회 담임목사

ESV 성경은 원문을 최대한 살려서 가장 최근에 현대 영어로 번역한 성경이다. 100여 명의 대표적인 복음주의 학자와 목회자들로 구성된 팀이 만든 ESV 성경은 '단어의 정확성'과 문학적 우수성뿐만 아니라 그 의미를 깊이 있게 드러내는 영어 성경이다. 2001년에 출간된 이후 교회 지도자들과 수많은 교파와 기독교 단체에서 널리 사용되었고, 현재 전 세계 수백만의 그리스도인들이 사용하고 있다. 〈ESV 성경 해설 주석〉은 무엇보다 개관, 개요, 주석이 명료하고 탁월하다. 포스트모던 시대에도 진지한 강해설교를 고민하는 모든 목회자들과 성경공부 인도자들에게 마음을 다하여 추천하고 싶다. 이 책을 손에 잡은 모든 이들은 손에 하늘의 보물을 잡은 감사를 느끼게 될 것이다.

이동원 | 지구촌교회 원로목사, 지구촌 목회리더십센터 대표

〈ESV 성경 해설 주석〉은 '성경'을 '말씀'으로 대하는 신중함과 경건함이 부드럽지만 강렬하게 느껴지는 저술이다. 본문의 흐름과 배경을 알기 쉽게 보여주면서 본문의 핵심을 명확하게 제시하는 묘한 힘을 가지고 있다. 연구와 통찰을 질서 있고 조화롭게 제공하여 본문을 보는 안목을 깊게 해 주고, 말씀을 받아들이는 마음을 곧추세우게 해 준다. 주석서에서 기대하는 바가 한꺼번에 채워지는 느낌이다. 설교를 준비하는 목회자, 성경을 연구하는 신학생, 말씀으로 하나님을 만나려는 성도 모두에게 단비 같은 주석이다.

이진섭 | 에스라성경대학원대학교 신약학 교수

ESV 성경 간행에 이은 〈ESV 성경 해설 주석〉의 발간은 이 땅을 살아가는 '말씀의 사역자'들은 물론, 모든 '한 책의 백성'들에게 주어진 이중의 선물이다. 본서는 구속사에 대한 거시적 시각과 각 구절에 대한 미시적 통찰, 학자들을 위한 학술적 깊이와 설교자들을 위한 주해적 풀이, 그리고 본문에 대한 탁월한 설명과 현장에 대한 감동적인 적용을 다 아우르고 있는 성경의 '끝장 주석'이라 할 만하다.

전광식 | 고신대학교 신학과 교수, 전 고신대학교 총장

〈ESV 성경 해설 주석〉은 처음부터 그 목적을 분명히 하고 집필되었다. 자기 스스로 경건에 이르도록 성장하기 위해서, 또 다른 사람들을 가르치기 위해서, 성경을 진지하게 연구하는 모든 사람들에게 도움을 주기 위해서라고 밝힌다. 목사들에게는 목회에 유익한 주석이요, 성도들에게는 적용을 돕는 주석이다. 또 누구에게나 따뜻한 감동을 안겨주는, 그리하여 주석도 은혜가 된다는 것을 새삼 확인할 것이다. 학적인

주석을 의도하지 않았지만, 이 주석의 구성도 주목할 만하다. 한글과 영어로 된 본문, 단락 개관, 개요, 주해, 응답으로 구성되어 있다. 만약 신구약 한 질의 주석을 곁에 두길 원하는 성도라면, 〈ESV 성경 해설 주석〉 시리즈는 틀림없이 실망시키지 아니할 것이라고 확신한다.

정근두 | 울산교회 원로목사

말씀을 깊이 연구하는 일부의 사람들에게는 원어 주해가 도움이 되겠지만, 강단에 서는 설교자들에게는 오히려 해설 주석이 더 요긴하다. 〈ESV 성경 해설 주석〉은 본문 해설에 있어 정통 신학, 폭넓은 정보, 목회적 활용성, 그리고 적용에 초점을 두었다. 이 책은 한마디로 설교자를 위한 책이다. 헬라어나 히브리어에 능숙하지 않아도 친숙하게 성경 본문을 연구할 수 있다는 점에서 주변 목회자들에게 적극적으로 추천하고 싶다. 목회자가 아닌 일반 성도들도 깊고 풍성한 말씀에 대한 갈증이 있다면, 본 주석 시리즈를 참고할 것을 강력하게 권하고 싶다.

정성욱 | 덴버신학교 조직신학 교수

입고 있는 옷이 있어도 새 옷이 필요할 때가 있다. 기존의 것이 낡아서라기보다는 신상품의 맞춤식 매력이 탁월하기 때문이다. 〈ESV 성경 해설 주석〉 시리즈는 분주한 오늘의 목회자와 신학생뿐 아니라 성경교사 및 일반 그리스도인의 허기지고 목마른 영성의 시냇가에 심길 각종 푸르른 실과나무이자 물 댄 동산과도 같다. 실력으로 검증받은 젊은 저자들은 개혁/복음주의 신학과 신앙의 깊은 닻을 내리고, 성경 각 권의 구조와 문맥의 틀 안에서 저자의 의도를 핵심적으로 포착하여 침침했던 본문에 빛을 던져준다. 아울러 구속사적 관점 아래 그리스도 중심적 의미와 교회-설교-실천적 적용의 돛을 바라보게 함으로써 본문의 지평을 한 층 더 활짝 열어준다. 한글/영어 대역으로 성경 본문이 제공된다는 점은 한국인 독자만이 누리는 보너스이리라. "좋은 주석은 두껍고 어렵지 않을까"라는 우려를 씻어주듯 이 시리즈 주석서는 적절한 분량으로 구성된 '착한 성경 해설서'라 불리는 데 손색이 없다. 한국 교회 성도의 말씀 묵상, 신학생의 성경 경외, 목회자의 바른 설교를 향상시키는데 〈ESV 성경 해설 주석〉 시리즈만큼 각 사람에게 골고루 영향을 끼칠 주석은 찾기 어려울 듯싶다. 기쁨과 확신 가운데 추천할 수 있는 이유다.

허주 | 아세아연합신학대학교 신약학 교수, 한국복음주의신약학회 회장

〈ESV 성경 해설 주석〉은 정확무오한 하나님의 말씀을 전하는 설교자와 전도자들에게 훌륭한 참고서다. 성경적으로 건전하고 신학적으로 충실할 뿐 아니라 목회 현장에 실질적인 도움이 된다. 나 또한 나의 설교와 가르침의 사역에 활용할 수 있기를 고대한다.

대니얼 에이킨(Daniel L. Akin) | 사우스이스턴침례신학교 총장

하나님은 그의 아들에 대해 아는 것으로 모든 열방을 축복하시려는 영원하고 세계적인 계획을 그의 말씀을 통해 드러내신다. 이 주석이 출간되어 교회들이 활용할 수 있게 된 것만으로 행복하고, 성경에 대한 명확한 해설로 말미암아 충실하게 이해할 수 있게 해 준 것은 열방에 대한 축복이다. 물이 바다를 덮음같이 하나님의 영광에 대한 지식이 온 땅에 충만해지는데 이 주석이 사용되길 바란다.

이언 추(Ian Chew) | 목사, 싱가포르 케이모로드침례교회

〈ESV 성경 해설 주석〉은 탁월한 성경 해설과 깊이 있는 성경신학에 바탕한 보물 같은 주석이다. 수준 높은 학구적 자료를 찾는 독자들뿐만 아니라 읽기 쉽고 이해하기 쉽도록 잘 정리된 주석을 원하는 사람들에게도 적합하다. 목회자, 성경교사, 신학생들에게 이 귀한 주석이 큰 도움이 되고 믿을 수 있는 길잡이가 되리라 확신한다.

데이비드 도커리(David S. Dockery) | 사우스이스턴침례신학교 석좌교수

대단한 주석! 성경을 배우는 모든 학생들에게 도움이 될 수 있도록 최고 수준의 학자들이 성경의 정수를 정리하여 접근성을 높여서 빠르게 참고하기에 이상적인 주석이다. 나 또한 설교 준비와 성경 연구에 자주 참고하고 있다.

아지스 페르난도(Ajith Fernando) | 스리랑카 YFC 교육이사, *Discipling in a Multicultural World* 저자

〈ESV 성경 해설 주석〉은 성경교사들의 기초 자료로서 활용성 높은 최고의 주석 중 하나다. 일반 독자들도 쉽게 이해할 수 있는 동시에 강해설교가들에게 충분한 배움을 제공한다. 이 주석 시리즈는 성경을 제대로 배우고자 하는 전 세계 신학생들에게도 표준 참고서가 될 것이다.

필립 라이켄(Philip Graham Ryken) | 휘튼칼리지 총장

〈ESV 성경 해설 주석〉에 대하여

성경은 생명으로 맥동한다. 성령은 믿음으로 성경을 읽고 소화해서 말씀대로 살아가는 사람들에게 맥동하는 생명력을 전해 준다. 하나님께서 성경 안에 자신을 계시하셨기 때문에 성경은 꿀보다 달고 금보다 귀하며, 모든 부(富)보다 가치 있다. 주님은 온 세상을 위해 생명의 말씀인 성경을 자신의 교회에 맡기셨다.

또한 주님은 교회에 교사들을 세우셔서 하나님의 말씀이 무엇을 의미하는지를 설명해 주고 각 세대에 어떻게 적용해야 하는지를 분명하게 보여주도록 하셨다. 우리는 이 주석이 하나님의 말씀을 진지하게 공부하는 모든 사람들, 즉 다른 사람들에게 가르치기 위해 성경을 연구하는 사람들과 스스로 경건에 이르도록 성장하기 위해 성경을 공부하는 사람들에게 큰 유익을 주길 기도한다. 우리의 목표는 성경 본문을 그리스도 중심적으로 명료하고 뚜렷하게 설명하는 것이다. 모든 성경은 그리스도에 대해 말하고 있으며(눅 24:27), 우리는 성경의 각 책이 우리가 "예수 그리스도의 얼굴에 있는 하나님의 영광을 아는 빛"(고후 4:6)을 보도록 어떻게 돕고 있는지 알려주길 원한다. 그런 목표를 이루고자 이 주석 시리즈를 집필하는 저자들에게 다음과 같은 원칙을 제시했다.

- 올바른 석의를 토대로 한 주석 성경 본문에 나타나 있는 사고의 흐름과 추론 방식을 충실하게 따를 것.
- 철저하게 성경신학적인 주석 성경은 다양한 내용들을 다루지만, 그리스도 안에서 완성된 구속이라는 단일한 주제를 말하고 있다는 점에서 성경 전체를 하나의 통일된 관점으로 볼 수 있게 할 것.
- 전 세계를 대상으로 한 주석 성경과 신학적으로 신뢰할 만한 자료들을 가능한 한 많은 사람들에게 공급하겠다는 크로스웨이(Crossway)의 선교 목적에 맞게 전 세계 독자들이 공감하고 필요로 하는 주석으로 집필할 것.
- 폭넓은 개혁주의 주석 종교개혁의 역사적 흐름 안에서 오직 은혜와 오직 믿음으로 말미암아 오직 그리스도 안에서 오직 성경의 가르침을 따라 오직 하나님의 영광을 위한 구원을 천명하고, 큰 죄인에게 큰 은혜를 베푸신 크신 하나님을 높일 것.
- 교리 친화적인 주석 신학적 담론도 중요하므로 역사적 또는 오늘날 신학적으로 중요한 문제들과 성경 본문에 대한 주석을 서로 연결하여 적절하고 함축성 있게 다룰 것.
- 목회에 유익한 주석 문법적이거나 구문론적인 긴 논쟁을 피하고, 하나님을 경외하는 마음으로 '성경 본문 아래 앉아' 경청하게 할 것.
- 적용을 염두에 둔 주석 오늘날 서구권은 물론이고 그 밖의 다른 세계에서 살아가는 사람들이 처한 상황과 성경 본문이 어떻게 연결되는지를 간결하면서도 일관되게 제시할 것(이 주석은 전 세계 다양한 상황 가운데 살아가는 사람들을 대상으로 하기 때문에).
- 간결하면서도 핵심을 찌르는 주석 성경에 나오는 단어들을 일일이 분석하는 대신, 본문의 흐름을 짚어내서 간결한 언어로 생동감 있게 강해할 것.

이 주석서에서 기본적으로 사용한 영역 성경은 ESV이지만, 집필자들에게 원어 성경을 참조해서 강해와 주석을 집필하도록 요청했다. 또한 무조건 ESV 성경 번역자들의 결해(結解)를 따르라고 요구하지도 않았다.

인간이 세운 문명은 시간이 흐르면 무너져서 폐허가 되지만, 하나님의 말씀은 영원히 서 있다. 우리 또한 바로 그 말씀 위에 서 있다. 성경의 위대한 진리들은 시간과 공간을 뛰어넘어 말하고, 우리의 목표는 전 세계적으로 적용될 수 있는 방식으로 그 진리들을 전하는 것이다.

하나님께서 자신의 말씀을 연구하는 일에 복을 주시고, 그 말씀을 강해하고 설명하려는 이 시도에 흡족해 하시기를 기도한다.

차례

약어표

참고 자료 |

ACCS   Ancient Christian Commentary on Scripture

BNTC   Black's New Testament Commentaries

CNTC   Calvin's New Testament Commentaries

CTJ   *Calvin Theological Journal*

JETS   *Journal of the Evangelical Theological Society*

KTB   Knowing the Bible

NICNT   New International Commentary on the New Testament

NIGTC   New International Greek Testament Commentary

*NPNF*1   *Nicene and Post-Nicene Fathers*, Series 1

NSBT   New Studies in Biblical Theology

NTS   *New Testament Studies*

SNTSMS   Society for New Testament Studies Monograph Series

성경 l

ESV Expository Commentary
2 Corinthians

개관

디모데전후서와 디도서가 목회 서신으로 알려진 것은 개별 목회자에게 목회 사역에 대한 자문을 제공하기 때문이다. 고린도후서 역시 한 목회자가 자신의 목회 사역에 관해 쓴 글이기에 목회 서신으로 볼 수 있다.

고린도후서는 여과되지 않은 연민과 격앙된 감정을 담고 있다는 점에서 성경의 다른 책들과 구별된다. 우리는 이 글을 읽다가 "내가 지금 '성경'을 읽고 있는 것일까?" 하고 갸우뚱할 수 있다. 로마서 같은 편지에 펼쳐지는 깊은 내용을 고린도후서에 담긴 격동적인 감정 혹은 개인적 격변과 교환하는 것이 성경이다. 이 편지는 풍부한 신학을 담고 있지만 체계적인 진술은 아니다. 오히려 눈물을 흘리며 쓴 글이다. 교수 같은 바울보다 목회자 같은 바울의 모습이 드러나는 책이다.

이 편지는 세 부분으로 나눌 수 있다. 바울이 자기 사역을 변호하는 것(1-7장), 재정적 관대함을 권면하는 것(8-9장) 그리고 대적들을 비판하는 것(10-13장). 하지만 전체를 하나로 묶어주는 주제가 있다. 바로 '약함 가운데 강함'이다. 고통과 무능력은 영적 능력의 기묘하고도 은밀한 구성 요소다.

서론의 끝부분에서 좀 더 구체적인 개요를 제공하겠지만 다음 개요를 통해 큰 주제를 포착할 수 있다. (이것들이 주석 전체에 걸쳐 단락 개관의 소제목에 해당한다.) 여기서 주목할 점은 '뒤에'와 상반되는 '통한'이라는 단어가 반복되는 것이다.

I. 사도: 복음 사역을 설명하다(1:1-7:16)
　A. 인사(1:1-2)
　B. 환난을 통한 위로(1:3-11)
　C. 순박함을 통한 은혜(1:12-22)
　D. 고통을 통한 기쁨(1:23-2:4)
　E. 어리석음을 통한 용서(2:5-11)
　F. 사로잡힘을 통한 승리(2:12-17)
　G. 불충분함을 통한 충분함(3:1-6)
　H. 바라봄을 통한 변화(3:7-18)
　I. 자기 포기를 통한 사역(4:1-6)
　J. 죽음을 통한 생명(4:7-18)
　K. 무주택을 통한 거주(5:1-10)
　L. 죄 많음을 통한 죄 없음(5:11-21)
　M. 고난을 통한 축복(6:1-13)
　N. 분리를 통한 영접(6:14-7:1)
　O. 슬픔을 통한 기쁨(7:2-16)
II. 청중: 관대한 헌금을 권면 받다(8:1-9:15)
　A. 가난함을 통한 풍부함(8:1-24)
　B. 베풂을 통한 수확(9:1-15)
III. 선동가들: 이익을 챙기려는 책략이 폭로되다(10:1-13:14)
　A. 명예훼손을 통한 칭찬(10:1-18)
　B. 낮아짐을 통한 높아짐(11:1-15)
　C. 역경을 통한 확신(11:16-33)

D. 약함을 통한 능력(12:1-10)

E. 열등감을 통한 우월감(12:11-21)

F. 시험을 통한 회복(13:1-10)

G. 마지막 문안(13:11-14)

저자

고대의 서신 관행에 따라 이 편지의 서두에 저자가 "바울"이라고 명시되어 있다. 바울은 다소에서 디아스포라 유대인으로 자랐고, 유대교에 대한 독실함으로 동족들 사이에 명성이 자자했다(행 22:3; 갈 1:14; 빌 3:4-6). 바울은 타의 추종을 불허할 정도로 신실한 유대인이었다. 그는 예수를 오랫동안 기다리던 메시아로 전파하는 자들을 박해했고, 참된 유대인 메시아는 절대로 그런 멸시나 수치를 당할 수 없다고 주장했다. 그래서 살아 계신 그리스도는 바울과 맞닥뜨린 후 그의 마음을 부드럽게 하셨고, 메시아가 어떻게 그분의 목적을 이루는지 새롭게 깨닫게 하셨다(행 9:1-19).

바울은 자기가 겪었던 그 변화를 이제는 고린도 교인들이 경험하도록 설득하고 있다. 그 변화란 하나님께서 멸시와 수치를 통해 복음 사역을 이루어 가신다는 것을 배우는 과정을 말한다.

저작 연대와 배경

성경의 책들이 집필된 연도와 그 배경을 연구하는 일은 바람직한 작업이지만 그 중요성을 과대평가하면 안 된다. 역사적 배경은 본문의 뜻과 중요성을 조명해주는 만큼 그것을 제대로 아는 것은 유익하고 중요하다. 그러나 그리스도인의 주된 관심사는 그 본문이지 본문의 배후에 있는 것들이 아니다.

사도행전 18장은 바울이 2차 선교 여행을 하면서 고린도를 처음 방문한 것을 이야기하며 18개월에 걸친 방문이었다고 한다(행 18:11). 바울은 애초에 유대인을 설득해서 복음을 믿게 하려 했으나 그런 시도는 대체로 좌절되고 말았다(행 18:6, 12-17). 그래서 복음을 이방인에게 들고 나갔다(행 18:7). 바울이 고린도전서 2:3에서 고백하는 두려움은 사도행전 18:9에 나오는 주님의 안심시키시는 말씀("두려워하지 말며")과 연결되고, 바울이 사역의 외적 지지부진함에도 불구하고 그 타당성을 변호하는 만큼 이는 고린도후서 전체의 분위기와도 관련이 있다.

고린도후서는 바울이 고린도 교회에 보낸 네 번째 편지일 가능성이 크고, 고린도전서는 두 번째 편지일 것이다(참고. 고전 5:9). 고린도후서 2:1-4과 7:8에서 바울은 고린도에 보낸 고통스러운 편지 한 편을 묘사하는데, 이는 실종된 세 번째 편지였을 것이다. 고린도후서는 바울이 고린도전서를 쓴 지 약 1년 후에 마게도냐(그리스의 북부)에서 썼을 것이다. 이는 그의 3차 선교 여행 동안이었고(참고. 행 20:1-3), 마게도냐의 여러 교회를 방문했던 주후 55년이나 56년으로 추정된다. 그는 이제 고린도로 가는 중이고, 그의 방문을 준비시키려고 앞서 디도와 몇몇 존경받는 신자들을 보냈었다(고후 8:16-24).

바울이 조심스럽게 처신해야 할 이유가 있었다. 고린도전서 16:5에 약속된 고린도 방문은 분명히 바울에게 매우 고통스러운 일로 판명되었다(고후 2:1). 그래서 분위기를 진정시키려고 바울은 이 시점까지 고린도로 되돌아가는 것을 삼가고(1:23), 그 대신 디도와 함께 이 고통스러운 편지를 보낸 것이다. 이 편지는 고린도 교인들이 받기 어려운 것이었지만, 다행히 디도가 고린도 교인의 회개에 관한 기쁜 소식을 들고 왔다(7:6-7). 그러나 '슈퍼 사도들'(11:5, 개역개정은 "지극히 크다는 사도들")이라는 풍자적 딱지가 붙은 바울의 대적들은 더 세게 나가서 바울을 옆으로 밀어내고 그들의 인상적인 사역을 홍보하기 위해 최선을 다하고 있었다. 그럼에도 바울은 고린도를 한 번 더 방문할 준비 중이고, 이를 위해 고린도후서가 길을 닦고 있다.

장르와 문학적 구조

고린도후서는 한 편의 편지('서신')이고 전통적으로 바울이 쓴 것으로 간주
되는 12편의 다른 편지들과 함께 신약의 일부를 이룬다. 이 편지는 서두에
저자와 수신자를 밝히고 (감사가 아니라) 축복을 하는 것으로 보아 서신의 성
격을 뚜렷이 지니고 있다. 아울러 축도로 끝나는 점도 1세기의 서신 양식
을 반영한다.

고린도후서는 편지이기 때문에 특정한 방식으로 읽을 필요가 있다. 말
하자면 한 개인(또는 소그룹, 이 경우에는 바울이 "형제 디모데"를 포함시킨다, 1:1)으
로부터 특정한 개인이나 그룹(이 경우에는 그리스 남부에 위치한 고린도 교회)으로
가는 커뮤니케이션으로 읽어야 한다는 뜻이다.[1] 대체로 폭넓은 청중을 위
해 쓰인 복음서 또는 묵시록 같은 다른 성경 장르와 달리, 서신은 그 내용
곳곳에서 다루는 문제들이 무엇인지를 추론해야 하므로 해석상의 과제가
더 많다.

고린도후서의 가장 뚜렷한 문학적 특징은 저자 자신을 언급하는 내용이
유별나게 많다는 점이다. 바울은 거듭해서 자신의 행동과 심지어 그 동기
에 관해 매우 정직하게 때로는 격분의 말투로 성찰한다(예. 7:2-4; 11:1, 16-
21). 이 개인적인 변호는 특정한 종류의 로마 문학 양식, 즉 한 개인이 글을
통해 자기 행동의 진실성이나 중요성을 변호하는 양식과 잘 들어맞는다.[2]

---

1 대다수 신약 편지들은 고린도후서처럼 특정한 교회(또는 에베소서와 골로새서처럼 일단의 교회들)에게 쓴 것이
다. (디모데전후서, 디도서, 빌레몬서와 같은) 소수의 편지는 개인에게 쓴 것이다.

2 Leland Ryken, *Literary Introduction to the Books of the Bible* (Wheaton, IL: Crossway, 2015), 429-
430. 고린도후서의 문학적 특징에 관한 상세한 논평을 보려면 이 책의 429-436을 참고하라.

이 편지는 일련의 이슈들에 직선적으로 답변한다는 점에서 고린도전서와 상당히 다르다. 또한 바울의 편지들 중 그 구조가 가장 정연하고 깊은 사상을 담고 있는 로마서와도 다르다. 이 편지가 다소 두서없는 편이라고 해서 덜 신학적인 것은 아니다. 이 책은 개시된 종말론(inaugurated eschatology)을 배경으로 하는 만큼(참고. 서론의 '성경의 다른 본문 및 그리스도와의 관련성') 특히 네 가지 주제를 언급할 만하다.

약함을 통한 강함

약함을 통한 강함은 이 책의 기본 주제다. 이것이 조직신학의 전형적인 범주는 아니지만 이 편지를 통틀어 얼마나 중요한지는 언급할 필요가 있다. 이 편지 전체에 걸쳐 바울은 깜짝 놀랄 만한 복음, 즉 하나님께서 죽음을 통해 생명을, 약함을 통해 강함을 이끌어내시는 그 복음으로 신학의 모든 측면을 고찰한다.

성령

우리는 고린도전서를 성령에 관한 가장 중요한 편지로 생각해도 좋고 사실이 그렇다. 그러나 고린도후서는 성령에 관한 우리의 이해를 더욱 심화시킨다. 고린도전서가 우리에게 성령의 '내용'을 가르친다면 고린도후서는 우리에게 성령의 '시기'를 보여준다. 즉, 성령은 새 창조의 시대가 임한 것을 반영하는 일차적 실재들의 하나라는 것이다(3:3, 6, 8). 성령의 오심은 우리가 인류 역사의 어느 시기에 있는지를 말해준다. 성령은 우리 구원의 '담보' 내지 '보증금', 최종적 완성과 성취를 보장하는 1차 할부금이다(5:5). 우리는 또한 고린도후서를 통해 성령의 사역인 진정한 성화에 대해서도 풍부하게 배울 수 있다(3:17-18).

화해

5장 후반부는 하나님과의 화해에 관해 다루는 핵심 본문이다(참고. 롬 5:10). 칭의가 구원을 법적 차원으로, 입양은 효도의 차원으로, 성화는 의례의 차원으로 묘사한다면, 화해는 관계의 차원으로 묘사한다. 서로 멀어졌던 두 친구가 화해를 한다. 화해를 주도하시는 분은 하나님이다. 그분이 우리를 그분 자신과 화해시키신다. 그분의 아들 예수 그리스도의 사역을 통해 이 일을 행하신다. 화해는 우리에게 삼위일체 하나님의 은혜로운 마음을 활짝 열어준다.

하늘

바울은 고린도후서 5:1-10에서 그리스도 안에 있는 신자를 기다리는 것이 무엇인지 설명하고, "셋째 하늘에 이끌려 간" 자신의 경험을 이야기하면서 12장을 시작한다. 이 두 대목을 통해 우리는 내세에 대해 더욱 잘 이해할 수 있다.

≋

성경 다른 본문 및 그리스도와의 관련성

고린도후서의 저변에 깔린 전반적 구조는 그리스도의 부활을 통해 시작된 새로운 시대다. 이 편지 전체에 나타나는 바울의 부담은 복음의 시대에 참된 사역이 어떤 모습인지를 드러내는 것이다. 요컨대 메시아가 세상에서 멸시받는 자로 연약함과 치욕 가운데 죽임을 당했다는 것이다. 그리고 "약하심으로 십자가에 못 박히[신]"(13:4) 그리스도에게 연합된 이들은 약함을 통해 강함으로, 죽음을 통해 생명으로 나아가시는 그분의 패턴을 좇는다. 그러나 이는 반직관적인 원리 이상의 것이다. 이는 우리가 현재 구속의 역사에서 몸담은 곳과 부합되는 사역이다. 마지막 날이 도래했다.

이 편지 몇몇 군데에서 이런 하부 구조가 표면에 떠오르는데 편지의 전반부에서 더욱 그렇다. 특히 3-6장의 논증은 개시된 종말론의 해석 렌즈가 없으면 불투명한 채로 남는다. "새 언약"(3:6)의 도래는 옛적 예언(렘 31:31-34)의 성취로서, 성령이 모든 신자에게 무차별적으로 부어지고 하나님의 얼굴이 이제 그리스도 안에서 보이는(3:18-4:6) 때를 말한다. 옛 언약은 어느 정도의 영광이 있었으나(3:7-11) 모세는 하나님의 얼굴을 본다면 결코 살 수 없었다(출 33:23). 위대한 시대적 전환이 조용히 예수 그리스도 안에서 이루어진 것이다.

바울의 화해 사역 자체가 새 시대의 도래를 보여주는 현상이다. 바울은 화해의 복음이 낳는 것들을 설명하면서 "새 언약"(3:6)에서 '새 창조'(5:17)로 이동한다. 하나님과 화해한 사람은 누구나 새로운 창조 안으로 들어왔고, 이는 구약 내내 기다리고 기다리던 에덴의 회복을 말한다. 그리스도에게 연합된 사람은 누구나 새로운 시대가 사방에서 나타나기 시작하는 것을 보지만 불신자들은 여전히 옛 시대에 뿌리박고 있다.

새 창조의 분출은 다시금 6:2에서 명시적으로 선언되는데, 바울은 이를 이사야 49장이 고대했던 "구원의 날"이 도래한 것이라고 말한다. 고린도후서 6장은 이어서 신자들이 바로 하나님의 성전이라고 선언하면서, 이는 그들이 그리스도, 곧 성막과 성전이 예시했던 그분과 연합되었기 때문이라고 한다(6:14-18).

따라서 바울은 이 편지 전체에서 그의 사역을 변호하고 인간 역사에 뚫고 들어온 새 창조의 실체들에 부합하는 복음을 추천한다.

고린도후서 설교하기

회중 못지않게 설교자를 위해 쓴 성경의 책이 있다면 바로 고린도후서다. 이 서신은 정직한 설교자를 그가 가진 야망의 핵심으로 데려가서 그가 어떤 종류의 사역을 개발하고 싶은지 면밀히 조사하게 한다. 그는 왜 설교하고 있는가? 그의 설교는 진정 그분에 관한 것인가? 아니면 그리스도를 설파하면서도 실은 은근히 자기 자신을 과시하고 있지는 않은가?

이 점에 대해 바울은 매우 명백하다. "우리는 우리를 전파하는 것이 아니라 오직 그리스도 예수의 주 되신 것과 또 예수를 위하여 우리가 너희의 종 된 것을 전파함이라"(4:5). 바울은 그 자신을 추천하지 않는다(3:1; 5:12). 그는 자화자찬에 대해 죽었다. "육신에 따라"(5:16) 영적 중요성을 평가했던 옛 바울은 소멸되었다. 육신은 강점과 유창함을 부각시키면서 회중이 설교자를 높이 받들게 하는 인상적인 웅변으로 설교하는 것을 좋아한다. 그러나 동터오는 새로운 시대에 부합하는 설교는 그런 헛된 야망을 버리고 그 대신 개인적 약점을 기회로 삼아 오직 그리스도만을 경이롭고 영광스러운 분으로 내세운다.

회중은 설교자를 좇아 자아의 죽음까지 내려갔다 부활의 생명에까지 이르러야 한다. 각 신자의 삶은 하나님께서 우리의 약함을 통해 그분의 강함을 나타내시는 삶이다. 고린도후서에 관한 설교 시리즈는 각 상황에 따라 약간씩 다르게 보일 것이다. 그러나 고린도후서에 관한 모든 설교 시리즈는 하나같이 이 위대한 전복적인 주제, 즉 우리의 약함을 통해 드러나는 하나님의 능력, 우리의 유한함을 통해 흘러나오는 그리스도의 생명, 우리의 고통을 통해 중재되는 성령의 위로를 그 중심으로 삼아야 한다.

연약한 사람들에게 강한 그리스도를 선포하는 연약한 설교자가 되는 것, 이것이 고린도후서를 그분의 백성에게 열어주는 사람이 받은 최고의 소명이다.

해석상 과제

많은 성경 독자들과 학자들은 고린도후서가 바울의 편지들 중 가장 어려운 책이라고 증언할 것이다. 그 이유는 이렇다.

첫째, 이 편지는 바울의 서신들 중 감정적으로 또 관계적으로 가장 격동적이다. 바울은 그의 고통을 생생하게 표현하고, 세상적인 기준에 따라 인상적인 사역에 이끌리는 고린도 교인들의 고질적 습성을 당장 내버리기 원하는 갈망을 있는 그대로 표출한다. 이 점은 특히 1:23-2:4; 7:2-16; 11:1-11 같은 단락들에 뚜렷이 나타난다. 이 구절들을 보면서 우리는 성경이 메마른 신학 텍스트가 아니라는 것을 상기하게 된다. 하나님의 말씀은 실제적인 관계와 그런 관계가 (그리스도인들 사이에서도) 감내하는 번잡함의 옷을 입고 우리에게 다가온다. 바울의 절박하고 끈질긴 사랑은 우리에게 교훈을 주고 리더십과 친구 관계에 몸담은 우리에게 코치의 역할을 한다.

둘째, 우리는 고린도후서 같은 편지를 읽을 때 대화의 한쪽만을 듣고 있다. 마치 전화로 이야기하는 배우자의 말을 듣는 것처럼 말이다. 따라서 우리는 바울이 무슨 문제에 관여하고 있는지 분별하기 위해 연역적 추론을 사용할 필요가 있다. 우리가 고린도후서를 제대로 이해하려면 이 작업은 어느 정도 필요하다. 이와 동시에 바울이 어떤 것에 반응하고 있는지 또는 정확히 무슨 일로 비난받고 있는지에 대해 성급하게 추측하면 균형을 잃을 수 있다. 하나님은 우리에게 다른 어떤 교신(고린도전서를 제외하고)이 아니라 고린도후서를 주시는 것이 적합하다고 보셨다. 복음주의자인 우리는 하나님의 말씀이 충분하다고 믿는다. 그분은 우리에게 필요한 모든 것을 주셨다. 그런즉 우리는 때때로 이해하기 어려울지언정 이 편지를 받으면서 이것이 무엇에 반응하고 있는지가 아니라 이 편지의 메시지를 듣기로 작정해야 한다.

셋째, 고린도후서는 곳곳에서 어조가 갑자기 바뀌는 듯하다. 예컨대 7:1에서 7:2로 넘어갈 때 별안간 매우 개인적이고 자서전적인 글로 바뀐다.

10장이 시작될 때는 바울이 급작스럽게 가혹해지는 듯 보이고, 마지막 네 장에서 고린도 교인들을 질책하는 모습이 어떻게 앞서 그들을 신뢰하는 모습(예. 7:4)과 조화를 이루는지도 의아스럽다. 일부 주석가들은 고린도후서는 두세 편의 편지를 함께 묶어서 하나로 만든 편지라고 결론짓는다. 그러나 우리는 이 편지를 이해하기 위해 굳이 그런 조치를 취할 필요가 없다. 바울이 고린도 교인들에게 상처를 받았기 때문에, 이 편지는 처음부터 끝까지 감정적 호소로 가득 차 있다. 그런즉 그의 어조와 감정이 줄곧 변하는 것이 그리 놀랄 일은 아니다. 이 편지는 영감을 받아 쓰였고 오류가 없다. 하지만 바울은 여전히 인간이다. 우리 가운데 편지나 이메일이나 전화로 소통하면서 여러 지점에서 다른 어조로 감정이나 메시지를 표현한 적이 없는 사람이 있을까?

개요

I. 인사(1:1-2)

II. 바울이 자기 사역을 변호하다(1:3-7:16)
  A. 참된 복음 사역의 역설적 성격을 소개하다(1:3-11)
    1. 환난 중의 위로(1:3-7)
    2. 환난에서의 구출(1:8-11)
  B. 바울이 그의 순회 여행과 사역을 변호하다(1:12-2:17)
    1. 참된 자랑(1:12-14)
    2. 참된 의도(1:15-18)
    3. 바울 주장의 근거(1:19-22)

4. 바울의 고통스러운 행동(1:23-2:2)

5. 바울의 고통스러운 글(2:3-4)

6. 고린도 교인들과 죄인의 위로(2:5-8)

7. 바울과 죄인의 용서(2:9-11)

8. 복음 사역의 외견상 실패(2:12-13)

9. 복음 사역의 실질적 성공(2:14-17)

C. 바울의 사역은 참된 영광의 사역이다(3:1-4:6)

1. 바울의 자격이 고린도 교인들로 증명되다(3:1-3)

2. 바울의 자격이 성령으로 증명되다(3:4-6)

3. 두 종류의 영광(3:7-11)

4. 두 종류의 수건(3:12-18)

5. 복음 사역(4:1-2)

6. 불신의 이유(4:3-4)

7. 믿음의 이유(4:5-6)

D. 바울의 사역은 참된 생명의 사역이다(4:7-5:10)

1. 죽음을 통한 생명: 안을 보기(4:7-12)

2. 죽음을 통한 생명: 바깥을 보기(4:13-15)

3. 죽음을 통한 생명: 앞을 보기(4:16-18)

4. 우리가 장차 입을 몸을 갈망하다(5:1-5)

5. 우리가 장차 그리스도와 함께할 것을 갈망하다(5:6-10)

E. 화해의 사역(5:11-6:13)

1. 성실한 태도로 남을 설득하다(5:11-13)

2. 역사의 절정에 비추어 남을 설득하다(5:14-17)

3. 하나님과 화해하도록 남을 설득하다(5:18-21)

4. 바울 사역의 역사에서의 현재(6:1-2)

5. 바울 사역의 결정적 특징(6:3-10)

1 하나님의 뜻으로 말미암아 그리스도 예수의 사도 된 바울과 형제 디모데는 고린도에 있는 하나님의 교회와 또 온 아가야에 있는 모든 성도에게 2 하나님 우리 아버지와 주 예수 그리스도로부터 은혜와 평강이 있기를 원하노라

1 Paul, an apostle of Christ Jesus by the will of God, and Timothy our brother, To the church of God that is at Corinth, with all the saints who are in the whole of Achaia: 2 Grace to you and peace from God our Father and the Lord Jesus Christ.

≋≋≋≋ 단락 개관 ≋≋≋≋

인사

바울은 친필로 쓰면서도 1세기 지중해 편지 양식에 맞춰 고린도 교회에 인사한다. 그는 스스로를 디모데와 나란히 저자로 밝힌 뒤에 수신자인 고린도 교회와 그 지방의 신자들에게 문안한다. 그리고 하나님으로부터 은혜와 평강이 있길 바란다는 축도와 같은 서두로 안부를 전한다.

≋≋≋≋ 단락 개요 ≋≋≋≋

I. 인사(1:1-2)

A. 저자(1:1a)

B. 수신자(1:1b)

C. 축복(1:2)

≋≋≋≋ 주석 ≋≋≋≋

1:1 바울은 늘 그렇듯이 자신을 "그리스도 예수의 사도"라고 밝히면서 말문을 연다(스스로를 사도로 밝히지 않은 편지는 빌립보서, 데살로니가전후서, 빌레몬서뿐이다). "사도"라는 헬라어 단어[아포스톨로스(*apostolos*)]는 '보내다'라는 뜻의 동사에서 유래한다. 따라서 사도는 기본적으로 '보냄을 받은 자'라는 뜻이다. 바울은 예수님의 보냄을 받았다. 그는 복음을 증언하는 첫 세대의 증인이 되도록 하나님께서 특별히 재가하신 사람들 중 하나다. 바울은 나중에 그자신과 동역자 사도들을 '그리스도를 위한 사신'(5:20)으로 묘사하며 "하나

님이 우리를 통하여 너희를 권면하[신다]"(5:20)라고 그 뜻을 좀 더 풀어주면서 그와 동일한 개념을 전달한다. 문맥상 이 "권면"은 죄인들에게 그리스도의 구원 사역을 통해 하나님과 화해하라고 애원하는 것이다. 그리고 이것이 사도가 된다는 말의 뜻이다. 그리스도의 삶과 죽음과 부활을 통해 분출된 복음을 권유하고 변호하기 위해 그리스도의 보냄을 받아 청중에게 그들의 죄를 고백하고 그리스도께 충성하라고 간청하는 것이다.

그래서 바울은 그의 전형적인 방식으로 독자들에게 인사를 전한다. 하지만 민감한 독자는 바울의 인사마다 약간의 차이가 있음을 간파할 터인데, 종종 그 편지에서 다룰 대표적 주제를 은근히 예기하는 방식으로 그렇게 한다. 예컨대 갈라디아서에서는 그의 사도직이 "사람들에게서 난 것도 아니요 사람으로 말미암은 것도 아[님]"(갈 1:1)을 분명히 밝히는데, 이는 그 편지가 전개되는 가운데 분명히 요구되는 변호다. 고린도후서의 이 대목에서는 바울이 스스로를 그리스도의 사도라고 부르며 이는 하나님의 뜻에 따른 것이라고 한다. 그리고 이 편지 내내 바울은 그 주장과 신적인 재가를 변호할 것이다. 사실 이 편지의 핵심 주제는 하나님께서 바울을 사도로 임명하셨다는 사실, 비록 겉으로는(세상적인 관점에서 생각하면) 그와 정반대로 보여도 그렇다는 사실이다.

바울은 그 자신과 "형제 디모데"를 송신자로 밝힌다. 디모데는 이 편지를 쓰는 일에 어느 정도 관여했을까? 여기서 디모데가 언급된 이유는 그가 고린도 교회에 알려진 사역자 바울의 가르침과 연대하는 떠오르는 젊은 동역자, 그리고 (디모데전후서가 보여주듯이) 바울이 시야에서 사라지면서 장차 에베소 교회를 이끌어갈 후계자이기 때문일 것이다.

바울은 이 편지를 "고린도에 있는 하나님의 교회", 즉 고린도에 있는 신자들 앞으로 보낸다. 바울이 그의 사도직을 "하나님의 뜻으로 말미암[은]" 것이라고 말했듯이 이제는 고린도 교회를 "하나님의 교회"라고 부른다. "고린도에 있는"이라는 서술어는 보다 직접적이고 근본적인 실재, 즉 이 신자들이 그 근원과 중심을 하나님께 두는 회중에 속한다는 실재 뒤에 따라온다.

바울은 그의 편지를 단지 고린도 교회뿐만 아니라 주변의 아가야 지방(그리스의 최남단 지역)에 있는 모든 신자들에게도 보내는 것임을 분명히 하면서 1절을 마무리한다. 고린도전서 1:1-2에 나온 것과 같이 바울은 다시금 이 신자들을 "성도"라고 부른다(그가 "성도"라고 부르는 사람들은 고린도 교인들과 주변 지역에 있는 신자들을 포함한다). 여기서 성도란 그리스도와의 연합을 통해 단번에 깨끗하게 된 모든 사람을 일컫는다(고전 6:11). 성도는 상류층 그리스도인을 가리키는 말이 아니다. 진정한 그리스도인은 모두 하나같이 성도('거룩한 자')다. "성도"라는 명사의 동사형은 '성화시키다'라는 뜻이다. 성도는 생각과 말과 행동에서 여전히 죄가 있는 상태고 점차 거룩하게 자라도록 부름 받은 사람인 한편, 그리스도인의 정체성에 관한 근본 진리는 그들이 은혜의 복음으로 결정적으로 단번에 깨끗하게 되었다는 것이다. 깨끗하게 되었기에 "성도"인 것이다.

1:2 이 축도는 바울의 사도적 메시지의 핵심을 드러낸다. 여기서 우리는 무엇이 바울을 극한 상황까지 몰고 가는지(11:23-29) 그 깊숙한 곳을 들여다보게 된다. 그는 죄 있는 자에게 은혜를, 소외받는 자에게 평강을 가져가도록 하나님의 부르심을 받았다.

바울신학에서 "은혜"란 무엇인가? 은혜란 그리스도 안에서 죄인들의 삶에 침입한 하나님의 개입으로서 그들을 죽음과 정죄로부터 생명과 사죄로 구출하는 것을 말한다(4:15; 6:1; 8:9). 다른 편지들과 같이 고린도후서에서도 바울은 은혜를 이런 식으로 말할 뿐 아니라 이 선물을 받은 자들의 합당한 행위로도 묘사한다. 은혜를 받은 우리는 다른 사람들에게 은혜를 베푼다. 수직적 관계가 수평적 관계에 영향을 미친다. 그래서 바울은 고린도 교회의 방문을 '은혜의 경험'(1:15)으로, 그리고 그리스도인의 관대함을 "은혜"(8:1, 6, 7)로 묘사하는 것이다. 바울은 또한 은혜를 그리스도인의 삶에 능력을 주시는 하나님의 선물로 묘사하고, 선행을 하나님의 넘치는 "은혜"의 결과라고 부르며(9:8), 하나님께서 지탱하시는 능력을 "은혜"의 사안으로 밝힌다(12:9).

그런즉 은혜는 고린도후서에서 유연한 개념이지만, 이 모든 용법(그저 얻은 용서, 인간 상호 간의 친절, 신적 능력 부여)의 공통분모는 이 은혜가 마땅히 받는 것이 아니라는 점이다. 은혜는 살 수 없고 인과응보가 아니라 선물의 범주에 속한다. 2절에서 바울이 이 용어를 일반적이고 포괄적인 방식으로 사용하는 것은 고린도 교인들에게 그리스도인 존재의 핵심 실체를 상기시키기 위해서다. 그것은 하나님께서 죄인들에게 베푸신 과분한 자비다.

"평강"(평안)은 종종 바울의 인사에서 은혜의 상대역이자 파트너다. 여기서 평강은 구약의 개념인 샬롬[shalom, 하나님과 그분의 피조물이 조화를 이룰 때 생기는 평온함, 헬라어로는 에이레네(eirēnē)이며 여기서 irenic이라는 영어 단어가 나왔다]에서 유래한 것으로, 특히 하나님과 죄인 간의 회복된 관계를 말한다. 이 때문에 바울이 평강을 은혜와 나란히 거론할 때 평강을 먼저 언급하는 경우가 없는 것이다. 논리적으로 은혜가 먼저 나오고, 죄인에게 은혜가 임하면 평안한 상태가 된다.

≋≋≋ 응답 ≋≋≋

바울은 사도로서 이 편지를 쓴다. 말하자면 그는 장차 이어질 신자 세대들을 위해 복음 진리의 수호자라는 특별한 사명을 받은 사람으로서 이 글을 쓰고 있는 것이다. 그 세대는 현재까지 이어졌고 또한 주님이 다시 오실 때까지 이어질 것이다. 그래서 이 서신은 '우리'를 위한 것이다. 이는 역사적 상황에 맞춰졌으나 여전히 초월적 권위가 있고 우리를 면밀히 조사한다. 이것이 성경의 경이로운 점이다. 성경은 특정한 저자가 특정한 문화에 속한 특정한 청중에게 쓴 글이지만, 더 깊은 차원에서는 하나님께서 모든 문화에 속한 모든 사람을 위해 초시간적으로 쓰신 책이다.

바울이 주후 1세기 중반에 고린도 교인들을 축복할 때 거론한 은혜와 평강은 바로 모든 시대의 모든 그리스도인을 위한 은혜와 평강이다. 아가야에 있는 성도들뿐만 아니라 모든 시대에 걸쳐 세계 전역에 있는 성도들을 위한 것이기도 하다.

- 은혜: 이는 하나님께서 어떤 분이신지 보여준다. 이것은 그분 마음 깊숙한 곳에 있다. 은혜는 전적으로 바깥에서 우리에게 온다. 그래서 '너희에게' 은혜가 임하기를 비는 것이다. 우리가 사다리를 타고 하나님의 은총으로 올라가는 것이 아니라 하나님의 은총이 우리에게 내려왔다.
- 평강: 샬롬이 그리스도의 오심으로 이 세계를 온통 감싸 안았다. 누구든지 회개하고 자신을 하나님께 의탁하면 하나님에 대한 적대감과 소외가 치유되고 해소된다. 그리고 하나님과 평화로운 관계를 맺게 된다.

3 찬송하리로다 그는 우리 주 예수 그리스도의 하나님이시요 자비의 아버지시요 모든 위로의 하나님이시며 4 우리의 모든 환난 중에서 우리를 위로하사 우리로 하여금 하나님께 받는 위로로써 모든 환난 중에 있는 자들을 능히 위로하게 하시는 이시로다 5 그리스도의 고난이 우리에게 넘친 것같이 우리가 받는 위로도 그리스도로 말미암아 넘치는도다 6 우리가 환난 당하는 것도 너희가 위로와 구원을 받게 하려는 것이요 우리가 위로를 받는 것도 너희가 위로를 받게 하려는 것이니 이 위로가 너희 속에 역사하여 우리가 받는 것 같은 고난을 너희도 견디게 하느니라 7 너희를 위한 우리의 소망이 견고함은 너희가 고난에 참여하는 자가 된 것같이 위로에도 그러할 줄을 앎이라

3 Blessed be the God and Father of our Lord Jesus Christ, the Father of mercies and God of all comfort, 4 who comforts us in all our affliction, so that we may be able to comfort those who are in any affliction, with the comfort with which we ourselves are comforted by God. 5 For as we share abundantly in Christ's sufferings, so through Christ we share abundantly in comfort too.¹ 6 If we are afflicted, it is for your comfort

and salvation; and if we are comforted, it is for your comfort, which you experience when you patiently endure the same sufferings that we suffer. 7 Our hope for you is unshaken, for we know that as you share in our sufferings, you will also share in our comfort.

8 형제들아 우리가 아시아에서 당한 환난을 너희가 모르기를 원하지 아니하노니 힘에 겹도록 심한 고난을 당하여 살 소망까지 끊어지고 9 우리는 우리 자신이 사형선고를 받은 줄 알았으니 이는 우리로 자기를 의지하지 말고 오직 죽은 자를 다시 살리시는 하나님만 의지하게 하심이라 10 그가 이같이 큰 사망에서 우리를 건지셨고 또 건지실 것이며 이후에도 건지시기를 그에게 바라노라 11 너희도 우리를 위하여 간구함으로 도우라 이는 우리가 많은 사람의 기도로 얻은 은사로 말미암아 많은 사람이 우리를 위하여 감사하게 하려 함이라

8 For we do not want you to be unaware, brothers,*2* of the affliction we experienced in Asia. For we were so utterly burdened beyond our strength that we despaired of life itself. 9 Indeed, we felt that we had received the sentence of death. But that was to make us rely not on ourselves but on God who raises the dead. 10 He delivered us from such a deadly peril, and he will deliver us. On him we have set our hope that he will deliver us again. 11 You also must help us by prayer, so that many will give thanks on our behalf for the blessing granted us through the prayers of many.

---

1 Or For as the sufferings of Christ abound for us, so also our comfort abounds through Christ 2 Or brothers and sisters. In New Testament usage, depending on the context, the plural Greek word adelphoi (translated "brothers") may refer either to brothers or to brothers and sisters

〰〰〰 단락 개관 〰〰〰

환난을 통한 위로

바울의 편지들 중 독자의 주의를 수신자들이 아니라 하나님께 돌리게 하는 글귀로 시작하는 다른 편지는 에베소서뿐이다. 갈라디아서는 갈라디아 교인들의 배교에 깜짝 놀라는 말로 시작하는 한편, 다른 모든 편지는 하나님께서 그 편지의 수신자들 가운데 행하시는 일에 대해 감사하는 기도로 시작한다.

에베소서의 초점은 그리스도와의 연합을 통해 받은 영적인 복들에 있는데 비해, 고린도후서의 초점은 고난과 위로라는 쌍둥이 주제이자 서로 맞물린 실재들에 있다. 바울은 먼저 왜 하나님께서 이 두 가지 경험이 신자들의 삶에 생겨나게 하시는지를 성찰하고(3-7절), 이후 이 패턴을 지닌 개인적 경험에 대해 성찰한다(8-11절).

〰〰〰 단락 개요 〰〰〰

II. 바울이 자기 사역을 변호하다(1:3-7:16)

   A. 참된 복음 사역의 역설적 성격을 소개하다(1:3-11)

      1. 환난 중의 위로(1:3-7)

        a. 위로의 하나님(1:3)

        b. 환난 중에 위로하는 목적: 일반적 원리(1:4)

        c. 구원자의 고난, 우리의 위로(1:5)

        d. 환난 중에 위로하는 목적: 구체적 적용(1:6)

        e. 최종적 위로에 대한 확신(1:7)

      2. 환난에서의 구출(1:8-11)

a. 개인적인 예: 환난(1:8-9a)

b. 목적 진술(1:9b)

c. 개인적인 예: 구출(1:10)

d. 기도의 필요성(1:11)

〰〰〰 주석 〰〰〰

1:3 바울은 그의 시선을 오로지 하나님께 고정시킨 채 편지의 본론을 시작한다. "찬송하리로다"는 하나님을 찬송하는 전형적인 유대 방식이다. 물론 바울처럼 하나님을 예수 그리스도와 연관시키는 일은 유대교의 의례나 신조에서 크게 벗어난다. 이어지는 내용은 연민과 갈망, 염려와 책망으로 가득 차 있다. 그러나 처음에는 하나님에 대한 기쁨의 탄성, 그분의 탁월한 주 되심과 자비로운 아버지 되심에 대한 찬사로 말문을 연다.

바울은 먼저 하나님께서 내적으로 또는 그리스도와의 관계에서 누구신지에 대해 성찰하고, 이후 외적으로 또는 신자들과의 관계에서 누구신지에 대해 성찰한다.

내적으로, 그분은 "우리 주 예수 그리스도의 하나님"이다. 헬라어로 보면 "하나님"과 "아버지" 둘 다 아버지와 그리스도의 관계를 묘사한다. 바울의 다른 서신들(그리고 오랜 세월에 걸친 성경 전체의 증언과 신실한 해석자들)에 따르면, 여기서 바울이 그리스도를 다른 인간들처럼 피조물의 위치에 두는 것은 아니다. 아들이신 그리스도는 신적 정체성을 공유한다. 그분은 참된 하나님이다. 그럼에도 삼위일체 하나님의 구속 계획에서 아버지는 구원을 편성하시는 한편, 성육신한 아들은 아버지와 완전한 조화를 이루며 그 구원을 성취하고 중재하신다(그리고 성령이 그 구원을 적용하신다).

외적으로(또는 신자들과의 관계에서), 하나님은 "자비의 아버지시요 모든 위로의 하나님이시[다]". 복수형 '자비들'("mercies", 개역개정은 "자비")과 형용사 "모든"은 온통 쏟아 부어지는 하나님의 선하심을 반영한다. 하나님의 자비와 위로는 그분의 마음속 깊은 데서 풍성하게 흘러나온다. 이는 우리가 경험하는 모든 참된 위로가 하나님으로부터 온다는(이것도 사실이지만) 뜻이기보다는 위로가 바로 그분이 누구신지를 규정한다는 뜻이다. 그분은 "모든 위로의 하나님"이다.

1:4 위로와 하나님의 정체성은 추상적 관계가 아니다. "모든 위로의 하나님"은 실제로 그분의 백성을 위로하기 위해 스스로 움직이신다. "우리를 위로하[시는]" 분이다. 위로는 하나님이 누구신지를 묘사하는 형용사일 뿐 아니라 그분이 행하시는 일을 묘사하는 동사이기도 하다. 헬라어로 보면 이는 하나님으로부터 오는 지속적인 위로의 행위다. 그리고 이런 신적 위안은 어떤 환난들을 우회하거나 일부 환난만 치유하는 것이 아니다. 그분은 "우리의 '모든' 환난 중에서 우리를 위로하[신다]". 우리 삶에 고통스러운 환난이 닥칠 때마다 하나님의 위로가 일어나서 그것을 대처하고 진정시킨다. 우리가 이 편지에서 줄곧 보게 될 것은, 하나님께서 종종 환난을 거두지 않고 필요한 일을 행하셔서 환난에도 불구하고 우리로 인내하고 번영할 수 있게 하시는 모습이다.

하나님은 왜 고통 중에 있는 우리를 위로하시는가? 우리로 주변의 고통 당하는 이들에게 신적 위로를 전달하는 통로가 되게 하시기 위해서다. 그렇다. 어떤 고통을 당하든지 상관없다. 고린도 교인에게 보낸, 현존하는 바울의 다른 편지에 따르면, 바울은 신자들을 그리스도를 머리로 모신 그리스도의 몸으로 본다(고전 12:12-27). 여기서 우리는 바울이 이 실재를 얼마나 중시하는지 알 수 있다. 하나님은 대체로 다른 신자들을 통해 신자들을 위로하신다. 직접 위로하지만(4a절) 또한 간접적으로 그분의 백성을 통해 위로하기도 하신다(4b절).

1:5 어떻게 그럴 수 있을까? 다른 신자들을 통해 중재되는 위안은 바울이

주님으로부터 직접 받는 위안보다 덜 생생하고 더 희석되지 않는가? 전혀 그렇지 않다. 이어서 나오는 바울의 추론을 생각해보라. 여기서 ESV가 새로운 문장을 시작하는 것은 정당화될 수 있으나 헬라어에는 뚜렷한 문법적 단절이 없다. 하나님은 우리가 받은 그 위로로 우리 주변 사람들을 위로하신다. 왜 그런가? "그리스도의 고난이 우리에게 넘친 것같이 우리가 받는 위로도 그리스도로 말미암아 넘치게"[3] 하기 위해서다.

앞 구절에서 바울은 하나님께 받는 위로에 대해 말했고 여기서는 그리스도를 도입한다. 바울의 글에 만연한 주제인 '그리스도와의 연합'에 의존하지 않으면 바울의 논리를 도무지 이해할 수 없다. 이 때문에 신자들을 통해 중재되는 위로가 하나님께 직접 받는 위로만큼 생생한 것이다. 신자들은 그리스도 안에 있기 때문에 다른 신자들에게 위로를 받는 것은 곧 그리스도에게 위로를 받는 것이다.

바울은 "그리스도의 고난이 우리에게 넘친[다]"라고 하는데, 이는 그리스도와 연합한 우리가 우리보다 앞서 그리스도가 경험하신 십자가의 패턴에 참여한다는 뜻이다. 바울은 이를 빌립보서에서 "그 고난에 참여함을 알고자 하여 그의 죽으심을 본받[는다]"(빌 3:10)라고 표현한다. 그러나 빌립보서가 곧바로 그로써 그리스도의 부활에 참여한다고 말하듯이(빌 3:10-11), 고린도후서 1:5은 그리스도의 고난이 우리에게 넘친다고 말한 후 곧바로 우리가 받는 위로도 넘친다고 한다.[4] 헬라어 접속사들은 우리가 놓치기 쉬운 점을 분명히 해준다. 마치 우리가 그리스도의 고난에 동참하듯이, (필연적이고 자연스러운 상대역으로서) 우리는 또한 그리스도를 통한 위로에도 동참한다.

---

3 필자는 여기서 ESV 각주에 나오는 다른 독법을 사용했고, 또한 이 헬라어 전치사[에이스(*eis*)]가 종종 작동하는 방식에 따라 "for us"를 "to us"로 바꾸었다.

4 죽음과 부활의 패턴에 관한 통찰력 있는 성찰은 다음 책을 참고하라. Paul E. Miller, *J-Curve: Dying and Rising with Jesus in Everyday Life* (Wheaton, IL: Crossway, 2019).

1:6 바울은 '환난을 통한 위로'라는 주제를 계속 다루지만 이제는 좀 더 개인적인 차원에서 논지를 펴기 위해 방향을 바꾼다. 그는 고린도 교인들의 눈을 똑바로 쳐다보면서 "이것은 너희를 위한 것이다"라고 말한다.

즉시 독자에게 충격을 주는 것은 바울이 그의 고난과 위로를 동일한 목표에 맞춰 정렬시킨다는 점이다. 그 목적은 바로 고린도 교인들을 위로하는 것이다. 헬라어 구문(*eite···eite···*)은 '이것이든···저것이든 간에'라는 뜻이다. 이 편지 전체에서 그러듯이, 바울은 여기서 신자다운 삶이 철저한 타인 중심주의, 자신보다 다른 사람을 배려하는 것임을 주지시킨다. 이는 한마디로 사랑이다. 그는 그의 환난이 '너희의 위로와 구원을 위한 것'임을 말하려고 헬라어 전치사[속격과 함께 사용되는 휘페르(*hyper*), "위하여"라는 뜻]를 사용한다. 말하자면 그의 환난은 고린도 교인들을 '위한' 것이라는 뜻이다. (그는 그의 위로가 고린도 교인들을 '위한' 것임을 말할 때도 다시금 동일한 전치사 구문을 사용한다.) 바울의 큰 관심사는 그 자신의 행복이 아니라 고린도 교인의 행복이다. 우리가 나중에 살펴볼 것처럼, 이는 거짓 사도들에게서 보는 것과 정반대인 이타적 관심이다.

바울은 다시 한 번 그리스도인의 고난 위에 위로를 덮음으로써 이 문장을 끝낸다. 고린도 교인의 위로는 '너희가 우리가 당하는 것과 똑같은 고난을 견뎌낼 때 너희가 경험하는' 실재라고 말한다. 고린도 교인들이 환난 중에 참고 견딜 때 조용한 실재(위로)가 나란히 나타나서 그 고통을 초월한다. 이는 그들이 그리스도와 연합한 자들로서 그분의 환난에 참여할 때 그들에게 넘치는 그리스도의 격려와 위로를 말한다.

1:7 바울은 친구들에게 그들의 영적 안정을 믿고 있음을 확신시킨다. 그는 앞 구절에서 '인내'를 언급했고 여기서는 "소망"을 거론하는데, 이 둘은 모두 미래와 관련이 있다. 바울은 그들이 끝까지 견딜 것으로 확신한다. 왜 그런가? 그들이 그리스도인의 충만한 경험에 참여하고 있기 때문이다. 산의 정상만 알고 골짜기를 모르는 사람들, 편안함만 알고 고통을 모르는 사람들의 진정한 영적 상태를 알기란 어렵다. 그런데 그리스도인이 경험하

는 비참한 환난에는 이상하게도 고무적인 면이 있다. 그곳은 오히려 안전한 땅이다. 그곳은 그리스도가 걸으신 길이고, 우리가 그 길을 걷고 있음을 안다면 우리는 전천후 제자들이다. 고린도에는 많은 어려움이 있다. 그래도 바울은 용기를 갖는다. 적어도 그들이 고난을 받고 있으니 말이다!

그리고 다시 한 번 그는 그 자신과 고린도 교인이 그리스도와 연합한 결과로 공유하게 된 연대를 은근히 언급한다. 고린도 교인들은 바울의 고난에 '동참한다'. 여기서 사용된 헬라어 단어[코이노노스(*koinōnos*)]는 좋은 일(8:23; 몬 1:17)과 나쁜 일(고전 10:18, 20)을 막론하고 깊이 하나가 되는 이들을 가리킨다.

1:8 바울은 이제 자기가 방금 추상적인 용어로 묘사한 것을 개인적 예를 들어 설명한다. 두 대목은 나란히 작동한다. 신학에 이어 자서전이, 진리에 이어 실례가 나온다.

바울은 고린도 교인을 처음으로 "형제들"이라 부름으로써(참고. 8:1; 13:11) 그들을 자기에게 끌어들이고 그들과의 연대를 강조한다. 그는 고린도 교인들이 특별히 심했던 최근의 환난을 모르기를 원치 않는다고 말한다. 왜 그런가? 그는 아직 충분히 강인하지 못한 청중 앞에서 자신의 탄력을 과시하고 있는가? 결코 그렇지 않다. 오히려 이런 육신적 사고방식은 바울이 이 편지에서 줄곧 싸우게 될 거짓 사도들의 속성이다. 바울의 자랑거리는 그의 강인함이 아니라 약함일 뿐이라고 나중에 말할 것이다(11:30). 따라서 진정한 자랑은 본인이 아니라 주님 안에서 자랑하는 것이다(10:17-18). 바울은 스스로를 방금 권유한 신학과 동일시한다. 그는 자기가 설파하는 것을 실천하고 있음을 그들이 알길 원한다. 그는 자기가 처방하고 있는 약을 이미 복용했다. 바울은 최근에 당한 환난의 지리적 위치("아시아에서", 오늘날의 터키)를 밝힘으로써 그 구체적인 실체를 강조한다.

이 구절의 전반부는 그 환난의 장소를, 후반부는 그 격심한 정도를 언급한다. 헬라어 본문은 이 환난의 강도를 전달하려고 애쓴다. "우리는 힘에 겹게 너무 짓눌려서, 마침내 살 희망마저 잃을 지경에 이르렀습니다"(새

번역). 이 어구의 첫 부분을 문자적으로 번역하면 '능력을 뛰어넘는 비상한 속성[휘페르볼레(*hyperbolē*)]에 따라 우리가 짓눌렸다'가 된다. 휘페르볼레라는 단어는 '등급의 척도에서 비범한 정도까지 이르는 상태'(BDAG)라는 뜻이다. 즉 비범한 속성을 말한다. 이 편지에서는 바울이 언어로 거의 포착할 수 없는 것을 전달하려 하는 중요한 지점에서 몇 번 사용된다(4:7, 질그릇에 나타난 하나님의 '엄청난' 능력; 4:17, '비교할 수 없을 정도'로 큰 영광; 12:7, 바울이 셋째 하늘로 이끌려 올라갔을 때 받은 '엄청난' 계시). 엄청난 파도 앞에서 노 젓는 배처럼, 바울의 타고난 능력은 이 격심한 시련에 완전히 압도되고 말았다. 바울과 그 일행은 "살 소망까지 끊어[졌다]". 그들은 이것이 끝이라고 생각하며 완전히 체념했다.

1:9 바울은 계속해서 그 고난이 얼마나 심했는지를 납득시키고 있다. 헬라어 본문에 따르면, 바울은 단지 그들이 사형선고를 받았다고 '느꼈다'는 게 아니라, 그들에 관한 한, 그들이 아예 사형선고를 받았다고 말한다. 재판은 이미 끝났다. 처형자의 칼이 올라갔다.

왜 그랬는가? "우리로 자기를 의지하지 말고…하나님만 의지하게 하심이라." 바울은 그 자신의 한계점, 그의 인간적 자원과 에너지와 전략이 완전히 소모된 지점에 이르렀기 때문에 하나님밖에는 더 이상 갈 곳이 없었다. 바울과 그 일행은 성숙한 신자라면 누구나 깨달아야 할 점을 깨닫기에 이른 것이다. 육신이 우리 속에서 너무 강한 나머지 우리는 하나님께 매달리기 전에, 그분께 의존하기 전에, 우리 자신을 그분께 내던지기 전에, 우리 속에 있는 무엇이든 악착같이 붙잡으려고 한다는 점이다.

그렇다고 아무 신이나 의지해서는 안 된다. 이분은 "죽은 자를 다시 살리시는" 하나님이다. 바울은 인간적인 노력과 힘에 관한 한 이미 사형선고를 받았다. 하나님이 아니면 그는 끝장났다. 여기에 그 핵심이 있다. 하나님께서 바울 안에서 부활의 생명을 일으킬 준비를 하고 계셨다는 것이다. 그런데 오직 죽은 자만이 부활할 수 있다(4:7-18을 참고하라). 그리스도는 죽임을 당한 후 일으키심을 받았다. 바울 역시 '죽임을 당한' 후 일으키심을 받았다. 상처받은 사람은 아직 자기 힘으로 절뚝거릴 수 있다. 오직 죽은 사람만이 완전히 능력을 잃었기에, 새로운 생명을 불어넣어 그들을 죽은 상태에서 일으킬 외부의 능력이 필요하다.

1:10 이것이 바로 하나님께서 행하신 일이다. '그분이 우리를 치명적 위험에서 구출하셨다.' 이 본문을 문자적으로 번역하면 '그토록 큰 죽음에서 우리를 구출하신 분'이 된다. 그것은 단지 죽음의 위험만이 아니다. 바울에 관한 한, 그는 실제로 죽었었다. 하나님의 개입이 없었다면 바울의 인생이 끝에 이르렀다는 의미에서 그랬다. 그런데 개입이 있었다. 하나님께서 바울과 그 일행을 '구출하셨다'.

바울은 한 걸음 더 나아가 '장차 그분이 우리를 건지실 것'이라고 말한다. 이는 무슨 뜻인가? 이 격심한 시련이 그의 내적 역학에 배선을 깐 결과, 이제 그는 죽은 자를 일으키시는 하나님께서 항상 '속수무책'의 상황에서 생명을 끌어내실 것임을 알게 되었다는 뜻이다. 바울은 이제 죽은 자를 일으키는 하나님께서 일하시는 방식을 이해한다. 여기서 바울이 한시적인/환경적인 구출을 말하는지, 아니면 영원한/영적 구출을 말하는지를 묻는 것은 요점을 놓치는 질문이다. 둘 다 포함된다. 어떤 시련인지를 막론하고 하나님은 생명을 주실 것이다. 하나님은 바로 그런 분이다. 그분은 그리스도를 죽은 상태에서 일으키셨다. 환경적 '죽음'이나 최후의 신체적 죽음을 막론하고, 자원이 바닥나서 모든 것을 그분께 의지하는 사람들을 일으키실 것이다. 그래서 바울은 '구출하다'(건지다)라는 동사를 이 구절에서 세 번째로 사용한다. "앞으로도 건져주시리라는 희망을 우리는 하나님께 두었습니다"(새번역). 바울의 사고방식 자체가 완전히 뒤집어졌다. 그는 자신의 희망을 이 불안정한 세상의 모든 것에서 뿌리째 뽑아서 죽은 자를 일으키시는 하나님께 이식했다.

1:11 이제까지 바울은 그의 사도 사역이 어떻게 고린도 교인들을 위한(휘페르) 것이었는지에 대해서만 말했다. 이제 그는 방향을 바꾸어 상호적 진

리를 포함한다. 너희도 우리를 위해(휘페르) 무언가를 해야 한다고. 고린도 교인들은 무엇을 할 수 있을까? 기도를 통해 바울과 그 동역자들의 사역에 합류할 수 있다.

이에 대한 이유("이는 우리가 많은 사람의 기도로 얻은 은사로 말미암아 많은 사람이 우리를 위하여 감사하게 하려 함이라")는 헬라어와 영어 모두 이해하기 어렵다. 그 이유는 바울이 고린도 교인의 사역을 그의 사역과 뒤얽히게 하려고 애쓰고 있다는 점에 있다. 그는 그의 사역과 그들의 기도가 연결되어 있음을 분명히 한다. 여기에 나온 "은사"[카리스마(*charisma*)]는 값없이 또는 은혜롭게 주어진 은총이나 선물을 의미한다. 이는 바울이 위탁받은 복음 사역을 가리킨다. 고린도 교인들은 그들의 기도를 통해 바울의 사역, 즉 교회가 성장하던 초기 몇 십 년에 걸쳐 지중해 전역에서 펼쳐지던 복음 전파 사역에 합류하고 있는 것이다.

≋≋≋≋ 응답 ≋≋≋≋

우리 안의 모든 것은 고통으로부터 달아나려 한다. 고통은 일종의 죽음이다. 편안함, 건강, 이동성 또는 자유의 끝장이다. 바울은 이 편지 내내 그러듯이 여기서도 이런 보편적 인간 충동을 거꾸로 뒤집는다. 우리가 모든 위로의 하나님을 경험하는 것은 고통과 환난을 '통해서'다. 하나님은 그리스도(몸소 죽음을 거쳐 다른 편으로 나아가신)를 통해 우리가 하나님의 심정을 맛보고 그분의 깊은 위안을 흡입하는 것은 다름 아닌 고통 안에서 일어난다는 것을 입증하셨기 때문이다.

그러나 이것은 단순한 공식 이상이다. 이는 하나님께서 어떤 분이신지를 보여준다. 그분은 "자비의 아버지"시다(3절). 청교도인 토머스 굿윈(Thomas Goodwin)은 이렇게 표현했다. "하나님은 온갖 자비를 갖고 계시다. 우리의 마음과 마귀가 다양한 죄악의 아버지인 만큼, 하나님은 다양한 자비의 아버지시다. 그 어떤 죄나 불행이든 하나님은 그것에 대한 자비를 갖고 계신다."[5]

　자비의 아버지께서 우리를 절박한 상황으로 데려가실 때는, 우리를 너무
도 사랑해서 그분과 함께하는 깊은 곳으로, 생명으로 인도하시는 것이다.
바로 부활의 생명이라는 진정한 생명이다. 그러나 부활의 생명을 누리는
길은 단 하나, 바로 죽는 것뿐이다. 그래서 우리는 아버지께서 우리와 함께
이 타락한 세상길을 걷고 또 어리둥절한 시련을 통과하게 하실 것이라고
신뢰하게 된다. 그분은 죽은 자를 일으키시는 하나님이다. 우리는 그분의
부활하신 아들과 연합되었기 때문에 최후의 생명과 승리와 번영을 확신할
수 있다.

5　Thomas Goodwin, *The Works of Thomas Goodwin*, 12 vols. (Grand Rapids, MI: Reformation Heritage, 2006), 1:187.

12 우리가 세상에서 특별히 너희에 대하여 하나님의 거룩함과 진실함으로 행하되 육체의 지혜로 하지 아니하고 하나님의 은혜로 행함은 우리 양심이 증언하는 바니 이것이 우리의 자랑이라 13 오직 너희가 읽고 아는 것 외에 우리가 다른 것을 쓰지 아니하노니 너희가 완전히 알기를 내가 바라는 것은 14 너희가 우리를 부분적으로 알았으나 우리 주 예수의 날에는 너희가 우리의 자랑이 되고 우리가 너희의 자랑이 되는 그것이라

12 For our boast is this, the testimony of our conscience, that we behaved in the world with simplicity¹ and godly sincerity, not by earthly wisdom but by the grace of God, and supremely so toward you. 13 For we are not writing to you anything other than what you read and understand and I hope you will fully understand— 14 just as you did partially understand us—that on the day of our Lord Jesus you will boast of us as we will boast of you.

15 내가 이 확신을 가지고 너희로 두 번 은혜를 얻게 하기 위하여 먼저

너희에게 이르렀다가 ¹⁶ 너희를 지나 마게도냐로 갔다가 다시 마게도
냐에서 너희에게 가서 너희의 도움으로 유대로 가기를 계획하였으니
¹⁷ 이렇게 계획할 때에 어찌 경솔히 하였으리요 혹 계획하기를 육체
를 따라 계획하여 예 예 하면서 아니라 아니라 하는 일이 내게 있겠느
냐 ¹⁸ 하나님은 미쁘시니라 우리가 너희에게 한 말은 예 하고 아니라
함이 없노라 ¹⁹ 우리 곧 나와 실루아노와 디모데로 말미암아 너희 가
운데 전파된 하나님의 아들 예수 그리스도는 예 하고 아니라 함이 되
지 아니하셨으니 그에게는 예만 되었느니라 ²⁰ 하나님의 약속은 얼마
든지 그리스도 안에서 예가 되니 그런즉 그로 말미암아 우리가 아멘
하여 하나님께 영광을 돌리게 되느니라 ²¹ 우리를 너희와 함께 그리스
도 안에서 굳건하게 하시고 우리에게 기름을 부으신 이는 하나님이시
니 ²² 그가 또한 우리에게 인치시고 보증으로 우리 마음에 성령을 주
셨느니라

¹⁵ Because I was sure of this, I wanted to come to you first, so that you
might have a second experience of grace. ¹⁶ I wanted to visit you on my
way to Macedonia, and to come back to you from Macedonia and have
you send me on my way to Judea. ¹⁷ Was I vacillating when I wanted to
do this? Do I make my plans according to the flesh, ready to say "Yes,
yes" and "No, no" at the same time? ¹⁸ As surely as God is faithful,
our word to you has not been Yes and No. ¹⁹ For the Son of God, Jesus
Christ, whom we proclaimed among you, Silvanus and Timothy and I,
was not Yes and No, but in him it is always Yes. ²⁰ For all the promises
of God find their Yes in him. That is why it is through him that we utter
our Amen to God for his glory. ²¹ And it is God who establishes us with
you in Christ, and has anointed us, ²² and who has also put his seal on
us and given us his Spirit in our hearts as a guarantee.²

1 Some manuscripts *holiness* 2 Or *down payment*

≈≈≈≈≈ 단락 개관 ≈≈≈≈≈

순박함을 통한 은혜

바울은 계속해서 고린도 교인들 가운데 펼친 그의 사역에 대해 성찰한다. 그러나 이제 드러나는 것은 그 자신과 고린도 교회의 관계가 깨어져서 생긴 고통과 근심이다. 그는 팔을 벌린 채 그들을 향해 움직여서 그 관계를 회복하려 한다. 먼저 자신의 진실한 동기를 확신시키며 그리스도인의 자랑의 참된 성격을 상기시키려고 애쓴다(12-14절). 이어서 그들을 만나려는 여행 계획과 관련하여 자신의 성실함을 입증한다(15-18절). 바울은 이런 주장의 근거를 하나님의 본성과 그 자신이 고린도 교인들 가운데서 행한 일에서 찾는다. 즉 바울이 복음 전파를 통해 그리스도를 세우고(19절), 그리스도를 통해 하나님의 약속을 세우고(20절), 성령을 통해 신자들을 세운 것을 말한다(21-22절).

≈≈≈≈≈ 단락 개요 ≈≈≈≈≈

II. 바울이 자기 사역을 변호하다(1:3-7:16)

    B. 바울이 그의 순회 여행과 사역을 변호하다(1:12-2:17)

       1. 참된 자랑(1:12-14)

         a. 바울의 진실함(1:12)

         b. 고린도 교인의 이해(1:13)

         c. 바울과 고린도 교인의 상호 자랑(1:14)

       2. 참된 의도(1:15-18)

         a. 바울의 여행 계획(1:15-16)

         b. 바울의 성실함(1:17-18)

3. 바울 주장의 근거(1:19-22)
    a. 복음 전파로 그리스도를 세우다(1:19)
    b. 그리스도로 하나님의 약속을 세우다(1:20)
    c. 성령으로 바울을 세우다(1:21-22)

≈≈≈≈ 주석 ≈≈≈≈

1:12 바울은 여기서 자랑이라는 주제를 꺼내는데, 이는 성경의 다른 어느 책보다 고린도후서에 더 자주 나온다. 헬라어 어근이 신약에 59번 나오는데 그중에 29번이 이 서신에 나온다. 이 단어는 바울이 고뇌하는 고린도의 역기능을 들여다보게 하는 창문이다. 고린도 교인들은 세상적인 또 육신적인 사고방식이 그들의 공동체와 마음속으로 침투하도록 허용했다. 그들은 인간의 강함, 영리함, 매끄러움을 존경한다. 이런 점에서 모든 타락한 사람의 정상적이고 자연스러운 모습을 보여주는 셈이다. 그들은 인간적으로 인상적인 모습을 자랑하고 그것을 기뻐하며 그로부터 힘을 얻는다. 이 편지 내내 바울은 그런 육신적인 자랑이 어리석다는 것을 폭로한다. 그런데 모든 자랑을 일괄적으로 부인하는 게 아니라 우리가 자랑하는 선천적 성향을 거꾸로 뒤집어서 그렇게 한다.

12절에서는 바울이 그 자신과 동역자들의 행실에 악의가 없음을 그의 양심이 증언하는 것을 자랑거리로 내놓는다. 그들은 '순박함[6]과 경건한 진실함'에 따라 행동했다. 이는 성실함이되 이보다 더 깊이 들어간다. 바울은 "육체의 지혜"에 따라 행하지 않았다. 고린도 교인들은 (사역에서도) 세상

---

6 바울 사역에서의 '순박함'에 관해서는 Goodwin, *Works*, 7:144-146을 보라. 일부 사본에는 '거룩함'으로 나온다(개역개정 참고).

적인 전략에 따라 일하려는 타고난 성향을 받아들이고 흠모했으나 바울은 의식적으로 그것에 저항해왔다. 오히려 그의 노동은 "하나님의 은혜로" 한 것이다. 여기서 바울은 구원하고 용서하는 은혜가 아니라 기독교 사역을 밀어주는 은혜를 거론한다(참고, 고전 15:10). 그가 하나님의 은혜를 거론하는 이유가 있다. 우리가 타고난 인간적 자원을 의지하지 않으면서 풍성한 열매를 맺으려면 하나님의 은혜가 반드시 필요하기 때문이다. 인간의 기발함과 스스로 만든 전략이 끝나는 곳에서 은혜가 시작된다. 이 둘은 상호 배타적이다.

1:13-14 이 본문은 처음 읽을 때는 약간 모호하다. 하지만 곰곰이 생각해 보면 이 편지의 전반적인 모티브, 즉 복음이 세상적인 우선순위와 타고난 가치관을 깨뜨린다는 점과 잘 어울린다.

바울은 이 편지(그들에게 보낸 네 번째 편지)에서 그의 전략을 바꾸고 있는 것이 아니라고 말한다. 그의 메시지에는 일관성이 있었다. 그는 여행 계획에 있어서 변덕스럽지 않고(15-18절) 그의 메시지도 변덕스럽지 않다(13-14절). 이 편지는 바울이 그동안 줄곧 고린도 교인들에게 말했던 것과 연속성이 있다. 하지만 그와 동시에 (이것이 이 구절의 가장 중요한 점인데) 바울은 그들이 '완전히 이해하기를 바란다'고 한다. '완전히 (이해)하길'이라는 어구에서 바울이 헬라어 단어 텔로스(telos, 끝, 목표 또는 결과)를 사용하는데, 이 단어가 여기에 나온 전치사[헤오스(heōs)]와 짝을 이루면 '끝까지'(to the end) 내지는 '최후의 완성까지 줄곧'이라는 뜻이 된다. 바울은 그의 메시지를 바꾸지 않았다. 오히려 고린도 교인들이 '세속적인 지혜'(12절)가 아니라 "하나님의 은혜"로 일한다는 것이 무슨 뜻인지를 완전히(그 최종적인 논리적 결론에 이르기까지 줄곧) 이해하지 못한 것이다. 그들은 복음적 진리의 일부만 알았을 뿐, 복음이 우리의 직관적인 사고방식을 뒤집는다는 깊은 진리는 간파하지 못했다. 하지만 바울은 고린도 교인들이 때가 되면 완전히 이해하게 될 것이라고 확신한다("소망"을 단순한 희망 사항이 아니라 확신으로 삼는 것은 바울의 전형적 용법이다).

바울은 현 시점에서 '부분적인 이해'를 말할 때 무엇을 염두에 두고 있는지를 14절에서 밝힌다. 고린도 교인들은 사실 "우리를 부분적으로" 이해했다. 그러면 그들이 "부분적으로"(14절) 이해했고 아직 "완전히"(13절) 이해하지 못한 것은 무엇일까? 그들은 최후 심판의 날에 참된 그리스도인들이 그들 속의 어떤 것이 아니라 그들 바깥의 어떤 것을 자랑할 것임을 이제야 겨우 이해하기 시작한 것이다.

바울은 다른 한 곳에서(고전 1:8) "우리 주 예수 그리스도의 날"을 거론하는데, 그곳과 이곳에서 명사 텔로스에 전치사 헤오스를 묶어서 최후의 날, 곧 그리스도가 승리의 재림을 하실 때를 가리킨다. 바울은 고린도후서에서 그리스도의 재림에 대해 많이 말하지 않지만 그의 편지들 전체에 걸쳐 곳곳에서 언급하는 것을 볼 때(고전 4:5; 15:20-28; 빌 3:20-21; 골 3:3-4; 살전 1:10; 2:19; 3:13; 4:13-18; 5:1-11, 23; 살후 1:5-10; 2:1-2, 8; 딤전 6:13-16; 딤후 4:1; 딛 2:11-14), 이는 그의 마음에서 멀리 있지 않은 것이 분명하다. 14절에 따르면 이 위대한 날에 무슨 일이 일어날 것인가? "우리가 여러분을 자랑하는 것처럼 여러분도 우리를 자랑할 수 있다"(현대인의성경). 자랑의 출처는 본인이 아닐 것이다. 바울은 고린도 교인들을 자랑할 테고 고린도 교인들은 바울을 자랑할 것이다. 이것이 1750년 조나단 에드워즈(Jonathan Edwards)가 회중의 부정 대 긍정 투표에서 10 대 1의 비율로 교회를 떠날 때 전했던 유명한 "고별 설교"의 본문이다. 에드워즈는 그들에게 언젠가 서로 다시 만날 것임을, 그리고 영적 아버지와 영적 자녀들 사이에 특별한 유대가 있다는 것을 상기시켰다.[7] 그들은 서로를 '자랑하게끔' 되어 있다. 그리스도인이 느끼는 가장 참된 만족, 가장 깊은 위로(진정한 기독교)는 다른 사람의 행복에 있다. 다시 한 번 바울은 이 편지의 큰 주제에 걸맞게 육신적이고 세상적인 타고난 자기 자랑을 거꾸로 뒤집어놓는다.

7 Wilson H. Kimnach, Kenneth P. Minkema, and Douglas A. Sweeney, eds., *The Sermons of Jonathan Edwards: A Reader* (New Heaven, CT: Yale University Press, 1999), 212-241. 《조나단 에드워즈 대표설교선집》(부흥과개혁사).

1:15-16 "[나에게] 이런 확신이 있으므로"(새번역)라는 어구에서 바울은 이 편지의 다른 곳(3:4; 8:22; 10:2)에서 '확신'(또는 믿음)으로 번역된 그 단어[페포이테시스(*pepoithēsis*), '신뢰, 확신']를 사용한다. 참고로 9:4과 11:17에서는 바울이 그 유사어인 휘포스타시스(*hypostasis*, '실체, 믿음, 확신')를 사용한다. 바울은 고린도 교인을 목양하는 영리하고 온유한 목자로서 그의 확신, 즉 복음이 그들 자랑의 근거를 재배치한다는 진리(14절)를 이해하는 면에서 그들이 계속 성장하리라는 확신을 드러낸다. 바울은 마게도냐로 가는 길에 고린도를 거쳐서 여행함으로써 고린도 교인들이 이렇게 성장하는 것을 독려하고 확인하고 싶었다(16절).

바울은 이 방문이 '두 번째 은혜의 경험'(문자적으로는 '두 번째 은혜')이 되었을 것이라고 말한다. 바울은 이 편지를 "[너희에게] 은혜[가]…있기를"이라며 은혜를 기원하는 인사로 시작했고, "은혜[가]…너희 무리와 함께 있을지어다"(13:14, 개역개정은 13절)라고 하면서 은혜를 기원하는 축도로 끝낼 것이다. 바로 이 편지가, 만일 바울이 애초의 여행 계획에 따라 고린도 교인들을 방문했더라면, 그들이 받았을 '두 번째 은혜의 경험'을 대변한다. (몸소 행하든, 편지로 하든) 사도의 복음 전파가 있는 곳에는 은혜가 있다. 바울은 로마 교회에게 보낸 편지의 서두에서도 "내가 너희 보기를 간절히 원하는 것은 어떤 신령한 은사를 너희에게 나누어 주어 너희를 견고하게 하려 함이니"(롬 1:11)라면서 이와 비슷하게 말한다. 여기에 사용된 "신령한 은사"(카리스마)라는 단어는 15절에 나오는 "은혜"[카리스(*charis*)]와 어근이 같다. 두 경우에 나오는 은사는 함께 복음을 기억하고 기뻐하는 것인데, 지금은 이를 서신이 대신하는 중이다.

그래서 바울은 애초의 계획을 분명히 밝힌다(16절). 그는 마게도냐로 가는 길에 고린도를 방문했다가 나중에 유대로 돌아가는 길에 다시 그들을 방문하려고 했다.

1:17 이 구절은 바울이 이런 애초의 여행 계획을 확실히 완수하지 못했음을 분명히 한다. 바울이 그의 편에서는 변덕스러움이 일체 없었다고 스스

로를 변호하고 있기 때문이다.

바울은 이 구절에서 한 실체를 세 가지 방식으로 표현한다.

(1) 우유부단한 것
(2) 육체를 따라 계획하는 것
(3) "예"와 "아니오"를 동시에 말하는 것

이 셋을 통해 그는 동일한 실체를 표현한다. 말하자면 겉과 속이 다른 모습이다.

첫째, ESV가 "vacillating"으로 번역한 단어는 우유부단한 애매함으로 또는 변덕스럽게(경솔하게) 움직인다는 뜻이다. 바울은 자기가 가볍게 어물쩍거리며 말했던 것이 아니라고 한다. 그의 계획은 경솔하지 않았다. 그는 고린도 교인들이 듣고 싶은 것을 말하려고 실질적인 의도보다 앞서 입을 놀렸던 것이 아니다. 그는 진심으로 말했다. 그러나 여러 중대하고 환경적인 이유들 때문에 그 계획을 완수할 수 없었다.

둘째, 그런 경솔함은 "육체를 따라 계획하[는]" 것에 이르게 했을 것이다. 여기에 나오는 육체는 헬라어 단어 사르크스(*sarx*)이며, 사르크스의 형용사형인 사르키코스(*sarkikos*)가 사용된 12절의 '세상의'(또는 "육체의") 지혜라는 개념을 떠올리게 한다. 바울신학에서 사르크스라는 용어는 대체로 영(spirit)과 상반되는 것이다. 바울은 여기서 그의 계획이 우쭐하는 인간의 피상적 동기에 따라 세워진 것이 아니라고 한다(참고. 5:16 주석; 10:2). 오히려 그는 진심으로 고린도 교인들의 영적 안녕을 위해 고린도에서 시간을 보내려고 했다.

셋째, 바울은 "예"와 "아니오"를 동시에 말한 것이 아니다. 경솔한 인간은 종종 마음으로는 "아니오"라고 하면서 입으로는 "예"라고 말한다. 바울은 그렇게 하지 않았다. 그는 줄곧 일관성이 있었다. 그는 이중적인 사람이 아니기에 고린도 교인들을 속이지 않았다.

1:18 바울은 자신의 성실함을 하나님의 신실함의 차원에 둔다. 헬라어 문장에는 '신실한'이 첫 단어로 나오는데 아마 강조하기 위해서일 것이다. 바울의 성실함은 하나님의 신실함만큼 확실하다. 그런데 바울은 이보다 더 깊은 내용을 말하고 있다. 하나님의 신실함이 바울의 성실함에 대한 '설명'이라고 한다. 이 본문을 문자적으로 번역하면 이렇다. "그리고 하나님께서 신실하신 것은 너희에게 발한 우리의 말이 '예'와 '아니오'가 아니기 때문이다." 바울은 그의 사도적 복음 전파의 성실성을 하나님의 성실성에 묶어 놓고, 어쩌면 하나님의 신실함을 그 자신의 진실함과 성실함을 지탱하는 능력으로 삼는 듯하다.

하지만 하나님의 신실함은 바울의 성실한 사역에 나타날 뿐 아니라 모든 약속의 성취로 오신 그리스도 안에서 이루어진 하나님의 사역에도 나타난다. 바울의 주장은 이제 거기로 향한다.

1:19-20 바울은 이 지점에서 방향을 바꾼다. 그는 계속해서 자기가 고린도 교인들을 대하는 면에서 성실한 동기를 갖고 있었다고 변호하되, 이제는 그 동기의 성실함을 하나님의 신실함이 아니라 구체적으로 예수 그리스도 안에 심어놓는다.

바울은 편지들의 여러 주요 지점에서 그리스도를 '하나님의 아들'이라 부른다(예. 고전 1:9; 갈 2:20; 엡 4:13). 이는 어쩌면 우리가 예상했던 만큼 자주 나오는 것이 아닐 수 있다. 바울이 지금 그리스도를 하나님께서 하신 약속의 성취로 주장하는 맥락을 감안하면, 그는 그리스도의 역할을 구약 전체에서 고대했던 위대한 다윗의 아들로 생각하고 있는 듯하다. 특히 중요한 것은 사무엘하 7장에 나오는 다윗에게 주신 하나님의 약속, 즉 하나님께서 다윗의 '자손'(삼하 7:12)을 일으켜서 그에게 영원한 "나라"(삼하 7:13)를 주시겠다는 약속과 더불어, "나는 그에게 아버지가 되고 그는 내게 아들이 되리[라]"(삼하 7:14)고 하신 하나님의 선언이다. 이 '아들' 모티브는 시편 전체에 나오고, 특히 시편 2편은 사도들이 예수님의 신분("그의 아들")을 이해하는 데 큰 영향을 미쳤다.

하나님의 아들이 어떻게 고린도 교인들 안에 현존하게 되었는가("가운데"로 번역된 전치사는 그리스도 '안에' 있다고 말할 때 사용된 전치사다. 예. 2:14)? 그것은 본보기가 아니고, 친절한 행동이 아니고, 심지어 바울이 지금 그들에게 쓰는 것과 같은 기록된 편지가 아니고, 오직 구두적 선포에 의해서다. 이 본문을 문자적으로 번역하면 이렇다. 그리스도는 '우리가 전파한 것을 통해' 고린도 교인들 안에/가운데 있다. 즉 전파하는 행위가 그리스도가 고린도에 오시게 된 수단이었으나 전파 행위가 본래의 출처는 아니었다. 선포는 바울과 그의 동역자들을 '통해서' 왔다. 아마 이 때문에 바울이 수동태("전파된")를 사용하는 것 같다. 그것은 그보다 더 높은 출처, 즉 하늘로부터, 하나님으로부터 왔다. 바울이 나중에 그의 사역에 대해 말하듯이, "이 모든 것은 하나님에게서 났습니다"(5:18, 새번역).

이후 바울은 처음 읽을 때는 이상한 진술로 들리는 말을 한다. 선포된 그리스도는 "'예'도 되셨다가 동시에 '아니오'도 되신 분이 아니었습니다. 그리스도 안에는 '예'만 있을 뿐입니다"(새번역). 바울이 말하려는 바는, 하나님의 아들을 통한 하나님의 위대한 "예"가 세계 역사의 무대 위에 분출함으로써 하나님의 성실함이 공개적으로 입증되었다는 것이다. 하나님은 죄인들에게 '아마도'를 선언하지 않으셨다. 그들에게 전심으로 또 무조건적으로 "예!"라고 말씀하셨다. 구약 전체에 걸친, 다가오는 구속자에 대한 눈덩이 같은 고대가 평범해 보이는 나사렛 출신 목수 안에서 결정적으로 다시 뒤집힐 수 없게 매듭지어졌다(참고. 눅 24:27, 44; 요 5:39, 46; 롬 1:2-3; 9:4-5; 15:8).

여기서는 구약을 염두에 두고 있다는 것이 핵심이다. 왜냐하면 바울이 다음 구절에서 19절에서 말한 것의 근거를 다루면서(20절이 시작되는 '왜냐하면'을 주목하라. 개역개정에는 없음-옮긴이 주), 그리스도의 위대한 "예"를 "하나님의 약속"과 연결시키기 때문이다(20절). 하나님의 약속 중 일부만이 아니다. "하나님의 모든 약속은 그리스도 안에서 '예'가 됩니다"(새번역). 문자적으로는 이렇다. "하나님의 약속은 얼마든지, 그분 안에서 '예'이다." 하나님께서 무엇을 서약하셨든지 간에 그리스도 안에서 다 완수되었다. 하나님께서 무엇을 행하실 것이라고 말씀하셨든지 간에, 그리스도 안에서 그분이 그것을 행하셨다. 예수 그리스도는 하나님께서 신실하시다는 것, 즉 그분의 약속을 지키신다는 것을 보여주는 구체적인 증거다.

따라서 "그[그리스도]로 말미암아 우리가 아멘 하여 하나님께 영광을 돌리게" 된다. 여기서 우리는 헬라어에는 없는 동사('우리가 발하다')를 넣어야 한다. 헬라어 *amēn*을 음역한 "아멘"은 종종 성경에서 그리고 오늘날의 예배에서 기도를 마무리하는 말이다. 하지만 여기서 이 문맥과 "예"를 거듭 사용한 점을 감안하면, "아멘"은 좀 더 폭넓게 기독교 공동체의 하나님께서 그리스도 안에서 행하신 일에 대한 긍정적 반응을 가리킨다. 하나님은 그리스도 안에서 결정적인 "예"를 주셨다. 고린도 교인들은 바울과 함께 "아멘"으로 응답하는 일에 동참했다. 그런즉 18-20절에서 바울은 여러 목적을 달성하고 있다. 그 자신의 성실함을 변호하고, 고린도 교인들에게 하나님의 성실함과 신실함을 상기시키고, 그리스도를 그 신실함의 증거로 삼고, 자기 사역의 성실함을 하나님의 성실함과 연관시킨다. 그리고 이 모든 것이 결국 하나님의 영광을 위한 것임을 자신의 전형적인 방식으로 상기시킨다.

1:21-22 바울은 그리스도가 복음 전파를 통해 세워진다고 말했고(19절), 또한 하나님의 약속이 그리스도를 통해 세워진다고 말했다(20절). 이제 그는 그 자신이 고린도 교인들(그리고 논리적 연장선상에서 모든 신자들)과 나란히 성령을 통해 세워지는 것을 말한다. 다시 한 번 바울은 고린도 교인들과의 연대를 거론하고 하나님께서 그 연대의 원인이라고 말한다.

그리스도가 하나님께서 하신 모든 약속의 성취임에 "아멘"으로 화답하는 사람들에게 주어지는 네 가지 복이 열거되어 있다. 첫째 복은 우산 같은 복이고, 나머지 3개의 복은 첫째 복이 다양한 형태로 나타난 것들이다.

(1) 하나님의 세우심(21절)
(2) 하나님의 기름 부으심(21절)

(3) 하나님의 날인(22절)

(4) 하나님의 계약금(22절)

이 모든 것이 축적된 결과는 고린도 교인들과 바울이 그리스도 안에서 안전을 보장받는 것이다. 예수 그리스도는 그들의 삶이나 믿음에 추가된 존재가 아니다. 그들은 그리스도의 주장을 막연한 것으로 생각하지 않는다. 오히려 새로운 시대의 삶 속으로 완전히 휩쓸려 들어갔다. 바울은 여기서 고린도 교인들에게 그들이 이제 누구인지를 상기시키고 확신시키면서 종말론적 실재에 호소한다(이는 이 편지의 다른 곳에서도 계속될 것이다).

전반적인 복은 하나님께서 "우리를 너희와 함께 그리스도 안에서 굳건하게 [세우시는]" 것이다. 여기서 요점은 이 일을 하시는 분이 '하나님'이라는 사실이다. '세우다'[베바이오오(bebaioō)]라는 동사는 무슨 뜻인가? 이 어근은 고린도후서에서 한 번 더 사용되는데, 7절에서 그 형용사형[베바이오스(bebaios)]이 고린도 교인들에 대한 바울의 소망이 '든든한'(개정개역은 "견고함") 것을 말하기 위해 사용된 경우다. 21절에 나오는 이 동사의 능동태는 하나님께서 "굳건하게" 세우는 일을 하시는 대목이고, 이와 병행되는 구절은 골로새서 2:7로서 그 수동태가 골로새 교인들이 '굳게 서는 것'을 언급하는 경우다. 이 단어는 어떤 사물을 아무런 의심 없이 세운다는 뜻이다. 사람을 가리킬 때는 주어진 지위가 확고해지고 확증되었다는 뜻이다.

다음 세 가지 복은 이 첫째 복을 풀어놓는다. 신자들은 어떻게 그리스도 안에서 세워지는가?

첫째, 그들은 기름 부음을 받는다. [여기에 나오는 헬라어 단어 크리오(chriō)는 명사인 '그리스도'(Christ)의 어근이고, '기름 부음을 받은 자'라는 뜻이다.] 오늘날 우리가 유능한 강사를 '기름 부음을 받은 자'라고 말할지 모르지만 이는 성경적인 풍부한 의미를 축소시키는 것이다. 신약에서 기름 부음은 특별한 기술이 아니라 하나님께서 성별하신 것을 의미한다. 그리고 바울은 '기름 부음을 받은 자'는 몇몇 유능한 리더들이 아니라 모든 신자들임을 분명히 한다. 기름 부음을 받는다는 것은 하나님을 향한 특별한 섬김을 위해 그분에 의해 구별되는 것이다. 구약에서 기름 부음을 받은 자는 제사장이나 왕(또는 빈도가 낮지만, 선지자들)이었다. 여기서는 모든 신자들이다. 그런 기름 부음에 함축된 것은 소명을 수행하는 데 필요한 은사를 하나님께서 제공하신다는 점이다(참고. 고전 12장).

그 다음의 복은 날인이다. 이는 1세기에 비해 오늘날에는 별로 친숙하지 않은 개념이다. 1세기에는 흔히 편지가 송신자를 밝히는 도장으로 봉인되었다. 동일한 헬라어 동사가 예수님의 무덤을 돌로 인봉하는 장면을 묘사하는 마태복음 27:66에도 사용되었다. 요점은 확고한 인증이다. 우리는 바로 하나님께서 표시하시고, 그분의 것으로 밝히시고, 확보하신 사람들이다. 우리는 그분께 속해 있다. 우리는 안전하다.

끝으로, 하나님의 영이 우리 마음에 '담보'[아라본(*arrabōn*)]로, 또는 '계약금'(참고. ESV 각주. 5:5)으로 거주하신다. 에베소서 1:13-14은 "약속하신 성령의 날인을 받았습니다. 이 성령은…우리의 상속의 담보[아라본]"(새번역)라고 말함으로써 고린도후서 1:22에 나오는 날인과 성령의 밀접한 관계를 더욱 강화시킨다. 그리스도인은 성령을 받는 것과 함께 날인을 받게 된다. 날인을 받는 것은 곧 성령을 받는 것이다. 전자가 없으면 후자도 없다. 바울이 "우리 마음에" 성령을 받는다고 말할 때, 이 마음은 좁은 의미의 감정적 또는 감성적인 삶이 아니라 인간 존재의 중심적인 작동 시스템, 우리 생명체의 속 깊은 욕구와 충동의 핵심을 가리킨다. 하나님께서 성령으로 우리가 누군지 그리고 우리가 무엇을 원하는지의 가장 깊숙한 곳을 혁신하기 시작하셨다는 뜻이다.

그러나 성령은 변화시키는 능력에 그치지 않는다. 성령의 현존은 그보다 훨씬 더 크고 폭넓은 것을 상징한다. 바로 새로운 시대의 도래다.[8] 바울은 성령을 '담보' 내지는 '계약금'(즉, 보증금. 저당. 착수금)으로 언급함으로써

---

8   Geerhardus Vos, "The Eschatological Aspect of the Pauline Conception of the Spirit," in Richard B. Gaffin Jr., ed., *Redemptive History and Biblical Interpretation: The Shorter Writings of Geerhardus Vos* (Phillipsburg, NJ: P&R, 1980), esp. 108, 122. 《구속사와 성경해석》(CH북스).

개시된 종말론의 언어와 범주로 진입한다. 성령은 개별 신자의 삶에서 내세의 최종 구원을 보증하는 계약금만이 아니다. 좀 더 근본적 차원에서 성령의 선물은 마지막 날의 도래를 가리키는 것, 곧 동터오는 종말의 특별한 징표다(욜 2:28-32). 성령을 계약금으로 받는 것은 새롭게 된 그리스도인의 존재와 관련된 '그 무엇'을 가리킬 뿐 아니라 우리가 현재 몸담은 역사적 시기와 관련된 '언제'를 가리키기도 한다. 우리는 고린도후서 2장에서 줄곧 '새 시대의 도래'라는 실재를 보게 될 것이다.[9]

≋≋≋ 응답 ≋≋≋

하나님은 처음부터 끝까지 동일하신 분이다. 그분은 이렇게 말했다가 저렇게 행하지 않으신다. 그분이 하신 모든 약속의 성취인 예수 그리스도를 보냄으로써 이를 증명하셨다. 그리고 부활하신 그리스도와 연합하여 성령으로 날인 받은 사람들 역시 이 새로운 성실함으로 부름을 받았다. 타락의 큰 양상 중 하나는 과시하고 투영하고 가장하는 성향이다. 우리는 이런 맥락에서는 이런 모습을 드러내고, 저런 맥락에서는 저런 모습을 드러낸다. 자신이 다른 사람들보다 관대하거나 친절하거나 우월하다는 것을 다른 이들에게 그리고 어쩌면 우리 자신에게도 설득시킨다. 그러나 우리의 속마음으로는 이것이 진정한 자아가 아님을 알고 있다. 이 분열된 정체성이 그리스도 안에서 역전된다. 그분은 우리에게 온전한 자아를 되돌려주신다. 우리는 다시금 온전한 사람이 되어 해방감과 순박함을 맛본다. 우리가 지금의 우리가 된 것은 하나님의 은혜 덕분이고, 따라서 우리는 "육체의 지혜로 하지 아니하고 하나님의 은혜로 행[하게]"(12절) 된다.

---

9 토머스 슈라이너는 개시된 종말론에 관한 유용하고 접근하기 쉬운 개관에서 "새로운 시대가 역사에 침입했다"고 쓴다. Thomas R. Schreiner, *New Testament Theology: Magnifying God in Christ* (Grand Rapids, MI: Baker Academic, 2008), 98. 《신약신학: 그리스도 안에서 하나님을 높이는 신약신학》(부흥과개혁사).

2Corinthians
고린도후서
1:23-2:4

1:23 내가 내 목숨을 걸고 하나님을 불러 증언하시게 하노니 내가 다시 고린도에 가지 아니한 것은 너희를 아끼려 함이라 24 우리가 너희 믿음을 주관하려는 것이 아니요 오직 너희 기쁨을 돕는 자가 되려 함이니 이는 너희가 믿음에 섰음이라

1:23 But I call God to witness against me—it was to spare you that I refrained from coming again to Corinth. 24 Not that we lord it over your faith, but we work with you for your joy, for you stand firm in your faith.

2:1 내가 다시는 너희에게 근심 중에 나아가지 아니하기로 스스로 결심하였노니 2 내가 너희를 근심하게 한다면 내가 근심하게 한 자밖에 나를 기쁘게 할 자가 누구냐 3 내가 이같이 쓴 것은 내가 갈 때에 마땅히 나를 기쁘게 할 자로부터 도리어 근심을 얻을까 염려함이요 또 너희 모두에 대한 나의 기쁨이 너희 모두의 기쁨인 줄 확신함이로라 4 내가 마음에 큰 눌림과 걱정이 있어 많은 눈물로 너희에게 썼노니 이는 너희로 근심하게 하려 한 것이 아니요 오직 내가 너희를 향하여

넘치는 사랑이 있음을 너희로 알게 하려 함이라

2:1 For I made up my mind not to make another painful visit to you.
2 For if I cause you pain, who is there to make me glad but the one whom I have pained? 3 And I wrote as I did, so that when I came I might not suffer pain from those who should have made me rejoice, for I felt sure of all of you, that my joy would be the joy of you all. 4 For I wrote to you out of much affliction and anguish of heart and with many tears, not to cause you pain but to let you know the abundant love that I have for you.

〰〰〰 단락 개관 〰〰〰

고통을 통한 기쁨

바울은 그가 취한 두 가지 행동에 대해 이야기한다. 고린도 교인들을 방문하지 않기로 결정한 것과 대신 그들에게 편지를 쓰게 된 것이다. 이는 고린도 교인들에게 쓰라린 고통을 주었다. 그러나 바울의 행동은 고린도 교인의 기쁨과 평안을 위한 것이었다. 그리고 바울의 마음이 그들의 마음과 묶여 있음을 감안하면, 그것은 진정 바울 자신의 기쁨을 위한 것이기도 했다.

〰〰〰 단락 개요 〰〰〰

II. 바울이 자기 사역을 변호하다(1:3-7:16)

　　B. 바울이 그의 순회 여행과 사역을 변호하다(1:12-2:17)

4. 바울의 고통스러운 행동(1:23-2:2)

   a. 고린도 교인을 아끼는 것(1:23)

   b. 그들의 기쁨을 위해 일하는 것(1:24)

   c. 바울의 신중한 결정(2:1)

   d. 그들의 기쁨과 묶여 있는 바울의 기쁨(2:2)

5. 바울의 고통스러운 글(2:3-4)

   a. 그들의 기쁨과 묶여 있는 바울의 기쁨(2:3)

   b. 그들에 대한 그의 사랑을 전달하는 것(2:4)

〰〰〰 **주석** 〰〰〰

1:23 바울이 고린도 교인들 앞에서 얼마나 진지하게 그의 마음과 성실함을 열어놓고 있는지는 서두에 분명히 나타난다. "내 목숨[영혼]을 걸고" 하나님을 증인으로 모시기 때문이다. 바울은 하나님을 그의 성실한 동기를 증언하시는 분으로 설명한다("목숨을 걸고"라는 말은 바울의 동기가 성실하기 때문에 하나님께서 그를 정죄하실 수 없다는 뜻이다). 다른 이들은 바울의 목적을 의심할지 몰라도 모든 것을 살피는 하나님은 진실을 알고 계시므로 그분에게 호소하는 것이다. 바울의 감정적 호소는 무척 통렬하다. 다른 곳에서는 하나님께서 자기 증인이라고 말하지만(롬 1:9; 빌 1:8; 살전 2:5), 오직 여기서는 하나님을 법정으로 소환하여 판결을 내리시게 한다.

이 문장의 후반부에 나오는 첫 단어는 '아끼다'인데, 이는 바울이 일부러 강조하기 위해 그렇게 한 듯하다. 바울이 고린도 교인을 방문하지 않은 것은 그들을 아끼기 위해서였다. 바울은 그보다 덜 고상한 동기를 품지 않았다. 심지어 중립적이지도 않았다. 그가 가지 않은 것은 단연코 그들의 유익을 위해서였다.

1:24 바울이 방금 고린도 교인을 '아낀다'고 말한 만큼, 이제는 그들에게 어떤 부당한 권위를 행사한다는 비난을 받을 수 있다. 그래서 그는 즉시 자신과 동역자들이 고린도 교인의 믿음에 '군림한다'는 것을 부인함으로써 그런 반론을 차단한다. 여기에 사용된 단어는 명사 '퀴리오스'(*kyrios*, 주)의 동사형으로 신약에 717번이나 나온다. 예수님은 이방인 통치자들이 기독교적 제자도와 어긋나는 방식으로 신하들 위에 군림하는 것을 말할 때 이 동사를 사용하신다(눅 22:25).

누군가에게 군림한다는 것은 상대를 본인의 즐거움과 바람에 이기적으로 종속시키는 것이다. 이와 상반되는 것은 다른 사람의 기쁨을 위해 일하는 것이다. 바울이 언급하는 바로 이것이 실제로 그가 고린도 교인에 대한 행동을 하게 만드는 동기이다. 여기서 "돕는"으로 번역된 용어는 '동역자'를 뜻하는 명사며 시너지(synergy)라는 영어 단어와 관계가 있다. 시너지는 두 개의 요소가 함께 일할 때에만 생산성이 생기는 경우를 말한다. 고린도 교인에 대한 바울의 행동은 의심의 눈초리를 받을 만하지만 실은 고린도 교인의 진정한 기쁨을 위한 것이었다. 이것이 바로 목회 사역이다. 회중의 진정한 기쁨을 위한 행동을 하되, 그들이 다른 것을 더 긴급하게 생각할지라도 그렇게 하는 것이다.

바울은 그가 말한 것을 간결한 마지막 진술(헬라어로는 네 단어)로 뒷받침한다. '너희가 믿음에 튼튼히 서 있기 때문이다.' 그들은 뿌리를 박고 든든히 서 있다. 바울은 이런 식으로 말하는 셈이다. "나는 사도적인 권위주의로 여러분을 조종하고 있지 않다. 그와 반대로, 나는 여러분의 유익과 행복을 위해 일하려고 애쓴다. 어쨌든 여러분은 이미 믿음 안에 든든히 뿌리박고 있기 때문에 그런 조종이 나에게 아무런 성과도 낼 수 없다." 이런 말로 바울은 조용히 고린도 교인을 격려하고 권면하는 것이 분명하다. 앞으로 나타날 것처럼, 그들은 사실 믿음 안에 든든하게 서 있지 못하다.

2:1 바울은 고린도를 방문하지 않은 이유를 더 진술한다. '내가 스스로 결심했다'는 다른 곳에서 '판단하다'로 번역된 헬라어 단어다. 문자적으로 번

역하면 '나는 다시는 너희에게 고통 중에 가지 않기로 스스로 판단했다'가 된다. 바울이 그들을 방문하지 않기로 신중하게 결정했다는 것은 앞에서 편 논점, 즉 고린도 교인에 대한 그의 태도가 미온적이거나 우유부단하지 않았다는 점을 강화시킨다(참고. 1:17).

우리는 신약을 읽을 때 항상 다음 두 가지를 염두에 두는 것이 좋다. 사도들은 하나님의 주권적인 뜻이 인생을 주관한다는 점과 신중하고 의도적인 의사결정이 의미 있다는 점을 둘 다 지지한다는 사실이다. 후자는 성경적 가르침이 말하는 인간 편의 책임이고, 이는 신비롭게도 하나님 편의 주권을 보완한다. 다른 곳에서는 바울이 고린도 교인들에게 "주께서 허락하시면" 그들을 방문할 것이라고 말한 바 있다(고전 4:19, 참고. 약 4:13-15). 하나님께서 결정하신다. 바울이 결정한다. 어느 것도 다른 것을 상쇄하지 않는다.

바울은 정확히 무슨 결정을 내렸는가? "다시는 여러분의 마음을 아프게 하고 싶지 않아서 여러분을 방문하지 않기로 결심했습니다"(공동번역). 1:15-17에서는 바울이 고린도 교인을 방문하고 싶은 마음을 표현한다. 그러나 여기서는 그의 궁극적 결론을 인정한다. 다음 구절들이 그 이유를 설명한다.

2:2 이제까지 바울은 고린도 교인의 안녕과 기쁨을 배려해서 그들을 방문하지 않기로 어려운 결정을 내렸음을 증언했다. 이제는 그 자신의 내적 평안을 고린도에 있는 통명스러운 친구들의 그것과 묶어놓는다. 그들의 기쁨이 곧 그의 기쁨이고, 그들의 슬픔이 곧 그의 슬픔이다.

그런데 바울이 전하는 말의 감정적 기조에 주목하라. 만일 그 자신과 고린도 교인의 관계가 깨어지면 아무도 그에게 기쁨을 줄 사람이 없다고 한다. 바울은 자신과 이 교회의 목회적 관계가 독특하고 소중하다는 것을 납득시키고 있다. 그들은 (어쩌면 바울이 고린도에서 비난을 받고 있어서 그런지) 바울의 이력서에 적힌 또 하나의 교회 개척 사례에 불과하지도, 바울의 사도적인 권위와 화려한 경력을 세워주는 존재에 불과하지도 않다. 바울의 마음은 그들의 영적 안녕과 묶여 있다.

이 구절에서 바울은 1-4절에서 모두 다섯 번 나오는 한 헬라어 어근을 사용한다. 그 명사는 뤼페(*lypē*)로서 고통, 슬픔 또는 근심을 의미한다. 따라서 동사인 뤼페오(*lypeō*)는 '근심하다' 또는 '슬프게 하다'라는 뜻이다. 표1에서 밑줄 친 부분은 하나같이 이 어근에서 나오는 단일한 헬라어 단어를 나타낸다.

1절	내가 다시는 너희에게 <u>근심</u> 중에 나아가지 아니하기로 스스로 결심하였노니
2절	내가 너희를 <u>근심하게 한다면</u> 내가 <u>근심하게 한</u> 자밖에 나를 기쁘게 할 자가 누구냐
3절	내가 이같이 쓴 것은 내가 갈 때에 마땅히 나를 기쁘게 할 자로부터 도리어 <u>근심</u>을 얻을까 염려함이요 또 너희 모두에 대한 나의 기쁨이 너희 모두의 기쁨인 줄 확신함이로라
4절	내가 마음에 큰 눌림과 걱정이 있어 많은 눈물로 너희에게 썼노니 이는 너희로 <u>근심하게 하려 한</u> 것이 아니요 오직 내가 너희를 향하여 넘치는 사랑이 있음을 너희로 알게 하려 함이라

표1. 고린도후서 2:1-4에서 고통을 언급하는 부분

이는 바울이 7장에서 경건한 슬픔과 세상적인 슬픔에 관해 말할 때(7:5-13) 사용할 바로 그 어근이다. 7장에 나오는 것은 두 종류 슬픔 간의 대조인 데 비해, 여기에 나오는 것은 슬픔과 기쁨 간의 대조다(이 맥락에서 뤼페는 '고통'으로 번역되었다). 기쁨은 1:24-2:3에 네 번 나온다[카라(*chara*), 1:24; 2:3; 유프라이노(*euphrainō*), 2:2; 카이로(*chairō*), 2:3].

2:3-4 바울은 계속해서 그의 기쁨을 고린도 교인의 기쁨과 묶으면서 이제는 그들을 방문하는 대신 보낸 편지를 언급한다. 앞 구절에서는 바울이 고린도 교인에게 고통을 줄까봐 염려했지만 이번에는 정반대의 염려를 언급한다. 그들이 자신에게 고통을 줄 것에 대한 염려다. 바울이 매우 괴롭지만 상당히 외교적인 호소를 하면서 미묘한 상황이 생긴다. 그가 어떤 행동

방침을 정하든지 고린도에 있는 그의 비방자들이 반론을 제기할 것이 뻔했다. 이는 오늘날의 목사들과 기독교 지도자들도 무척 친숙한 상황이다.

바울은 고린도를 방문하지 않기로 한 자신의 결정이 그의 성실성에 대한 의문을 낳을 것임을 알았다. 그리고 자신의 편지가 그의 동기에 대해 의심을 불러일으킬 것도 알았다. 그래도 그는 거리를 두고 편지를 써야 한다고 느꼈다. 이것이 고린도전서와 고린도후서 사이에 쓴 '눈물 젖은 편지'인데 지금은 사라지고 없다(참고. 서론의 '저작 연대와 배경'). 그 사본이 지금은 없지만, 이 편지는 고린도 교회를 책망하며 오류를 바로잡으려고 했던 것이 분명하다. 이와 같이 그 편지는 바울의 방문에 앞서 길을 닦고자 했다(참고. 13:1). 즉, 바울의 부재중에 영적 건강을 도모하는 한편, '눈물 젖은 편지'보다 더 고통스러웠을 대면적인 책망을 사전에 방지하려 했던 것이다. 그래서 이 앞선 편지는 고통을 가져왔으나 그 필연적 대안보다는 더 작고 일시적인 고통이었다(참고. 7:8). 바울은 자신의 기쁨과 고린도 교인의 기쁨이 맞물려 있음을 강조하면서 3절을 마무리한다("너희 모두에 대한 나의 기쁨이…확신함이로라"). 바울은 방문하는 대신 편지를 씀으로써 그 자신의 슬픔만이 아니라 고린도 교인의 슬픔도 줄이고 있었다.

진정한 기독교 공동체에는 독자적인 평안이나 슬픔 같은 것은 없다. 오히려 "만일 한 지체가 고통을 받으면 모든 지체가 함께 고통을 받고 한 지체가 영광을 얻으면 모든 지체가 함께 즐거워하느니라"(고전 12:26). 바울은 고린도전서 12장에서 가르쳤던 바를 이제는 고린도후서 2장에서 '실천하고' 있다.

우리가 바울의 이전 편지를 '눈물 젖은 편지'로 부르는 이유는 바울이 4절에서 말하는 내용 때문이다. 여기서 사도는 우리로 하여금 고린도 교인을 향한 그의 마음 깊숙한 곳을 들여다보게 해준다. 그를 통해 고린도 교회를 향한 궁극적 목적과 모든 행동의 동기를 보게 된다. 바울은 이 대목에서 줄곧 그의 행동에 대한 이유를 말했는데(1절과 2절을 시작할 때의 '왜냐하면'을 주목하라. 개역개정에는 없음-옮긴이 주), 여기서는(마지막 '왜냐하면'과 함께) 그의 행동에 대한 가장 깊은 이유를 제공한다. 바로 '사랑'이다. 다시 한 번 바울은 자기가 고린도전서(13장)에서 가르친 바를 고린도후서에서 실천한다.

　바울은 '큰 환난 중에'(개역개정은 "큰 눌림") 편지를 썼다고 말한다. '환난' 이라는 단어는 즉시 1장을 떠올리게 하는데, 바울이 아시아에서 당한 큰 시련을 거듭해서 이야기하기 위해 사용한 바로 그 단어[틀립시스(*thlipsis*)]다 [1:4(2번), 8]. 두 경우 모두 외적인 몸의 괴로움을 지칭하는 듯하다. 그런데 이것이 바울이 편지를 쓸 당시의 유일한 역경은 아니었다. 많은 눈물을 낳은 내면의 역경, 즉 '마음의 괴로움'도 있었다. 여기에 나온 '괴로움'[쉬노케 (*synochē*)]이 사용된 유일한 다른 신약 구절은 누가복음 21:25로서 예수님의 종말론적 담론에서 '민족들의 괴로움'을 언급하는 대목이다. 이 단어가 현대 그리스 문학에서 종종 사용되는 경우는 감옥 내지는 신체적 감금의 장소를 지칭할 때다. 요점은 바울이 감정적으로 심히 답답한 상태에 있었다는 것이다.

　바울이 이전 편지를 쓸 때, 비록 거기에 책망이 담겨 있기도 했지만, 그의 감정적이고 심리적 상태는 분노나 좌절이나 성급함으로 인한 조바심이 아니었다. 기본 목적은 고린도 교인이 그의 사랑을 느끼게 하는 것이었다. 이는 미지근한 사랑이 아니라 '넘치는' 사랑이다. 이 단어는 신약에 12번 나오는데, 그중에 절반 이상이 고린도후서에 나온다[1:12; 2:4; 7:13, 15; 11:23(2번); 12:15]. 특히 이와 유사하게 고린도 교인에 대한 바울의 사랑을 증언하는 12:15을 보라.

<hr>

≋≋≋　응답　≋≋≋

이 세상의 전제는 본인의 기쁨이 커지려면 타인의 기쁨이 작아져야 한다는 것이다. 한쪽이 취하고 다른 쪽은 준다. 한 사람의 좋은 평판은 다른 사람의 희생을, 한 사람의 재정적 이익은 다른 사람의 손해를, 한 사람의 편안함은 다른 사람의 불편함을 조건으로 삼는다. 복음은 이를 거꾸로 뒤집는다. 그리스도가 오신 것은 자기 삶을 비워서 다른 사람들을 가득 채우기 위해서다(막 10:45; 빌 2:7). 그런데도 이는 결국 그리스도의 기쁨이 되었다(히 12:2). 그리스도의 지체들도 마찬가지다. 우리의 기쁨은 동역자 그리스도인들의 기쁨과 묶여 있다. 이것이 가능한 최상의 세계다. 우리는 나의 기쁨과 다른 사람의 기쁨 중 하나를 선택할 필요가 없다. 이는 바울이 고린도 교인들에게 열정적으로 호소하는 이 대목에 명백히 나타난다. 다른 이들을 사랑하는 것, 다른 이들을 섬기는 것, 다른 이들을 위해 자신을 비우는 것, 다른 이들의 기쁨을 위한 일꾼이 되는 것, 이것이야말로 나의 가장 깊은 만족에 이르는 비밀스러운 통로다.

5 근심하게 한 자가 있었을지라도 나를 근심하게 한 것이 아니요 어느 정도 너희 모두를 근심하게 한 것이니 어느 정도라 함은 내가 너무 지나치게 말하지 아니하려 함이라 6 이러한 사람은 많은 사람에게서 벌 받는 것이 마땅하도다 7 그런즉 너희는 차라리 그를 용서하고 위로할 것이니 그가 너무 많은 근심에 1)잠길까 두려워하노라 8 그러므로 너희를 권하노니 사랑을 그들에게 나타내라 9 너희가 범사에 순종하는지 그 증거를 알고자 하여 내가 이것을 너희에게 썼노라 10 너희가 무슨 일에든지 누구를 용서하면 나도 그리하고 내가 만일 용서한 일이 있으면 용서한 그것은 너희를 위하여 그리스도 앞에서 한 것이니 11 이는 우리로 사탄에게 속지 않게 하려 함이라 우리는 그 계책을 알지 못하는 바가 아니로라

5 Now if anyone has caused pain, he has caused it not to me, but in some measure—not to put it too severely—to all of you. 6 For such a one, this punishment by the majority is enough, 7 so you should rather turn to forgive and comfort him, or he may be overwhelmed by excessive sorrow. 8 So I beg you to reaffirm your love for him. 9 For

this is why I wrote, that I might test you and know whether you are obedient in everything. [10] Anyone whom you forgive, I also forgive. Indeed, what I have forgiven, if I have forgiven anything, has been for your sake in the presence of Christ, [11] so that we would not be outwitted by Satan; for we are not ignorant of his designs.

1) 헬, 삼키울까

≋≋≋≋ 단락 개관 ≋≋≋≋

어리석음을 통한 용서

바울은 계속해서 슬픔과 사랑의 범주를 사용하여 그의 행동을 설명한다. 여기서 더해진 것은 고린도 공동체 내에서 일어난 특정한 범죄다. 이는 구체적으로 바울이 눈물 젖고 가혹한 편지를 쓰도록 계기를 제공한 어떤 비행의 주모자를 가리키는 듯하다. 그 범죄자는 회개한 것이 분명하고, 바울은 목회자로서 양떼가 그 주모자를 다시 포용하는 데 생겨나는 복잡한 심리적, 영적 문제들에 대해 현명하게 조언한다.

≋≋≋≋ 단락 개요 ≋≋≋≋

II. 바울이 자기 사역을 변호하다(1:3-7:16)
   B. 바울이 그의 순회 여행과 사역을 변호하다(1:12-2:17)
      6. 고린도 교인들과 죄인의 위로(2:5-8)

a. 고린도 교인들의 고통(2:5-6)

b. 죄인을 위로하는 것(2:7-8)

7. 바울과 죄인의 용서(2:9-11)

a. 용서는 순종의 문제다(2:9)

b. 용서는 고린도 교인들을 위한 것이다(2:10a)

c. 용서는 그리스도를 대변한다(2:10b)

d. 용서는 사탄을 이기는 책략이다(2:11)

≋≋≋≋ 주석 ≋≋≋≋

2:5 바울은 계속해서 슬픔/고통의 언어[뤼프-(*lyp-*)]를 사용하되 이 구절에서는 동사형으로 두 번 사용한다. 두 번 모두 완료 시제를 사용한 것은 바울이 여전히 이 슬픔의 고통을 느끼고 있음을 나타내지만, 이 대목의 전반적 논리는 다른 방향으로 나간다. 바로 용서다.

하지만 바울에게는 고린도 교인들에게 분명히 하고 싶은 말이 있다. 그의 현재 정서와 최근에 보낸 '가혹한 편지'는 그의 편에서 받은 작은 상처를 반영하는 것이 아니라는 점이다. 고린도 교인들은 사도의 너그러움을 과소평가하는 것이 틀림없다. 바울을 대항해 일어난 반역적인 소수파에게 가장 많은 고통을 당한 것은 바울이 아니라 고린도 교인들이다. 물론 바울이 배척의 대상이었기에 인간적 차원에서는 원한을 품을 만한 이유가 가장 많았으나 그는 그 이상을 바라본다. 바울은 성숙하고 객관적인 안목으로, 고린도 교회의 파당이 누구를 공격 대상으로 삼았든지 간에 그 교회의 가슴과 건강에 타격을 준다는 것을 안다. 바울은 이미 이전 편지에서 고린도 교인들에게 분열의 위험에 대해 감동적인 글을 쓴 적이 있다(고전 3장). 그는 다시 한 번 고린도전서에서 가르친 바를 고린도후서에 나오는 그 자신의 본보기로 보여주고 있다.

2:6 이제 바울이 5절에서 언급하는 '누군가'가 가설적인 사람이 아니라 실제 인물, 곧 파당의 주모자임이 분명해진다. 이 범죄자, 곧 반역적인 소수파의 지도자는 고린도 교회의 신실한 '다수파'에게 '처벌'(즉, 출교)을 받았음이 분명하다. 그런데 그는 무엇 때문에 처벌을 받은 것인가?

다양한 이론들이 제시되었으나, 하나님께서 침묵을 지키시는 곳에서 막연히 추측하는 일은 해석학자나 설교자의 과업이 아니다. 고린도후서의 전반적 취지와 내용을 감안하면, 바울의 사도직에 대한 구두적 반항이나 폄하가 그 죄악이었을 개연성이 있으나 우리로서는 알 수 없다.

바울은 '충분한'[히카노스(hikanos)]이라는 단어를 맨 앞에 놓음으로써(헬라어 본문 참고) 범죄자가 이제껏 받은 벌이 충분하다는 것을 강조한다. 지금은 완화할 때다. "벌"[에피티미아(epitimia)]에 사용된 명사는 신약에서 여기에만 나온다. 하지만 그 동사형[에피티마오(epitimaō)]은 공관복음 곳곳에서 나오고 '책망하다', '꾸짖다' 또는 '견책하다'는 의미다. 이를테면 예수님이 폭풍(눅 8:24)이나 더러운 귀신(눅 9:42), 제자들(막 8:33)을 꾸짖으실 때 사용되었다. 바울이 이 동사를 사용한 경우는 디모데후서 4:2이 유일하다. 바울이 디모데에게 '끝까지 참고 가르치면서 책망하고 경계하고(에피티마오) 권면하라'고 명령하는 구절이다. 이런 용례를 살펴보면 6절에 나오는 "벌"이 응보적인 성격이 아니라 회복적인 성격임을 알게 된다. 만일 그 범죄자가 회개하지 않았다면, 바울은 후메내오와 알렉산더에게 그랬듯이(딤전 1:20), '그를 사탄에게 내주라'고 명할 수밖에 없었을 것이다.

2:7 그러나 그 범죄자가 회개한 것이 분명하다. 바울이 이를 직접 말하지는 않아도 고린도 교인들에게 그를 다루는 방법을 지시하는 것에 비춰보면 명백히 추론할 수 있다.

바울은 고린도 교인들이 범죄자에게 반응하는 방법에 관해 두 가지 권면을 주지만, 이 둘은 사실상 이 형제를 다시 포용하는 단일한 행동의 두 가지 요소다. 그들은 "그를 용서하고 위로[해야]" 한다. "도리어"[말론 (mallon), 새번역]는 이 행동들이 최근의 징계에 추가되는 것이 아니라 현재의 대안임을 시사한다. 처벌의 자세는 사라져야 한다. 이제는 포용하는 일만 남았다. 이는 고린도 교인들이 이 사람을 참으로 용서하고 위로하려면 그가 전혀 잘못을 저지르지 않은 것처럼 가장해야 한다는 뜻이 아니다. 오히려 C. S. 루이스(C. S. Lewis)는 이렇게 말한다.

> 진정한 용서는 죄를, 즉 모든 것을 고려한 뒤에 어떤 변명도 없이 남겨진 죄를 빤히 쳐다보고, 그 모든 끔찍함, 더러움, 비열함, 악의를 주시함에도 불구하고 그 짓을 행한 사람과 완전히 화해하는 것을 의미한다. 이것이, 그리고 오직 이것만이 용서다.[10]

바울은 고린도 교인들을 하나님의 가슴속으로 불러오고 있다. 그들이 인간적 차원에서 소규모로 동역자를 안는 것은, 하나님께서 신적 차원에서 대규모로 그 아들의 속죄 사역을 통해 죄인들을 가슴으로 끌어안으시는 것과 같다. 그들은 이 죄인을 다시 가슴으로 끌어안아야 한다. 마치 두 손과 두 팔이 머리의 지시로 발의 상처를 부드럽게 돌보듯이, 고린도에 있는 그리스도의 지체들은 머리인 그리스도의 지시로 이 형제를 부드럽게 돌봐야 한다. 만일 그렇게 하지 않으면 그 사람은 절망에 빠지고 말 것이다.

2:8 바울은 고린도 교인에게 그 범죄자를 '위로하라'[파라칼레오(parakaleō)]고 권고한(7절) 다음, 이제는 그를 향한 그들의 사랑을 납득시키도록 '간청한다'(파라칼레오). 바울은 그들을 향해 따뜻하지만 엄숙하게 권면하고 있는 것이다. '나타내다'(확증하다)라는 단어는 어떤 결정을 법적으로 비준한다는 뜻이다(참고. 이 동사가 신약에 사용된 유일한 다른 곳은 갈 3:15이다). 그런데 놀랍게

---

10 C.S. Lewis, "On Forgiveness," in *The Weight of Glory and Other Addresses* (New York: Touchstone, 1975), 134-135.《영광의 무게》(홍성사).

도 그들이 비준해야 할 것은 그들의 '사랑'이다. 바울은 이렇게 말하고 있는 셈이다. "이 형제를 그저 초연하고 밋밋하게 면제시켜줘서 어느 정도 거리를 둔 채 공동체로 다시 들어오게 허용하지 말아라. 오히려 하나님께서 너희의 회개를 포용하신 그 사랑으로 그를 다시 너희의 교제 가운데로 받아들여라."

2:9 바울이 그동안 설명한 관계상의 전략이 그 '눈물 젖은 편지'를 쓰는 이유다. '내가 너희를 시험하기 위하여'를 좀 더 문자적으로 번역하면 '내가 너희의 시험/찬성[도키메(*dokimē*)]을 알기 위하여'가 된다. 무엇을 위한 시험인가? 그들의 "순종"이다. 그리스도의 사도이자 대변인인 바울을 통한 그리스도에 대한 순종일 가능성이 많다. "범사"(모든 일)에 순종하는지 여부. 즉 변덕스러운 또는 부분적인 순종이 아니라 총체적인 순종을 시험하는 것이다. 이것이 진정 유일한 순종이다. 만일 우리가 어떤 영역에서는 순종하되 다른 영역에서는 순종하지 않는다면, 이는 우리가 여전히 자신을 섬기고 있고 우리의 육신적 선호 때문에 순종할 영역을 선택하고 있음을 입증한다.

바울이 찾고 있는 순종이 정확히 무엇인지 주목하라. 바로 죄인을 향한 그들의 사랑이다. 우리가 흔히 생각하는 순종은 의무적으로 우리의 깊은 욕망을 억누르고 더 높은 권위를 인정하는 것이다. 물론 이런 순종도 때로는 그리스도인 삶의 일부다. 그러나 여기서 요구하는 순종은 어느 타락한 동료를 진정한 사랑과 뜨거운 교제로 불러서 공동체 안에 녹아들게 하는 것이다.

2:10 바울은 이제 자기가 고린도 교인들에게 이 죄인을 다시 포용하라고 권면하는 것이 편애를 보이는 일이 아님을 분명히 한다. 이 남자는 비슷한 상황에 처한 다른 이들에게 허락되지 않는 무료입장을 승인받은 것이 아니다. 바울은 6절에서 이 특정한 범죄 사례에 집중한 뒤에 이제는 다시 그 범위를 넓힌다. 사실상 이렇게 말하는 셈이다. "더 나아가 만일 누구든지

너희의 용서를 받을 필요가 있으면, 나는 그 일에서 고린도 교인 여러분과 연대하고 있다."

'고린도 교인들'의 용서는 '바울'이 취하는 공동의 합의와 용서로 귀결된다. 이를 뒤집어서 말해보자면, '바울'이 취하는 용서의 행위(그것이 무엇에 관한 것이든)는 '고린도 교인들'을 위한 것이라고 말할 수 있다. 다시 말해 사도 바울은 이 회개하는 주모자에게 용서를 베푸는 길을 선도한 것이다. 바울이 용서를 주도하는 사람이었다. 용서는 일부 사람이 집행하는 것이 아니다. 그것은 영적인 은사가 아니다. 용서는 정상적인 기독교에서 일어나는 일이다. "내가 만일 용서한 일이 있으면"이라는 바울의 말에는 목회자의 외교적 역량이 담겨 있다. 바울은 지금 자기가 용서한 것을 기억하지 못해 어려움을 겪는 것이 아니라, 그 범죄자의 회개에 비추어 자기에게 입힌 손해를 가볍게 여기고 있는 것이다. 이는 지도자가 지닌 건강한 복음적 본능을 보여준다.

바울의 용서가 "너희를 위[한]" 것이었다는 말은, 그 범죄자를 용서하는 행위가 고린도 교인들에게 그를 따르도록 손짓하는 열린 문이라는 뜻이다. 그는 용서를 가르칠 뿐 아니라 용서하는 본보기를 보이기도 한다. 바울은 자신이 어떤 용서를 받았는지 알고 있다(행 9:1; 딤전 1:13-14). 그가 이 구절을 "그리스도 앞에서"(문자적으로 누군가의 '얼굴' 앞에서)라는 어구로 마무리할 때는 다메섹으로 가는 길에 일어났던 바로 그 회심을 염두에 두고 있을지 모른다. 바울이 고린도 교인들을 위해 용서의 본보기를 보이고 있을 때 살아 계신 그리스도가 지켜보고 계신다. 모든 수평적 용서는 수직적 실재를 마음으로 인식하는 것에 의해 일어난다. 수직적 실재란 그리스도의 임재, 그리고 이제는 그분의 백성이 된 예전의 원수들을 용서하신 것을 말한다(참고. 마 18:21-35).

2:11 헬라어 문장에서는 10절과 11절이 하나로 이어지는데, "우리로 사탄에게 속지 않게 하려 함이라"는 그 문장의 목적절이다. 이 단락을 마무리하는 이 말은 정신이 번쩍 들게 한다. '고린도 교인들이 타락한 형제를

포용하지 않는 것은 사탄에게 속는 것이기 때문이다.' 용서를 보류하는 것은 사탄적이다. 이를 의로운 행위, 도덕적으로 진지한 행위라고 느낄 수도 있다. 그러나 사실은 천국이 아니라 지옥에 동조하는 일이다. 여기에 사용된 헬라어 동사[플레오네크테오(*pleonekteō*), 속다]는 신약에 다섯 번 나오는데, 그중에 네 번이 고린도후서에 나온다(2:11; 7:2; 12:17, 18, 참고. 살전 4:6). 이 편지에 나오는 다른 세 번의 용례에서는 바울(과 디도)이 고린도 교인들을 '이용했다'(이득을 취했다)는 것을 부인한다. 이 동사가 수동태로 사용된 유일한 곳인 여기서는 바울이 사탄에게 이용당하지 말라고 경고한다. 고린도 교인들이 바울과 함께 진심으로 용서를 베푸는 일은 사탄을 이기는 책략이고 전쟁터에서 전술적 승리를 거두는 방법이다(참고. 엡 6:11-12).

'왜냐하면'(개역개정에는 없음)은 대체로 '어쨌든' 또는 '~을 기억하라'와 같은 뜻이다. 바울은 사탄에게 속지 말라는 권면의 근거를 그 자신과 고린도 교인이 사탄의 생각과 욕망을 알고 있다는 사실에 둔다. "계책"으로 번역된 단어는 이 편지에 네 번 더 나오는데, 옛 언약 아래 있는 사람들의 "마음"(고후 3:14), 모든 "생각"을 사로잡는 불신자들의 '마음'(10:5), 그리고 사탄의 미혹을 받는 고린도 교인들의 "마음"(11:3)과 관련된다. 이런 용례들의 공통분모는 중생하지 못한 마음의 미묘하되 만연된 책략이다. 그래서 바울은 깨어 있으라고 말한다. 사탄의 교활한 전략을 경계하라.

≋≋≋≋ 응답 ≋≋≋≋

교회 속의 어떤 죄인이 회개하지 않는다면, 교회는 그 죄인으로부터 교인들을 보호하고 그를 출교시켜야 한다. 반면 교회 속의 어떤 죄인이 회개하면, 교회는 교인들로부터 그 죄인을 보호해야 한다. 전자는 고린도전서 5장에 나온 사례고, 후자는 고린도후서 2장에 나온 사례다.

4세기의 설교자 요한 크리소스톰(John Chrysostom)은 "우리가 기꺼이 용서하는 것만큼 우리를 하나님과 닮게 하는 것은 없다"고 설파했다.[11] 우리가 타락했으나 회개하는 형제를 용서하고 포용할 때는 그에게 하늘의 감촉을 주고 있는 것이다. 하나님이 바로 이런 분이다. 그리고 우리는 그에게 새로운 격려의 연설을 늘어놓지 않는다. 책망하거나 손가락질하지도 않는다. 회개하는 사람에게는 그런 반응이 역효과를 낸다. 우리는 그냥 안아 준다. 왜냐하면 바로 우리 자신이 짧은 생애를 사는 동안 수많은 방식으로 타락해서 그리스도 안에서 우리에게 베푸시는 하나님의 포옹이 필요한 존재였기 때문이다. "서로 친절하게 하며 불쌍히 여기며 서로 용서하기를 하나님이 그리스도 안에서 너희를 용서하심과 같이 하라"(엡 4:32).

---

11 John Chrysostom, *Homilies on the Gospel of Saint Matthew* 30.5.

¹² 내가 그리스도의 복음을 위하여 드로아에 이르매 주 안에서 문이 내게 열렸으되 ¹³ 내가 내 형제 디도를 만나지 못하므로 내 심령이 편하지 못하여 그들을 작별하고 마게도냐로 갔노라
¹² When I came to Troas to preach the gospel of Christ, even though a door was opened for me in the Lord, ¹³ my spirit was not at rest because I did not find my brother Titus there. So I took leave of them and went on to Macedonia.

¹⁴ 항상 우리를 그리스도 안에서 이기게 하시고 우리로 말미암아 각처에서 그리스도를 아는 냄새를 나타내시는 하나님께 감사하노라 ¹⁵ 우리는 구원 받는 자들에게나 망하는 자들에게나 하나님 앞에서 그리스도의 향기니 ¹⁶ 이 사람에게는 사망으로부터 사망에 이르는 냄새요 저 사람에게는 생명으로부터 생명에 이르는 냄새라 누가 이 일을 감당하리요 ¹⁷ 우리는 수많은 사람들처럼 하나님의 말씀을 혼잡하게 하지 아니하고 곧 순전함으로 하나님께 받은 것같이 하나님 앞에서와 그리스도 안에서 말하노라

¹⁴ But thanks be to God, who in Christ always leads us in triumphal procession, and through us spreads the fragrance of the knowledge of him everywhere. ¹⁵ For we are the aroma of Christ to God among those who are being saved and among those who are perishing, ¹⁶ to one a fragrance from death to death, to the other a fragrance from life to life. Who is sufficient for these things? ¹⁷ For we are not, like so many, peddlers of God's word, but as men of sincerity, as commissioned by God, in the sight of God we speak in Christ.

≋≋≋≋ 단락 개관 ≋≋≋≋

사로잡힘을 통한 승리

바울은 드로아에서 홀로 경험한 괴로움을 이야기한 다음, 겉으로는 정반 대로 보일 때에도 복음이 조용히 승리를 거두는 것에 대해 성찰한다.

≋≋≋≋ 단락 개요 ≋≋≋≋

II. 바울이 자기 사역을 변호하다(1:3-7:16)

　　B. 바울이 그의 순회 여행과 사역을 변호하다(1:12-2:17)

　　　　8. 복음 사역의 외견상 실패(2:12-13)

　　　　　　a. 기회가 주어지다(2:12)

　　　　　　b. 기회를 취하지 않다(2:13)

　　　　9. 복음 사역의 실질적 성공(2:14-17)

a. 그리스도 안에서의 승리(2:14)

b. 그리스도의 향기를 풍기다(2:15-16)

c. 그리스도 앞에서 성실하게 말하다(2:17)

≋≋≋≋   주석   ≋≋≋≋

2:12 바울의 여행 일정에서 드로아를 언제 방문하는지는 분명하지 않다. 여기서의 요점은 바울이 고린도 교인들에 대해 계속 품고 있는 고뇌다. 드로아에 있는 바울, 복음을 전하지만 고린도 교인들이 어떻게 지내는지 듣기 위해 디도의 도착을 초조하게 기다리는 바울의 혼란스러운 상태를 상상해보라. 아마 디도는 최근에 '눈물 젖은 편지'와 함께 고린도로 파송되었고 바울은 그 편지가 어떻게 받아들여질지 노심초사하고 있었을 것이다. 어쨌든 바울은 초조하게 기다리면서 복음을 전한다. 이것이 바울에게 "문이…열렸[다]"는 말의 자연스러운 뜻이다.

이 문은 "주 안에서" 열렸다. 이는 '그리스도 안에서'라는 뜻이다. 여기서 "주"는 다음 두 가지 때문에 그리스도를 가리키는 것이 분명하다. 첫째, 앞에서 "주"(퀴리오스)를 사용한 세 번의 사례가 모두 그리스도를 가리킨다(1:2, 3, 14). 둘째, 바로 다음 맥락에 두 번 나오듯이("그리스도 안에서", 2:14, 17) 바울은 그리스도와의 연합을 확신하고 있다. 문이 열린 것은 그리스도와 연합된 바울, 사도적 연대로 그분을 대변하는 그 자신에게 주어진 기회였다. 살아 계신 그리스도께서 바울의 발걸음을 인도하고 구원자를 대변할 기회를 열어주셨다고 바울이 말하고 있다.

2:13 그러나 우리 앞에 문이 열리는 것으로 충분치 않다. 우리에게 그 문을 통과해서 발걸음을 내디딜 자유와 동기가 있어야 한다. 바울에게는 이

고린도후서 2:12-17 _ 85

것이 부족했다. 그의 "심령이 편하지 못[했다]". 7:5에서도 바울이 마게도 냐에서 겪은 이와 비슷한 경험을 말할 것이다. "우리 육체가 편하지 못하였고." 이는 드로아에서 마게도냐로 여행하는 거의 같은 시기에 일어난 듯한데, 바울은 내적으로("심령", 13절) 또는 외적으로("육체", 7:5) 평안과 평온함이 전혀 없는 상태였다. 모든 것이 혼란스러웠다.

왜 내적 평안이 없었을까? 양심의 거리낌, 장래에 대한 두려움, 적들의 배척 또는 재정적 어려움 때문이 아니었다. 그에게 친구가 없었기 때문이다. "내가 내 형제 디도를 만나지 못하므로." 19세기 성공회 주교였던 라일(J. C. Ryle)은 이렇게 말했다. "세상은 어두운 곳이다. 세상은 외로운 곳이다. 세상은 실망스러운 곳이다. 그 속에서 가장 밝은 햇살은 친구다. 우정은 우리의 슬픔을 반감시키고 우리의 기쁨을 배가시킨다."[12] 인간의 연대는 최악의 경험을 견딜 수 있게 해주고 인생이 초래하는 가장 끔찍한 사건에 기쁨을 불어넣기도 한다. 그런 것들을 공유하기 때문이다. 바울은 이를 알았다.

2:14 인간의 연대와 친구 관계가 큰 힘을 주지만 궁극적인 위로가 되지는 않는다. 하나님만이 궁극적 위로가 되신다(참고. 딤후 4:17). 하나님의 임재는 물론이고 모든 역경에도 불구하고 우리를 통해 일하시는 그분의 사역이 그렇다. 그래서 바울은 신약 전체에서 복음 사역을 가장 아름답게 묘사하는 대목의 하나로 진입한다.

디도가 아직 드로아로 올 수 없었지만 바울은 인생의 변화무쌍함과 땅의 환경에 좌우되지 않는다. 하나님께서 모든 것을 다스리신다. 그래서 바울은 하나님께 감사할 수 있다. 왜냐하면 인간의 전략이 막다른 곳에 이르고 우리의 심령이 편치 못해도, 거기서도(고린도후서의 전반적 메시지에 따르면 특히 그런 곳에서) 하나님은 '언제나' 그리고 '어디서나' 일하시기 때문이다.

---

12 J. C. Ryle, *Practical Religion* (Carlisle, PA: Banner of Truth, 2013), 317. 《실천적 신앙》(기독교문서선교회). 다음 책에서 인용함; Drew Hunter, *Made for Friendship: The Relationship That Halves Our Sorrows and Doubles Our Joys* (Wheaton: Crossway, 2018), 13-14.

'때때로' 우리는 사역 중에 역경을 직면하곤 한다. 그래도 '언제나' 하나님께서 일하고 계신다.

"개선 행진에 포로로 내세우셔서"(새번역)로 번역된 동사[트리암뷰오 (*thriambeuō*)]는 신약에서 다른 한 곳에서만 사용된다(골 2:15). 거기서는 이 동사가 십자가에서 복음의 영적 대적들이 패배하는 것을 가리킨다. 반면에 여기서는 바울과 그의 동지들이 패배하는 것을 가리킨다. 그렇다면 이 단어의 뜻은 무엇인가? 바울은 로마가 승리한 후 벌이는 군대의 개선 행진을 염두에 두고 있는 것이 거의 확실하다. 머리 해리스(Murray J. Harris)는 이렇게 묘사한다.

> 개선 행렬의 맨 앞에는 치안판사들과 원로원이 행진했고, 그 뒤에는 나팔수들과 금 그릇 같은 전리품이 따라왔고…그리고 신전에서 제물로 바칠 흰 황소 앞에 플롯 연주자들이 섰고 그와 나란히 장군의 화려한 마차 앞에 정복된 영토의 왕과 같은 고관들이 사슬에 묶인 채 대표적인 포로로 행진했으며…승리한 군병들이 "만세, 승리한 자여!"하고 외치면서 따라갔다. 행렬이 카피톨리노 언덕에 올라가면 대표적인 포로들 일부(보통은 왕족이나 정복된 전사 중 가장 크고 강한 자들)를 근처의 감옥으로 데려가서 처형시켰다.[13]

바울은 스스로를 개선 행렬에 포함된 죄수로 이해한다. 누구에 의해? 그는 방금 사탄에게 속지 않는 것에 대해 말했다(11절). 여기서는 '그리스도 안에 계신 하나님'을 전투에서 바울을 정복한 승리자로 묘사한다. 이는 축복받은 패배, 해방을 주는 사로잡힘, 자유케 하는 예속이다. 이 편지 전체에 흐르는 그리스도인의 삶과 사역의 역설적 성격이 뚜렷이 나타난다. 포로가 된 바울이 그를 사로잡은 자의 승리를 기뻐하고 있다.

---

13 Murary J. Harris, *The Second Epistle to the Corinthians: A Commentary on the Greek Text*, NIGTC (Grand Rapids, MI: Eerdmans, 2005), 243-244.

그리고 바울이 행렬에서 움직일 때 어떤 향기가 퍼져나간다. 이는 구약 제사의 향기를 내포할지 모르지만, 로마 군대의 배경이 문맥적으로 여전히 전면에 있는 것처럼 보인다. 이로 보건대 그런 개선 행렬에는 많은 냄새가 풍겼을 것이다. 길을 따라 향을 피우고 다양한 향수와 꽃들이 그 향내를 뿜었을 것이다. 바울의 사도 사역에서 그 향기는 코를 즐겁게 할 뿐만 아니라 마음에 생명을 주는 '그리스도를 아는 지식'이었다. 신약적인 범주인 지식은 단지 메마른 인지적 이해가 아니라 관계적인 것이요, 마음의 문제다. 하나님의 행복한 죄수들이 전파하는 복음을 영접하면 살아 계신 그리스도를 아는 지식을 얻는다.

2:15-16 그러나 모든 죄인이 다 이 향기를 맡고 구원받는 것은 아니다. 바울은 15절에서 "향기"의 은유를 계속 잇는다. 이 문장에서 "그리스도의"가 맨 앞에 나온다. 그리스도인이 된다는 것은 단지 일련의 교리에 수긍하는 것이 아니라 일정한 방식으로 냄새를 풍기는 것이다. 궁극적으로 이것은 이 행렬의 감독자이신 '하나님께 가는' 향기다. 그러나 이 향기는 "구원받는 자들에게나 망하는 자들에게나" 공중으로 퍼진다. 마치 챔피언 결정전이 끝날 때 스타디움에서 축하의 색종이가 양쪽 팬들 위에서 내려오듯이, 동일한 복음 메시지가 모두에게 전해지지만 일부만 그것을 좋은 소식으로 받아들인다. 다른 이들에게는 그 메시지가 그들을 더욱 완고하게 할 뿐이다. 두 동사의 현재시제는 복음이 다양한 청중에게 전해질 때의 활발한 역동성을 강조한다(참고. 히 4:12).
바울은 16절로 들어가면서 교차법을 시도한다.

(A) 구원받는 자들 가운데
　(B) 망하는 자들 가운데
　(B´) 이 사람에게는 사망으로부터 사망에 이르는 냄새
(A´) 저 사람에게는 생명으로부터 생명에 이르는 냄새

구원받는 이들에게는 복음이 "생명으로부터 생명에 이르는" 향기다. 망하는 이들에게는 복음이 "사망으로부터 사망에 이르는" 냄새다. 이렇게 "생명"과 "사망"의 언어가 시작되고, 이는 나중에 특히 4장에서 더욱 두드러질 것이다. 그러면 누군가가 복음을 듣고 평범한 전달자를 목격한 결과 "사망으로부터 사망에" 이르든지, "생명으로부터 생명에" 이른다는 것은 무슨 뜻인가?

이와 똑같은 전치사 구문이 로마서 1:17에 나온다. 거기서 바울은 복음이 '믿음으로부터[에크(ek)] 믿음에[에이스(eis)]' 이르게 하는 하나님의 의를 나타낸다고 말한다. 이와 비슷한 구문이 고린도후서 3:18에도 나오는데, 이는 신자들이 '영광으로부터[아포(apo)] 영광에[에이스]' 이르는 변화를 경험할 것을 말하는 대목이다. 이 본문에 관해서는 나중에 다룰 것이다. 로마서에 나오는 어구는 해석이 다양한 편이지만 '처음부터 끝까지 내내 믿음'과 같은 의미일 것이다. 16절에서는 이 전치사 구문이 확정적인 것을 표현하는 비유적 표현일지 모른다. 하지만 개시된 종말론이라는 바울의 철저한 해석학적 관점(참고. 서론의 '성경 다른 본문과 그리스도와의 관련성')을 감안하면, 이는 '지상의 생명으로부터 영원한 생명에' 그리고 '지상의 죽을 상태로부터 영원한 사망의 상태에' 이른다는 뜻일 가능성이 더 많다. 복음은 혹자를 생명으로부터 생명에 이르게 하든지, 또는 사망으로부터 사망에 이르게 한다.

그런데 복음이 어떻게 혹자를 영원한 사망의 상태로 귀결시키는 수단이 될 수 있을까? 그리스도는 세상을 심판하기 위해서가 아니라 구원하기 위해서 오시지 않았던가(요 3:17)? 물론 그렇다. 그러나 바울은 예수님이 마가복음 4:11-12, 33-34에서 이사야 6장을 사용하신 것과 같은 방식을 취한다. 누군가가 좋은 소식을 들으면 현재의 상태로 그냥 남을 수 없다. 그는 천국이나 지옥 중 어느 한쪽으로 움직일 것이다. 중립적 청중은 존재하지 않는다.

그렇다면 중대하고 영원한 운명이 하나님의 작은 목자들(무엇보다 개선 행렬에 끌려가는 죄수처럼 보이는)의 평범한 복음 전파에 달려 있다는 사실에 비춰볼 때, 바울의 질문("누가 이 일을 감당하리요")은 너무나 적절하다. 바울이 여기서 사용하는 단어(히카노스, '충분한', ESV 참고)는 이미 다수파가 범죄자에게 내린 벌이 '충분하다'(6절)고 말할 때 썼던 것이다. 더 중요한 것은, 바울이 이 질문에 대답할 3:5-6에서 이 높은 과업에 대한 그의 자격에 대해 다시 질문할 것이라는 점이다. 여기서는 이 질문을 열린 상태로 남겨둔다. 이 질문은 수사적 목적을 도모한다. 도대체 누가 이 중대한 과업을 수행할 자격이 있다고 생각할 수 있겠는가? 하나님은 이 무해한 듯 보이는 복음 전파를 통해 사람들을 이런 저런 영원한 운명에 처하게 하신다.

2:17 이 구절은 계속해서 고린도 교인들에게 바울의 사도 사역의 정통성을 납득시키는데, 여기서 처음으로 그의 대적들이 소개된다(참고. 5:12; 10:12-12:13). 바울은 단지 "우리는…하나님의 말씀을 팔아서 먹고 살아가는 장사꾼이 아닙니다"라고 말하지 않고 "우리는, '저 많은 사람들처럼' 하나님의 말씀을 팔아서 먹고 살아가는 장사꾼이 아닙니다"(새번역)라고 말한다. 복음의 "장사꾼"(즉, 돈을 버는 상인들)이 저기에 있다. 바울은 고린도 교회에 침투했던 특정한 그룹을 언급하는 듯하다. 그들과 달리 바울은 이기적인 이득을 위해 복음을 전파한 적이 없다. 그는 오히려 보상을 거절했다(11:7-9). 하지만 그 이슈는 금전 이상이다. 근본적으로 그 이슈는 그 자신이다. 전도자는 누구를 위해 복음을 전하는가? 자기 자신인가, 아니면 그리스도인가? 바울은 이 문제에 대해 이전의 편지에서 상세히 다룬 적이 있다(고전 1:18-2:5).

그러면 바울은 어떻게 복음을 전하는가? "순전함"(진실한 마음)으로 전한다. 이는 1:12에서 그의 사역의 성실함을 증언하기 위해 사용하는 바로 그 단어[에이릴리크리네이아(*eilikrineia*)]다. 신약에서 이 단어가 나오는 다른 유일한 곳은 "누룩이 없이 오직 순전함[에이릴리크리네이아]과 진실함의 떡"을 거론하는 고린도전서 5:8이다. 이 단어는 순수한 동기를 가리킨다. 바울이 어떻게 달리 행할 수 있을까? 어쨌든 그는 하나님 앞에서 말하고 있다. "하나님께 받은"이라는 말은 '하나님께 사명을 받은'이라는 뜻이다. 사도의 사명은 그 근원이 하나님께 있고(그분으로부터) 하나님께서 그 일차적 청중이시다(그분 앞에서). 바울은 어떻게 그 자신과 동역자들의 복음 전파에 대해 그토록 높디높은 주장을 할 수 있을까? 왜냐하면 14절에서 이미 언급했듯이, 그들 자신이 "그리스도 안에" 있기 때문이다. 그들은 하나님의 아들과 연합되어 있다. 그분 안에서 말한다. 어느 의미에서 그들의 말은 곧 그리스도의 말씀이다. 나중에 바울이 말하듯이, 그들은 그분의 대변인들, 곧 그분의 "사신"이다(5:20). 그리스도는 그들을 통해 말씀하신다. 따라서 그들의 말은 그저 말이 아니다. 그들은 청중의 운명을 이 방향이나 저 방향으로 결정짓는 향기다.

≋≋≋≋ 응답 ≋≋≋≋

이 대목에서 바울은 절대로 1인칭 단수로 말하지 않는다. 모든 것이 "우리"다. 그러면 우리가 무엇을 기대하겠는가? 이 사도는 동반자인 디도 없이는 도무지 드로아에 머물러 있을 수 없는 사람이다. 우리도 마찬가지다. 외향적이든 내성적이든 우리는 모두 같은 인간이다. 우리는 동반자 관계를 위해 지음 받았다. 이 진리가 복음 사역에 종사하는 사람들에게 얼마나 중요한지 모른다. 아무도 그 사역을 홀로 수행할 수 없다. 그렇게 해서도 안 된다. 바울 같은 인물도 그렇게 하지 않았다.

복음 사역이란 무엇인가? 이는 어떤 방식으로 냄새를, 즉 향기를 풍기는 일이다. 물론 이는 아시시의 프란체스코가 충고한 대로("항상 복음을 전파하되 때로는 말을 사용하라") 행하라는 뜻이 아니다. 신약성경이 보여주는 복음 전파에서 말은 결코 빠질 수 없다. 오히려 바울은 우리와 우리의 말이 어떤 방식으로 냄새를 풍긴다고 말하는 것이다. 복음을 말하면 우리 친구들과 이웃들에게 하늘의 향기가 확 풍긴다. 아니, 나아가서 하늘로 가는 길이 활짝 열린다.

1 우리가 다시 자천하기를 시작하겠느냐 우리가 어찌 어떤 사람처럼 추천서를 너희에게 부치거나 혹은 너희에게 받거나 할 필요가 있느냐 2 너희는 우리의 편지라 우리 마음에 썼고 뭇 사람이 알고 읽는 바라 3 너희는 우리로 말미암아 나타난 그리스도의 편지니 이는 먹으로 쓴 것이 아니요 오직 살아 계신 하나님의 영으로 쓴 것이며 또 돌판에 쓴 것이 아니요 오직 육의 마음판에 쓴 것이라

1 Are we beginning to commend ourselves again? Or do we need, as some do, letters of recommendation to you, or from you? 2 You yourselves are our letter of recommendation, written on our¹ hearts, to be known and read by all. 3 And you show that you are a letter from Christ delivered by us, written not with ink but with the Spirit of the living God, not on tablets of stone but on tablets of human hearts.²

4 우리가 그리스도로 말미암아 하나님을 향하여 이같은 확신이 있으니 5 우리가 무슨 일이든지 우리에게서 난 것같이 스스로 만족할 것이 아니니 우리의 만족은 오직 하나님으로부터 나느니라 6 그가 또한 우

리를 새 언약의 일꾼 되기에 만족하게 하셨으니 율법 조문으로 하지 아니하고 오직 영으로 함이니 율법 조문은 죽이는 것이요 영은 살리는 것이니라

⁴ Such is the confidence that we have through Christ toward God. ⁵ Not that we are sufficient in ourselves to claim anything as coming from us, but our sufficiency is from God, ⁶ who has made us sufficient to be ministers of a new covenant, not of the letter but of the Spirit. For the letter kills, but the Spirit gives life.

1 Some manuscripts your 2 Greek fleshly hearts

〰〰〰〰 **단락 개관** 〰〰〰〰

불충분함을 통한 충분함

바울은 방금 자신과 동료들이 일꾼으로 섬기는 승리의 사역, 영원한 결과를 낳는 사역에 대해 말했다. 어쩌면 바울이 자신을 과시하는 것처럼 들릴지 모르겠다. 이런 오해를 막기 위해 그는 자신의 복음 사역에 대해 진실하게 또 적절하게 말하고 있다는 증거 두 가지를 제시한다. 첫째는 바로 고린도 교인들이다. 둘째는 그들을 성령의 시대에 오래토록 기다리던 새 언약의 일꾼으로 세워주는, 하나님께서 주신 자격(충분함)이다.

II. 바울이 자기 사역을 변호하다(1:3-7:16)

  C. 바울의 사역은 참된 영광의 사역이다(3:1-4:6)

    1. 바울의 자격이 고린도 교인들로 증명되다(3:1-3)

      a. 질문(3:1)

      b. 대답(3:2)

      c. 대답의 증명(3:3)

    2. 바울의 자격이 성령으로 증명되다(3:4-6)

      a. 바울의 확신(3:4)

      b. 바울의 확신에 대한 일반적 이유(3:5)

      c. 바울의 확신에 대한 구체적 이유들(3:6)

        (1) 새 언약의 일꾼들(3:6a)

        (2) 조문이 아닌 성령의 일꾼들(3:6b)

        (3) 죽음이 아닌 생명의 일꾼들(3:6c)

≋≋≋ **주석** ≋≋≋

3:1 바울이 두 질문으로 말문을 연다. 어느 질문에도 명시적으로 대답하지 않지만 암묵적인 답변은 둘 다 "아니다"이다.

첫째 질문("우리가 다시 자천하기를 시작하겠느냐")은 5:12에 다시 나오는데, 거기서 바울과 그의 동료들이 그들 자신을 추천하고 있음을 명시적으로 부인한다. 이 편지 전체에 명백히 나타나는 것은 고린도 교인들이 바울의 외적 평범함과 그 자신을 내세우는 듯한 모습 때문에 흥미를 잃었다는 점이다. 후자와 관련해 바울은 스스로를 추천한다는 것을 부인한다. 그런데 어째서 "다시"인가? 이번이 바울이 사도직의 정통성을 변호하는 첫 번째 경우가 아닌 것이 분명하다. 그리고 바울은 이 편지에서 경건한 성실함(1:12)과 하나님의 기름 부으심(1:21)과 영원한 운명을 좌우하는 복음 전파를 주장한 만큼, 그가 고린도 교인들에게 그 자신을 자랑하고 있다는 식의 반론을 차단할 필요성을 느끼는 것은 놀랄 일이 아니다.

만일 바울이 스스로를 추천하고 있지 않다면 누가 추천하는가? 고린도 교인들인가? "예"와 "아니오"다. '아니다'인 이유는 고린도 교인들은 바울의 자격에 대한 최종 심판자가 아니기 때문이다. 바울은 이미 1:21-22에서 주장한 바, 바울의 사역을 비준하시는 분이 바로 하나님이라는 사실을 5절에서 분명히 제시할 것이다. 그러나 먼저 바울은 어느 의미에서든 고린도 교인들이 그의 사역을 승인하는지 여부에 대해 숙고한다. 그들은 확실히 재가한다. 하지만 그들이 예상하는 의미에서 그런 것은 아니다. 바울에게는 그들이 쓴 또는 그들에게 보낸 '추천서'가 필요 없다. 여기서 추천서란 보내는 사람을 대신해 그를 접대할 주인에게 여행객을 공식적으로 소개하는 편지를 말한다. 이 질문은 영적으로 민감한 고린도 교인들의 마음을 찔렀을 것이다. 아버지가 자기 아들의 집에 머무는데 과연 추천서가 필요할까? 바울과 고린도 교인은 영적으로 이런 관계다. 바울은 그들의 아버지라는 뜻이다. 부자간에 따스한 사랑과 존경이 있으면 아버지의 리더십과 성실함을 의심해서는 안 되는 법이다.

3:2 바울은 그의 리더십을 정당화하기 위해 추천서가 필요하다는 것을 암묵적으로 부인한다. 그러나 1절의 둘째 질문에 대한 그의 답변은 그 어떤 편지도 필요 없다는 게 아니라 '그런' 종류의 편지는 필요 없다는 것이다.

고린도 교인들 가운데서의 바울의 사역을 승인해주는 추천서는 한 편의 양피지가 아니라 바로 고린도 교인들이다. 이 헬라어 본문을 '너희들 너희 자신들'로 번역하면 그 강조체가 반영된다. (현대식 언어로 표현하자면) 바울 사역의 정당성은 우편함이 아니라 거울을 응시해야 찾을 수 있다.

이어서 바울은 내적인 실재와 외적인 실재에 대해 말한다.

내적인 실재는, 고린도 교인들이 서신 그 자체로서 이미 기록되어 있다는 것이다. 하지만 다시금 이는 '그런' 종류의 글쓰기가 아니다. 이는 마음에 쓰는 글이다. 고린도 교인들은 바울 존재의 중심에 지워지지 않게 새겨져 있다(성경적 의미에서 "마음"은 단지 감정적 사안이 아니라 한 사람의 생명이 솟아나는 중심임을 기억하라).

외적인 실재는, 이 살아 있는 서신들은 단지 몇 사람만 읽는 게 아니라 모든 사람이 공개적으로 볼 수 있다는 것이다. 문자로 쓰인 추천서는 돌려가면서 읽었을 테고, 큰 소리로 읽지 않으면 한 번에 한 사람씩 읽을 수 있을 뿐이다. 고린도 교인이라는 편지는 그렇지 않다. 영적 아버지인 바울의 복음 전파를 통해 그들 공동체가 영생에 들어가는 것, 그리고 그들이 누리는 변화(18절)는 바울 사역의 정당성을 의심할 수 없게 만들어준다. '그들'이 바로 추천의 편지다. 그들은 서로 쳐다보기만 하면 된다.

3:3 바울은 고린도 교인을 그의 사역을 입증하는 살아 있는 편지로 여기는 은유를 이어간다. 헬라어 본문에서는, 3절이 2절에서 시작된 문장을 현재분사로 계속 이어간다. 바울은 방금 고린도 교인들은 모든 사람이 공개적으로 볼 수 있는 살아 있는 편지라고 주장했다. 그런데 사람들은 정확히 무엇을 보는가? 바울이 답변을 준다. 그들은 "그리스도의 편지"(아마 그리스도'로부터' 온 편지일 것이다. 헬라어에는 '로부터'라는 전치사가 없지만)를 본다. 바울이 아니라 그리스도가 고린도 교인들의 변화를 만든 궁극적 근원이다.

그러면 그리스도는 무엇으로 쓰시는가? 잉크가 아니라 영으로. 바울은 여기서 처음으로 성령을 언급하는데, 성령에 관한 이야기는 앞으로 새 언약의 사역에 관해 그의 주장을 펼쳐가면서 줄줄이 나올 것이다[3, 6(2번), 8, 17(2번), 18절]. 앞에서 성령을 언급한 구절은 1:22뿐이며, 여기서는 성령을 종말론적 계약금으로 언급했다. 바울이 삼위일체 신학을 명시적으로 가르친 곳은 없고 도처에서 암묵적으로 가정할 뿐이다. 그런데 여기에는 세 위격이 언급되어 있다[참고. 13:14(개역개정은 13:13)].

바울은 2절에 이어 마음[카르디아(*kardia*)]을 다시 언급한다. 이로써 그림

이 완성된다(표2).

고린도 교인들	편지
그리스도	편지의 저자
바울	편지의 전달자
성령	편지의 잉크
인간 마음	편지가 쓰인 서판

표2. 고린도 교인을 편지로 묘사하는 바울의 은유

이 지점에서 바울은 고린도 교인들을 그의 사역을 정당화시키는 살아 있는 편지로 언급하는 데 그치지 않는다. 그는 고린도 교인들 가운데 펼친 그의 사역을 전반적인 구속 역사의 맥락 안에 둔다. 고린도 교인들을 편지로 묘사할 때 "너희는 너희가 무엇인지 알지 못하는가?"라고 말할 뿐 아니라 "너희는 너희가 처한 때가 언제인지 알지 못하는가? 너희가 현재 몸담은 세계 역사의 시기를 알지 못하는가?"라고 말하고 있다.

바울은 고린도 교인들을 살아 있는 편지로 묘사하는 은유를 계속 이어가는 가운데, 중요한 구약 본문들을 끌어와서 그 본문들이 (다른 교회에서처럼) 이 혼잡하고 불쾌한 고린도 교회에서 성취되었음을 가리킨다. 구약은 하나님께서 그분의 백성에게 "나의 법을 그들의 속에 두며 그들의 마음에 기록하[겠다]"(렘 31:33, 참고. 2-3절)고 약속하신 날, 그들과 "새 언약"(렘 31:31, 참고. 6절)을 맺겠다고 하신 날을 고대했다. 하나님의 구속 사역이 널리 내면화되는 일은 에스겔서에 더욱 뚜렷하게 나타난다. 하나님께서 그분의 백성에게 "새 영을 너희 속에 두고 새 마음을 너희에게 주되 너희 육신에서 굳은 마음을 제거하고 부드러운 마음을 줄 것이며"(겔 36:26, 참고. 2-3절; 겔 11:19)라고 약속하신 대목이다.[14] 성령이 친히 하나님 백성의 마음

---

14 3:3에 나오는 "육의 마음"은 에스겔 11:19; 36:26에 나오는 "육신의 마음"에서 끌어온 것이다(고후 3:3의 헬라어와 70인역 겔 11:19; 36:26은 정확히 일치한다).

에 글을 쓰심에 따라 십계명이 새겨진 돌판이 대체될 것이다.

하나님은 언제나 내면의 변화가 필요하다고 말씀하셨고(신 10:16; 잠 7:3; 렘 4:4), 일찍이 그분이 직접 이 일을 실행해야 함을 알고 계신다는 것도 시사하셨다(신 30:6). 이제 그분의 백성이 실패를 거듭한 오랜 세월이 흐른 후, 하나님은 자비를 베풀어 그렇게 행하고 계신다. 더 이상 밖에서 그들에게 명령하지 않고 그들을 속에서부터 변화시키고 계신다. 바울은 4-6절로 들어가면서 이런 성경의 범주들에 계속 의지할 것이다.

3:4 헬라어 본문에서는 4절의 첫 단어가 페포이테시스(*pepoithēsis*)며, 이는 '설득' 또는 "확신"을 의미한다. 이 단어가 신약에 여섯 번 나오는데 그중에 네 번이 고린도후서에 나온다(1:15; 3:4; 8:22; 10:2, 참고. 엡 3:12; 빌 3:4). 다른 세 번의 용례는 다른 사람에 대한 확신을 언급한다. 바울이 고린도후서 전체에서 고린도 교인들과 상호 신뢰를 새롭게 하려 애쓰는 것을 감안하면 놀랍지 않다. 그러나 여기서는 수직적인 확신을 언급한다. 밖을 향한 확신이 아니라 위를 향한 확신이다.

바울이 무엇을 행하고 있는지 생각해보라. 그는 자기 사역과 동기의 성실함에 대한 궁극적 근거를 하나님에게 둔다. 만일 하나님께서 그의 편이시라면, 고린도 교인들이 그의 편지로 설득되는지 여부는 중요하지 않다. 그는 그들에게 자신의 사역이 받아들여지기를 원하지만, 인간의 용납을 받을 필요성에서 해방되었다(참고. 갈 1:10). 그 자신조차 스스로를 평가하지 않는다(참고. 4:5). 그는 하나님에게 사명을 받았고, 하나님 앞에서 인정을 받았고, 하나님을 향해 확신을 품고 있다.

왜 그런가? 그것은 "그리스도로 말미암[은]" 확신이기 때문이다. 지칠 줄 모르고 성실한 사도 바울일지라도 자력만으로는 부족할 수밖에 없을 것이다. 그러나 그의 확신은 중보자인 그리스도에게 확고히 연합되었기에 생기는 것이다.

3:5 바울은 이제 왜 자기 사역에 대해 그런 확신을 품는지 고린도 교인들

을 이해시킨다. 그는 4절에서 말한 확신의 뜻을 오해하지 않도록 분명히 한다. 이 확신은 스스로 만든 '자격'에서 생기는 것이 아니다(이 어근이 5-6절 에 세 번 나오는 것을 주목하라).

사실 바울은 감히 '그 어떤 것도 우리에게서 나온다고 주장하지' 않는다. 바울은 그의 편지들에서 줄곧 그의 사역을 '그리스도와 그 자신'의 것이 아니라 '그 자신 속에 계시는 그리스도'의 것으로 간주한다. "이 일을 위하여 나도 내 속에서 능력으로 작용하는 그분의 활력을 따라 수고하며 애쓰고 있습니다"(골 1:29, 새번역). "내가 모든 사도보다 더 많이 수고하였으나 내가 한 것이 아니요 오직 나와 함께 하신 하나님의 은혜로라"(고전 15:10, 참고. 빌 2:12-13). 사역을 수행하는 것은 그리스도인가, 아니면 바울인가? 그 순서 대로, 바울 안에 계신 그리스도다. 바울은 하나님에 의해 수동적으로 조종 되는 로봇이 아니다. 반면에 하나님께서 바울을 통해 일하시기 때문에 바울이 어떤 것이든 스스로 만든 열매라고 주장한다면 그것은 비양심적이다. 여기서 '주장하다'[로기조마이(logizomai), ESV 참고]로 번역된 단어는 보통 '숙고하다, 간주하다, 설명하다, 생각하다'라는 뜻이다. 이는 외적 주장을 언급하기보다는 내적 생각의 그 어떤 것도 자기 공로로 가로채지 않는 깨달음을 언급한다.[15] 이는 참으로 겸손하게 만드는 깨달음인 동시에 깊은 해방감을 주는 깨달음이다.

오히려 '우리의 자격(충분함)은 하나님으로부터 나온다'. 복음 사역이 사람들의 영원한 운명을 좌우한다는 사실을 감안하면, 우리는 자신의 단점과 결점에 압도되기 쉽다. 만일 우리가 그처럼 자격이 없다는 것을 느끼지 못한다면, 우리가 부름 받은 그 사역의 심오한 성격을 제대로 알지 못한 것이다. 여기서 바울은 그런 심각한 '자격 부족'에 대한 유일한 고약을 제공한다. 우리 스스로 자격을 '만드는' 것이 아니라 하나님으로부터 오는 자

---

15 이런 노선을 따르는 칼빈의 주석을 참고하라. John Calvin, *The Second Epistle of Paul the Apostle to the Corinthians and the Epistles to Timothy, Titus, and Philemon*, trans. T. A. Smail, ed. David W. Torrance and Thomas F. Torrance (Grand Rapids, MI: Eerdmans, 1964), 40-41.

격을 '받아들이는' 것이다.

3:6 5절에서 시작된 문장이 계속 이어지는 가운데 바울은 하나님께서 주신 자격에 대해 더 깊이 파고든다. 바울은 5절에서 그의 자격이 하나님으로부터 나온다고 말했다. 이제는 그 이유를 설명한다. 무슨 목적을 위해 주신 것일까? 이 본문을 문자적으로 번역하면, 하나님께서 새 언약의 일꾼들[디아코노이(*diakonoi*)]이 되기에 '우리를 충분하게 만드셨다'가 된다. 하나님은 바울과 그의 동역자들을 일반적으로 사역에 충분한 사람들로 만드신 것만이 아니다. 더욱 구체적으로, 하나님은 그들을 오래토록 기다렸던 마지막 날, 메시아가 오고 성령이 부어지고 하나님의 백성이 회복될 그날의 반포자들로 세우신 것이다. 그들은 "새 언약"의 청지기와 선포자들이다. 이때는 구약에서 예언한 대로 하나님의 모든 목적이 절정에 도달하는 시기다. (바울이 1:20에서 "하나님의 약속"이 그리스도 안에서 성취되었다고 주장한 것을 기억하라.)

여기서 바울은 "새 언약"을 언급하는데 이제 두 장이 지나면 '새로운 창조'(5:17)에 대해 말할 것이다. 이런 곳에서 바울의 사상 저변에 깔려 있는 구조가 잠깐 표면에 떠오른다. 개시된 종말론이 모든 곳에 내재되어 있고 이따금 명시적으로 드러난다는 뜻이다. 바울의 전반적인 관점은 그리스도의 초림과 함께 종말, 곧 마지막 날의 복이 임하는 새로운 시대가 시작되었다는 것이다.[16] 역사의 끝에 분출될 것으로 기대했던 일이 역사의 한복판에 분출했다. 그리스도가 재림하실 때는 초림과 함께 시작된 새로운 시대가 완전히 성취될 터이고, 새 시대와 나란히 진행되던 옛 시대(그래서 '시대의 중첩'이라는 말을 쓴다)가 종말을 맞이할 것이다.[17]

바울은 새 언약의 사역을 "문자로 된 것이 아니라, 영으로 된 것"(새번역)으로 설명한다. 왜 그런가? "문자[18]는 사람을 죽이고, 영은 사람을 살[리

---

16 Geerhardus Vos, *The Pauline Eschatology*, repr. (Phillipsburg, NJ: P&R, 1994), 11-12. 《바울의 종말론》 (좋은씨앗).

기]"(새번역) 때문이다. 바울은 종말이 시작되었다는 최고의 징표[19]인 성령(참고. 3절)으로 되돌아가서 문자와 영을 구속 역사에서 별개의 시대를 대표하는 것으로 서로 대조시킨다. 후자가 그리스도의 도래와 성령의 강림으로 전자를 무색하게 했다고 한다. "문자"는 모세가 사역했던 이전 시대를 상징하고, 바울이 14절에서 새 언약에 반해 "옛 언약"(새번역)으로 부를 것을 대표한다(참고. 히 8:6, 13). 바울이 방금 3절에서 "돌판"을 구약의 율법과 특히 십계명을 가리키는 것으로 말한 만큼, 6절에 나오는 "문자"는 하나님께서 구약에서 그분의 백성을 다루는 일이 기록된 법전(참고. 롬 2:25-29: 7:6)을 통해 중재되었음을 가리키는 어휘일 가능성이 많다.

그러면 문자와 영 사이의 기본적인 차이는 무엇인가? '문자는 죽이지만 영은 생명을 준다.' '생명을 준다'로 번역된 헬라어 동사는 '살리다'라는 뜻이다. 이는 부활의 언어다. 문자가 죽일 수밖에 없는 것은 하나님의 계명과 제멋대로 내버려둔 인간의 마음이 만나면 죽음과 정죄만 초래하기 때문이다. 문자는 딱딱하고 굴절되고 무기력한 인간 마음에 부딪혀 튀어 오른다. 그러나 하나님께서 친히 인간 마음속에 들어가서 마음을 부드럽게 하고 녹이신다면, 요컨대 마음을 살리신다면 어떻게 될까? 사망이 다스리는 곳에 하나님께서 생명을 불러오신다면 어떻게 될까? 이것이 그 옛날에 품었던 희망이며 바울이 그의 사역을 통해 고린도 교인들에게 알려주었다고 주장하는 것이다. 하나님의 백성이 오래토록 고대했던 종말의 부활이 죽음의 지배를 받는 세상에 들어왔다. 그리스도 안에 있는 이들은 현재 성령에 의해 '살아나게' 되었고, 이 영적 부활은 언젠가 반드시 최종적으로 완성될 것이다. 그것은 바로 불멸의 신체적 부활이다.[20]

---

17 앞의 책과 함께 다음 책들도 참고하라. G. K. Beale, *A New Testament Biblical Theology: The Unfolding of the Old Testament in the New* (Grand Rapids, MI: Baker Academic, 2011). 《신약성경신학》(부흥과개혁사); Richard B. Gaffin Jr., *By Faith, Not by Sight: Paul and the Order of Salvation*, 2nd ed. (Phillipsburg, NJ: P&R, 2013).

18 여기서 "문자"[그람마(*gramma*)]는 알파벳의 철자들을 가리킨다.

19 Vos, "Eschatological Aspect," 91-125.

≋≋≋ 응답 ≋≋≋

우리가 날마다 침대에서 나올 때 접하는 근본적인 싸움은 고린도후서 3:1-6에 담긴 반직관적인 진리를 마음에 새기는 일이다. 우리의 '무난한 모습', 우리의 '충분한 역량', 우리의 자격은 획득해야 할 상급이 아니라 받아야 할 선물이라는 것이다. 이는 모든 신자들에게 해당된다. 특히 이 본문, 곧 고린도후서 3장에 나오는 하나님의 작은 목자들에게 해당된다. 마르틴 루터(Martin Luther)는 고린도후서 3:5을 설교할 때 이렇게 말했다. "우리는 하나님께서 우리에게 자격을 주셨다고 확신한다. 그분이 만일 그렇게 하신다면, 오직 그것만이 중요하다. 만일 세상이 우리에게 자격이 없다고 생각한다면, 그건 상관없다!"[21]

이 진리에 무관심한 채 인생을 살아가는 것은 어떤 모습일까? 광적이고, 불안하고, 과로하고, 남을 판단하고, 짐에 눌리고, 불안정하고, 쉽게 위협받고, 쉽게 상처받고, 험악한 눈빛이 서린 모습이다. '우리의 자격이 하나님으로부터 나온다'(5절)는 진리에 맞춰 인생을 살아가는 것은 어떤 모습일까? 차분하고, 긴장을 풀고, 남을 격려하고, 쾌활하고, 비판에 상처받지 않고, 자비를 베풀어 우리와 같은 죄인들에게 내려오신 하나님에게 어린이처럼 경이감을 품는 모습이다. 그리고 궁극적으로는 이런 인생만이 영적으로 풍성한 삶이라는 것이 입증되리라. 이런 인생은 문자의 요구를 충족시키려는 무기력한 마음이 아니라 하나님의 영이 공급하는 자원(참고. 갈 5:16-26)으로 살아가고 섬기는 삶이기 때문이다.

---

20 이에 대한 반론은 부활을 미래의 것으로만 보는 해리스의 견해다(Murary J. Harris, *The Second Epistleto the Corinthians*, 274).

21 Martin Luther, "Sermon on the Epistle for the Twelfth Sunday After Trinity," in *Luther's Works, Volume 51: Sermon 1* (Philadelphia: Fortress, 1959), 223.

7 돌에 써서 새긴 죽게 하는 율법 조문의 직분도 영광이 있어 이스라엘 자손들은 모세의 얼굴의 없어질 영광 때문에도 그 얼굴을 주목하지 못하였거든 8 하물며 영의 직분은 더욱 영광이 있지 아니하겠느냐 9 정죄의 직분도 영광이 있은즉 의의 직분은 영광이 더욱 넘치리라 10 영광되었던 것이 더 큰 영광으로 말미암아 이에 영광될 것이 없으나 11 없어질 것도 영광으로 말미암았은즉 길이 있을 것은 더욱 영광 가운데 있느니라

7 Now if the ministry of death, carved in letters on stone, came with such glory that the Israelites could not gaze at Moses' face because of its glory, which was being brought to an end, 8 will not the ministry of the Spirit have even more glory? 9 For if there was glory in the ministry of condemnation, the ministry of righteousness must far exceed it in glory. 10 Indeed, in this case, what once had glory has come to have no glory at all, because of the glory that surpasses it. 11 For if what was being brought to an end came with glory, much more will what is permanent have glory.

12 우리가 이같은 소망이 있으므로 담대히 말하노니 13 우리는 모세가 이스라엘 자손들에게 장차 없어질 것의 결국을 주목하지 못하게 하려고 수건을 그 얼굴에 쓴 것같이 아니하노라 14 그러나 그들의 마음이 완고하여 오늘까지도 구약을 읽을 때에 그 수건이 벗겨지지 아니하고 있으니 그 수건은 그리스도 안에서 없어질 것이라 15 오늘까지 모세의 글을 읽을 때에 수건이 그 마음을 덮었도다 16 그러나 언제든지 주께로 돌아가면 그 수건이 벗겨지리라 17 주는 영이시니 주의 영이 계신 곳에는 자유가 있느니라 18 우리가 다 수건을 벗은 얼굴로 거울을 보는 것같이 주의 영광을 보매 그와 같은 형상으로 변화하여 영광에서 영광에 이르니 곧 주의 영으로 말미암음이니라

12 Since we have such a hope, we are very bold, 13 not like Moses, who would put a veil over his face so that the Israelites might not gaze at the outcome of what was being brought to an end. 14 But their minds were hardened. For to this day, when they read the old covenant, that same veil remains unlifted, because only through Christ is it taken away. 15 Yes, to this day whenever Moses is read a veil lies over their hearts. 16 But when one[1] turns to the Lord, the veil is removed. 17 Now the Lord[2] is the Spirit, and where the Spirit of the Lord is, there is freedom. 18 And we all, with unveiled face, beholding the glory of the Lord,[3] are being transformed into the same image from one degree of glory to another.[4] For this comes from the Lord who is the Spirit.

1 Greek *he* 2 Or *this Lord* 3 Or *reflecting the glory of the Lord* 4 Greek *from glory to glory*

〜〜〜 단락 개관 〜〜〜

바라봄을 통한 변화

바울은 3:1-6에서 예레미야 31장과 에스겔 11장, 36장을 끌어와서 옛 시대와 새 시대를 대조하기 시작했다. 그는 3:7-18에서도 그 작업을 계속하지만, 훨씬 더 과거로 돌아가서 출애굽기 34장의 사건을 끌어온다. 옛 시대에도 영광이 있었지만 그것은 새 시대의 영광에 비하면 아무것도 아니다. 모세가 십계명을 들고 시내산에서 내려올 때의 언어와 범주를 사용하는 바울은 새 언약의 시대가 이루 말할 수 없을 만큼 우월하다고 말한다. 이 시대에는 지금 여기에서 종말의 실체, 즉 그리스도가 성령을 통해 우리를 변화시켜 종말의 영광 속으로 인도하시는 일이 시작되기 때문이다.

〜〜〜 단락 개요 〜〜〜

II. 바울이 자기 사역을 변호하다(1:3-7:16)

   C. 바울의 사역은 참된 영광의 사역이다(3:1-4:6)

      3. 두 종류의 영광(3:7-11)

         a. 죽음의 사역이 지닌 더 작은 영광(3:7)

         b. 영의 사역이 지닌 더 큰 영광(3:8)

         c. 정죄의 사역이 지닌 작은 영광(3:9a)

         d. 의의 사역이 지닌 더 큰 영광(3:9b)

         e. 두 종류의 영광은 양립할 수 없다(3:10)

         f. 옛 영광은 일시적이다(3:11a)

         g. 새 영광은 영원하다(3:11b)

      4. 두 종류의 수건(3:12-18)

a. 모세의 물리적 수건(3:12-14a)

    (1) 담대함이 없다(3:12-13a)

    (2) 옛 언약의 일시성을 반영하다(3:13b)

    (3) 완고한 마음(3:14a)

b. 이스라엘 백성의 영적인 수건(3:14b-18)

    (1) 영속적인 실체(3:14b-15)

    (2) 그리스도와 영을 통해 수건을 제거하다(3:16-17)

    (3) 수건이 벗겨질 때 바라보는 것(3:18)

〰〰〰 **주석** 〰〰〰

3:7 바울은 하나님께서 그분의 백성을 다루시는 두 가지 획기적인 시대를 상세히 비교하고 대조하면서 시작한다. 전자를 '죽음의 사역'(7절), '정죄의 사역'(9절) 그리고 '옛 언약'(14절)이라 부른다(이 대목에 나오는 '사역'이 개역개정에는 "직분"으로 번역되어 있음-옮긴이 주). 7-11절의 핵심 개념은 영광인 반면 12-18절의 핵심 개념은 수건으로 가리는 것이다. 두 대목을 함께 묶어주는 것은 이전 시대가 종말에 도달했다는 개념이다(7, 10, 11, 13절).

7절에서 바울은 문자[그람마(*gramma*)]는 '죽인다'(6절)는 개념으로 돌아가서 옛 시대를 돌[3절에 나오는 "돌판"(리티노스, *lithinos*)과 관련된 리토스(*lithos*)]에 문자(다시 그람마를 사용해서)로 새겨진 '죽음의 사역'의 견지에서 말한다. 여기서 새로운 것은 영광의 개념이다. 옛 시대는 외적 요구사항만 감안하면 죽음밖에 줄 수 없음에도 불구하고 여전히 영광의 시대였다. 이 대목을 통틀어 바울은 옛 시대에 영광이 있었음을 결코 부인하지 않고, 다만 새 시대에 훨씬 우월한 영광이 있다고 주장할 것이다. 옛 시대의 영광을 보여주려고 바울은 모세가 십계명을 들고 시내산에서 내려올 때 그의 얼굴이 빛났던 것을 끌어온다(70인역 출 34:29-35은 고후 3:7-11, 18이 모세의 얼굴이 '빛나는' 것을 묘사할 때 사용한 "영광"과 동일한 헬라어 어근을 사용한다). 모세는 얼굴이 빛날 정도로 주님과 이야기를 나눴으나 그조차 하나님의 얼굴을 보도록 허락되지 않고 다만 하나님의 영광이 지나갈 때 바위틈에 있어야 했다(출 33:21-23). 그러나 바울이 18절에서 주장할 것처럼, 모든 하나님의 백성은 이제 그리스도 안에서 하나님의 얼굴을 직접 보게 된다(참고. 4:6).

옛 시대의 부인할 수 없는 영광이 모세의 빛나는 얼굴을 통해 나타났음에도 불구하고(영광이 너무나 커서 이스라엘 백성은 눈을 돌려야 했다), 이 영광은 위대하고 오만한 문명처럼 결국은 무너지게 될 운명이었다(참고. 13절 주석). "없어질"(사라질)로 번역된 헬라어 동사[카타르게오(katargeō)]는 '파기하다', '폐지하다' 또는 '무효로 만들다'는 뜻이다. 바울이 이 동사를 사용하는 것은 단지 일반적 의미에서의 종말이 아니라 구체적으로 옛 시대의 종말을 가리키기 위해서다. 이는 종말론이 실린 단어다. 바울은 이 동사를 모두 25번 사용하는데, 그중에 네 번은 고린도후서에서(3:7, 11, 13, 14), 그리고 종종 종말론적으로 옛 시대에 일어난 일(예. 고전 13:8, 10, 11; 엡 2:15; 딤후 1:10) 또는 그리스도의 재림 때 현재의 악한 시대에 일어날 일(예. 고전 15:24, 26; 살후 2:8)을 말할 때에 사용한다.

3:8 바울은 문장을 8절까지 계속 이어간다. 그는 이 대목 전체에서 '만일…그런즉 얼마나 더…'라는 논리와 함께 작은 것에서 큰 것으로 논증하는 일을 세 차례 하는데, 이곳이 그 문학적 패턴의 두 번째 경우다(표3).

7–8절	만일 죽음의 사역이 영광이 있었다면, 그런즉 영의 사역은 얼마나 더 그렇겠는가?
9절	만일 정죄의 사역이 영광이 있었다면, 그런즉 의의 사역은 얼마나 더 그렇겠는가?
11절	만일 일시적인 것이 영광이 있었다면, 그런즉 영원한 것은 얼마나 더 그렇겠는가?

표3. 고린도후서 3:7-11에 나오는 '만일…그런즉' 패턴

8절은 첫 번째 쌍의 후반부다. '죽음의 사역'이 '성령의 사역'과 대조된다. 이로써 우리가 성령을 부활 생명의 견지에서 이해하도록 격려하는데, 이는 바울이 6절에서 생명을 주는 영을 거론할 때 이미 명시적으로 말한 것이다(이는 로마서 8:1-30에서 훨씬 길게 다뤘다). 로마서 8:10-11은 성령과 부활 생명 간의 관계를 이해하는 데 큰 도움을 준다.

> 또 그리스도께서 너희 안에 계시면 몸은 죄로 말미암아 죽은 것이나 영은 의로 말미암아 살아 있는 것이니라 예수를 죽은 자 가운데서 살리신 이의 영이 너희 안에 거하시면 그리스도 예수를 죽은 자 가운데서 살리신 이가 너희 안에 거하시는 그의 영으로 말미암아 너희 죽을 몸도 살리시리라

사도 바울의 신학에서 하나님의 백성에게 성령이 강림해서 평등하게 주어진 것은 새로운 창조의 시작과 다가올 시대의 생명이 개시된 것을 가리킨다. 우리의 물리적 몸이 여전히 쇠약해져서 결국 망할 것은 옛 시대가 남아 있기 때문이다. 그러나 그리스도와 연합해서 성령이 내주하시는 사람들에게 최종적인 부활 생명이 보장되는 것은 더욱 놀랍고 심오한 진리다. 사실 이 생명은 이미 시작되었다(엡 2:5-6; 골 3:1). 그래서 바울은 8절에서 도래하는 새로운 시대에 관해 말하면서 서로 밀접한 관계에 있는 성령과 부활과 영광을 다함께 묶어놓는다.

3:9 바울은 새로운 시대의 종말론적 영광의 개념을 계속 유지하면서 또 한 번의 '얼마나 더'를 말한다. '죽음의 사역'(7절)을 '영의 사역'(8절)과 대비시킨 후 이제는 '정죄의 사역'을 '의의 사역'과 대비시키고 있다. 다시 한 번, 전자에 영광이 있었으나 후자에는 더 큰 영광이 있다. ["더욱 넘치리라"로 번역된 동사 페리슈오(*perisseuō*)는 '풍성하거나 넘치다'는 뜻으로, 8절에 나오는 첫째 쌍의 '할 것이다'보다 승격한 것이다.]

바울의 글에서 "의"(義)는 그 뜻을 딱 집어서 말하기 어려운 개념이다.

바울이 이 단어를 사용할 때는 신학적 유산과 의미론적 유연성이 잔뜩 실려 있기 때문이다. 바울이 그 반대편으로 내세우는 것을 생각하면 어느 정도 도움을 받을 수 있다. 바로 정죄다. 바울이 말하는 "의"[디카이오쉬네(*dikaiosynē*), 이 편지에 7번 나온다]는 도덕적 선이나 변화(6:7이나 9:10에서 그러듯이)를 의미하지 않는다. 왜냐하면 정죄[카타크리시스(*katakrisis*)]는 '형벌을 포함하는 사법적 판결'(BDAG)을 의미하는 법적이고 선언적인 문제임에 틀림없기 때문이다.[22] 따라서 의는 종교개혁의 칭의 교리에 따라 법적인 무죄선고와 의로운 지위로 이해되어야 한다. 이런 해석은 또한 다음에 이 단어가 나오는 5:21과도 일치한다.

다시 한 번 우리는 바울의 말이 지닌 종말론적 의미에 주파수를 맞춰야 한다. 구약에서는 "의"가 종종 하나님께서 마지막 날에 성취하실 것에 대한 약속이다. 고린도후서 3장에서 "의"가 "정죄"와 짝을 이루고 그 앞에는 "죽[음]"과 "영"이 짝을 이루는 종말론적 분위기를 감안하면, "의"는 행복한 종말이 이 타락한 세상을 뚫고 들어왔다는 또 다른 신호로 이해되어야 한다. 그리스도와 연합한 이들은 이미 역사의 종말에 일어날 것으로 기대한 무죄선고(칭의)를 받은 셈이다. 이는 역사의 한복판에 일어난 그리스도의 속죄 사역 때문이다.

3:10 바울은 옛 시대의 영광, 새 시대의 영광과 관련된 그의 논점을 납득시키기 위해 첫 두 쌍과 세 번째 쌍 사이에서 잠시 멈춘다.

옛 시대는 참으로 영광스러웠다. 구약의 성도들은 구속 역사에서 그들의 위치를 생각할 때 특권과 복을 충만히 받았다고 느꼈다. 그들은 이집트의 노예 상태에서 구출되었고, 모든 면에서 주님의 돌봄을 받았고, 하나님과 이야기하고 그 얼굴이 광채로 빛났던 모세의 지도를 받았다. 그들은 또한 율법을 받았다. 요컨대 "모든 민족 가운데서 나[하나님]의 보물"(출 19:5,

---

22 이 명사를 사용하는 유일한 다른 신약 구절은 고린도후서 7:3이다. 어원이 같은 동사[카타크리노(*katakrinō*)]는 신약에 18번(바울의 글에는 다섯 번) 나오고 일관되게 불리한 법적 심판을 가리키지만 말이다.

새번역)이었다. 그러나 그리스도와 성령 안에서 새로운 영광이 도래하자 너무도 결정적이고 근본적인 격상이 일어나서 옛 시대는 그 어떤 영광도 없는 것처럼 되었다. 새 시대의 영광이 옛 시대의 영광을 '능가한다'. 이 동사는 바울이 '지식을 초월하는 그리스도의 사랑'(엡 3:19; 고후 9:14)을 말할 때 사용하는 단어다.

3:11 바울은 새 시대의 최상급 영광에 대한 또 하나의 이유를 제공한다. 이는 '죽음의 사역'을 밀어내고 부활 생명의 사역이 된 '영의 사역'(7-8절)일 뿐만이 아니다. 이는 '정죄의 사역'을 대치하고 하나님과 화해한 시대를 불러온 '의의 사역'(9절)일 뿐만이 아니다. 역사를 뚫고 들어온 종말론적 영광은 또한 그 기간에 있어서도 옛 영광과 다르다. 이는 영원히 지속된다. 이것은 일시성과 영원의 대조며, 바울이 4:18("보이는 것은 잠깐이요 보이지 않는 것은 영원함이라")에서 뒤돌아볼 대조다. 여기서의 범주는 '시간'이다.

바울은 헬라어 동사 카타르게오(참고. 3:7; 3:7 주석)를 골라내어 그것을 반복한다. 이와 정반대인 새 시대의 영광에 속하는 특성은 '영원'이다. 이에 해당하는 동사 메노(*menō*)는 신약 전체에 흔하게 나오며(118번), 우리가 그리스도 안에 '머물고' 그분이 우리 안에 머무신다는 요한 특유의 개념 배후에 자리한다(예. 요 15:4; 요일 3:6).[23] 마치 요한의 글에서 머문다는 것이 개시된 종말에 도래한 영원한 생명과 밀접한 관계가 있는 것처럼, 고린도후서 3장에서도 '영원히 있을 것'(머무는 것)이 끝이 없는 이유는 그것이 종말론적 실재이기 때문이다. 만일 일시적인 것에 영광이 있었다면, 영원히 머물 것은 얼마나 더 그렇겠는가?

옛 질서는 지속 가능성이 없었다. 왜냐하면 그것은 영이 결여된 문자에 의존했기 때문이다.[24]

---

23 이 동사는 요한복음에 40번, 요한일서에 24번, 요한이서에 3번 나오는 등, 신약의 118번 중 요한이 67번이나 사용한다.

3:12 바울은 다음 대목으로 넘어가면서 계속해서 구속 역사의 두 시대를 대조한다. 옛 시대와 새 시대, 옛 언약과 새 언약, 하나님의 종말론적 약속 이 성취될 것에 대한 기대와 그 약속의 성취 등이다. 하지만 여기서 그는 "영광"의 범주로 두 시대를 대조하던 것에서 "수건"의 범주로 대조하는 것 으로 전환한다. "영광"이라는 용어가 7-11절에 10번 나타나고, "수건"이 라는 용어가 12-17절에 4번 나온다. 이후 18절에서 바울은 놀라운 결론 에서 이 두 개념을 함께 가져온다. 7-11절에서 12-18절로의 전환에서 핵 심 요소는 다음과 같다. 바울이 7-11절에서는 두 종류의 사역 내지는 경륜 에 대해 일반적으로 말한 데 비해, 이제는 이런 사역들 아래 있는 실제 사 람들에 관해 말한다는 것이다. 모세와 당시의 이스라엘 사람들, 그리고 현 재 새 시대의 신자들이다. 추상적인 것이 구체적인 인간으로 바뀐다.

12절의 서두를 문자적으로 번역하면 '그러므로 그런 소망을 가졌은즉' 이 된다. 이와 병행되는 표현이 4:1에 나온다('그러므로 이 사역을 가졌은즉'). 바 울은 신학적 성찰을 그 자체를 위해 제공하는 적이 없다. 12절의 요점은 담대함이다. 4:1의 요점은 낙심하지 않는 것이다. 바울의 경우, 참된 신학 은 마음을 하나님께 이끌고 더 풍성한 삶을 낳아야 마땅하다.

이 "소망"은 무엇인가? 이곳이 이 단어[엘피스(*elpis*)]가 이 문맥에서 유일 하게 사용되는 곳이다.[25] 바울은 뚫고 들어오는 새 시대에 관해 말하고 있 는데, 이는 자비에 의해 그 속에 휩쓸려 들어가는 이들에게는 겉모습은 요 란하지 않아도 영원한 불멸의 시대다. 성경적인 "소망"은 미래를 갈망하는 것이 아니라 현재의 맛보기에 기초해 미래의 현실을 전적으로 신뢰하는 것이다. '영의 사역'(8절)과 '의의 사역'(9절)이 홍수처럼 세상으로 흘러내려

24　그렇다고 해서 성령이 옛 질서 아래서는 전혀 활동하지 않았다는 말이 아니다(예. 출 31:1-6). 성령의 사역이 산 발적이고 보류되었기 때문에 바울은 굳이 조건을 달지 않은 채 새 시대를 "영의 사역"으로 말할 수 있었다(참고. 요 7:39, 이 구절은 예수께서 영화롭게 될 때까지 성령이 주어지지 않았다고 한다). 구약 신자들 가운데 있었던 성령의 사역에 관해서는 다음 책을 참고하라. James M. Hamilton Jr., *God's Indwelling Presence: The Holy Spirit in the Old and New Testaments* (Nashville: B&H, 2006).

25　신약에 흔히 나오는(53번) 이 단어가 고린도후서에서는 두 번 더 나올 뿐이다(1:7; 10:15).

서 종말의 실재들을 시작했기 때문에 우리는 이제 이런 실재들의 최종 성취에 대한 소망을 품고 담대하게 나아갈 수 있다. 우리의 대의는 오직 고통과 약함을 통해서만 전진할지라도(이 점은 신약의 어느 책보다 고린도후서에 더 분명히 나온다) 결코 잃어버릴 수 없다.

3:13 우리에게 있는 투명하고 솔직한 담대함은 옛 시대 아래 있던 사람들(누구보다도 모세와 그가 지도했던 이들)의 경험과 상반된다. 그들의 것은 숨겨진 영광이었다. 우리의 것은 열린 영광이다(참고. 18절).

바울은 이제 처음으로 출애굽기 34장의 사건을 상세히 소개하고 이로부터 중요한 신학적 의미를 도출한다. 모세의 "수건"[칼륌마(*kalymma*)]에 관한 것이다. 출애굽기 34장의 사건을 다 인용하는 것이 좋겠다.

> 모세가 그 증거의 두 판을 모세의 손에 들고 시내산에서 내려오니 그 산에서 내려올 때에 모세는 자기가 여호와와 말하였음으로 말미암아 얼굴 피부에 광채가 나나 깨닫지 못하였더라 아론과 온 이스라엘 자손이 모세를 볼 때에 모세의 얼굴 피부에 광채가 남을 보고 그에게 가까이 하기를 두려워하더니 모세가 그들을 부르매 아론과 회중의 모든 어른이 모세에게로 오고 모세가 그들과 말하니 그 후에야 온 이스라엘 자손이 가까이 오는지라 모세가 여호와께서 시내산에서 자기에게 이르신 말씀을 다 그들에게 명령하고 모세가 그들에게 말하기를 마치고 수건으로 자기 얼굴을 가렸더라

> 그러나 모세가 여호와 앞에 들어가서 함께 말할 때에는 나오기까지 수건을 벗고 있다가 나와서는 그 명령하신 일을 이스라엘 자손에게 전하며 이스라엘 자손이 모세의 얼굴의 광채를 보므로 모세가 여호와께 말하러 들어가기까지 다시 수건으로 자기 얼굴을 가렸더라(출 34:29-35)

70인역에서 "수건"에 해당하는 단어는 바울이 고린도후서 3장에서 사용하는 단어와 똑같다(그리고 출 34:29, 30, 35에 나오는 '빛났다'라는 동사는 고린도후서 3장에 사용된 "영광"의 동사형이다). 요점은 모세가 하나님과 얼굴을 맞대고 말하곤 했으나[26] 사람들에게 말할 때는 수건을 썼고, 단 하나님의 명령을 그들에게 전달할 때는 예외였다는 것(출 34:33). 정상적인 환경 아래서는 하나님의 백성이 하나님의 얼굴을 보면 살 수 없었다(출 33:20).

그런데 왜 수건을 썼는가? 이스라엘 백성이 "장차 없어질 것의 결국을 주목하지 못하게 하려[는]" 것이다. 여기서 이 본문을 바울이 이미 7절에서 말한 내용과 나란히 놓을 필요가 있다(표4).

7절	…이스라엘 자손들은 모세의 얼굴의 없어질 영광 때문에도 그 얼굴을 주목하지 못하였거든
13절	…이스라엘 자손들에게 장차 없어질 것의 결국을 주목하지 못하게 하려고 수건을 그 얼굴에 쓴 것같이 아니하노라

표4. 고린도후서 3:7과 3:13의 유사점

두 본문을 함께 묶어놓으면 이렇게 된다. 모세가 수건을 쓴 것은 '이스라엘 자손들이 그들이 몸담은 구속 역사의 시기를 오해하지 않게 하기 위해서였다'. 우리가 두 본문을 번역된 언어로 읽으면 7절에는 없지만 13절에 더해진 요소를 놓치기 쉽다. 바로 "결국"[토 텔로스(to telos)]이다. 이는 두 본문에 나오는 동사 카타르게오의 뜻과 비슷하되 13절에 명시적으로 진술된 개념이다. 텔로스는 풍부한 종말론적 의미를 지니고 있고 보통은 구속 역사의 끝 또는 목표를 가리킨다(예. 고전 10:11; 롬 10:4). 만일 이스라엘 자손들이 경이롭게 모세의 얼굴을 "주목"하도록(의도적으로 계속 응시하도록) 허락되었다면, 그들은 현 순간을 하나님의 모든 약속의 정점으로 오해했을 것

---

26 우리는 출애굽기 33:11을 기억한다. "사람이 자기의 친구와 이야기함같이 여호와께서는 모세와 대면하여 말씀하시며."

이다. 그러나 하나님은 그들의 마음이 하나님의 위대한 약속에 막을 내리는 것을 원치 않았다. 모세의 빛나는 얼굴은 한갓 맛보기에 불과했기 때문이다. 하나님의 백성은 장차 때가 되면 하나님의 아들, 예수 그리스도 안에서 하나님을 바라볼 때 영화로운 빛나는 얼굴을 즐거워하게 될 것이다(고후 3:18; 4:6).

3:14 이 구절은 출애굽 내러티브로부터 바울이 몸담은 새 언약의 시대로 잇는 다리다.

바울은 방금 모세가 쓴 수건의 목적에 대해 말했다. 이스라엘 자손들이 이미 스러지고 있는 구속 역사 속 한 시기의 외적 현상을 주목하지 못하게 하려는 것이라고. 이제 그는 수건 일화의 목적에서 결과로 이동한다. "그들의 마음이 완고[했다]." 여기서 "마음"[노에마(*noēma*), 이 헬라어에서 noetic이라는 영어 단어가 나왔다]은 2:11에서 사탄의 "계책"을 지칭한 단어와 같다. 사실 고린도후서에 나오는 이 단어의 모든 용례는 사탄이 조종하는 영적 전쟁과 관련 있다(4:4; 10:5; 11:3). 지성의 완고함은 마음(heart)의 완고함과 비슷하지만 더 강한 인지적/지성적 의미를 갖고 있다. 하지만 완고한 마음은 단지 인지적인 것에 그치지 않는다. 그것은 전인(全人)으로부터 나오는, 도덕적으로 비난받을 만한 저항이다. '완고해지다'는 구약과 신약 모두에서 흔한 성경적 은유로서 영적인 고집, 완강함, 어리석게 진리를 굴절시킴 등을 가리킨다(참고. 신 29:4; 삼상 6:6; 사 9:1-10:34; 29:9-10). 바로는 완고한 마음 때문에 이스라엘을 떠나지 못하게 한 것으로 유명한데(출 4-14장), 바울은 그리스도에 저항하는 이스라엘 사람들을 그와 똑같은 입장에 있는 것으로 본다. 이와 정반대는 3절에 나오는 고린도 교인의 "육의 마음"이다. 부드럽고, 영적 침투가 가능하고, 수용적이고, 열린 마음이다.

바울은 이제 예로부터 현 시점까지 (모세만이 아닌) 이스라엘 사람들이 수건을 쓰고 있다고 말한다. 하지만 이것은 얼굴을 가리는 물리적 수건이 아니라 마음을 가리는 영적 수건이다. 둘 사이의 연속성은 주님을 인식하는 데 방해가 된다는 점이다. 모세는 얼굴을 맞대고 주님을 볼 때는 수건을 벗곤 했으나, 그리스도에 저항하는 이스라엘 사람들은 당시나 지금이나 '벗지 않은' 수건을 쓰고 있다는 것이다. 그들은 구약("옛 언약")을 읽을 때 주님을 보고 있다고 생각한다. 어느 의미에서는 그렇다. 어쨌든 그것은 하나님의 계시고, 바울이 이미 분명히 했듯이, 어떤 "영광"을 갖고 있다(7-11절). 그러나 수건은 성경에 관한 폭넓은 지식이나 성경에 꼼꼼하게 순종하는 것이 아니라 '오직 그리스도를 통해서' 벗겨진다. 말하자면 오직 그리스도와 연합할 때에만 우리 눈의 비늘이 벗겨 떨어져서 구약의 깊은 의도와 불가피한 목적지를 보게 된다. 하나님께서 죄인들을 위해 (그들과 협력하지 않고) 예수 그리스도의 속죄 사역을 통해 모든 약속을 이루고 그분의 자원으로 죄인들을 구원하시겠다는 것이다(참고, 1:20).

"없어질"로 번역된 헬라어 동사는 다시금 카타르게오, 즉 13절에서도 그렇게 번역된 종말론적 의미가 실린 단어다. 그리스도와의 연대를 통해 수건이 벗겨지고, 우리가 "새 언약"(6절), '새 창조'(5:17) 속으로 들어 올릴 때 옛 시대는 삼켜져서 사라지고 만다.

3:15 바울은 방금 14절에서 편 논점을 납득시킨다.

> 14절: "그들[이]⋯오늘까지도 구약을 읽을 때에 그 수건이 벗겨지지
> 아니하고 있으니"
> 15절: "오늘까지 모세의 글을 읽을 때에 수건이 그 마음을 덮었도다"

15절에 새롭게 나오는 것은 믿지 않는 이스라엘 사람들의 "마음"(카르디아)을 명시적으로 언급하는 점이다. 바울은 14절에서 그들의 "마음"(노에마)을 언급했다. 신약 사상에서는 마음과 지성 사이에 의미론적 중첩이 분명히 있다(이는 오늘날 '지성'을 완전히 인지적인 것으로, '마음'을 완전히 감정적인 것으로 여기는 일부 사상과 상반된다).

바울이 말하는 논증의 흐름을 이해하려면, 그가 기독교 시대의 불신자들을 옛 시대에 속하는 것으로 여긴다는 점을 알아야 한다. 이는 마치 일

단의 백만장자들이 경제호황 중에 무료 급식을 받으려고 노숙인 줄에 서 있는 모습, 에스키모가 열대 지방에 휴가를 가서 해변에서 털옷을 입고 있는 모습, 성인이 아기용 음식을 먹고 있는 모습과 같다. 이 모든 사례는 다음 질문을 던지지 않을 수 없게 한다. 당신은 그동안 무슨 일이 발생했는지, 당신이 어느 때에 살고 있는지 모르는가? 당신은 주변 환경을 인식하지 못하는가? 눈만 뜨면 알 수 있는데도 당신의 것이 무엇인지 모르는가? 그리스도를 믿지 않는 사람들은 이미 도래한 새로운 질서를 보지 못한다. 그 결과 새로운 시대에 살고 있으면서도 그들의 신분은 여전히 옛 시대에 속해 있다. 아직도 수건에 가려 있다. 이와 반대로 모세는 옛 시대에 살고 있었으면서도 어느 의미에서 새 시대로 건너뛰었다.[27] 그래서 바울에 따르면, 구속 역사 전체에 걸쳐 각 사람은 실제로 어느 시대에 살든지 상관없이 옛 시대나 새 시대 중 하나에 속하게 된다. 역사적 위치가 종말론적인 위치를 결정하지 않는다. 고린도후서 3장에서 씨름하고 있는 문제는, 인류 역사의 무대에 새 시대가 동텄는데도 불구하고 어째서 그토록 많은 바울의 동시대인들(유대인)이 새 시대를 받아들이지 못했는가 하는 것이다.

3:16 이 구절은 14절의 마지막 부분과 병행한다(이는 14절의 앞부분이 15절과 병행하는 것과 같다).

> 14절: "그 수건은 그리스도 안에서 없어질 것이라"
> 16절: "그러나 언제든지 주께로 돌아가면 그 수건이 벗겨지리라"

16절에 대해 두 가지 사항을 언급할 만하다.

---

27 바울은 로마서 4장에서 아브라함에 대해서도 이와 비슷한 주장을 편다. 믿음 대신 행위에 의거하여 계속 일하는 자들은 옛 시대에 갇혀 있지만 아브라함은 믿음으로 일했기 때문에 어느 의미에서 새로운 시대로 건너뛰었다. Douglas Moo, *The Epistle to the Romans*, NICNT (Grand Rapids, MI: Eerdmans, 1996), 26-27.《NICNT 로마서》(솔로몬).

첫째, 출애굽기 34:34-35에서는 모세가 자신의 수건을 벗었다고 한다. 그런데 여기서는 그 수건이 '벗겨진다'고 한다. 수동태로 기록된 것을 보면, 누가 벗기는가라는 의문이 생긴다. 이 본문이 방금 주께로 돌아가는 것을 말했기 때문에 독자는 주님이 친히 벗겨주시는 것으로 추론하게 된다.

둘째, 여기서 "주"는 누구인가? 이 구절의 흐름으로 보면 독자는 자연스럽게 여호와를 언급한다고 생각할 것이다. 이 구절의 배경인 출애굽기에서 하나님께서 모세와 대화를 나누고 계시기 때문이다. 그러나 바울은 이 시점에서 그리스도로 전환하기 시작하는 듯하다. 그는 "주"라는 말을 들으면 그리스도를 연상하도록 격려한다. 이 어구가 14절과 병행한다는 사실이 도움이 된다. 수건이 벗겨지는 것이 그리스도를 '통해'(근원이 아닌 중개자)이루어진다는 것이 명백한 만큼, 16절이 이런 의미를 갖고 있을 가능성이 많다("그리스도 예수의 주 되신 것"을 말하는 4:5도 주목하라). 아버지 하나님께서 죄인과 그리스도의 연합을 통해 수건을 벗기신다는 것이다.

그런즉 바울은 16절에서 그리스도께 돌아가는 것을 말한다. 이는 그리스도와 연합하는 것을 달리 묘사했을 뿐이다. 하지만 다음 구절에서 바울은 '주는 영이시다'라고 말할 터이다. 여기서 바울이 풍부한 삼위일체의 틀로부터 작업하고 있음을 분명히 알 수 있다. 우리가 성령으로 그리스도에게 연합할 때 아버지께서 수건을 벗기신다. 우리는 이제 (그리스도 안에서) 얼굴을 맞대고 하나님을 본다(참고. 18절). 수건은 영원히 제거되었다.[28] 바울은 지금 개인적 경험에 근거해서 말하고 있다(참고. 행 9:18과 그 맥락).

3:17 이 꽉 찬 구절은 즉시 답변이 필요한 질문들을 쏟아낸다. "주"는 누구인가? 어떤 의미에서 주님이 영과 동일시되는가? 이 "자유"의 본질은 무엇인가? 이 세 질문을 차례대로 다뤄보자.

---

28 '벗겼다'[페리아이레오(periaireō)]라는 의미의 헬라어 동사가 사용된 다른 신약의 용례는 그것이 단번의 제거임을 시사한다(행 27:20, 40; 28:13; 히 10:11).

첫째, 우리는 이미 14절과 16절에 각각 나오는 "그리스도"와 "주" 사이의 병행 관계를 살펴보았다. 이와 더불어 바울이 이어서 '주의 영광을 본다'(18절)고 말하고 또 "그리스도의 영광의 복음의 광채"(4:4)를 거론할 것을 고려하면, 이 구절에 나오는 "주"를 부활하신 그리스도와 동일시할 수 있는 근거를 찾을 수 있다.

둘째, 그리스도와 성령이 완전히 동일하다는 뜻은 아니다. 바울이 둘 다를 말하고 있기 때문이다. 만일 내가 "웨슬리는 기부자다"라고 말한다면, 웨슬리가 기부의 출처라는 뜻이지 '웨슬리'에게 '기부자'로 표현되는 것밖에 없다는 뜻은 아니다. 이와 비슷하게, 그리스도는 성령의 출처라는 뜻에서 '영'이다. 비록 어떤 식으로든 그리스도가 시간적으로 성령을 앞서지 않지만 말이다[고전 15:45("마지막 아담은 살려주는 영이 되었나니"[29])을 기억하라]. (우리가 유비를 사용해서 삼위일체 하나님에 관해 말할 때는 늘 조심해야 한다.) 바울의 주장인즉 부활하신 그리스도와 성령은 따로 독립된 실체로 생각할 수 없는데, 이 둘은 동터오는 종말의 가장 근본적인 두 가지 선물이기 때문이다. 달리 말하면 우리가 그리스도와 연합할 때에만 우리 마음에서 수건이 벗겨지고, 그리스도와 연합하게 하시는 실체는 바로 성령이다.[30]

셋째, 여기에 언급된 "자유"는 여러 해석이 가능한 폭넓은 용어로 이해해야 한다. 17절의 후반부는 헬라어 본문에 동사가 없어서 이렇게 번역할 수 있다. '그리고 주의 영이 있는 곳-자유.' 성령의 선물은 자유와 아주 밀접하게 관련되므로, 성령이 가는 곳이면 어디서나 복음적 자유를 찾게 된다는 것이다. 이는 요컨대 '문자'(6절)로부터의 자유다. 문맥에 따르면, 이 자유는 하나님과의 올바른 관계(9절), 영원한 영광(11절), 소망과 담대함(12

---

29 이 본문과 (고후 3:17에 관한 해설과 일치하는) 그 해석에 대해서는 다음 책을 참고하라. Richard B. Gaffin, "The Work of Christ Applied," in *Christian Dogmatics: Reformed Theology for the Church Catholic*, ed. Michael Allen and Scott R. Swain (Grand Rapids, MI: Baker Academic, 2016), 276-277.

30 성령이 신자들을 그리스도와 연합시키시는 일에 관한 칼빈의 설명은 《기독교 강요》의 제3권 서두에 나온다. *Institutes of the Christian Religion*, ed. John T. McNeill, trans. Ford Lewis Battles (Louisville: Westminster John Knox, 1960), 3.1.1.

절)을 즐거워하고, 전원이 끊긴 옛 시대를 응시하는 대신 이제 출범한 새
시대의 영광을 응시하는 모습(7, 13-16절)으로 나타난다.

3:18 우리는 승리에 찬 바울의 결론에 이르게 되는데, 이는 그리스도인이
된다는 것이 무슨 뜻인지를 이해하는 데 가장 중요한 본문 중 하나다. 바
울이 그동안 여러 구절에서 말한 모든 내용이 이 위대한 선언으로 흘러들
어가고, 이어지는 내용은 그로부터 흘러나온다.

바울은 7-17절에 나온 모든 주제들(수건을 쓰고 벗는 것, 영광, 주님이신 그리스
도, 성령)을 다 모아서 그 자신과 고린도 교인들과 새 시대의 신자들이 경험
하는 것에 관한 꽉 찬 선언을 엮어낸다. 먼저 "우리가 다" 평등하게 수건이
벗겨지는 경험을 한다는 것을 주목하라. 우리가 다 무엇을 한다는 것인가?
우리가 다, 모세가 그랬듯이 얼굴을 맞대고 주님을 보고, 모세처럼 찬란한
변화를 경험한다(참고, 요일 3:2). 그러나 이는 일반적으로 말하는 "주", 이스
라엘과 언약을 맺으신 하나님 여호와가 아니다. 더욱 구체적으로, 이는 주
님이신 그리스도다. 앞에서 말했듯이 이 대목에서 "주"는 그리스도를 가리
킨다. 이 점은 이 편지에서 처음으로 쓰인 "형상"[에이콘(eikon)]이라는 단어
로 더욱 강화된다. 몇 구절 뒤에 바울은 "그리스도는 하나님의 형상"(4:4)
에 대해 명시적으로 말할 것이다. 신자들은 그리스도의 형상으로 '변화되
고 있는'(현재 수동태) 중이다. 그분에게 연합된 우리는 그분을 바라볼 때 그
분처럼 보인다. 바울이 로마서 8장에서 말하듯이, 우리는 '그 아들의 형상
(에이콘)을 본받게 될' 운명이고, 여기에다 바울은 고린도후서 3:18에서 하
듯이 다시금 "영광"의 개념을 묶어놓는다(롬 8:29-30).[31]

그런데 이것은 우리 모두가 점점 더 순해지고 서로를 더 닮아가는 거짓
된 초(超)영성이 아니다. 그것은 우리의 잃어버린 인간성, 우리의 타락한
존엄성을 되찾는 일이다. "형상"은 독자로 하여금 에덴으로 돌아가게 하는

---

31 고린도후서 3:18에서 교차하는 성경적인 주제들에 관해 더 알고 싶으면 다음 책을 보라. Beale, *New
Testament Biblical Theology*, 438-468, esp. 455-457.

하나의 기본적인 성경적 범주다. 사람이 본래 하나님의 형상으로 지음을 받았다는 것이다(창 1:26-28). 그리스도의 영광을 바라본다는 것은 우리의 참된 자아를 되돌려 받는 것이다. 이는 "거울을" 본다는 뜻을 지닌 '바라보다'[카토프트리조(*katoptrizō*), 신약에서 여기에만 나온다]라는 동사에 암시되어 있다. 즉 우리 자신을 보는 것이다. 우리가 거울을 볼 때 그리스도의 아름다움을 보게 되고, 그리스도를 바라볼 뿐만 아니라 우리의 참된 자아도 보고 또 그런 자아로 변해간다.[32]

그런데 "영광에서 영광에"라는 말은 무슨 뜻인가? 몇몇 번역본들이 명시하듯, 아마 점진적인 영화라는 뜻일 것이다. 하지만 문맥을 감안하면, 그것은 우리가 '옛 시대의 영광에서 새 시대의 영광으로' 점차 변화되고 있다는 뜻일 가능성이 더 크다.[33] 바울이 방금 두 시대의 "영광"을 대조했던 만큼 이제는 그리스도 안에 있는 이들이 옛 모세의 영광에서 들어 올려서 은혜롭게 새 언약의 영광에 들어갔다고 선언하는 것은 이해가 된다. 이는 영화에 관한 바울의 신학, 즉 구원의 다른 모든 측면처럼 '이미/아직'의 틀로 구성된 신학(예. 롬 8:30)과 일맥상통한다.[34]

이 모든 일은 어떻게 발생하는가? "이것은 영이신 주님께서 하시는 일입니다"(새번역). 바울은 방금 앞 구절("주는 영이시니")에서 그리스도와 성령을 밀접하게 연관시켰다. 이제 그 점을 되풀이한다. 아무도 둘 중 하나만으로는 이런 변화를 경험할 수 없다. 우리는 그리스도를 바라본다. 성령으로 바라본다. 우리가 그리스도에게 연합되어 있으나, 우리를 연합시키는 것은

---

32 C. S. 루이스는 이렇게 표현한다. "당신이 자아를 그분께 양도할 때까지는 진정한 자아를 갖지 못할 것이다. 동일성은 그리스도에게 양도한 사람들이 아니라 가장 '자연적인' 사람들 사이에서 발견되게 되어 있다. 모든 위대한 폭군들과 정복자들은 얼마나 단조롭게 비슷했는지 모른다. 반면에 성도들을 얼마나 영광스럽게 다른지 모른다…당신의 진정한, 새로운 자아(이는 그리스도의 것이면서 당신의 것이고, 그것이 그분의 것이라서 당신의 것이다)는 당신이 그것을 찾고 있는 한 오지 않을 것이다. 당신이 그분을 찾고 있을 때 올 것이다." In C. S. Lewis, *Mere Christianity* (New York: Touchstone, 1996), 190-191.《순전한 기독교》(홍성사).

33 다음 글을 이를 상세히 다룬다. Dane C. Ortland, "From Glory to Glory: 2 Corinthians 3:18 in Biblical-Theological Perspective," *CTJ* 54/1 (2019): 11-33.

34 Dane C. Ortlund, "Inaugurated Glorification: Revisiting Romans 8:30," *JETS* 57/1 (2014): 111-133.

성령의 내적 사역이다. 우리는 우리를 대표하는 머리이신 구원자(그리스도)가 필요하다. 동시에 우리를 그분에게 연합시킬 누군가(성령)가 필요하다.

≋≋≋≋ 응답 ≋≋≋≋

이 편지에서 다시 한 번 바울은 사물은 겉으로 보이는 것과 다르다고 주장한다. 이 작고 혼잡한 고린도 교회의 신자들을 포함한 모든 신자들은 진정한 영광 속으로 휩쓸려 들어갔고, 그 영광은 언젠가 그리스도가 재림하실 때 분출하여 인류 역사의 무대에 드러날 것이다. 그동안 우리는 고난을 받는다. 우리는 세상적인 기준으로 보면 너무나 평범하고 우습기까지 하다. 그러나 이보다 더 깊은 진리는 우리가 부활의 생명과 복음적 자유로 싸여 있다는 것이다. 우리가 성경을 통해 그리스도를 응시할 때, 성령은 현재 우리를 최후의 찬란한 광채 속으로 빚어 가시고, 장차 이 광채는 세상이 도무지 볼 수 없을 정도로 너무나 밝고 아름다울 것이다.

1 그러므로 우리가 이 직분을 받아 긍휼하심을 입은 대로 낙심하지 아니하고 2 이에 숨은 부끄러움의 일을 버리고 속임으로 행하지 아니하며 하나님의 말씀을 혼잡하게 하지 아니하고 오직 1)진리를 나타냄으로 하나님 앞에서 각 사람의 양심에 대하여 스스로 추천하노라 3 만일 우리의 복음이 가리었으면 망하는 자들에게 가리어진 것이라 4 그 중에 이 세상의 신이 믿지 아니하는 자들의 마음을 혼미하게 하여 그리스도의 영광의 복음의 광채가 비치지 못하게 함이니 그리스도는 하나님의 형상이니라 5 우리는 우리를 전파하는 것이 아니라 오직 그리스도 예수의 주 되신 것과 또 예수를 위하여 우리가 너희의 종 된 것을 전파함이라 6 어두운 데에 빛이 비치라 말씀하셨던 그 하나님께서 예수 그리스도의 얼굴에 있는 하나님의 영광을 아는 빛을 우리 마음에 비추셨느니라

1 Therefore, having this ministry by the mercy of God,^{1} we do not lose heart. 2 But we have renounced disgraceful, underhanded ways. We refuse to practice^{2} cunning or to tamper with God's word, but by the open statement of the truth we would commend ourselves to everyone's

conscience in the sight of God. 3 And even if our gospel is veiled, it is veiled to those who are perishing. 4 In their case the god of this world has blinded the minds of the unbelievers, to keep them from seeing the light of the gospel of the glory of Christ, who is the image of God. 5 For what we proclaim is not ourselves, but Jesus Christ as Lord, with ourselves as your servants[3] for Jesus' sake. 6 For God, who said, "Let light shine out of darkness," has shone in our hearts to give the light of the knowledge of the glory of God in the face of Jesus Christ.

1) 헬, 참

1 Greek having this ministry as we have received mercy 2 Greek to walk in 3 Or slaves (for the contextual rendering of the Greek word doulos)

≋≋≋≋ 단락 개관 ≋≋≋≋

자기 포기를 통한 사역

바울은 앞의 문맥에 나온 주제들(사역, 수건, 영광, 형상 등)을 계속 이어가면서 신자들이 몸담은 새 시대에 비추어 그 자신의 복음 사역에 초점을 둔다. 바울(그리고 모든 진정한 기독교 사역자들)이 성실하고 진실하게 복음을 전할지라도, 마귀가 죄인들의 눈을 가려서 복음을 보지 못하게 한다고 설명한다. 필요한 일은 다름 아니라 하나님께서 친히 죄인들의 눈을 열어주시는 새로운 창조의 행위다. 서브텍스트(subtext)는 계속해서 하나님께서 예수 그리스도를 통해 완전히 새로운 질서를 가져오고 계시다는 것이다. 오래토록 고대했던 새 시대가 (볼 눈이 있는 자들에게) 조용히 도래했다.

II. 바울이 자기 사역을 변호하다(1:3-7:16)

   C. 바울의 사역은 참된 영광의 사역이다(3:1-4:6)

     5. 복음 사역(4:1-2)

       a. 복음 사역의 근원(4:1)

       b. 복음 사역의 방법(4:2)

     6. 불신의 이유(4:3-4)

       a. 수건(4:3)

       b. 마귀(4:4)

     7. 믿음의 이유(4:5-6)

       a. 그리스도가 메시지다(4:5)

       b. 하나님은 조명하시는 분이다(4:6)

≋≋≋≋≋ 주석 ≋≋≋≋≋

4:1 바울은 자기가 받은 '사역'[디아코니아(*diakonia*)]을 거론하면서 말문을 여는데, 이는 새 시대가 도래했음을 보여주는 '영의 사역(디아코니아)'(3:8)과 '의의 사역(디아코니아)'(3:9)에서 끌어온 어휘다.

바울은 어떻게 이 사역을 받게 되는가? "하나님의 자비를 힘입어서"(새 번역). 말하자면 바울이 위대한 새 시대의 사역(모세처럼 크게 존경받는 인물의 영광까지 무색케 하는 사역)을 물려받은 것은 그 자신의 어떤 미덕 때문이 아니었다. 전적으로 하나님의 자비 덕분이다. 청교도들은 그리스도인들을 '자비를 받은 자들'이라 불렀다. 모든 복음 사역자들과 마찬가지로 바울에게도 이는 구원의 차원(참고. 딤전 1:13, 16에서도 동일한 동사가 사용된다)뿐만 아니라 사역의 차원에도 그대로 적용된다. 복음을 세상에 전파하는 소명은 그의 구원 못지않게 과분한 은혜다.

그 사역은 전적으로 하나님의 자비로 인한 것인 만큼 용기를 잃거나 낙담하는 일이 생기지 않는다. '낙심하다'는 단어[엥카케오(enkakeō), 4:16도 보라]는 '바람직한 행동 또는 활동의 패턴을 계속하고픈 동기를 잃다'(BDAG)라는 뜻이다. 이 내적 논리에 따르면, 우리가 애초에 사역에 아무것도 가져오지 않는다면, 우리 사역의 지속적인 열매와 능력은 전적으로 하나님께서 복을 베푸시고 결실을 맺게 하시는 데에 달려 있다. 오직 하나님만이 사역을 지속시키실 것이다.

4:2 사역을 하는 중에 부끄러워할 만한 일이 있다면 충분히 낙심할 수 있을 것이다. 그러나 바울은 그런 일을 그만두었다(참고. 롬 1:16). 바울은 사역적인 성실함이라는 주제로 되돌아가서, 이번에는 우리의 체면을 잃게 할 만한 것은 보류하는 한편, 복음의 여러 측면을 전하는 영리한 수법을 단번에 완전히 배격했다고 단호히 주장한다. 그렇게 행하는 것은 '간교하게 행하는'(문자적으로는 '안으로 들어가다') 것이다. 이는 교묘함, 속임, 책략을 의미한다. 더구나 그것은 하나님의 말씀을 혼잡하게 하는 것이다. 복음의 메시지를 그 뜻과 어긋나는 방식으로 다루는 것이다. 복음은 진리의 메시지, 곧 우리의 죄악된 상태를 정직하게 평가하고 어떻게 값없이 하나님과 올바른 관계를 맺을 수 있는지를 명료하게 선언하는 메시지다. 이 단도직입적인 메시지를 교활하게 다루는 것은 본질적으로 모순이다. 여기서 바울은 10-13장에서 상세히 다룰 거짓 사도들을 가리키는 듯하다.

그런 이중성 대신에 (바울은 자기가 행하지 않는 일에서 행하는 일로 전환한다) 바울의 사역 방식은 공개적으로, 투명하게, 정직하게 전파하는 것이다. 바울의 입에서 나오는 말은 바로 그가 마음속으로 생각하는 것이다. 여기에 더러운 수법은 없다. 그는 스스로 배척을 면하거나 인간의 칭찬을 받기 위해 메시지를 왜곡하지 않는다. 존 칼빈(John Calvin)이 표현하듯이, 거기에 "호언장담"은 없고 "복음의 순수하고 본질적인 매력"만 있을 뿐이다.[35] 바울은 복음 메시지의 모든 면을 펼쳐놓고, 아무것도 숨기지 않고, 아무것도 왜 곡하지 않고, 청중("각 사람의 양심")으로 그리고 궁극적으로는 하나님("하나님 앞에서")으로 하여금 바울의 메시지와 동기를 보고 판단하도록 한다.

4:3 그런데 사람들이 공개적이고 투명한 복음 메시지를 들어도 모두 그 것을 받아들이지는 않는다. 다수는 때때로 적대적으로 그것을 왜곡한다. 바울은 3:14-15에서 그리스도를 배척하는 이들은 그 마음이 수건에 가려 졌다고 말했다. 그리스도, 곧 최상급 영광으로 새 시대를 이끄시는 분을 올 바로 이해하지 못하게 하는 영적 방해물이 있다. 그런 사람들은 여전히 옛 시대에 속해 있다. 바울은 불신자들의 마음을 가리는 수건이라는 주제를 여기서 계속 이어간다. 그는 지금 2절에 대한 반론을 차단하는 중이다. 바 울이여, 만일 당신의 사역이 그토록 투명하고 정직하다면, 어째서 그토록 많은 사람이 그것을 계속 반대하는가? 바울의 답변은 이렇다. 복음의 영접 은 전파하는 자의 성실함뿐만 아니라 듣는 자의 영적 상태에 의해 영향을 받는다고. "망하는" 자들은 그 "마음이 완고[해진]" 자들이다(3:14). 그들은 영원한 멸망을 향하는 궤도에 안착되어 있다. 새로운 창조를 볼 수 있도록 그 마음의 눈을 열지 않았기 때문이다(6절).

4:4 헬라어 본문에서는 이 문장이 3절에서 시작되었고, 문법적으로는 바 울이 "망하는 자들" 가운데 작용하는 실체를 계속 풀어놓는 중이다.
　바울은 3:14에서 불신자의 마음(노에마)이 완고해졌다고 말했는데, 이번 에는 그들의 마음(여기도 노에마)이 가려 있다고 말한다. 이는 수건의 은유와 그 당연한 결과인 '봄'과 잘 어울린다. 누가 이렇게 가리는 것일까? 이 본문 에 따르면 "이 세상의 신"이다. 이는 2:11에 언급된 사탄이다. 문자적으로 는 '이 시대[아이온(*aiōn*), 코스모스(*kosmos*)가 아님]의 신'이다. 바울은 지금 세계

35　Calvin, *Second Epistle of Paul*, 52, 51.

역사의 두 시대, 즉 옛 시대와 새 시대를 염두에 두고 있다. 새 시대가 도래했으나 사탄이 지배하는 옛 시대가 이어지고 있다(참고. 엡 2:2).

그렇다면 하나님은 마음이 가려지는 일과 아무런 관계가 없으신가? 아니다. 사탄이 시야를 가릴 때에도 하나님은 모든 것을 감독하는 더 깊은 실체이심을 이해해야 한다. 하나님은 인간의 책임을 면제시키지 않고, 그 자신이 죄를 짓지 않으면서도 마음을 완고하게 하고 눈을 가리신다. 이는 성경 전체가 증언하는 바다(예. 출 4:21; 7:3; 신 2:30; 수 11:20; 요 12:40; 롬 9:18). 12:7에 이르면, 사탄이 바울에게 육체의 가시를 주었지만 그 목적은 그를 겸손케 하는 것이었다고 바울이 말하는 것을 보게 되리라. 그런즉 그 궁극적 근원은 하나님이라는 뜻이다.

바울은 불신자들이 무엇을 보지 못하도록 가려졌는지를 명시적으로 말한다. "하나님의 형상이신 그리스도의 영광을 선포하는 복음의 빛"(새번역)이다. "영광"은 3:7-18에 거론되었고 "형상"은 3:18에 거론되었으므로, 이에 따라 4절을 읽어야 한다. 바울에 따르면, 신자가 된다는 것은 새 시대의 밝은 목장으로 인도받는 것이며, 마지막 아담이 이루신 일에 관한 좋은 소식의 찬란한 빛에 경이감을 품는 것이다(참고. 3:7-11). "그리스도의 영광"이 모세 시대의 영광에 비해 훨씬 뛰어난 것(참고. 3:7-11)은 그 영광이 "복음", 곧 '의의 사역'(3:9)에 관한 좋은 소식에 기반을 두기 때문이다. 죄인들은 그들을 대신하여 그리스도가 이루신 일 덕분에 마음의 속 깊은 갈망이 성취되고 하나님과의 교제로 회복될 수 있다. 하나님의 형상으로 지음 받은 첫째 아담이 실패한 일을 참된 "하나님의 형상"인 마지막 아담이 성공적으로 이루실 것이다.

4:5 고린도후서의 앞부분에서 바울은 거듭해서 자기 사역의 성실성이라는 주제로 되돌아가고, 가장 근접한 곳이 4:2이었다. 여기서 그는 다시 그렇게 한다. 방금 그가 선포하는 장엄한 복음에 관해 감동적으로 말한 뒤에('하나님의 형상이신 그리스도의 영광을 선포하는 복음') 즉시 이 복음의 어떤 것도 그 중재자들로부터 나오지 않는다는 사실을 명백히 한다. 그 메시지의 내

용(그리스도)과 메시지의 전달자(바울)는 효능과 영광의 측면에서 완전히 별개의 존재다. 몇 구절 뒤에 말하듯이, 바울은 깨지기 쉽고 텅 빈 질그릇에 불과하다.

그런즉 진정한 복음 사역자들은 그 자신이 아니라 그리스도가 주목을 받게 한다. 그들 자신을 내세우는 경우는 종 된 모습을 드러낼 때에 국한된다. 기만적인 복음 사역은 남몰래 이런 바울의 진술을 왜곡해서 사역자 자신을 전면에 내세우고 그리스도를 배경으로 밀어낸다. 하지만 참된 복음 사역은 그리스도를 전면에 내세우고 그 자신은 배경으로 물러난다.

4:6 바울은 모세, 즉 하나님을 보고 그 얼굴이 영광으로 빛났던 모세의 사역을 자세히 이야기했다. 이제는 안팎을 뒤집어서 새 언약의 영광에 대해 말한다. 모세의 영광은 밖에서 안으로 들어왔으나, 복음의 영광은 안에서 밖으로 나간다. 신적인 광채가 우리의 얼굴이 아니라 마음에 비쳤다. 바울은 이 조명을 묘사하기 위해 창세기의 창조 내러티브로 되돌아가서 우주의 어둠과 중생하지 못한 인간 마음의 어둠 간 유사점을 끌어낸다. 두 경우 모두 그냥 두면 어둠만 남을 곳에 빛을 비추시는 하나님의 간섭이 필요하다.

그러나 바울은 이보다 더 깊은 이유로 창세기 1장을 인용하고 있다. 그것은 편리한 유비에 불과하다. 그리스도 안에 있는 구원은 실제로 죄인이 (구약 내내 오래토록 고대했던) 우주적인 새 창조로 들어가는 것이다. 신자는 계속 옛 질서 안에서 살고 움직이지만, 그의 근본적인 신분은 개시된 '성령'(3:8)과 "의"(3:9)의 새로운 질서로 이식되었다. 그리고 후자는 '영원하고'(3:11) "자유"(3:17)를 가져온다.[36]

이 새 창조의 빛을 묘사하는 마지막 절("예수 그리스도의 얼굴에 있는 하나님의 영광을 아는 빛")은 분명히 4절의 마지막 절('하나님의 형상이신 그리스도의 영광을

---

36 참고. Herman Ridderbos, *Paul: An Outline of His Theology*, trans. John Richard De Witt (Grand Rapids, MI: Eerdmans, 1975), 224-225.《바울 신학》(솔로몬).

선포하는 복음의 빛')과 병행한다. 모세는 하나님의 영광을 보여 달라고 했으나, 하나님의 얼굴을 보면 살 수 없었다(출 33:18-23). 오늘날의 신자들은 모세가 할 수 없었던 것을 할 수 있다. 하나님께서 그 아들의 모습, 육신으로 내려오셨기 때문이다. 우리는 "예수 그리스도의 얼굴에 있는" 하나님의 영광을 본다. 그분 안에서 우리가 영광을 바라본다(참고. 요 1:14). 우리는 이 영광을 바라봄으로써 하나님을 아는 깊은 지식에 도달한다. 우리의 영혼이 본향에 온다. 우리는 예수 그리스도 안에서 입증된 그분을 있는 그대로("자비롭고 은혜롭고 노하기를 더디하고 인자와 진실이 많은 하나님", 출 34:6) 보게 된다. 그분을 바라보면 우리의 속 깊은 갈망이 충족된다.

≈≈≈≈ 응답 ≈≈≈≈

당신은 그리스도인인가? 당신에게 무슨 일이 일어났는지 곰곰이 생각해보라. 당신이 하나님과 아무 관계도 맺고 싶지 않았을 때, 당신을 그냥 내버려두면 그분으로부터 달아나기만 했을 그때, 당신의 모든 저항에도 불구하고 하나님은 우주 창조보다 더 전능한 일을 행하셨다. 그분이 당신의 마음속에 빛을 비추신 것이다. 마음을 부드럽게 하는 일은 기만적인 책략(2절)이나 자기 이름의 선포(5절) 등 인간적인 전략으로는 불가능하다. 하나님은 그분의 기쁜 뜻에 따라 당신의 눈을 열어주셨다. 당신이 기여한 것은 당신의 필요와 죄책밖에 없다.

그 결과 당신은 예수님이 무덤에서 걸어 나오셨을 때 세계 역사에 도래한 새로운 날의 영원한 시민이 되었다. 죄와 질병은 여전히 남아 있다. 절망과 죽음이 여전히 우리를 위협한다. 그러나 우리는 2천 년 전에 조용히 뚫고 들어온 새로운 창조에 속해 있다. 우리가 다른 이들을 그 빛 속으로 초대하는 일은 새 창조의 삶과 잘 어울린다. 그것은 성실함과 진실함으로 복음의 진리를 제시하고 우리 자신이 아니라 예수님이 주목받으시게 하는 일이다.

7 우리가 이 보배를 질그릇에 가졌으니 이는 심히 큰 능력은 하나님께 있고 우리에게 있지 아니함을 알게 하려 함이라 8 우리가 사방으로 욱여쌈을 당하여도 싸이지 아니하며 답답한 일을 당하여도 낙심하지 아니하며 9 박해를 받아도 버린 바 되지 아니하며 거꾸러뜨림을 당하여도 망하지 아니하고 10 우리가 항상 예수의 죽음을 몸에 짊어짐은 예수의 생명이 또한 우리 몸에 나타나게 하려 함이라 11 우리 살아 있는 자가 항상 예수를 위하여 죽음에 넘겨짐은 예수의 생명이 또한 우리 죽을 육체에 나타나게 하려 함이라 12 그런즉 사망은 우리 안에서 역사하고 생명은 너희 안에서 역사하느니라

7 But we have this treasure in jars of clay, to show that the surpassing power belongs to God and not to us. 8 We are afflicted in every way, but not crushed; perplexed, but not driven to despair; 9 persecuted, but not forsaken; struck down, but not destroyed; 10 always carrying in the body the death of Jesus, so that the life of Jesus may also be manifested in our bodies. 11 For we who live are always being given over to death for Jesus' sake, so that the life of Jesus also may be manifested in our

mortal flesh. 12 So death is at work in us, but life in you.

13 기록된 바 내가 믿었으므로 말하였다 한 것같이 우리가 같은 믿음의 마음을 가졌으니 우리도 믿었으므로 또한 말하노라 14 주 예수를 다시 살리신 이가 예수와 함께 우리도 다시 살리사 너희와 함께 그 앞에 서게 하실 줄을 아노라 15 이는 모든 것이 너희를 위함이니 많은 사람의 감사로 말미암아 은혜가 더하여 넘쳐서 하나님께 영광을 돌리게 하려 함이라

13 Since we have the same spirit of faith according to what has been written, "I believed, and so I spoke," we also believe, and so we also speak, 14 knowing that he who raised the Lord Jesus will raise us also with Jesus and bring us with you into his presence. 15 For it is all for your sake, so that as grace extends to more and more people it may increase thanksgiving, to the glory of God.

16 그러므로 우리가 낙심하지 아니하노니 우리의 겉사람은 낡아지나 우리의 속사람은 날로 새로워지도다 17 우리가 잠시 받는 환난의 경한 것이 지극히 크고 영원한 영광의 중한 것을 우리에게 이루게 함이니 18 우리가 주목하는 것은 보이는 것이 아니요 보이지 않는 것이니 보이는 것은 잠깐이요 보이지 않는 것은 영원함이라

16 So we do not lose heart. Though our outer self[1] is wasting away, our inner self is being renewed day by day. 17 For this light momentary affliction is preparing for us an eternal weight of glory beyond all comparison, 18 as we look not to the things that are seen but to the things that are unseen. For the things that are seen are transient, but the things that are unseen are eternal.

1 Greek man

〰〰〰 단락 개관 〰〰〰

죽음을 통한 생명

이 대목에는 그리스도 안에서의 삶이 지닌 역설적 성격이 많이 나타난다. 바울은 독자들에게 그리스도와의 연합이 무슨 뜻인지 가르침으로써 권면한다. 바로 그들이 그리스도의 죽음과 부활을 모두 경험하고, 이로 말미암아 다른 사람들을 향해 공개적으로 복음을 전파하고, 그들의 마음이 장래에 대한 소망을 품게 되는 것이다.

〰〰〰 단락 개요 〰〰〰

II. 바울이 자기 사역을 변호하다(1:3-7:16)

　D. 바울의 사역은 참된 생명의 사역이다(4:7-5:10)

　　1. 죽음을 통한 생명: 안을 보기(4:7-12)

　　　a. 외적 죽음, 내적 생명: 현실(4:7-9)

　　　b. 외적 죽음, 내적 생명: 근원(4:10)

　　　c. 외적 죽음, 내적 생명: 목적(4:11-12)

　　2. 죽음을 통한 생명: 바깥을 보기(4:13-15)

　　　a. 말을 통해 타인에게 전해지는 생명(4:13)

　　　b. 타인에게 전해지는 생명: 근원(4:14)

　　　c. 타인에게 전해지는 생명: 목적(4:15)

　　3. 죽음을 통한 생명: 앞을 보기(4:16-18)

　　　a. 내적 갱신의 역설(4:16)

　　　b. 내적 갱신의 결과(4:17)

　　　c. 내적 갱신의 수단(4:18)

4:7 바울은 복음 사역이 지닌 새 창조의 차원을 크게 기뻐한 만큼, 이제는 성경에서 가장 사랑받는 진리에 속하는 두 가지 실재를 나란히 놓음으로써 독자들을 잠잠케 한다. "우리가 이 보배를 질그릇에 가졌으니." 영원을 좌우하는 이 놀라운 사역, 하나님께서 마귀에 의해 눈이 먼 죄인들(4절)의 눈을 열어주고 새로운 창조를 시작하는(6절) 도구로 사용하시는 이 사역은 깨지기 쉬운 항아리 안에 있다. 이는 아름답고 화려한 황금 그릇이 아니다. 그저 시간이 흐르면 부서지고 언제든지 산산조각 나서 완전히 파괴될 수 있는, 매력도 없고 너무나 평범한 질그릇이다.

그러나 이것이 바로 하나님의 지혜다. 그 단조롭고 부서지기 쉬운 질그릇 속에 "보배"가 있다. 과거에 그리스도의 사역으로 성취되었고 현재 성령의 사역으로 적용되는 은혜의 복음이다. 겉으로는 분명히 취약하다. 그러나 속에는 귀중한 가치와 막강한 능력을 지닌 훌륭한 보배가 있다. 질그릇이 깨어지면 복음이 흘러나와 세상에 드러난다. 이 대목의 범주를 사용하자면, 죽음이 더 많을수록 생명이 더 많아진다. 질그릇이 더 많이 맞을수록 복음이 더욱 용솟음친다. 이 편지에서 줄곧 보았듯이, 이것이 바로 하나님의 방법이 지닌 역설적 성격이다.

왜 그런가? 왜 그런 일이 인상적이고 번쩍이는 그릇을 통해 일어나지 않는가? 복음이 그토록 귀중하다면, 왜 자격을 가장 잘 갖춘 사람들을 불러서 복음의 일꾼이 되게 하지 않는가? 왜냐하면 세상에서 자격을 가장 잘 갖춘 사람들이 하나님의 눈에는 가장 자격이 없는 경향이 있기 때문이다. 그들은 자신의 자원으로 일하기 쉽다. 그러나 자신의 능력이나 영리함이나 장점으로 복음을 전파하는 것은 복음의 본질과 모순된다. 복음은 평범한 사람을 위한 좋은 소식이고, 자격을 빼앗긴 사람에게 자격을 주는 소식이기 때문이다. 그러므로 하나님께서 복음이라는 보배를 질그릇에게 주시는 것은 모든 사람으로 하여금 분명히 "심히 큰 능력은 하나님께 있고 우리에게 있지 아니함을 알게" 하시기 위해서다.

4:8-9 그렇다면 질그릇이 복음이라는 보배를 담고 인생의 항로를 운행하는 것은 어떤 모습일까? 이 구절들이 구체적으로 그림을 그려준다. 바울이 네 쌍을 통해 납득시키는 바는 하나님의 질그릇에 무슨 일이 닥칠지라도 아무것도 그들을 멸절시킬 수 없다는 것이다. 오뚜이처럼 그들은 완전히 쓰러지지 않는다. 각 쌍의 전반부는 질그릇의 삶을 반영하고, 후반부는 보배의 현존을 반영한다. 전반부는 현재의 악한(또는 옛) 시대에서의 삶을 반영한다(참고. 갈 1:4). 후반부는 새로운 시대의 현존을 반영한다(표5).

옛 시대의 현실	새 시대의 현실
괴로움을 당함	꺾이지 않음
답답한 일을 당함	낙심하지 않음
박해를 받음	버림받지 않음
거꾸러뜨림을 당함	망하지 않음

표5. 질그릇 속 하나님의 능력

진행 순서를 보면, 일반적인 역경('괴로움'을 당함)에서 내면의 고통("답답한 일"을 당함), 그리고 타인의 외적인 적대 행위("박해"를 받음)를 거쳐 맞아서 쓰러지는 것("거꾸러뜨림"을 당함)으로 움직인다.[37] 각각의 경우에 하나님은 우리를 지탱시킴으로써 "심히 큰 능력"(7절)이 우리가 아니라 그분에게 있음을 증명하신다. 여기에 함축된 의미는 하나님의 능력이 없으면 우리가 망할 것이라는 것이다. 하나님께서 일하지 않으시면 (감정적으로, 심리적으로, 관계적으로, 신체적으로) 우리는 완전히 쓰러져서 패배를 인정하게 되리라. 그것은 우리가 감당할 수 없는 곤경이며 결코 가벼운 시련이 아니다.

---

37 '거꾸러뜨림을 당함'과 '망하지 않음'이 한 쌍을 이루는데, 후자는 4:3에서 "망하는" 자들을 거론할 때 사용된 그 동사다. 바울은 자기가 '죽임을 당해도(맞아서 쓰러져도) 영원히 망하지 않는다(망하지 않음)'는 뜻으로 말한 것 같다.

4:10 우리가 이토록 위압적인 역경에 빠질 때 하나님은 어떻게 우리를 지탱하시는가? 바울은 이제 생각의 흐름에 그리스도를 불러와서 설명한다.

여기에 나오는 '짊어지다'라는 동사는 신약에 두 번 더 나올 뿐이다. 한 번은 사람들이 예수님이 계신 곳이면 어디든지 병자를 메고 오는 경우(막 6:55)고, 다른 한 번은 미성숙한 신자들이 요동치는 바다 위의 배처럼 거짓 교리에 의해 이리저리 옮겨지는 것(엡 4:14)을 말하는 경우다. 여기서는 신자들이 어디로 가든지 예수님의 지상 생활이 지녔던 십자가의 속성을 가져가고, 그들 자신을 하늘의 우선순위에 넘겨주고, 종국적인 신체적 죽음[네크로시스(*nekrōsis*)는 죽음을 가리키는 더 흔한 단어인 타나토스(*thanatos*)와 달리 '죽어가는 과정'을 의미한다. 고후 1:9, 10; 2:16; 3:7을 참고하라]을 앞당기는 것을 말한다. 그리고 이런 일이 모든 곳에서 일어날 뿐 아니라 "항상" 일어난다. 예수님의 죽음을 구현하는 일은 한시적인 실체가 아니다. 그것은 우리가 켜고 끌수 있는 스위치가 아니다. 늘 존재한다.

그런 일은 한 가지가 없으면 감당하는 것이 불가능하다. 바로 예수님이 죽었을 뿐 아니라 다시 살아나셨다는 사실이다. 여기서 분명히 할 점이 있다. 예수님의 부활은 사복음서나 사도행전에 나오는 나사로(요 11:38-44) 또는 다른 사람들의 신체적 일으킴과 다르다는 점이다. 그들의 경우는 '부활'보다 '소생'에 더 가깝다.[38] 일으킴을 받은 이런 사람들은 그래도 언젠가 죽어야 한다. 부활하신 예수님은 그렇지 않다. 그분의 부활은 새 시대의 생명이 뚫고 들어온 사건이고 최후 부활의 불가항력적인 영광, 즉 신체적이되 불멸하는 영광을 보여준다. 그리고 신자들은 그리스도에게 연합된 덕분에 '그들이 죽기 전에도 새 시대의 생명에 참여하게 된다'. 우리는 언젠가 육체적으로 죽을 것이다. 그러나 새로운 생명, 부활 생명은 계속 이어질

---

38 "유대 문헌 어디에도 예수의 부활에 비견할 만한 것이 없다. 물론 죽은 사람을 일으킨 경우는 언급되어 있으나, 이런 경우는 항상 지상 생활로 돌아가는 소생이다. 유대 문헌 어디에서도 우리는 역사적 사건으로 일어난 영광[독사(*doxa*)]으로의 부활을 찾아볼 수 없다. 오히려 영광으로의 부활은 항상 예외 없이 하나님이 이루신 새 창조의 도래를 의미한다." In Joachim Jeremias, *New Testament Theology: The Proclamation of Jesus*, trans. J. Bowden (New York: Scribner's, 1971), 309.

테고, 장차 그리스도가 재림하시는 어느 날 우리는 예수님이 현재 갖고 계신 몸과 같은 종류의 몸을 받을 것이다(참고. 빌 3:21). 그동안 우리는 바울이 여기서 묘사하는 영광과 공포를 다 경험하며 살아간다.

4:11-12 바울은 10절에서 편 논점(예수님의 십자가 죽음과 부활 생명이 그분과의 연합을 통해 우리 삶에서 빛난다는 것)을 납득시키는데, 네 가지 요소를 덧붙이며 그렇게 한다.

첫째, 바울은 이런 일이 "항상" 일어난다고 되풀이한다. 보다 일반적인 의미의 '언제나'[판토테(*pantote*)]와 약간 다른 '끊임없이'를 가리키는 헬라어 단어[아에이(*aei*)]를 사용하지만 말이다.

둘째, 10절은 예수의 죽음을 '짊어진다'고 말했는데, 11절은 '우리가 죽음에 넘겨진다'(여기서는 '타나토스'로 되돌아간다)고 주장함으로써 이를 더욱 엄숙하게 만든다. 여기에 사용된 동사는 '넘겨지다', '굴복되다', '배신당하다'라는 뜻으로서 예수님을 죽음에 넘겨준 유다(마 27:3)와 빌라도(마 27:26)에게 사용되었다. 바울은 이제 신자들이 하늘 아버지의 다스림 아래서 세상에 학대받는 처지로 넘겨지는 것을 말한다. 이것이 12절의 뜻이다. 하나님의 구속 목적 일부는 우리가 이 죽을 인생을 사는 동안 천 번의 죽음에 넘겨져서 다른 이들에게 생명의 불을 붙이고 그 생명을 양성하는 것이다.

셋째, 신자들에게 '나타나는'[10절과 11절은 모두 파네로오(*phaneroō*)] 부활 생명이 10절에서는 "우리 몸에" 나타난다고 하고, 11절에서는 "우리 죽을 육체에" 나타난다고 한다. 바울은 그 속에서 예수님의 생명이 비치는 질그릇의 취약성과 일시성을 조금씩 끌어올린다.

넷째, 10절에서는 죽음과 부활이 신자 속에 공존하지만, 11절에서는 죽음이 직접 부활로 이어지되 먼저 죽음에 넘겨지지 않고는 부활 생명이 없다는 것을 분명히 한다.

이런 방식으로 11절은 10절을 압착하고, 그리스도 안에 있는 자들이 그분의 죽음과 부활에 참여한다는 것이 무슨 뜻인지를 더 깊이 탐구한다. 여기서 우리는 중요한 신학적 진리를 배우게 되는데, 예수님의 죽음과 부활이 우리를 대신하여(우리가 결코 따를 수 없는 방식으로) 일어났을 뿐 아니라 우리보다 앞서(우리가 따라야 할 방식으로) 일어났다는 진리다. 그분은 우리를 대신하는 대리인일 뿐 아니라 우리가 걸어야 할 길을 개척하는 선구자이기도 하다. 전자는 우리를 위한 그리스도고, 후자는 우리 안에 계신 그리스도다. 전자만이 속죄할 수 있지만, 사도적인 기독교는 반드시 둘 다를 포함한다.

11절과 12절을 요약해보자. 불신자들은 살아 있는 죽은 자들이다. 그들은 살아 있다고 느끼지만 깊은 차원에서는 죽어가고 있다. 신자들은 죽어가는 산 자들이다. 그들은 죽어가고 있다고 느끼지만 깊은 차원에서는 부활 생명이 있다. 고린도후서의 모든 곳이 그렇듯이, 여기서도 사물은 겉으로 보이는 것과 다르다.

4:13 13절과 14절을 이해하는 열쇠는 바울이 인용하는 시편 116편의 한 부분이다. 바울의 모든 글은(사도행전에 나오는 그의 설교 및 발언들과 더불어) 구약이라는 하부 구조 위에 세워져 있지만, 고린도후서에서는 다른 많은 편지보다 구약을 덜 인용하는 편이다. 명시적인 구약 인용문이 없는 골로새서와 같은 편지조차 구약의 범주들과 사고 구조 없이는 이해할 수 없다.

시편 116편은 무엇에 관한 시인가? 죽음에서 생명에 이르는 것이다. 시편 저자는 인간적으로는 피할 수 없던, 죽음의 문턱까지 갔던 극단적 경험을 이야기한다(시 116:1-4). 그러나 주님이 그를 구출하셨다. 놀랍게도 시편 저자는 "주께서 내 영혼을 사망에서…건지셨나이다 내가 생명이 있는 땅에서 여호와 앞에 행하리로다"(시 116:8-9, 바울은 70인역을 사용해서 그 다음 구절을 인용한다)라고 말한다. 이 시편에서 "사망"에서 "생명"에 이른다는 표현을 주목하라. 하지만 하나님은 시편 저자가 겪은 죽음의 경험(시 116:15에도 '죽음'으로 계속 반영된다), 즉 죽음에서 구출하여 죽을 목숨을 이어가게 하고 미래의 부활 생명을 바라보게 하신다(시 116:9). 고린도후서 4장에서는 미래의 부활 생명이 고린도 교인의 현재의 경험에 침입한 것이다.

그 위험한 상황에서 시편 저자가 행하는 일은 고백으로 이끄는 신앙을 실천하고, 말을 촉발하는 믿음을 발휘하는 것이다. 시편 저자가 보여준 '믿음의 영'[프뉴마(*pneuma*), 성령을 의미할 수 있으나 인간의 영을 의미할 가능성이 더 많고, 아마 배경에 있는 성령에게 끄덕이는 모습도 포함할 것이다]을 바울과 그의 독자들도 전용했다. 비록 겉으로는 깨지기 쉬운 질그릇일지라도, 이 믿음으로 인해 바울은 보배로운 복음을 담대하게 공개적으로 전파할 수 있었다.

4:14 하지만 이 구절이 분명히 하듯이, 시편 저자와 달리 바울의 경우 이 믿음은 더 탄탄한 동기를 갖고 있다. 그것은 시작된 부활의 실재로부터 생기는 믿음의 고백이다. 이 부활은 신자들이 접속된 그리스도의 부활이다.

바울이 신자들이 현재 경험하는 부활과 그리스도의 재림 때에 일어날 그 부활의 완성('다시 살리실')을 얼마나 매끄럽게 연결하는지 주목하라. 이는 그리스도의 부활이 우리의 부활을 보증하는 담보이기 때문이다. 아니, 담보 이상이다. 이것은 역사의 한복판에서 일어난 마지막 부활의 첫 번째 사례다(고전 15:20-23). 신자들이 그리스도의 초림과 재림 사이에 경험하는 부활은 결정적이고 영적인 것이다. 그분이 재림하실 때 우리가 경험할 부활은 그리스도의 부활처럼 최종적이고 육체적인 것이다(참고. 살전 4:14).

바울은 지금 여기에서 우리가 그리스도의 부활을 알고, 살아 계신 그리스도의 존전에서 그 부활이 미래에 완성될 것을 기대하는 일이 얼마나 경이로운지를 계속 성찰한다. 그러나 이 구절의 마지막 부분에 "너희와 함께"를 슬쩍 집어넣는 그의 목회적 세심함을 주목하라. 바울과 고린도 교인들이 다함께 그리스도 안에서 연합되어 있다. 그들은 우주의 가장 심오한 실재를 공유한다. 여기서도 바울은 고린도 교회와의 부자관계를 회복하려고 애쓰면서, 고린도 교인들이 인상적인 거짓 교사들에게 관심을 보이려는 유혹을 뿌리치게 하려고 노력한다.

4:15 14절의 끝부분에서 고린도 교인들을 언급한 만큼 바울은 이 문장들에 담긴 논점을 명시적으로 말한다. 바울의 사역은 그 자신에 관한 것이 아니라 고린도 교인들의 유익, 은혜가 널리 퍼지는 것, 구원받은 자들의 감사 그리고 하나님의 영광에 관한 것이다.

첫째, 고린도 교인들의 유익이다. "이 모든 일은 다 여러분을 위한 것입니다"(새번역). 무엇이 그들을 위한 것인가? 바울이 방금 진술한 모든 것, 즉 질그릇에 담긴 보배로운 복음을 전파하는 것(7절), 그리스도의 죽음을 짊어지고 다니는 것(10절), 예수의 부활 생명을 나타내는 것(11절), 진리를 공개적으로 말하는 것(13절) 등이다. 요점은 12절에서 말하듯이 '너희 안에 있는 생명'이다. 예수님이 우리의 유익을 위해 그 자신을 내어놓은 것에 경이감을 품게 한 바로 그 복음이 그것을 참으로 받아들이는 이들의 마음을 움직여서 그들도 남들에게 그렇게 하도록 한다.

둘째, 잃어버린 자의 구원이다. "하나님의 은혜가 점점 더 많은 사람에게 퍼져서"(새번역). 은혜는 좋은 전염처럼 퍼져 나간다. 정체된 은혜는 은혜가 아니다. 진정으로 은혜를 받은 사람들은 그들이 지금 몸담고 있는 하나님과의 올바른 관계(3:9)와 담대함(3:12)과 자유(3:17)를 다른 이들에게 전달하고 싶어 한다.

셋째, 구원받은 자의 감사다. "감사하는 마음이 넘치게 하고"(새번역). 은혜는 감사를 이끌어낸다. 이것이 지난 450년에 걸쳐 많은 그리스도인을 살아나게 하고 문답식 가르침을 베푼 하이델베르크 교리 문답의 기본 구조다. 은혜를 경험하면 감사와 찬송이 흘러나오되(기계적이 아니라 자연스럽게 흘러나오고, 감사가 은혜의 기쁨을 완성시킨다) 본인은 결코 충분히 감사했다고 느끼지 않는다.[39]

넷째, 하나님의 영광이다. 그리스도 안에서의 삶은 자아도취에서 멀어져서 하나님의 영광과 존귀함과 광채를 지향하는 방향으로 움직인다.

4:16 다음 세 구절은 여태껏 인간이 쓴 가장 숭고하고 차분한 글 중 하나로 우뚝 서 있다. 바울은 죽음을 통한 생명이라는 주제를 계속 이어가지만, 그 자신의 경험을 들여다보고(7-12절) 다른 사람을 향해 밖을 보다가(13-15

---

39 이 역학에 관해서는 C. S. 루이스가 시편에 나온 찬송과 감사에 대해 성찰한 다음 책을 보라. *Reflections on the Psalms* (New York: Harvest, 1986), 90-98. 《시편 사색》(홍성사).

절) 이번에는 신자들의 불가피하고 비할 데 없는 미래를 향해 앞을 내다본다(16-18절).

바울은 1절에 나온 어구('우리가 낙심하지 않는다')를 되풀이하면서 이 두 북엔드 사이의 논증을 한 바퀴 돌아 원래 상태로 돌아온다. 이것이 바울이 독자들을 격려하기 위해 전하는 논점이다. 하지만 이는 우리가 사방에서 발견하는 낙심할 만한 이유들을 피하는 식의 격려가 아니다. 오히려 바울은 전적인 현실주의와 치솟는 소망을 묶어놓는데, 우리가 삶의 우여곡절을 헤쳐 나갈 때 결국 안정과 평정심을 얻게 된다고 한다. 이런 현실주의는 '우리의 겉사람은 낡아진다'는 말에 나타난다. 여기서 낡아진다는 것은 '조금씩 부패하다', '쇠태하다'라는 뜻이다. 이 헬라어 동사[디아프테이로(*diaphtheirō*)]는 누가복음 12:33에서 시간이 흐르면서 좀나방이 보물을 조금씩 좀먹는 것을 말할 때 사용된다.

그런데 "겉사람"이란 무엇인가? 그것은 옛 시대를 따르는 전인(全人)이다. 옛 질서에 속해서 부패하고 있는 우리의 잔존물이다. 건강한 매미가 부패하는 바깥 껍질을 깨고 나오려고 씨름하는 모습을 그려보라. 바깥 껍질은 여전히 곤충의 일부로 거기에 있다. 그러나 그 껍질이 곤충을 규정짓지는 않는다. 부패하는 바깥 껍질은 사라지는 중이다. 껍질은 매미가 이미 경험하기 시작한 새로운 삶의 일부가 아니다.

"속사람"은 새로운 시대에 속한 사람, 진정한 인물, 영원한 자아이다. 그리스도 안에 있는 사람. 속사람은 부활한 그리스도와 연합한 만큼 성령에 의해 날마다 그 운명이 완성될 날에 한걸음씩 가까워지고 있다. 껍질은 부서지는 중이고 망할 운명이다. 반면에 새로운 자아, 참된 자아는 참신하고 강하게 깨어나는 중이다. 팔다리를 뻗기 시작하고, (아직은 물리적이 아니라 영적으로) 새로운 땅에서 살 준비를 하고 있다.[40]

---

40 4:16에 나오는 "겉사람"과 "속사람"에 대해 더 알고 싶으면 Richard B. Gaffin, *By Faith, Not by Sight*, 61-66 을 보라.

4:17 바울은 (옛 시대에 속하는) 겉사람이 부패하고 있고 (새 시대에 속하는) 속사람이 확보하고 있다고 말한 후 잠시 멈추고 일시적으로 겉사람으로 되돌아간다. 이처럼 '낡아지는' 것은 실제로 무엇을 성취하는가? "비교할 수 없을 정도로 영원하고 크나큰 영광"(새번역)이다.

바울은 다시 한 번 종말론적 범주에 입각해서 말하고 있다. "비교할 수 없을 정도로"는 문자적으로 '초월적인 영원성을 향한 초월성'이다. 즉 현재 악한 시대의 최고 영광과도 비교될 수 없는 영광이 나타나는 새 시대의 영원성[아이오니오스(*aiōnios*), 시대를 뜻하는 아이온의 관련어]을 말한다. 이를 처음 읽으면 바울이 이 타락한 세상에서의 끔찍한 삶을 평가절하하고 있다는 생각이 들지 모른다. 세 자녀의 젊은 아버지가 위암에 걸리는 것은? 16살 된 소년이 축구 연습을 하고 귀가하던 중 끔찍한 사고를 당해 목숨을 잃는 것은? 도무지 잊을 수 없는 끔찍한 기억, 죄악된 탐닉과 수치심, 부부 싸움, 친구 관계의 단절, 오랜 우울증으로 인한 인간성의 마비 등 이 세상에 날마다 쌓여가는 고통스런 현실은? 이런 것이 과연 가벼운가? [엘라프로스(*elaphros*)가 나오는 유일한 다른 신약 구절은 마태복음 11:30으로, 예수님이 그의 짐은 '가볍다'고 말씀하시는 곳이다.]

이런 짐들 자체만 보면 결코 가볍지 않다. 바울은 고통을 알았던 인물이다(11:23-29). 그러나 비교해보면 그것들은 깃털만큼 가볍다. '일시적'이기 때문이다. 다가오는 무거운 영광은 '영원하다'. 여기서 이 세상의 고통과 내세의 영광을 대조할 때 바울이 사용하는 상반된 두 쌍인 가벼운 대 무거운, 일시적인 대 영원한을 보라. 무게로 이 둘을 비교할 수 없는 이유는 시간의 길이로 이 둘을 비교할 수 없기 때문이다.

4:18 바울은 두 쌍 중 하나인 일시적인 것과 영원한 것의 대조를 통해 글을 이어간다. 이 구절의 전반부는 그가 방금 묘사한 것, 즉 옛 사람이 낡아지는 동시에 새 사람이 새로워지는 것을 어떻게 이해할지 설명해준다. 바울은 이 문맥에서 이미 수건의 이미지를 많이 사용한 만큼 여기서도 시각의 은유를 사용한다. 시각과 관련된 여러 동사 중 '스코페오'(*skopeō*)를 사

용하는데, 이는 '내다보다', '주의하다' 또는 오늘날의 표현으로는 '눈을 부릅뜨고 경계하다'(참고. 바울이 이를 사용하는 다른 구절들인 롬 16:17; 갈 6:1; 빌 2:4; 3:17)라는 뜻을 내포하는 단어다. 우리가 겪는 현재의 환난은 미래의 영광을 이루게 하고(17절), 보이는 세계가 아니라 보이지 않는 세계에 주목할 때 우리는 그 영광에 길들여지고 용기를 얻는다. 여기에 나온 역설을 주목하라. 우리는 눈으로 볼 수 없는 것을 보게끔 되어 있다. 보이지 않는 것을 보는 것, 즉 우리 마음의 눈을 다음 세계에, 다가오는 영광에 고정시키는 것(참고. 엡 1:18)이다. 이는 신체적인 눈에는 보이지 않고 믿음의 눈으로만 감지할 수 있다.

이 구절의 후반부는 이 "보이는 것"과 "보이지 않는 것"의 대조를 끄집어내어 그것을 앞 구절의 '일시적인 것'과 '영원한 것'의 대조에 연결시킨다. "보이는 것은 잠깐이요." "잠깐"이라는 단어는 17절에 나온 "잠시"라는 단어를 상기시킨다. 바울은 이 단어를 단 한 번 사용한다. 이는 씨 뿌리는 자의 비유에서 역경이 닥치면 뿌리가 없어서 곧 사라지는 씨를 묘사할 때 사용된 단어다(마 13:21; 막 4:17). "보이지 않는 것은 영원함이라." 바울은 다시금 '아이오니온'(aiōnion, '영원한', 17절에도 나온다)이라는 단어를 사용함으로써 우리의 눈을 보이지 않는 세계에 고정시키라고 말한다. 그러면서 그 이유는 이것이 영원히 지속되는 세계이기 때문이라고 한다. 그 세계는 지금 여기에 있다. 이 대목 어디서도 바울은 보이는 것은 현존하고 보이지 않는 것은 미래에 있다고 말하지 않는다. 물론 언젠가 보이지 않는 것이 가시적으로 세계 역사의 무대 위에 분출할 테고, 그것은 오늘날 눈에 가장 잘 보이는 실체보다 더 실질적이고 구체적일 것이다(계 21:1-5). 그러나 새 시대가 이미 그리스도의 부활(우리와 그분의 연합을 통해 공동 부활도 이미 시작된 셈이다)을 통해 세계 역사에 조용히 분출했으므로 그 시대가 더욱 구체화될 것에 우리가 마음을 고정시키고 있는 것이다(참고. 골 3:1-4).

≋≋≋ 응답 ≋≋≋

우리의 눈이 보는 것, 우리의 몸이 느끼는 것, 세상이 우리에 대해 말하는 것만 남는다면, 그리스도를 따르는 우리에게 남는 것은 절망뿐이다. 오랜 세월에 걸쳐 수많은 평범한 그리스도인들이 귀하게 여긴 이 단락의 목적은 우리에게 반드시 다가올 미래의 영광을 의식함으로써 이 절망을 깨뜨리고 압도하는 것이다. 우리는 장차 우리가 갈망하는 찬란하고 중요한 사람들이 될 것이다. 이런 일이 일어날 것임을 아는 이유는 '그것이 이미 시작되었기 때문이다'. 가장 어려운 부분은 지나갔다. 그리스도께서 죽임을 당하고 다시 살아나셨고 우리는 그분에게 접속되었다. 그러므로 우리 모두 차분해져서 참고 견디자. 크리소스톰은 이 단락에 대해 성찰하며 이렇게 말했다.

> 사랑하는 여러분. 인생의 환난은 괴로울지라도 짧은 기간에 불과한 반면, 내세에 우리에게 다가올 좋은 것들은 영원하고 영속적입니다…따라서 우리 모두 불평 없이 지나가는 것을 견디고 미덕의 씨름을 그만두지 않음으로 영구적으로 지속되는 영원한 좋은 것들을 즐기도록 합시다.[41]

---

41 John Chrysostom, "Homily on Genesis 25.24," cited in *1-2 Corinthians*, ACCS 7, ed. Gerald Bray (Downers Grove, IL: IVP Academic, 1999), 238.

¹ 만일 땅에 있는 우리의 장막 집이 무너지면 하나님께서 지으신 집 곧 손으로 지은 것이 아니요 하늘에 있는 영원한 집이 우리에게 있는 줄 아느니라 ² 참으로 우리가 여기 있어 탄식하며 하늘로부터 오는 우리 처소로 덧입기를 간절히 사모하노라 ³ 이렇게 입음은 우리가 벗은 자들로 발견되지 않으려 함이라 ⁴ 참으로 이 장막에 있는 우리가 짐진 것같이 탄식하는 것은 벗고자 함이 아니요 오히려 덧입고자 함이니 죽을 것이 생명에 삼킨 바 되게 하려 함이라 ⁵ 곧 이것을 우리에게 이루게 하시고 보증으로 성령을 우리에게 주신 이는 하나님이시니라

¹ For we know that if the tent that is our earthly home is destroyed, we have a building from God, a house not made with hands, eternal in the heavens. ² For in this tent we groan, longing to put on our heavenly dwelling, ³ if indeed by putting it on¹ we may not be found naked. ⁴ For while we are still in this tent, we groan, being burdened—not that we would be unclothed, but that we would be further clothed, so that what is mortal may be swallowed up by life. ⁵ He who has prepared us for this very thing is God, who has given us the Spirit as a guarantee.

⁶ 그러므로 우리가 항상 담대하여 몸으로 있을 때에는 주와 따로 있는 줄을 아노니 ⁷ 이는 우리가 믿음으로 행하고 보는 것으로 행하지 아니함이로라 ⁸ 우리가 담대하여 원하는 바는 차라리 몸을 떠나 주와 함께 있는 그것이라 ⁹ 그런즉 우리는 몸으로 있든지 떠나든지 주를 기쁘시게 하는 자가 되기를 힘쓰노라 ¹⁰ 이는 우리가 다 반드시 그리스도의 심판대 앞에 나타나게 되어 각각 선악 간에 그 몸으로 행한 것을 따라 받으려 함이라

⁶ So we are always of good courage. We know that while we are at home in the body we are away from the Lord, ⁷ for we walk by faith, not by sight. ⁸ Yes, we are of good courage, and we would rather be away from the body and at home with the Lord. ⁹ So whether we are at home or away, we make it our aim to please him. ¹⁰ For we must all appear before the judgment seat of Christ, so that each one may receive what is due for what he has done in the body, whether good or evil.

1 Some manuscripts *putting it off*

〰〰〰 단락 개관 〰〰〰

무주택을 통한 거주

이것은 중간 상태, 즉 그리스도인의 죽음과 그리스도의 재림 사이의 기간에 관한 성경의 가장 명료한 가르침 중 하나다.[42] 이는 그리스도인이 몸을

---

[42] 중간 상태에 대한 뛰어난 신학적이고 성경적인 논의는 다음 책을 참고하라. Herman Bavinck, *Reformed Dogmatics*, ed. John Bolt, trans. John Vriend, vol. 4, *Holy Spirit, Church, and New Creation* (Grand Rapids, MI: Baker Academic, 2008), 589-643.

갖지 못한 거북한 상태에 있는 시기고, 바울은 이 거북함에 대해 고린도 교인을 격려한다. 하지만 이 중간 상태가 바울의 주안점이 아니고, 이는 그보다 훨씬 나은 주제에 관해 이야기하는 중에 제기하는 실재다. 그 주제는 우리가 최후에 입을 부활의 몸이다. 이 대목 내내 바울은 집과 옷이라는 두 가지 이미지를 사용한다. 그의 전반적인 논점은 그리스도인이 경험하는 연속적인 각 단계가 그 앞의 단계보다 우월하다는 것이다. 이 땅에서의 삶, 이후의 중간 상태, 이후의 최종 부활이다.[43]

≈≈≈≈ 단락 개요 ≈≈≈≈

II. 바울이 자기 사역을 변호하다(1:3-7:16)
    D. 바울의 사역은 참된 생명의 사역이다(4:7-5:10)
        4. 우리가 장차 입을 몸을 갈망하다(5:1-5)
            a. 장래 몸에 관한 약속(5:1)
            b. 현재 몸의 취약함(5:2-4)
            c. 장래 몸의 확실성(5:5)
        5. 우리가 장차 그리스도와 함께할 것을 갈망하다(5:6-10)
            a. 몸으로 있을 때는 주와 따로 있다(5:6-8)
            b. 그리스도를 만날 준비를 하다(5:9-10)

---

[43] 이 단락은 미래에 일어날 사건을 순서대로 설명하기가 매우 까다로운 본문이다. 몇 가지 대안에 관한 철저한 논의는 Harris, *Second Epistle to the Corinthians*, 369-384을 보라. 이 주석이 취한 견해는 다음 책에 잘 요약되어 있다. Beale, *New Testament Biblical Theology*, 270-274.

5:1 바울은 이 편지에서 여러 번 죽음의 문턱에 갔던 경험을 이야기했다 (1:9-10; 4:10-12). 이제 그는 고린도 교인을 위로하기 위해, 만일 그가 죽음을 피하지 못했다면 무슨 일이 일어났을지에 대해 살핀다. 그는 4:16-18로부터 나오는 추론을 계속 전개하는데, 기본적으로 옛 시대에 속한 연약한 몸이 어쩔 수 없이 쇠퇴하고 있는데도 왜 우리가 낙심하지 않는지 그 이유를 다룬다.

바울은 그리스도가 재림해서 새 하늘과 새 땅을 세우실 때 그의 독자들이 최후의 부활의 몸을 입을 것임을 확신시키기 위해 "장막"과 "집"의 이미지를 사용한다. 그 약속은 너무도 확실해서 바울이 현재시제를 사용해서 '우리에게 있다'고 말할 수 있을 정도다. 바울은 장막(텐트)을 만드는 사람이라서(행 18:3) 장막에 대해 잘 알고 있다. 바울이 이 땅의 몸, 즉 이 "질그릇"(고후 4:7)을 장막이라고 말할 때 그 자신과 고린도 교인들은 이것이 무슨 뜻인지 이해했을 것이다. 이에 비해 우리를 기다리고 있는 것은 그보다 훨씬 더 견실한 그 무엇, 곧 세 가지 특징을 지닌 "집"이다. 그것은 "하나님"으로부터 오고, "손으로 지은 것이 아니요, 하늘에 있는 영원한" 집이다(아마 하늘이라는 장소가 아니라 천상의 속성을 가리킬 것이다). 세 가지 특징은 모두 장래에 입을 부활의 몸이 하나님께 근원을 두고 있다는 것, 즉 그 몸은 순전한 은혜의 선물이고 오직 하나님만 창조하실 수 있는 것임을 말한다. 인간은 도무지 만들 수 없는 몸이다.

그러나 바울은 들을 귀가 있는 자들에게 좀 더 심오한 무언가를 말하고 있다. 1절에 나오는 세 가지 핵심 단어는 신약 본문 중에 마가복음 14:58에만 나온다. 그 본문은 예수님이 "이 성전을 내가 헐고 손으로 짓지 아니한 다른 성전을 사흘 동안에 지으리라"고 주장했다는 이유로 유대 공의회 앞에서 고발을 당하시는 장면이다. '내가 헐리라', '내가 지으리라' 그리고 '손으로 짓지 아니한'으로 번역된 3개의 헬라어 단어들은 1절에 나오는 헬라어와 똑같다. 그리고 우리는 마가복음 14:58의 병행 구절인 요한복음

2:19-22로부터 예수님이 성전에 관해 말씀하고 계시다는 것을 알게 된다. 바울이 이 세 용어를 사용하는 것을 우연의 일치로 보기는 어렵다. 그는 신자들의 미래에 관해 말하기 위해 성전의 범주를 끌어오는 것 같다. 바울이 "장막"[스케노스(*skēnos*)]이라는 용어를 사용하는 것을 보면 그럴 가능성이 더 크다. 이 헬라어 단어는 70인역이 장막, 곧 초기의 이동식 성전(참고. 요 1:14)을 거론할 때 줄곧 사용했던 것이다.

그렇다면 이 구절의 요점은, 이 땅의 몸이 낡아지고 죽어갈지라도 우리는 단연코 예수님이 모퉁이돌 되시는 영적인 종말론적 성전(엡 2:19-22) 속으로 옮겨진다는 것이다. 우리는 하나님과의 교제를 더 깊이 즐기게 될 터인데, 성전은 바로 그런 교제를 촉진시키는 곳이기 때문이다.

5:2 바울은 우리가 "질그릇"(4:7)으로 겪는 고통스럽고 힘든 경험을 인정한다. 이것은 허리 통증, 무릎 연골의 연화, 청력 감퇴, 기력 감소에 불과한 것이 아니다. 그보다 훨씬 더 심한 탄식의 증상들이다. 우리가 불멸의 존재로 창조되었다는 지식 때문에 더 심해지는 탄식이다. 우리 몸이 약 30세부터 약해진다는 것은 무언가 이상하고 부적절하다는 느낌이 든다. 죽음은 누구에게나 닥치는 보편적 사실임에도 불구하고 우리는 마음 속 깊이 그것이 부자연스럽다는 것을 안다. 바빙크(Bavinck)는 다음과 같이 말한다. "모든 사람은 인간이 선천적으로 불멸의 존재라는 것, 그리고 설명이 필요한 것은 불멸이 아니라 죽음이라는 것을 당연하게 여긴다. 부자연스럽게 보이는 것은 죽음이다."[44] 2-4절 이외에 바울이 '탄식하다'라는 단어를 사용하는 다른 유일한 곳은 로마서 8:23로서, 새 땅에서 받을 부활의 몸을 바라보며 탄식하고 갈망하는 모습을 묘사하는 구절이다. '우리의 하늘의 장막'은 하늘에 있는 중간 상태가 아니라 우리가 새 땅에서 받을 최후의 '하늘의' 몸을 가리킨다(바울이 고전 15:40-41, 44, 46에서 이 몸을 거론할 때 '하

---

44 Bavinck, *Reformed Dogmatics*, 4:590.

늘'이라는 단어를 사용하는 것을 참고하라).

5:3 이 구절은 더 깊은 확신으로 이끌어준다. 바울은 2절에서 처음으로 '입다'[에펜뒤오(*ependyō*)]라는 단어로 옷 입는 것을 은유로 사용했고 여기서도 비슷한 동사[엔뒤오(*endyō*)]를 사용해서 그 은유를 이어간다.[45] 그리스도 안에 있는 우리는 현재 그리스도가 입고 있는 불멸의 부활의 몸과 똑같은 몸을 입기를 갈망한다. 여기에 사용되는 옷 입는 은유를 너무 멀리 밀고 가면 안 된다. 새로운 몸은 마치 죽을 운명을 가리기만 하는 것처럼 단지 외적 문제에 불과하다고 말하는 것이 아니다. 그것은 훨씬 더 근본적인 변화다. 1-10절은 고린도전서 15:12-49과 함께 이해할 필요가 있는데, 그렇게 해야 이 땅의 몸과 부활의 몸 사이의 연속성과 불연속성의 균형을 잡을 수 있기 때문이다. 부활의 몸을 입는다는 것은 죽을 사람이 불멸성을 입는 것이고, 이는 포괄적이고 총체적인 변화(고전 15:54)로서 죽을 존재라는 몸과 정체성이 여전히 알아볼 수 있는 몸으로 귀결되는 것을 말한다.

바울의 요점은 우리가 장차 부활의 몸을 입을 때 거북함이나 당혹스러움이 없을 것이라는 것이다. 벗은 몸에 대한 언급은 중간 상태를 말하는 것일지 모르지만, 바울이 병행 구절(고전 15:37)에서 이 단어[귐노스(*gymnos*)]를 사용하는 것을 보면 이 죽을 존재를 가리킬 가능성이 더 많다. 우리를 기다리는 영광스러운 부활의 몸에 비하면 우리는 현재 "벗은" 상태에 있다. 이 벗은 몸은 심겨져서 죽었다가 불멸의 몸으로 일으킴을 받을 씨앗에 불과하다(고전 15:35-37, 42-44).

5:4 바울이 2절에서 생각의 흐름을 이어받아 다시금 그 속에서 "우리

---

45 ESV 각주가 말하듯이, 일부 사본들은 여기에 다른 헬라어 단어를 사용했는데, 헬라어 철자가 하나만 다른데도 [에크뒤사메노이(*ekdysamenoi*) 대 엔뒤사메노이(*endysamenoi*)] 그 뜻은 '그것을 입다'의 정반대가 된다. 그러나 설령 이것이 원본의 독법이라 할지라도 해석상으로는 전혀 달라지지 않는다. 그 경우에는 바울이 '우리의 하늘의 장막'을 입는 것이 아니라 '이 장막'을 벗는 것을 언급하고 있다는 뜻이 될 뿐이다.

가…탄식하는" 이 땅의 "장막"에 대해 말한다. 여기서는 우리 탄식의 원인을 더 깊이 파고든다. 그가 사용하는 헬라어 단어[바레오(bareō), 현재분사]는 '짐에 눌리다'라는 뜻이다. 이는 바울이 1:8에서 아시아에서 죽을 뻔한 경험을 하며 완전히 압도되었던 것을 말할 때 사용하고, 또한 사복음서에서는 제자들의 눈이 졸리운 상태(마 26:43)를 묘사할 때 사용된다. 여기서는 이 죽을 틀에 갇힌 존재가 부담스럽고, 짓눌리고, 고되다는 뜻이다. 옛 시대에 속하는 우리의 일부는 우리를 아래로 끌어내린다. 새 시대에 도래할 몸은 그런 짐을 알지 못할 것이다.

그러나 바울은 즉시 자기가 말하는 내용에 제한을 붙여야겠다고 느낀다. 아마 고린도 교인들에게 물질적인 것보다 비물질적인 것에 특권을 부여하는 영지주의 경향이 있었기 때문일 것이다. "벗고자 함이 아니요." 우리가 육체에서 분리된 최후의 상태를 원하는 것이 아니라는 뜻이다. 우리가 이 육신을 끌고 다니면서 탄식한다고 해서 몸에서 완전히 자유로운 상태가 되길 원하는 것은 아니다. 그것은 그리스인의 이상이었을지 모르지만 히브리인의 이상은 아니었다. 하나님께서 몸을 창조하셨다. 몸은 좋은 것이다(창 1:26-31). 좋지만 타락했다. 바울이 갈망하는 바는 몸이 없는 존재가 아니라 죄가 없는 존재다. 제거되어야 할 것은 몸이 아니라 죄다. 그러므로 우리가 갈망하는 바는 (옷 입는 이미지를 사용하면) '덧입는 것'이다. 현시대에 우리가 입은 몸을 다가올 시대의 몸과 바꾸는 것이다.

이와 같이 "죽을 것이 생명에 삼킨 바"되는데, 이는 다가올 시대의 생명이요 종말론적 생명이며 신자가 무척 갈망하는 생명이다. 이 생명은 너무나 포괄적이고 완벽해서 우리의 현재 약점과 죽을 운명이 모두 "삼켜질" 것이다[카타피노(katapinō), 고후 2:7에서 바울이 그 죄인이 슬픔에 '삼켜지기'를 원치 않는다고 말할 때 사용한 단어, 개정개역은 "잠길까"].

5:5 바울이 이미 1절에서 분명히 한 것은 그리스도 안에 있는 자들의 궤도가 부활의 영광으로 끝나는 것이 '하나님으로부터' 온다는 사실이다. 그는 이제 이 점을 다시 역설한다. '이것을 우리에게 이루게 하시는 분은 하

나님이다.' 하나님께서 성도들을 위해 준비하신 영광스러운 미래에 들어가는 길은 우리의 자연스러운 직관으로 알 수 없다. 도래하는 종말의 복은 우리의 공적에 따른 보상이 아니라 전적인 선물이라고 바울이 명백히 진술한다.

하나님의 일방적인 주도권을 증명하는 것은 우리 속에 있는 성령이다. 그런데 "보증"(아라본)이라는 헬라어 단어가 무슨 뜻인지를 (1:22에서 그랬듯이) 신중하게 살펴볼 필요가 있다. 이것은 하나의 약속 이상이다. 그것은 말한 내용이기보다는 수행한 일이다. "보증"은 구두적인 서약이 아니라 약속된 내용이 실제로 시작되는 것이다. '계약금'이 그 개념을 잘 포착한다. 개념적으로 말하면, 이는 그리스도의 부활을 "첫 열매"(고전 15:20, 23)로 표현한 바울의 언어와 비슷하다. 말하자면 단일한 추수의 첫 수확이다. 바울은 '아라본'이라는 단어를 세 번 사용하는데(1:22; 5:5; 엡 1:14), 세 번 모두 성령이 '다가올 시대의 생명을 지금 여기에서 경험하기 시작하는 것'을 가리킨다. 새 땅에서 누릴 최고의 기쁨은 하나님과 나누는 따스하고 친밀한 교제의 회복이다. 성령 안에서 그 교제가 이미 시작되었다.

5:6 6절에 나오는 첫 번째 헬라어 단어는, 타룬테스(*tharrountes*)로서 '용기를 품는'이라는 뜻을 지닌 현재분사다. 바울이 4장에서 '우리가 낙심하지 않는다'(4:1, 16)라고 두 번 말했는데, '용기를 품는 것'은 그것의 뒷면이다. 바울은 끊임없이 신자의 마음과 관련된 신학적 성찰을 계속하고 있다.

바울은 이 동사[타르레오(*tharreō*)]를 다섯 번 사용하는데, 모두 이 편지에 나오고 이번이 첫 번째다(5:6, 8; 7:16; 10:1, 2, 신약의 다른 책에 나오는 경우는 히 13:6뿐이다). 고린도후서에 나오는 마지막 세 번(7:16; 10:1, 2)은 수평적인 담대함 내지는 용기를 가리키는 한편, 5장에 나오는 처음 두 번은 수직적인 것을 가리킨다. 사고의 흐름으로 보면, 이 용기는 바울이 방금 말한 것, 곧 장래 부활의 몸과 계약금으로 받는 성령의 선물로부터 생기는 것이다. 하지만 이 용기는 또한 바울이 6절과 이후에 말하게 될 내용에 근거를 두고 있기도 하다.

후자에서 바울은 '집에 있든지/떠나 있든지', '몸 안에 있든지/몸을 떠나든지', '주와 함께 있든지/주와 따로 있든지'와 같은 표현을 사용한다. '집에 있는' 것은 고향에 만족스럽게 거주하는 것인 반면, '떠나 있는' 것은 망명객[46]으로 외국에 사는 것이다. 이는 그리스도가 영적인 부활의 몸으로 우리보다 앞서 하늘로 가셨기 때문에 그분의 백성인 우리는 그분의 존전에 있지 않다는 뜻이다. 우리는 그분 '안에' 있으나 적어도 완전한 의미에서 그분과 '함께' 있지는 않다(우리는 우리 속에 그분의 영을 갖고 있으므로 마침내 그분과 함께 있을 것이 확실하다).

5:7 이어서 바울은 우리가 지금 여기에서 그리스도와 연합한 상태로, 성령이 내주하시는 상태로 살지만 아직 사랑하는 주 그리스도와 함께 살지 못한다는 것이 무슨 뜻인지 설명한다. 그리스도인은 오랜 세대에 걸쳐 이 말을 귀중하게 여겨왔다.

하지만 우리는 바울의 말을 논증의 흐름에 따라 이해할 필요가 있다. '왜냐하면'(개정개정에는 없음)이라는 접속사가 이 구절을 앞의 내용과 연결시켜 준다는 것을 주목하라. 우리 삶에 헷갈리는 일이 생길 때 언제든지 기억할 수 있는 자명한 이치를 바울이 제공하고 있는 것이 아니다. "글쎄 우리는 믿음으로 행하지 눈에 보이는 것으로 행하지 않잖아." 오히려 바울은 그리스도와 연합한 자들이 영위하는 정신적인 '중립적' 삶이 '종말론적 특징'을 지니는 것을 묘사하는 중이다. 바울이 언제 마지막으로 "믿음"을 거론했던가? 4:13에서 '믿음의 영'이 우리로 하여금 주 예수를 살리신 분이 예수와 함께 우리도 살리실 것을 '믿게' 만든다고 했다. 그러나 이것은 지식과 상반되는 믿음이 아니다. 4:13-14과 5:6-7에 나오는 믿음은 모두 지식에 근거를 두고 있다(4:14에 나오는 '알다'와 5:6에 나오는 '우리가 알다'를 주목하라).

따라서 '믿음으로 행하다'라는 것은 언젠가 우리가 그리스도와 합하여

---

46 BDAG, ἐκδημέω.

(성령이 그 첫 번째 할부금인) 부활의 몸을 즐거워하게 될 것임을 충분히 유념하면서 인생 여정을 걸어간다는 뜻이다. 그러므로 이는 '용기 있는'(6, 8절) 삶이다. 이와 반대로 '보는 것'으로 행한다는 것은 현재의 죽을 존재, 이 연약한 존재를 우리가 알게 될 최상의 존재로 생각하는 것이다. 보는 것으로 행한다는 것은 우리가 지금 여기에서 취할 수 있는 모든 건강과 재산을 챙기는 것이고, 이생이 행복에 이르는 최선의 길이라고 믿는 것이다. 이는 염려가 많은 삶이다. 그러나 바울은 이미 우리에게 보이는 것이 아니라 보이지 않는 것을 주목하라고 말했다(4:18). 우리 앞에 놓인 "크고 영원한 영광"(4:17)을 바라보라고 했다.

5:8 6절에서 바울은 우리가 현재 몸을 갖고 집에 살고 있어서 주님으로부터 떠나 있다고 간단하게 진술했다. 이제 그는 이런 상황을 평가한다.

먼저 그는 우리가 믿음으로 행할 때 지금 여기에서 품게 되는 '좋은 용기'를 되풀이한다. 즉, 성령의 임재로 증명된 종말에 비추어 장차 입게 될 부활의 몸을 확신하는 가운데 사는 삶이다. 이어서 그는 쉽게 오해될 수 있는 말을 한다. '우리가 차라리 몸과 집을 떠나 주와 함께 있고 싶다'는 주장은 '신체적 존재의 선함에 관한 진술이 아니라 그리스도와 함께하는 삶의 우월한 가치에 관한' 진술이다. 만일 바울(또는 집합적인 "우리"가 시사하듯, 올바로 생각하는 그리스도인)이 죽을 몸으로 사는 것과 부활한 주님과 함께하는 것 중 하나를 선택해야 한다면, 무엇을 선택할지는 분명하다(참고. 빌 1:23). 그러나 다행스럽게도, 이 대목 전체는 궁극적으로 신자가 이런 선택을 내릴 필요가 없다고 가르친다. 결국 우리는 주님과 함께하는 것과 영광스러운 부활의 몸까지 둘 다 갖게 될 것이기 때문이다.

5:9 우리는 언젠가 그분과 함께 있을 것을 안다. 그동안 믿음으로 행하는 가운데 그리스도를 기쁘시게 하는 것을 '우리의 목표로 삼는다'. 여기에 사용된 동사[필로티메노마이(*philotimenomai*), 참고. 롬 15:20; 살전 4:11]는 무언가를 최고의 관심사로 세워서 다른 모든 관심사들이 그것으로 흘러들어가게 한

다는 뜻이다.

그리스도를 '기쁘시게 한다'는 말은 무슨 뜻인가? 이 말은 두 가지 방식으로 해석할 수 있다. 만일 누군가가 '나를 귀찮게' 하지 못하게 하려면, 우리는 어떻게든 그 사람을 '기쁘게' 해야 한다. 이처럼 기쁘게 하는 것은 달래는 것이고 멸시 또는 분노로 촉발되는 것이다. 하지만 바울의 말은 이런 뜻이 아니다. 바울이 사용하는 단어는 '잘'과 '생각하다'로 구성된 복합 단어다. 누군가에 대해 잘 생각한다는 점에서 기쁘게 하는 것이다. 보다 구체적으로 말하면, 이는 사랑에서 시작하여 기쁘게 하는 것이다.[47] 바울의 말은 이런 뜻이다. 그리스도가 우리를 위해 죽고 불멸의 존재로 다시 살아나셨고, 성령이 우리에게 부활 생명의 보증이 되셨다면, 우리가 그분을 기쁘시게 하는 것 말고 무엇을 하겠는가? 이 밖에 어떤 기쁨이 있을 수 있겠는가? 그리스도 안에 있는 우리의 가장 큰 불행은 우리 주님을 슬프게 하는 것이다. 그분은 우리를 결코 실망시키지 않는 친구, 우리를 대신해서 죽음까지 내려갔다가 구멍을 뚫고 저편으로 나오신 분, 우리를 그분과 함께 저 부활의 영광으로 인도하겠다고 약속하신 분이라서 그렇다.

5:10 그런데 우리가 그리스도를 기쁘시게 하려는 데는 더욱 진지한 이유도 있다. 언젠가 그분이 우리의 인생(우리가 "다")에 대해 심판을 내리실 때 우리가 그분 앞에 서야 할 것이다. 이와 같은 진술(여럿 있는데 10절과 가장 가까운 구절은 롬 14:10이다)은 이신칭의에 관한 바울의 가르침과 모순되는가? 결코 그렇지 않다. 그 이유를 여기서는 몇 가지만 개관할 수 있을 뿐이다.[48] 첫째, 여기서 '그가 행한'으로 번역된 동사는 '행하다'를 가리키는 흔한 단어[포이에오(poieō)]가 아니라 드물게 사용되는 단어[프라소(prassō)]이며, 이

---

47 이는 요한의 글에 나오는 풍부한 주제다. "너희가 나를 사랑하면 나의 계명을 지키리라"(요 14:15, 참고. 요 14:21, 23, 24; 15:10; 요일 2:5; 5:3).

48 더 충분한 논의는 다음 글을 참고하라. Dane C. Ortlund, "Justified by Faith, Judged according to Work: Another Look at a Pauline Paradox," *JETS* 52/2 (2009): 323-339.

는 '연습하다' 또는 '습관적으로 행하다'라는 뜻이다(이 단어가 사용된 고후 12:21도 참고하라). 우리의 삶이 포괄적으로 심판을 받겠지만 이는 트집 잡기 식 심판이 아니다. 하나님은 우리가 연약하고 잘못을 저지르기 쉽다는 것을 아신다. 그것은 우리의 생애 전체, 우리가 정한 궤도, 패턴, 습관에 대한 심판이다. 이 점은 이 구절의 마지막 부분("선악 간에")에 의해 강화된다. 바울이 "선"과 "악"을 단수형으로 사용하는 것을 보면 이는 삶의 전반적인 궤도를 가리키는 것이 분명하다.

둘째, 이 심판이 '악한 일'뿐만 아니라 '선한 일'에 대한 것이기도 하다는 사실은 바울이 그에 따른 보상을 거론하는 것이고 우리 인생을 의롭다고 하는 판결에는 영향을 미치지 않는다. 이런 보상조차 하나님의 은혜가 주는 선물이지 우리의 미덕이 얻어낸 것이 아니다(참고. 9:8). 그러나 하나님은 그분이 궁극적으로 선행을 공급함에도 불구하고 친절을 베풀어서 우리의 선행으로 우리를 고귀하게 만들어주신다. 어거스틴(St. Augustine)이 아름답게 표현한 유명한 말처럼, 하나님께서 우리에게 보상을 주실 때 "그분은 다름 아닌 그 자신의 선물에 면류관을 씌우신다."[49]

셋째, 문맥을 유념하라. 바울은 독자들로 하여금, 그들이 예수님의 부활 생명을 지니고 다닐 때(4:10-11) 성령의 임재(5:5)를 통해 부활을 이미 경험하기 시작했음을 깊이 깨닫게 하려고 애써왔다. 심판의 대상이 되는 행실은 우리 스스로 만든 에너지에서가 아닌 우리가 휩쓸려 들어간 새로운 생명에서 나오는 것임을 알면 용기를 얻게 된다. 선한 행실을 하는 삶은 '종말론적 피조물인 우리의 정체성에 걸맞게 사는 것'이다.

넷째, 우리가 몸담은 우주가, 때때로 외견상 정반대로 보일지라도, 전적으로 또 종국적으로 도덕적인 장소임을 알면 큰 위로가 된다. 바울이 갈라디아서 6:7-10에서 가르치듯이, 누구나 심는 대로 거둔다. 하나님은 조롱을 받을 분이 아니다(갈 6:7). 부정직한 동기가 드러날 것이다(고전 4:5). 공

---

49 Augustine, *On Grace and Free Will*, in NPNF1, 5:450.

고린도후서 5:1-10 _ 155

의가 이루어질 것이다. 희생자는 그 정당성이 입증될 것이다. 우리는 하나님께서 장차 모든 부당함을 바로잡아주실 것을 알기에 지금 평안하게 살 수 있다.

〰〰〰 응답 〰〰〰

우리는 날마다 최후의 희망을 여기에 심으라는 메시지의 폭격을 받으며 살아가고 있다. 바울은 1-10절에서 이 변덕스러운 타락한 세상에서 우리를 해방시켜주는 장래에 대한 비전을 품으라고 도전한다. 이 세상은 평생 모은 재산을 온라인 신분 도적질로 한순간에 날릴 수 있는 곳, 건강을 순식간에 잃을 수 있는 곳, 인간관계와 평판을 뜻밖의 방식으로 상실할 수 있는 곳이다. 우리가 맞이할 최후의 미래는 하늘에서 몸이 없는 상태로 하나님과 함께하는 것이 아니다. 물론 그리스도의 재림 이전에 죽는 성도들은 그런 상태에 있지만 말이다. 우리 앞에 놓인 장래의 끝없는 삶은 우리가 지금부터 갈망하는 그런 삶이다. 이 땅에서 완전히 변화되고 결코 낡아지지 않는 몸, 우리가 그리스도와 연합된 덕분에 그리스도의 부활의 몸과 같은 몸을 입고 육체적인 존재로 살아가는 삶이다(4:10-14).

　이를 믿을 때 우리 가운데 참으로 '낙심할' 사람이 있겠는가(4:1, 16)? '좋은 용기'(5:6, 8)를 품고 성장하길 마다할 사람이 있겠는가? 성령이 우리 안에 계신다. 씨앗은 이미 심겨졌다. 절대로 탈선할 수 없는 과정이 시작되었다. 우리가 맞이할 최후의, 눈부신, 찬란한, 부활의 장래는 보증되어 있다.

11 우리는 주의 두려우심을 알므로 사람들을 권면하거니와 우리가 하나님 앞에 알리어졌으니 또 너희의 양심에도 알리어지기를 바라노라 12 우리가 다시 너희에게 자천하는 것이 아니요 오직 우리로 말미암아 자랑할 기회를 너희에게 주어 마음으로 하지 않고 외모로 자랑하는 자들에게 대답하게 하려 하는 것이라 13 우리가 만일 미쳤어도 하나님을 위한 것이요 정신이 온전하여도 너희를 위한 것이니 14 그리스도의 사랑이 우리를 1)강권하시는도다 우리가 생각하건대 한 사람이 모든 사람을 대신하여 죽었은즉 모든 사람이 죽은 것이라 15 그가 모든 사람을 대신하여 죽으심은 살아 있는 자들로 하여금 다시는 그들 자신을 위하여 살지 않고 오직 그들을 대신하여 죽었다가 다시 살아나신 이를 위하여 살게 하려 함이라

11 Therefore, knowing the fear of the Lord, we persuade others. But what we are is known to God, and I hope it is known also to your conscience. 12 We are not commending ourselves to you again but giving you cause to boast about us, so that you may be able to answer those who boast about outward appearance and not about what is in the

heart. ¹³ For if we are beside ourselves, it is for God; if we are in our right mind, it is for you. ¹⁴ For the love of Christ controls us, because we have concluded this: that one has died for all, therefore all have died; ¹⁵ and he died for all, that those who live might no longer live for themselves but for him who for their sake died and was raised.

¹⁶ 그러므로 우리가 이제부터는 어떤 사람도 육신을 따라 알지 아니하노라 비록 우리가 그리스도도 육신을 따라 알았으나 이제부터는 그같이 알지 아니하노라 ¹⁷ 그런즉 누구든지 그리스도 안에 있으면 새로운 피조물이라 이전 것은 지나갔으니 보라 새 것이 되었도다 ¹⁸ 모든 것이 하나님께로서 났으며 그가 그리스도로 말미암아 우리를 자기와 화목하게 하시고 또 우리에게 화목하게 하는 직분을 주셨으니 ¹⁹ 곧 하나님께서 그리스도 안에 계시사 세상을 자기와 화목하게 하시며 그들의 죄를 그들에게 돌리지 아니하시고 화목하게 하는 말씀을 우리에게 부탁하셨느니라 ²⁰ 그러므로 우리가 그리스도를 대신하여 사신이 되어 하나님이 우리를 통하여 너희를 권면하시는 것같이 그리스도를 대신하여 간청하노니 너희는 하나님과 화목하라 ²¹ 하나님이 죄를 알지도 못하신 이를 우리를 대신하여 죄로 삼으신 것은 우리로 하여금 그 안에서 하나님의 의가 되게 하려 하심이라

¹⁶ From now on, therefore, we regard no one according to the flesh. Even though we once regarded Christ according to the flesh, we regard him thus no longer. ¹⁷ Therefore, if anyone is in Christ, he is a new creation.*¹* The old has passed away; behold, the new has come. ¹⁸ All this is from God, who through Christ reconciled us to himself and gave us the ministry of reconciliation; ¹⁹ that is, in Christ God was reconciling*²* the world to himself, not counting their trespasses against them, and entrusting to us the message of reconciliation. ²⁰ Therefore,

we are ambassadors for Christ, God making his appeal through us. We implore you on behalf of Christ, be reconciled to God. 21 For our sake he made him to be sin who knew no sin, so that in him we might become the righteousness of God.

1) 또는 끄는도다

1 Or *creature* 2 Or *God was in Christ, reconciling*

≋≋≋≋ 단락 개관 ≋≋≋≋

죄 많음을 통한 죄 없음

우리가 최후의 부활을 기다리는 동안(1-10절) 행하는 새 언약의 사역, 죽음에 둘러싸인 채 생명이 번성하는(4:1-18) 그 사역에 대해 성찰한 다음(3:1-18), 바울은 다른 사람을 그리스도 안에 있는 삶으로 초대하는 것이 어떤 모습인지를 더욱 탐구한다(5:11-21). 바울은 자기를 추천하기보다는(12절) 남들을 설득하고(11절), 화해의 메시지를 전달하고(18-19절), 그의 독자들에게 간청한다(20절). 바울이 전달하는 메시지는 이것이다. 복음 그 자체로서 그리스도와 연합된 사람들은 하나님과 화해하고 새로운 창조 속으로 들어간다는 것이다.

II. 바울이 자기 사역을 변호하다(1:3-7:16)

  E. 화해의 사역(5:11-6:13)

    1. 성실한 태도로 남을 설득하다(5:11-13)

      a. 하나님 앞에서의 성실함(5:11-13a)

      b. 고린도 교인들 앞에서의 성실함(5:12, 13b)

    2. 역사의 절정에 비추어 남을 설득하다(5:14-17)

      a. 그리스도의 죽음과 우리의 죽음(5:14-15)

        (1) 우리를 향한 그리스도의 사랑(5:14)

        (2) 그리스도를 향한 우리의 사랑(5:15)

      b. 현실에 대한 새로운 관점(5:16-17)

        (1) 옛 시대의 관점(5:16)

        (2) 새 시대의 관점(5:17)

    3. 하나님과 화해하도록 남을 설득하다(5:18-21)

      a. 화해의 근원(5:18)

      b. 화해의 메시지(5:19)

      c. 화해의 대리인(5:20)

      d. 화해의 수단(5:21)

≈≈≈≈ 주석 ≈≈≈≈

5:11 장차 그리스도의 심판대 앞에 나타날 것에 대한 성찰에 비추어, 바울은 '주의 두려우심을 아는 것'에 관해 말한다. 여기서 성경 저자들이 하나님이나 그리스도를 '두려워한다'고 말하는 것이 무슨 뜻인지 기억할 필

요가 있다. 이는 죄책감이나 수치심에 빠져 절망적으로 떨고 있다는 뜻이 아니라 '그리스도가 누구신지에 걸맞은 방식으로' 그분께 반응하는 것을 말한다. 만일 그리스도가 확실히 의롭고 완전히 거룩한 최고의 우주 통치자(골 1:15-16)라면, 우리가 그분에게 두려움을 느끼지 않는 것이 오히려 잘못이다. 그분이 우리의 마음 속 숨은 생각까지 알고 계시다는 진리 앞에서 우리는 경외심을 갖는다. J. I. 패커(J. I. Packer)는 이 본문에 나오는 "주의 두려우심"에 관해 이렇게 설명한다. "(주님을 경외함이 지혜의 근본이라고 말할 때처럼) 경건하고 흠모하는 두려움은, 언약적인 틀 안에 있는 구약적인 겸손한 충성심이라는 뉘앙스를 지니고 있다. 놀람과 공황은 전혀 염두에 두고 있지 않다."[50]

이 그리스도를 잘 의식하고 있기 때문에 '우리가 사람들을 설득한다'. 이것이 11-21절의 핵심 개념이다. 시간이 짧다. 그리스도가 언젠가 돌아오실 테고, 그때는 회개할 기회가 모두 지나갈 것이다. 지금이 구원의 시기다(참고. 6:2). 종말의 아침이 밝았다. 메시아가 무대에 나타나셨다. 성령이 내려오셨다. 이방인들이 하나님의 백성에게 흘러들어오고 있다. 종말이 여기에 있다. 최후의 완성이 아니라 결정적인 개시다. 절박한 심정이 필요하다.

바울이 복음으로 사람들을 설득할 때 그의 양심은 하나님과 고린도 교인들에게 알려진 대로 깨끗하다(11b절). 여기서 '알려지다'로 번역된 동사(파네로오)는 바울이 방금 10절에서 우리가 그리스도의 심판대 앞에 '나타날'(즉, 알려질) 것이라고 말할 때 사용한 동사다. 모든 신자의 내적인 삶과 동기가 마지막 날에 드러날 것은 물론이고, 하나님과 고린도 교인들 모두 '현재' 바울의 속 깊은 동기를 알고 있다. 그는 이중적인 마음을 품고 있지 않다. 바울은 "고린도 교인들이여, 너희가 정직하다면 나에 관한 이 사실을 알고 있지 않은가!" 라며 부드럽게 호소하고 있다.

---

50 J. I. Packer, *Weakness Is the Way: Life with Christ Our Strength* (Wheaton, IL: Crossway, 2013), 37. 《약함이 길이다》(디모데).

고린도후서 5:11-21 _ 161

5:12 바울은 비록 그의 사역(과 그 자신)이 평범해도 다시 한 번 그의 사도 사역을 변호한다. 그러므로 다시금 바울이 스스로를 치켜세우고 있다는 반론을 차단해야 한다. 이 구절의 첫 부분은 3:1의 첫 부분("우리가 다시 자천하기를 시작하겠느냐")과 정확히 일치한다. 3:1에 나오는 것은 '아니오'가 함축된 수사적 질문인 데 비해, 12절은 그 자신과 동료들이 스스로를 추천하고 있다는 것을 분명히 부인하는 내용이다.

하지만 바울은 지난 몇 장에 걸쳐 그의 사역에 대해 높이 평가했던 것이 사실이다. 그는 새 창조의 빛을 전하는 일꾼이고(4:4, 6) 그의 몸에 예수의 죽음과 생명을 지니고 다닌다고(4:10-12) 주장한다. 바울이 스스로를 치켜세우려 하지 않는다면 왜 이런 일을 하는가? 고린도 교회에 침투한 바울의 대적들, '하나님의 말씀을 팔아서 먹고 사는 장사꾼들'(2:17)을 받아넘기는 데 필요한 논쟁의 방침을 고린도 교인들에게 제공하기 위해서다. 이 인상적인 잠입자들은 '마음속에 있는 것' 대신 '외모(문자적으로는 '얼굴')에 대해 자랑하는' 자들이다. 바울은 조용히 그 잠입자들을 옛 시대의 한물간 옛 언약의 영광과 나란히 세우는데, 후자에서는 하나님의 영광이 모세의 "얼굴"에 나타난 반면(3:13) 새 시대의 영광은 "우리 마음에"(4:6) 빛나기 때문이다. 복음은 마음의 은밀한 부분을 가리고 겉으로 좋은 인상을 주려는 우리의 자연적인 성향을 뒤집어놓는다.

5:13 이 아리송한 구절에서 바울은 자신의 성실함을 계속 변호한다. 인간의 마음이 책략을 꾸미도록 내버려두면, 그 마음은 자신에 대한 최고의 견해를 꾸며내려고 애쓰는 것밖에 알지 못한다. 모든 것이 이런 방향으로 흘러간다. 우리의 모든 말과 행동은 우리의 의식 저변에 있는 자기 이익에 의해 꾸며지고 추진된다. 이것이 바로 육신이다.

그리고 바울은 이것을 부인하고 있다. 그의 진정한 관심은 하나님의 영광과 고린도 교인의 유익에 있었다. 아마도 바울이 전파했던 주님처럼(막 3:21) 그 자신도 미쳤다는 비난을 받았을 것이다. 모든 신실한 목회자는 교인들 사이에 그런 소문이 퍼지는 것이 무엇인지 안다. 바울은 하나님과의 개인적 관계와 관련하여 미쳤을지 모르지만(참고. 고후 12:1-6), 설령 그렇더라도 하나님은 그의 진정한 마음과 동기를 알고 계신다(5:11). 마찬가지로 바울이 어느 정도 온전한 정신을 갖고 있다고 여겨진다 해도 그 역시 고린도 교인들을 위한 것이다. 따라서 그는 그들에게 자신을 받아달라고 호소한다. 그들이 만일 바울에게서 온전한 정신을 인지한다면, 그의 사역을 밀어내지 말고 받아주어야 한다.

5:14 아니다, 바울은 오만한 이기심에 의해 움직이지 않는다. 그보다 훨씬 고상한 동기가 그를 앞으로 나아가게 만든다. 바로 "그리스도의 사랑"(즉, 우리를 향한 그리스도의 사랑)이다. 여기서 '강권하다'로 번역된 동사는 '둘러싸다'라는 뜻으로, 예컨대 누가복음 22:63에서 군인들이 '예수를 지킨다'고 묘사할 때 사용된 단어다. 자기 백성을 향한 그리스도의 사랑은 여러 경쟁적인 동기들 중 하나가 아니라 으뜸가는 동기, 즉 그리스도인의 삶과 사역을 추진하는 초월적이고 지배적이며 모든 것을 결정하는 엔진에 해당한다. 칼빈은 이렇게 표현한다. "그리스도가 죽음을 통해 우리에게 보여주신 그 놀라운 사랑을 곰곰이 생각하는 사람은 누구나 가장 단단한 사슬로 그분에게 묶여서 그분을 섬기는 데 헌신하지 않을 수 없다."[51] 여기서 성경이 살아 계신 그리스도의 온전한 모습을 묘사할 때 서로 모순되지 않는 복합적인 특성을 잘 드러내는 것을 볼 수 있다. 그리스도의 큰 심판은 두려움을 불러일으키지만(고후 5:10-11) 그분의 큰 사랑은 마음을 다 빼앗는 강권을 행사한다.

그리스도의 사랑이 우리를 강권한다는 말은 무슨 뜻인가? 이 사랑을 파고들기 위해 바울의 논증이 어디로 향하는지 생각해보라. 그리스도의 사랑이 우리를 앞으로 보내어 '이것을 판단하게'(참고. 2:1, "스스로 결심하였노니") 했다. 즉, 그리스도의 사랑이 우리를 성급하고 무분별한 감정의 고조로 몰

---

51 Calvin, *Second Epistle of Paul*, 74.

아가지 않고 무언가를 깊이 생각하게 했는데,[52] 그것은 "한 사람이 모든 사람을 대신하여 죽었은즉 모든 사람이 죽은 것"이라는 사실이다. 여기서 우리는 사도들의 근본적인 해석학적 공리, 즉 '집합적 연대성'[53]의 공리를 접하게 된다. 비서구 그리스도인들은 서구의 그리스도인과 달리 이것을 직관적으로 이해할 것이다. '한 사람이 다수를 대표하고 다수가 한 사람에 의해 대표된다'라는 것은 구약과 신약 모두의 기본적인 해석 렌즈다. 마치 아담이 그의 죄를 통해 인류를 대표했듯이, 그리스도는 의로움을 통해 그분의 백성을 대표하신다(롬 5:12-21; 고전 15:22). 그러나 이것은 단지 우리가 행할 수 없는 일을 그리스도가 행하시는 대리적이고 '독점적인' 대표성만이 아니다. 이것은 또한 우리가 그분과 함께 죽음을 경험하는(비록 속죄의 죽음은 아니지만) '포괄적인' 대표성이기도 하다.[54] 우리와 그리스도의 연합으로 인해 그리스도가 죽었을 때는 그분의 것인 우리도 그분 안에서 죽었다(참고. 롬 6:1-4, 10-11; 갈 2:20; 골 2:20). 말하자면 우리는 자아에 대해, 육신에 대해, 불성실함에 대해, 고린도의 거짓 교사들과 관련된 모든 것에 대해 죽은 것이다.

5:15 바울은 그리스도가 "모든 사람을 대신하여 죽[었다]"는 진술을 반복하되 이번에는 목적을 추가한다. "살아 있는 자들로 하여금 다시는 그들 자신을 위하여 살지 않고 오직 그들을 대신하여 죽었다가 다시 살아나신 이를 위하여 살게 하려 함이라." 바울은 '그리스도가 모든 사람을 대신

---

52 청교도식으로 말하자면, 건강한 그리스도인의 삶은 태양처럼 빛(진리)과 열(애정)을 모두 포함한다.

53 Walter C. Kaiser, *The Christian and the "Old" Testament* (Pasadena, CA: William Carey Library, 1998), 174-175; G. K. Beale, *Handbook on the New Testament Use of the Old Testament: Exegesis and Interpretation* (Grand Rapids, MI: Baker Academic, 2012), 95-102. 《신약의 구약 사용 핸드북》(부흥과개혁사).

54 여기서 필자가 사용하는 "포괄적인"과 "독점적인"이라는 표현은 다음 책에서 끌어온 것이다. Peter Bolt, *The Cross from a Distance: Atonement in Mark's Gospel*, NSBT 18 (Downers Grove, IL: IVP Academic, 2004), 70.

하여 죽은 것은 살아 있는 자들로 정죄를 당하지 않게 하려 함이라'고 말하지 않는다. 이것도 참된 진술이고, 바울은 다른 곳에서 그런 진술을 한다(예. 롬 3:24-25; 5:6, 8; 고전 15:3; 살전 5:10). 이것은 독점적인 대표성이며, 그리스도가 하나님의 진노 아래 대신 죽은 것은 그분의 백성으로 죽지 않게 하시기 위해서였다. 그러나 이 독점적 사역은 우리를 영원한 정죄에서 구해주는 한편, 고린도후서(예. 4:10-11)에서 보기 시작했듯이, 우리와 그리스도의 연합은 우리를 그분과 실존적인 또 경험적인 연대를 맺게 해준다. "다시는"(더 이상)은 '개인적으로/경험적으로'와 '시대적으로/종말론적으로'를 모두 가리키는 이중적인 뜻을 갖고 있다. 우리는 인생길을 걸을 때 '더 이상' 우리 자신을 위해 살지 않는다. 우리는 자기 사랑이 '우리를 강권하는'(참고. 5:14) 그런 삶을 영원히 떠나버렸다. 우리는 이제 역사의 새로운 시기에 속한다는 의미에서 '더 이상' 자신을 위해 살지 않는다. 우리의 정체성이 옛 시대에서 공중으로 올리어서 새 시대로 옮겨졌다.

바울이 고린도전서에서 말했듯이 "너희는 너희 자신의 것이 아니[고]" 모든 신자는 "값으로 산 것이 되었[다]"(고전 6:19-20). 우리는 자유를 주는 사랑의 값에 팔린 노예가 된 것이다. 그리고 우리는 서로에게 속해 있다.

5:16 그리스도의 죽음과 부활을 통해 세계 역사에 분출된 종말론적 흐름을 계속 이어가는 가운데, 바울은 "이제부터는" 우리가 사람들을 다르게 본다고 한다. 15절에 나온 "다시는"과 같이, 16절의 끝에서도 "이제부터는"이라는 말이 이중적 의미를 지닌 것 같다. 개인적으로/경험적으로 그럴 뿐 아니라 시대적으로/종말론적으로도 그렇다는 말이다. 새 시대가 우리에게 도래해서 우리를 그 시민으로 받아들였기 때문에, 이제부터는 개인적인 삶뿐만 아니라 세계적 차원에서도 그렇다는 것이다.

그 결과 우리는 다른 사람과 예수 그리스도를 완전히 다른 방식으로 이해하고 더 이상 "육신을 따라" 이해하지 않는다. 여기서 앞의 문맥에 나온 주제, 즉 바울의 동기(11절)와 잠입자들의 동기(12절)를 막론하고 사람들의 동기를 이해하는 것과 일관성이 있음을 알아챌 필요가 있다. 예전에는 우리가 "외모"(12절)에 따라 판단한 나머지 세상적인 기준에 따라 겉으로 인상적인 것은 잘 받아들이는 반면 약하고 깨지기 쉬운 것은 흘겨보곤 했다 (참고. 고전 1:26). 하지만 이제는 새로운 시대에 휩쓸려 들어간 결과 더 이상 "보이는 것[들]"을 주목하지 않는다(고후 4:18). 오히려 하나님께서 새 창조의 능력으로 우리 마음의 눈을 열고(4:6) 수건을 벗겨주셔서 "그리스도의 영광의 복음의 광채"(4:4)를 보게 하셨다. 우리는 십자가에 못 박힌 그리스도 안에서 세상의 지극히 눈부신 구원자를 보게 된다.

5:17 우리의 눈이 이렇게 열린 것은 그리스도의 죽음과 부활이 개시한 새 창조 속으로 선도된 결과다. 이 논점은 여태껏 표면 아래 있다가 이제야 바울의 사고 표면으로 솟아올랐다.

헬라어로 보면 이 구절의 전반부에는 동사가 없다. '그런즉 누구든지 그리스도 안에—새로운 창조!' 이 간결하면서도 신학적으로 풍부한 진술을 보면 먼저 그리스도와의 연합에 대한 언급이 눈에 띄는데, 이는 바울이 말하는 구원을 가장 폭넓게 묘사하는 방식이다. 복음이 주는 모든 유익은 그리스도 안에 있는 신자에게 주어진다. 바로 칭의, 성화, 화해, 입양, 영화 등이다. 그리스도와의 연합은 바울의 대규모 구원론적 범주다. 이것은 '어떻게'의 질문(우리가 어떻게 의롭게 되는가, 성화되는가 등)에 답할 뿐 아니라 '언제'의 질문에도 답한다. 인간 역사에서 우리는 어디에 있는가? 그리스도가 부활하셨을 때 도래한 (약속된) 새 창조는 우리를 품었고 또 우리의 위치를 정해준다. 바울은 일차적으로 신자들을 "새로운 피조물"이라 부르는 것이 아니다. 오히려 하나님께서 창세기 3장 이후 점진적으로 일해 오셨던 에덴의 회복이 마침내 도래했다고 주장한다. '새로운 창조'라는 문구는 다른 한 곳(갈 6:15)에만 나오지만 그 개념은 도처에 널려 있다.[55]

그러므로 무엇보다도 "옛 것[아르카이오스(*archaios*)]은 지나갔습니다. 보십

---

[55] Beale, *New Testament Biblical Theology*, esp. 298-304.

시오, 새 것이 되었습니다"(새번역). 이것이 바로 옛 시대의 선지자들이 오랫동안 고대했던 것이다(예. 사 43:18-19; 65:17). 그들이 예상하지 않았던 바는 옛 시대가 새 시대와 나란히 진행될 것이라는 점이다. 이 때문에 우리가 "육신을 따라" 판단하면 안 되는 것이다(고후 5:16, 참고. 10:2). 그렇게 하는 것은 옛 시대를 따라서 현실을 인식하는 것이기 때문이다. 그러나 신자들은 새 시대로 옮겨졌다. 이것이 그들의 기본적 신분이다. 이것이 현재 그들의 정체성이다. 그리고 언젠가 그리스도가 되돌아오실 것이며, 이번에는 변장한 모습이 아니라 공개적으로 영광스런 모습으로 오실 것이다. 그때가 되면 옛 것이 마침내 사라지고 새 것만 남을 것이다.

5:18 이제까지의 후렴은 하나님께서 일방적 주도권을 쥐어서 새 창조를 불러오고 죄인들을 그 속으로 받아들이셨다는 것이다(예. 1:10; 3:5; 4:6, 7; 5:5). 그래서 다시 '모든 것이 하나님에게서 났다'고 한다. '모든 것'은 우리를 그리스도 안에 있게 하고 새 창조 안에 두신 것을 말한다. 이제 바울은 고린도 교인들과 우리에게 우리가 어떻게 그리스도 안으로, 그래서 새 창조 안으로 들어가게 되었는지 상기시켜준다. 하나님께서 우리를 그분 자신과 화해시키셨다. 하나님과 우리가 중앙에서 만났다고 말하지 않는다. 우리가 스스로를 하나님과 화해시켰다고는 더더욱 말하지 않는다. 하나님께서 우리를 그분과 화해시키셨다. 그분이 상처를 입은 쪽이었는데도 주도권을 쥐고 우리를 그분과 교제하도록 회복시키신 것이다.

"화목"(화해)은 그리스도인의 구원을 이해하는 데 중요한 개념이다.[56] 칭의의 영역은 법정이고, 성화는 성전이고, 구속은 노예 시장이고, 입양은 가족인 데 비해, 화해의 영역은 '친구 관계'다. 화해를 통해 신자들이 하나님

---

56 Ralph P. Martin은 그의 책 *Reconciliation: A Study of Paul's Theology* (Eugene, OR: Wipf & Stock, 1997)에서 화해가 바울의 구원신학을 포착하는 데 가장 좋은 우산 같은 개념이라고 주장한다. 그러나 더 나은 후보는 그리스도와의 연합이다. 이에 대한 이유는 이 주석에 진술되어 있고, 이 견해가 바울 학계에서 더 널리 받아들여지고 있다(이에 대한 짧은 변호는 Gaffin, *By Faith, Not by Sight*을 보라).

과 원수 관계에서 친구 관계로 바뀐다. 하나님께서 어떻게 이런 일을 하셨는가? '그리스도를 통해 하셨다.' 그분에 대한 우리의 반역을 가볍게 여기신 것이 아니다. 하나님은 아들을 보내어 그 백성의 죄에 대한 형벌을 치르게 하셨고, 우리와 하나님 사이의 모든 장애물을 없애고 그분과의 교제를 회복시키셨다.

하나님은 우리를 그분과 화해시켰을 뿐만 아니라 또한 '우리에게 화해의 사역을 주셨다'. 이것은 사도 바울에게 직접 해당된다. 그리고 파생적으로는 오늘날의 목회자들과 교회 지도자들에게 해당되며(엡 4:11-12), 어느 차원에서는 하나님의 모든 백성에게도 해당된다(벧전 3:15). 하나님은 우리를 그분과 화해시키신 것만이 아니다. 우리를 내보내시되 우리를 통해 이 화해의 메시지가 세상 속으로 쏟아져 들어가도록 보내셨다. 여기에서 '사역'(개정개역은 "직분")으로 번역된 단어(디아코니아)는 '영의 사역'(고후 3:8)과 '의의 사역'(3:9)에 사용된 단어와 동일하므로 고린도후서 3:8-9에서 분명해진 것처럼 새 시대, 즉 도래하는 종말의 사역을 가리킨다.

5:19 우리가 더 깊이 알기 위해 18절을 클릭하면 19절이 화면에 나타날 것이다. 19절은 18절을 명료하게 하고 상세히 설명한다.

18절은 하나님께서 우리를 그분과 화해하게 하셨다고 말하는 데 비해, 19절은 하나님께서 그리스도 안에 계셔서 "세상"을 그분과 화해하게 하셨다고 한다. 이것이 모든 인간을 빠짐없이 포함할 수는 없다. 만일 그렇다면, 바울이 화해의 사역을, 즉 그 사역을 통해 복음이 세상에 전달되는 것을 말할 필요가 없을 터이다. 이런 말은 난센스에 불과하리라. 오히려 바울은 하나님의 자비가 얼마나 넓은지와 그 세계적인 차원을 강조하기 위해 범위를 넓히고 있다. 바울의 경우, 이는 구체적으로 이방인이 믿는 유대인과 나란히 구원의 동등한 상속자로서 하나님의 백성 안에 받아들여진다는 개념을 포함할 것이다(롬 15:8-12; 엡 3:6).

"세상을 자기와 화목하게 하시[는]" 것의 뒷면은 '그들의 죄를 그들에게 돌리지 않는' 것이다. '돌리다'(로기조마이, 간주하다)는 신약신학에서 중요한 단어로, 로마서 4장과 갈라디아서 3장에서 줄곧 사용된다. 이는 우리의 죄를 우리에게 불리한 것으로 '간주하지' 않고 그 대신 우리가 그리스도에 대한 믿음을 통해 의롭게 '간주되는 것'(롬 4:3-12, 22-24; 갈 3:6)을 말한다. 이것은 프로테스탄트의 '전가' 교리(참고. 고후 5:21 주석) 배후에 있는 핵심 단어다. 바울은 그 자신과 다른 이들이 이 메시지의 일꾼이 되는 사역을 받았다고 말하며, 18절에서 화해의 '사역'을 말한 후 화해의 '메시지'[로고스 (logos), "말씀"]라는 말을 사용한다. 화해는 환상이나 어떤 인상이나 느낌이나 포옹이나 직관이 아닌 말씀을 통해서 온다.

5:20 "사신"이 된다는 것은 더 높은 권세를 대신하는 대표로 활동하고, 통치자의 권위로 그의 메시지를 전달하며, 그에 걸맞은 반응을 정당하게 기대하는 것이다. 이는 바울 당시에 지방 총독이 황제를 대신하여 했던 일이고, 오늘날 각 나라의 대사들이 행하는 일이다. 그리고 복음을 전하는 자들이 그리스도를 대신하여 행하는 일이다. 하나님은 세상을 향해 화해의 말씀을 발하시는데 하늘의 확성기가 아니라 다른 채널을 통해 그렇게 하신다. 다른 채널이란 바로 "우리"다. '권면하다'로 번역된 헬라어 동사는 '파라칼레오'로서 하나님께서 환난 중에 우리를 '위로하신다'고 말할 때[1:4(3번), 6]와 바울이 디도가 와서 '위로를 받았다'고 말할 때[7:6(2번), 7] 사용되는 동사다. 이 단어를 '하나님께서 우리를 통해 위로하신다'로 번역하는 것은 어색하지만 하나님께서 행하시는 '권면'의 뉘앙스를 놓치면 안 된다. 그분은 우리에게 부드러운 포옹과 끝없는 사랑 안으로 들어오라고 촉구하신다. 격분한 채 뒷짐을 지고 있는 것이 아니라 양손을 활짝 벌린 채 탄원하신다.

바울이 하나님을 대신하여 고린도 교인들에게 하나님과 화해하라고 "간청"하고 있다. 고린도에 사는 불신자들과 저항하는 이들은 처음으로 그리스도와 새 시대 안에 들어가라는 간청을 받는 한편, 신자들은 하나님과 화해한 것을 상기하고 새 시대의 시민답게 행동하라는 가르침을 받는다.

5:21 이 모든 것은 근본적인 화해의 수단으로 이어지는데, 이는 성경 전체에서 가장 유명한 구절 중 하나다. 또한 본인이 이미 그리스도 안에 들어왔음에도 불구하고 스스로 죄인임을 알고 있는 모든 사람이 소중히 여기는 구절이다.

이 구절에 다음과 같이 해설을 곁들이면 그 뜻을 잘 포착할 수 있다. "하나님[아버지]이 죄를 알지도 못하신[그리스도는 유일하게 흠 없는 삶을 살았고, 옛 시대의 흔적이 하나도 없었다] 이[아들, 그리스도]를 우리를 대신하여[순전한 은혜로, 우리의 필요에 비추어, 그분의 선하심에 이끌려서] 죄로 삼으신[죄 많은 것이 아니라 죄인으로 간주되고, 인류 역사 전체에 걸쳐 그분 백성의 모든 축적된 죄의 초점으로 간주되는] 것은 우리로 하여금 그 안에서[그리스도에게 연합된, 영적으로 확고하게 그분에게 접속된] 하나님의 의[새 시대에 속해 그리스도와 연합되면 우리가 그리스도의 의로움이라는 완전한 옷을 입게 된다. 즉, 우리가 믿음의 손을 내밀기만 하면 흠 없는 그분의 기록이 온전히 우리의 것으로 간주되고, 우리는 하나님께서 보시기에 무죄로 인정되고 의로운 자로 여겨진다]가 되게 하려 하심이라."

여기서 우리는 기독교 복음의 영광과 경이로움을 접하게 된다. 여기서 우리는 기독교와 다른 모든 세계 종교 간의 핵심적인 차이점을 꿰뚫어보게 된다. 우리가 하나님 앞에서 용납되고 아름다운 존재가 되는 것은 우리가 가져가는 게 아니라 그리스도가 가져가시는 것, 우리가 행하는 것이 아니라 그리스도가 행하신 것 때문이다. 이 놀라운 교환을 통해 하나님은 법적으로 그리스도의 의로운 기록을 우리에게 전가시키시고, 우리의 비참한 기록을 그리스도에게 전가시키신다(참고. 고전 1:30). 억만장자인 그분이 도무지 갚을 수 없는 우리의 빚을 인수하시고, 거지인 우리는 한없는 그분의 재산을 받는다. 역사적으로 마르틴 루터보다 더 '위대한 교환'을 깊이 탐구한 사람은 드물다.

> 누가 이 왕족 혼인이 무슨 뜻인지를 이해하기 시작조차 할 수 있을까? 누가 이 영광스러운 은혜의 풍성함을 이해할 수 있을까? 부유하고 신성한 신랑이 이 가난하고 사악한 매춘부와 결혼해서 그녀를

모든 악에서 구속하고, 그의 모든 선으로 치장한다. 이제는 그녀의 죄가 그녀를 파멸시키는 것이 불가능한데, 그 죄들이 그리스도에게 얹히고 그에 의해 삼켜졌기 때문이다. 그녀는 남편인 그리스도 안에서 의로움을 갖게 되고 이제는 그것을 자신의 것으로 자랑할 수 있다. 그녀는 이 의로움을 자신의 모든 죄 맞은편에 둘 수 있고, 죽음과 지옥을 직면하여 담대하게 이렇게 말할 수 있다. "내가 비록 죄를 지었을지언정 내가 믿는 그분, 나의 그리스도는 죄를 짓지 않았다. 우리의 혼인을 통해 그분의 모든 것이 내 것이고 나의 모든 것이 그분의 것이 되었다."[57]

≈≈≈≈ **응답** ≈≈≈≈

우리가 이 단락을 읽을 때 죄인들을 향한 하나님의 은혜, 그들이 마땅히 받아야 할 모든 형벌에도 불구하고 하나님께서 베푸시는 놀라운 은혜에 압도되고 만다. 하나님은 우리를 그분과 화해하게 하려고 스스로 그 형벌을 받으셨다. 중립적인 제3자를 끌어들여서 우리의 빚을 갚게 하지 않고 그분의 사랑하는 아들을 보내서 그렇게 하셨다. 그분은 아들의 십자가 죽음을 통해 자신의 의로운 진노를 다 쏟아 부으셨다. 이제 죄인들에게 남은 것은 하나님의 무한한 자비를 받아들이고 그리스도 안에서 시작된 종말의 새로운 삶 속으로 들어가는 것뿐이다.

우리가 이 화해의 메시지를 주변 사람들에게 전달하는 것은 행복한 특권이다. 도대체 누가 이 은혜를 거절할 수 있을까? 물론 우리 같은 죄인들은 눈이 멀고 수건에 가려져서 하나님께서 친히 이런 칠흑 같은 마음속에 빛을 비추시는 과정이 필요하다(고후 4:3-6). 하나님께서 빛을 비추시는 작

---

57 Martin Luther, *The Freedom of a Christian*, trans. Mark D. Tranvik (Minneapolis: Fortress, 2008), 63-64.

업은 바로 이 화해의 메시지를 통해 이루어진다. 그러므로 우리 모두 "항상 담대하[게]"(5:6) 다른 이들에게 "하나님과 화목하라"고 "간청"(5:20)해야 한다. 그렇게 함으로써 우리는 동료 죄인들을 우주의 큰 비밀 속으로 인도하게 된다. 그것은 우리가 마땅히 받아야 할 형벌에 제한되지 않을 만큼 크나큰 사랑이다.

2Corinthians
고린도후서
6:1-13

1 우리가 하나님과 함께 일하는 자로서 너희를 권하노니 하나님의 은혜를 헛되이 받지 말라 2 이르시되

내가 은혜 1)베풀 때에 너에게 듣고 구원의 날에 너를 도왔다

하셨으니 보라 지금은 은혜 받을 만한 때요 보라 지금은 구원의 날이로다 3 우리가 이 직분이 비방을 받지 않게 하려고 무엇에든지 아무에게도 거리끼지 않게 하고 4 오직 모든 일에 하나님의 일꾼으로 자천하여 많이 견디는 것과 환난과 궁핍과 고난과 5 매 맞음과 갇힘과 난동과 수고로움과 자지 못함과 먹지 못함 가운데서도 6 깨끗함과 지식과 오래 참음과 자비함과 성령의 감화와 거짓이 없는 사랑과 7 2)진리의 말씀과 하나님의 능력으로 의의 무기를 좌우에 가지고 8 영광과 욕됨으로 그러했으며 악한 이름과 아름다운 이름으로 그러했느니라 우리는 속이는 자 같으나 참되고 9 무명한 자 같으나 유명한 자요 죽은 자 같으나 보라 우리가 살아 있고 징계를 받는 자 같으나 죽임을 당하지 아니하고 10 근심하는 자 같으나 항상 기뻐하고 가난한 자 같으나 많은 사람을 부요하게 하고 아무것도 없는 자 같으나 모든 것을 가진 자로다

1 Working together with him, then, we appeal to you not to receive the grace of God in vain. 2 For he says,

"In a favorable time I listened to you,

and in a day of salvation I have helped you."

Behold, now is the favorable time; behold, now is the day of salvation. 3 We put no obstacle in anyone's way, so that no fault may be found with our ministry, 4 but as servants of God we commend ourselves in every way: by great endurance, in afflictions, hardships, calamities, 5 beatings, imprisonments, riots, labors, sleepless nights, hunger; 6 by purity, knowledge, patience, kindness, the Holy Spirit, genuine love; 7 by truthful speech, and the power of God; with the weapons of righteousness for the right hand and for the left; 8 through honor and dishonor, through slander and praise. We are treated as impostors, and yet are true; 9 as unknown, and yet well known; as dying, and behold, we live; as punished, and yet not killed; 10 as sorrowful, yet always rejoicing; as poor, yet making many rich; as having nothing, yet possessing everything.

11 고린도인들이여 너희를 향하여 우리의 입이 열리고 우리의 마음이 넓어졌으니 12 너희가 우리 안에서 좁아진 것이 아니라 오직 너희 심정에서 좁아진 것이니라 13 내가 자녀에게 말하듯 하노니 보답하는 것으로 너희도 마음을 넓히라

11 We have spoken freely to you,[1] Corinthians; our heart is wide open. 12 You are not restricted by us, but you are restricted in your own affections. 13 In return (I speak as to children) widen your hearts also.

1) 또는 받을 만한 때 2) 헬, 참

1 Greek Our mouth is open to you

〰〰〰 **단락 개관** 〰〰〰

고난을 통한 복

바울이 5:17에서 말한 새 창조는 우리 앞쪽 저기에 있지 않고 현재를 뚫고 들어왔다. 그리고 이는 바울이 이사야 49장을 인용하며 주장하는 논점이다(고후 6:1-2). 이어서 바울은 새 시대의 사역이 지닌 역설적 성격, 즉 극한과 영광이 공존할 뿐만 아니라 서로 뗄 수 없는 관계에 있음을 묘사한다(3-10절). 따라서 바울은 고린도 교인들에게 자기가 진정한 아버지임을 인정하고 그들을 향한 자신의 애정에 보답하라고 호소한다(11-13절).

〰〰〰 **단락 개요** 〰〰〰

II. 바울이 자기 사역을 변호하다(1:3-7:16)

  E. 화해의 사역(5:11-6:13)

    4. 바울 사역의 역사에서의 현재(6:1-2)

      a. 새 시대에 따른 반응(6:1)

      b. 구약의 고대(6:2a)

      c. 신약의 계시(6:2b)

    5. 바울 사역의 결정적 특징(6:3-10)

      a. 나쁜 것(6:3-5)

      b. 좋은 것(6:6-7)

      c. 역설적인 것(6:8-10)

    6. 바울 사역에 대한 바람직한 반응(6:11-13)

      a. 바울의 마음(6:11)

      b. 고린도 교인의 마음(6:12-13)

주석

6:1 바울은 방금 하나님께서 그를 통해 "권면하시는 것"에 대해 말했다 (5:20). 여기서도 다시 고린도 교인들을 향한 하나님의 권면을 말하기 위해 '파라칼레오'라는 동사를 사용해서 하나님께서 죄인들을 불러 그분과 협동하게 하신다는 생각을 이어간다. 고린도전서 3:9에서 바울은 고린도후서 6:1의 맨 앞에 나오는 동사의 명사형을 사용해서 "우리는 하나님의 동역자들[쉬네르고이(*synergoi*)]이요"라고 말했다. 한편으로 그리스도인의 구원은 전적으로 하나님의 주권적 주도권이 이룬 사역이다("모든 것이 하나님께로서 났으며", 5:18). 하지만 그렇다고 하나님께서 도구를 사용하지 않으신다는 뜻은 아니다. 그분은 구원의 목적을 이루는 데 우리를 포함시켜 주신다. 하나님께서 "우리를 통하여" 행하시는 일(5:20)에 대해 우리의 공로를 주장할 수는 없다. 그러나 하나님께서 그리스도 안에 있는 화해의 메시지를 세상에 전하는 데 우리에게 그분과 "함께 일하는" 일꾼의 영광과 존귀함을 주신다고 생각하면 놀랍기 그지없다.

이 본문의 구체적인 권면은 고린도 교인들에게 "하나님의 은혜[카리스]를 헛되이 받지" 말라는 것이다. 바울은 "헛되이"[케노스(*kenos*)]라는 어휘를 13번 사용하는데, 이와 가장 뚜렷이 병행하는 구절은 고린도전서 15:10이다. 거기서 다시금 은혜를 '헛됨'의 개념과 연결시킨다. "그러나 내가 나 된 것은 하나님의 은혜[카리스]로 된 것이니 내게 주신 그의 은혜[카리스]가 헛되지[케노스] 아니하여 내가 모든 사도보다 더 많이 수고하였으나 내가 한 것이 아니요 오직 나와 함께하신 하나님의 은혜[카리스]로라." 이 본문이 1절의 뜻을 조명할 수도 있는데, 하나님의 은혜를 헛되게 받는 것에 대한 대안을 묘사하기 때문이다. 하나님의 은혜를 헛되게 받는다는 것은 신자가 되지 못하는 게 아니라 신자가 되지만 그 선물과 은혜의 일꾼이 되지 못하는 것이다. 바울은 고린도 교인들이 그들의 삶을 통해 복음의 매력을 풍기기를 원한다.

6:2 하나님의 은혜가 고린도 교인의 삶에서 열매를 맺을 수 있는 근거와 동기는 '고린도 교인들이 구속의 역사에서 처한 위치'에 있다. 바울은 이사야 49:8을 인용하면서 그분의 백성을 구원하고 도와주고 싶은 하나님의 간절한 마음을 확인시킨다. 그분은 듣고, 구원하고, 도와주는 하나님이다. 그런데 바울은 이보다 더 깊은 일을 행하고 있다. 5-7장 내내 이사야 40-55장에 나오는 이스라엘에 대한 회복의 약속을 거듭 인용한다. 2절에 첫 번째 명시적 인용이 나오지만 이는 빙산의 일각일 뿐이다. 이사야 40-55장에서 하나님은 줄곧 그분의 백성을 회복시킬 것이라고 약속하는데, 주로 새 창조의 범주를 사용해서 그렇게 하신다(우리는 고후 5:17에서 이 점을 보기 시작했다).[58]

바울이 이사야 49:8, 즉 종말에 이스라엘을 회복시키고 열방을 모으겠다는 구약의 맥락을 대표하는 이 구절에 대해 무슨 말을 하는지 주목하라. 이 종말의 회복이 '현존한다'고 말한다. 바울은 이사야 49장을 인용한 후 이렇게 해석한다. "보라 지금은 은혜 받을 만한 때요 보라 지금은 구원의 날이로다." 이는 복음 전도의 열정을 토로하는 추상적 진술이 아니다. 바울은 고린도 교인들을 구속 역사의 한 장소에 위치시키면서 선지자들의 종말론적 약속들이 그들에게 뚫고 들어왔다고 주장하고 있다.

하지만 현 시대에 그것은 역설적인 옷을 입고 들어온다. "육신을 따라"(고후 5:16; 10:2) 사물을 인지하면 도무지 볼 수 없는 것이다. 새 시대에는 사역이 어떤 모습을 띠는지를 바울이 이제 설명할 것이다.

6:3-4a 바울은 계속해서 그의 사역(디아코니아)을 변호한다. 이는 '영의 사역'(3:8)이고 '의의 사역'(3:9)이며, 구약의 소망과 갈망이 역사의 한복판에 성취된 사역이다. 그리고 다시 한 번 바울의 활동은 자신이 아니라 고린

---

58 이 대목을 상세히 변호한 글을 소개한다. G. K. Beale, "The Old Testament Background of Reconciliation in 2 Corinthians 5-7 and Its Bearing on the Literary Problem of 2 Corinthians 6:14-7:1," *NTS* 35/4 (1989): 550-581.

도 교인을 위한 것이라고 주장한다. 그의 사역은 "너희를 위[한]" 것이다 (4:15). 죽음이 새 언약의 사역을 통해 바울과 그의 동료들 안에서 역사할지 몰라도, 생명은 그들 안에서 역사하고 있다(4:12). 바울이 온전한 정신을 갖고 있다면, 그것은 그들을 위한 것이다(5:13). 3절에서는 바울과 그 동료들이 어느 누구의 길에든 어떤 '걸림돌'[프로스코페(*proskopē*)]도 두지 않는다고 한다. 신약에서 여기에만 사용된 이 단어는 '기분을 상하게 할 계기'(BDAG)라는 뜻이다. 목적절("아무도 우리가 섬기는 이 일에 흠을 잡지 못하게 하려고", 새번역)이 바울의 관심사를 더욱 분명하게 해준다. 새 시대의 사역은 복음을 따라 이해해야 한다고 그는 말한다. 그 사역은 인상적으로 보이지 않을 수도 있다. 부활하기 이전의 그리스도도 그리 인상적이지 않았다. 그러나 고린도 교인은 세상적인 기준을 따라 바울의 정통성을 판단해서는 안 된다. 그와 반대로, 이 사역이 멋지게 보이지 않을지라도, 바울은 청중의 길에 어떤 걸림돌도 두지 않으려고 애쓰고 있다.

4절은 3절에 그 뒷면을 제공하기 시작한다. 소극적으로는, 바울이 청중의 길에 어떤 걸림돌도 두지 않으려고 한다. 적극적으로는, 바울의 행동 자체가 그가 하나님의 참된 종임을 증명한다. 바울은 그의 참된 사도 직분의 표지들을 줄줄이 말하기 시작해서 11절까지 중단하지 않는다.

이 구절은 의문을 제기하게 한다. 바울이 앞에서는 자기를 추천하는 것을 부인했는데도(3:1; 5:12) 여기서는 스스로를 추천한다고 말하기 때문이다! 건전한 자기 추천과 불건전한 자기 추천 간의 핵심적 차이는 여기에 열거되는 목록에 뚜렷이 나타난다. 바울은 단지 헛된 말로만 자신을 하나님의 종으로 추천하고 있지 않다. 그의 행위, 특히 그의 고난이 그 자체로 명백한 증거다. 그는 자기가 영위하고 있는 생활 이상을 말할 필요가 없다.

6:4b-5 바울이 열거하는 진정한 사역의 표지들을 세 부분으로 나눌 수 있다. 나쁜 것(4b-5절), 좋은 것(6-7절) 그리고 역설적인 것(8-10절)이다. 바울의 사역은 점증적으로 그 자체를 변호한다. 그는 진정으로 자신을 고린도 교인들에게 펼쳐놓는다. 더구나 이것은 구원자이신 하나님을 본받는

새 시대 사역의 모습이다. 하나님은 강함과 생명과 영광을 가져오기 위해 외견상의 약함과 죽음과 수치를 통해 일하시는 분이기 때문이다.

7절에 나오는 "하나님의 능력"으로 겪어낸 모든 표지는 각각 전치사 '엔'(en, in)으로 시작된다. 바울은 간헐적으로 겪는 역경을 열거하고 있는 것이 아니다. 이런 역경들은 바울이 '몸담고' 있는 것들이다. 처음 열 가지 표지는 바울과 그의 동료들이 일정하게 경험하는 심한 곤경을 묘사한다. 첫 표지인 "많이 견디는 것"은 정신을 고양시키는 것처럼 들리지만 이후의 아홉 가지에 비춰보면 엄청난 곤경을 참아야 하는 고통으로 이해해야 한다. 바울은 1:3-11에서 "환난"을 길게 말한 뒤에 여기서 이 단어(틀립시스)로 되돌아오는데, 이는 더 작은 어려움에서 더 큰 어려움으로 나아가는 과정인 듯하다. "환난"이 더 심한 "궁핍"으로 그리고 최악의 "고난"으로 진행된다.

5절에서는 바울이 일반적인 것에서 구체적인 것으로 움직이며 실제적인 어려움들을 밝히기 시작한다. 이들 중 대다수는 사도행전에 내러티브로 기술되어 있다. '매 맞음'(행 16:23, 37), '갇힘'(행 16:23), '난동'(폭동을 일으킨 군중의 처분에 달려 있는 상태, 행 17:5-7; 19:28-41), '수고로움'(행 18:3; 20:34-35), '자지 못함'(행 20:7, 31), '먹지 못함'(행 13:2-3; 14:23). 매 맞음, 갇힘 그리고 난동은 바울이 다른 사람들의 손에 외적으로 고통당했던 경험을 가리킨다. 수고로움, 자지 못함 그리고 먹지 못함은 바울이 순회 사역을 수행하던 중에 내적으로 고통당했던 경험을 가리키고, 이는 그 자신이 정복된 포로로서 복음의 '향기'를 풍기려고 하나님께서 인도하시는 '개선 행렬'에 참가할 때(고후 2:14) 일어나는 일이다.

6:6 바울은 이제 어려운 환경에서 경건한 미덕으로 눈을 돌린다. 이 둘 모두 그의 사역이 새 시대의 타당한 표출임을 증언하는데, 이 시대는 하나님께서 전복된 방식과 반직관적인 방식으로 일하시는 때다.

바울은 갈라디아서 5:22-23에서 열거하는 성령의 아홉 가지 열매와 비슷하되 그보다 더 압축된 여섯 가지 특징을 열거한다. 바울은 그의 사역이

"깨끗"하고, 흠이나 얼룩이나 더러움이 없어서 비난받을 여지가 없다고 증언한다(고후 11:3도 보라). "지식"은 영적 실재를 꿰뚫어보는 정확한 통찰이며 특히 성령으로 복음을 파악하는 것이다(참고. 2:14; 4:6; 11:6). "오래 참음"은 모든 일에서 하나님의 타이밍에 순종하고 사건의 흐름이 아니라 그분을 신뢰하는 것이다. "자비함"(친절)은 하나님께서 우리에게 베푸신 과분한 자비를 의식하는 마음에서 흘러나오는 것으로, 남을 섬길 때 느끼는 흔치 않은 기쁨이다. "성령"은 고린도 교인들에게 명백히 나타나신 분이고(고전 2:4), 바울이 두 번이나 종말의 시작(고후 1:22; 5:5)이자 그 결정적 표지(3:3, 6, 8)라고 말했던 분이다. "거짓이 없는[문자적으로는 '위선적이지 않은'] 사랑"은 자기를 희생해서 남을 섬기는 성실하고 진지한 자세를 말한다.

6:7 바울은 자기 사역의 긍정적인 표지들을 계속 이어가되 이제는 모든 신자의 일반적 특징에서 그의 사역의 특별한 표지들로 이동한다. 이 구절의 전반부를 문자적으로 번역하면 '진리의 말씀 안에', '하나님의 능력 안에'가 된다. 사도적 기독교를 살펴보면 말씀과 능력, 진리와 하나님의 나타나심, 들리는 것과 보이는 것이 따로 분리되는 곳은 찾을 수 없다. 바울은 지금 양쪽 모두에서 공격을 받는 중이다. 거짓 동기와 나쁜 가르침(1:12, 17; 11:4)뿐 아니라 약함과 불명예(10:10; 11:6)로 인해 비난을 받고 있다. 그러나 하나님께서 그 눈을 열어주시고 그 수건을 벗겨주신(4:3-4) 사람들은 새 시대의 놀랄 만한 길을 훤히 볼 수 있다.

바울이 "의의 무기"를 말할 때는 헬라어 전치사를 엔(in)에서 디아(*dia*, through)로 바꾸는데, 이는 영역에서 도구로 은근히 전환하는 것을 가리킨다. 그는 이런 고난들과 미덕들 안에 있었으나 이제는 그의 사역이 무엇으로 수행되는지를 언급한다. '오른손'에 있는 무기는 공격용이고 '왼손'에 있는 무기는 수비용일 것이므로, 바울은 자신과 동료들이 어둠의 세력과 싸울 준비가 잘 되어 있다고, 광범위하게 무장하고 있다고 말하는 듯하다(참고. 10:3-5; 엡 6:11-17). "의"는 의로운 삶 또는 경건한 삶을 의미한다. 14절에서 정반대인 "불법"(3:9에서처럼 "정죄"가 아니라)과 짝을 이루는 것을 감안하면 윤리적인 뜻을 갖고 있다. 바울은 친절과 사랑으로 완전무장하고 있다. 이것이 진정한 그리스도인의 싸움이다. 조나단 에드워즈는 이렇게 썼다. "예수 그리스도의 좋은 군사의 강점은, 악하고 부당한 세상의 모든 폭풍, 부상, 이상한 행실, 뜻밖의 행동과 사건의 와중에도 변함없이 그 마음의 거룩한 평온, 온유함, 향기로움, 자비를 유지하는 모습이다."[59]

6:8 다음 세 구절은 고린도후서를 관통하는 '새 시대의 전복적인 방식'이라는 모티브를 이어가면서, 각 구절이 상반되는 세 가지 쌍을 담고 있다.

첫 두 쌍은 "욕됨"(수치)과 "악한 이름"(비난)을 강조하는 듯 교차 구도 (A-B-B′-A′)를 이룬다. 여기서 "영광"은 어원적으로 '수치'[아티미아(atimia)]와 관련이 없다. 바울이 그와 관련된 단어[티메(timē)]를 사용할 수도 있었는데 하지 않은 것이다. 오히려 그는 3:7부터 4:6까지 줄곧 사용한 독사(doxa, glory)를 사용한다. 우리는 앞의 용례에 따라 현재의 용례를 읽으면 안 되지만, 바울의 독자들은 이 단어를 보고 때로는 인식하지만 너무 자주 무시하는 새 언약의 영광을 상기하지 않을 수 없었다. 이보다 더 흔한 것은 '수치'였다. 공개적으로 바울과 그의 메시지를 배척하고 부끄럽게 만드는 일이었다. 그 다음 쌍인 '비난과 칭찬'은 바울에 관한 다른 사람의 말에 "영광과 욕됨"을 적용한 것이다. 바울이 오로지 '칭찬'만 받지 않는다는 사실은 고통스럽게도 그의 사역의 정당성을 변호해준다. 이는 바울이 사람들에게 그들이 듣고 싶은 말을 해주려고 자신의 메시지를 조정하지 않는다는 것을 보여준다(참고. 갈 1:10).

이 구절의 세 번째 쌍에 이르러서 바울은 전치사 디아(through)에서 전치사 호스(hōs, as)로 이동한다. 헬라어 본문은 네 단어밖에 되지 않는다. '속이고 참된 자로서.' 바울과 그 일행은 그들의 동기에 대해 의심의 눈초리를 받고 있다. 이는 바울이 자기 사역의 성실성과 정직성을 주장할 때 이 편

---

59 Jonathan Edwards, *The Works of Jonathan Edwards*, vol. 2, *Religious Affections*, ed. John E. Smith (New Haven, CT: Yale University Press, 1959), 350. 《신앙감정론》(부흥과개혁사).

지에서 줄곧 되돌아오는 관심사로 연결된다(예. 고후 1:12, 17-18; 2:4; 4:2, 13; 5:11; 6:11). 바울은 한 입으로 두 말을 한다는 오해를 받았으나 사실은 "참 [된]"(참고. 7절에 나오는 "진리의 말씀") 말을 해왔다. 바울은 자기의 동기가 완벽하다고 주장하는 게 아니라(누가 그럴 수 있겠는가?) 핵심 동기가 올바르다고 주장하고 있다.

6:9 헬라어로 보면 8절 끝에 나오는 '속이는 자와 참된 자'가 '무명한 자와 유명한 자로서'와 병행한다. 다시금 바울의 복음을 듣는 자들을 살펴보면, 바울과 참된 복음의 일꾼들이 당혹스러운 불협화음을 접하는 모습이다. 무명하면서도 유명하고, 오해받으면서도 이해받고, 잘못 이해되면서도 옳게 이해되고, 무시를 받으면서도 감사를 받는 것이다. 우리가 받는 유일한 위로는 마지막 날에 우리에 관한 진실을 하나님께서 옳게 알아주신다는 것이다(갈 4:9). 아무도 우리를 제대로 알아주지 않을지라도 하나님은 우리를 옳게 보신다. 이것이 우리의 만족이다.

9절의 마지막 두 쌍은 4장의 주요 주제인 '죽음을 통한 생명'(특히 4:8-9)을 상기시켜준다. 바울은 계속해서 새 시대 사역의 역설적 성격을 펼친다. 이 사역에서는 죽을 운명과 연약함의 깊은 골짜기가 부활과 억누를 수 없는 권능과 맞물려 있다. 복음 사역자들은 인생을 살아가면서 서로 배타적인 듯 보이면서도 겹치고 심지어는 서로를 강화시켜주는 실재들, 즉 죽음이지만 생명, 버림받지만 승리, 징벌이지만 인내를 경험하게 된다. 바울은 지금 순차적으로 일어나는 일(현재는 죽음, 이후에는 생명)을 말하고 있지 않다. 서로 근접한 두 개의 실재들에 대해 말하는 중이다. 죽음과 생명이 서로 뗄 수 없는 관계에 있다. 바울은 "보라"[이두(idou), 2절에도 두 번 나온다]라는 말로 고린도 교인들에게 바울 자신 안에 있는 부활의 생명을 관찰하도록 초대한다.

6:10 마지막 세 쌍은 그리스도의 삶과 사역이 지닌 가장 심오한 신비 속으로 침투한다. 세 쌍의 첫째 항목은 우리에 대한 세상의 평가와 우리의

정서적 및 신체적 경험을 가리킨다. 둘째 항목은 그 눈이 열리고 수건이 벗겨진 사람들(4:3-4)에게 해당되는 더 참되고 깊은 실재다. 첫째 항목은 우리가 여전히 옛 시대에 몸담은 사람들로서 겪는 경험인 반면, 둘째 항목은 우리가 새 시대에 속한 사람들로서 겪는 경험이다. 첫째 항목은 '일시적인, 보이는 것들'인 반면, 둘째 항목은 '영원한, 보이지 않는 것들'이다(4:18). 첫째 항목은 '우리의 외적인 자아'에 해당되는 반면, 둘째 항목은 '우리의 내적인 자아'에 해당된다(4:16). 표6을 보라.

옛 시대	새 시대
슬퍼하는	항상 기뻐하는
가난한	많은 사람을 부요하게 하는
아무것도 없는	모든 것을 가진

표6. 옛 시대의 한복판에 있는 새 시대

이 모든 것은 복음 사역자가 자신이 연합한 주인과 조화롭게 걷고 있는 모습이다. 바로 그리스도가 '슬퍼했으나'(참고. 마 26:37-38) '항상 기뻐했고'(참고. 마 11:29; 요 15:11), '가난했으나'(참고. 눅 6:20) '많은 사람을 부요하게 했고'(참고. 막 6:42; 눅 6:38), '아무것도 없었으나'(참고. 눅 9:58) '모든 것을 가진'(참고. 마 28:18; 요 3:35) 분이었다.

6:11 5장에서 바울은 하나님께서 죄인들에게 자신과의 교제로 돌아오라고 하시는 화해와 더불어, 사역자들에게 맡기시는 화해 메시지의 청지기직에 대해 성찰했다. 이제 고린도 교인들의 눈을 똑바로 쳐다보면서("고린도인들이여"라고 직접 부르는 장면을 보라) 서로 화해하자고 호소한다. "우리의 입이 열리고"는 우리가 말하는 내용을 가리키고, "우리의 마음이 넓어졌으니"는 우리가 마음속 깊이 느끼는 것을 말한다. 우리는 말과 애정의 측면에서 아무것도 보류하지 않는다. 우리는 게임을 하고 있지 않다. 빙빙 돌리

지도 않고 이중적이지도 않다. 이것은 '우리 양심의 증언'(1:12)이고, 바울은 이것이 '고린도 교인들의 양심에도 알려지기를'(5:11) 갈망한다.

6:12 '좁아지다'라는 단어는 신약 중 단 한 군데에서만 더 사용되는데, 바울이 사방으로 죄어들어도 "움츠러들지" 않는다고 말하는 구절(4:8, 새번역)이다. 이 단어는 '좁은 공간으로 제한되거나 한정되다'[60]는 뜻이다. 이 단어는 4:8에서 물리적이고 환경적인 압박과 제한(그래서 '움츠러드는 것')을 묘사하기에 적합하고, 또한 신자들 상호 간에 생길 수 있는 일을 묘사하기에도 적합하다. 바울과 그 일행이 입과 마음을 모두 활짝 열었기 때문에 고린도 교인들은 의심할 이유나 물러설 까닭이 없다. 물러선다면 그 이유는 고린도 교인들에게서 나올 뿐이다. "여러분의 마음이 옹졸한 것입니다"(새번역).

여기서 "심정"으로 번역된 단어[스플랑크논(*splanchnon*)]는 의성어의 뉘앙스가 있고 감정으로 충만하다. 문자적으로 내장이나 창자를 의미하는 이 단어는 신약 전체에서 속 깊은 감정을 말하기 위해 사용된다. 예컨대, (동사형으로) 예수님이 느끼시는 사랑과 연민 등 그분의 내면을 묘사할 때 사용된다(마 14:14; 막 6:34; 눅 7:13).[61] 대인관계의 역학이 타락의 영향을 받았을 때 흔히 나타나듯이, 바울은 고린도 교인들의 마음이 꽉 막혀 있다는 것을 느끼고 있다.

6:13 하나님께서 이루신 값없는 화해(5:14-21)와 새 언약 사역의 성격(6:1-10)에 비추어, 바울은 고린도 교인들에게 그를 향한 심정을 열어달라고 간청한다. 이것이 그들을 향한 그의 행실에 대한 적절한 "보답"[안티미스티아(*antimisthia*), 참고. 롬 1:27]이다. 이는 바울과 그들이 철저한 거래관계("너희가 내 등을 긁어주면 내가 너희 등을 긁어주겠다")를 맺고 있다는 것이 아니다. 오히려

---

60 BDAG, s.v. στενοχωρέω.

61 BDAG, s.v. σπλάγχνον.

사랑을 받는 자가 사랑을 감정적으로 물리치면, 그 사랑은 그대로 유산되고 마는 것이다.

어쨌든 바울은 그들을 "자녀"로 부르고 있으니 그들의 영적 아버지가 아닌가. 이것은 모욕("너희가 어린이처럼 행동하고 있다!")이 아니라 아버지의 애정으로 하는 호소("너희는 나의 사랑하는 자녀들이다! 따라서 제발 나를 받아다오")다. 바울은 그의 마음을 넓게 열었다(고후 6:11). 그리고 고린도 교인들에게 그에 따라 반응해서 마음을 넓히라고 탄원한다. 인간관계에서는 어느 한 편이 마음을 옹졸하게 할지 또는 넓힐지를 선택할 수 있다는 것을 바울은 안다. 우리는 사랑을 제한할지 또는 흘러가게 할지 선택할 수 있다. 복음의 논리는 우리에게 마음을 열고 사랑이 철철 흘러가게 하라고 촉구한다. 바로 삼위일체 하나님께서 우리에게 그 마음을 열고 우리의 존재에 아낌없이 사랑을 퍼부으셨기 때문이다(13:13; 마 11:29).[62]

≋≋≋≋ 응답 ≋≋≋≋

위대한 날이 우리의 작고 혼잡한 현재의 삶 속으로 뚫고 들어왔다. 약속을 성취하고, 희망을 매듭짓고, 용서를 달성한 날이다. 하지만 타락의 영향이 계속 존속하기 때문에 복음 사역과 삶은 두 가지 현실을 모두 반영한다. 한편에는 고통과 역경, 고난과 버림받음 그리고 죽음이 있다. 옛 시대가 온통 우리 주변에 있다. 다른 한편에는 성령, 사랑, 하나님의 능력, 의의 무기가 있다. 그리고 옛 시대의 현실을 '통해서' 새 시대의 현실이 밝게 빛나고 있다. 하나님의 능력이 바울의 가난과 절망과 약함으로부터 흘러나오는 것은 우연의 일치가 아니다. 오직 텅 빈 그릇만이 하나님의 능력으로 가득 찰 여지를 갖고 있다. 이는 바울이 이 편지의 끝 무렵에 내릴 결론이다(12:9-10).

---

62 하나님의 마음에 관해서는 Goodwin, *Works*, esp. vol. 4를 보라.

우리가 그리스도와 연합한 자들로서 이 타락한 세상을 날마다 헤쳐 나
갈 때, 고린도후서 6장을 꼭 붙들고 있으면 좌절을 겪는다 해도 결코 낙심
하지 않을 것이다. 그런 좌절은 하나님께서 새로운 나라의 교두보를 확보
하시는 수단이다.

6:14 너희는 믿지 않는 자와 멍에를 함께 메지 말라 의와 불법이 어찌 함께 하며 빛과 어둠이 어찌 사귀며 15 그리스도와 벨리알이 어찌 조화되며 믿는 자와 믿지 않는 자가 어찌 상관하며 16 하나님의 성전과 우상이 어찌 일치가 되리요 우리는 살아 계신 하나님의 성전이라 이와 같이 하나님께서 이르시되

내가 그들 가운데 거하며 두루 행하여 나는 그들의 하나님이 되고 그들은 나의 백성이 되리라

17 그러므로 너희는 그들 중에서 나와서 따로 있고 부정한 것을 만지지 말라 내가 너희를 영접하여

18 너희에게 아버지가 되고 너희는 내게 자녀가 되리라 전능하신 주의 말씀이니라 하셨느니라

6:14 Do not be unequally yoked with unbelievers. For what partnership has righteousness with lawlessness? Or what fellowship has light with darkness? 15 What accord has Christ with Belial?*1* Or what portion does a believer share with an unbeliever? 16 What agreement has the temple of God with idols? For we are the temple of the living God; as God said,

"I will make my dwelling among them and walk among them,

and I will be their God,

and they shall be my people.

¹⁷ Therefore go out from their midst,

and be separate from them, says the Lord,

and touch no unclean thing;

then I will welcome you,

¹⁸ and I will be a father to you,

and you shall be sons and daughters to me,

says the Lord Almighty."

^{7:1} 그런즉 사랑하는 자들아 이 약속을 가진 우리는 하나님을 두려워하는 가운데서 거룩함을 온전히 이루어 육과 영의 온갖 더러운 것에서 자신을 깨끗하게 하자

^{7:1} Since we have these promises, beloved, let us cleanse ourselves from every defilement of body² and spirit, bringing holiness to completion in the fear of God.

1 Greek Beliar 2 Greek flesh

〰〰 단락 개관 〰〰

분리를 통한 영접

이 단락(6:14-7:1)을 처음 읽을 때는 바울이 이제까지 자기 사역의 정통성에 관해 개진하던 논증과 무관한 듯이 보인다. 그러나 현재의 이슈가 바울의 사도 사역이지만 그 변호의 하부 구조 내지는 틀이 이미 도래한 새 시대인 것을 기억하면, 우리는 여기서 바울이 무엇을 말하고 있는지 알 수 있다. 고린도 교인들이 바울과의 관계에서 뒤로 물러나고 옹졸한 마음을 품고 있음을 확인한 만큼, 이제 바울은 왜 그들이 바울의 사역으로부터 움츠리고 있는지에 대해 더 깊이 파고든다. 그들은 옛 시대의 세상적인 기준에 따라 마음이 움직이도록 허용하고 있는 것이다. 그래서 바울은 옛 시대와 새 시대 간의 완전한 차별성(14b-16a절)을 다시 분명하게 하려고 몇 개의 수사적 질문을 던지고(개역개정은 이 질문들이 분명히 드러나지 않는다-옮긴이주), 새 시대의 도래를 말하기 위해 구약 곳곳에서 인용한 본문들을 다함께 묶어놓는다(6:16b-7:1).

〰〰〰 **단락 개요** 〰〰〰

II. 바울이 자기 사역을 변호하다(1:3-7:16)

   F. 화해한 삶의 결과(6:14b-18)

      1. 구별되라는 명령(6:14a)

      2. 구별되어야 할 이유(6:14b-18)

         a. 옛 시대와 새 시대 간의 차별성(6:14b-15)

         b. 성전이 새 시대의 결정적 실체다(6:16-18)

      3. 구별되라는 명령의 반복(7:1)

         a. 전제(7:1a)

         b. 행동(7:1b)

         c. 결과(7:1c)

〰〰〰 주석 〰〰〰

6:14 "믿지 않는 자와 멍에를 함께 메지 말라"는 개념은 종종 결혼과 연관되곤 한다. "신자들이여, 불신자와 결혼하지 말라." 이는 확실히 이 본문에 대한 정당한 추론이기는 하지만 본래 뜻은 그보다 더 넓다. 바울은 4:4에서 "믿지 아니하는 자들"[아피스토이(*apistoi*)]을 그리스도의 복음에 대해 마음이 가려진 자들이라 말했고, 앞으로 10-13장에서는 거짓 사도들과 긴 싸움을 벌이게 될 것이다. '불신자들' 또는 참된 믿음이 없는 자들에 대한 언급은 고린도 교회에 들어온 잠입자들, 즉 진정한 신자들을 옛 시대의 사고방식으로 후퇴하도록 설득하고, 따라서 새 창조를 통한 순수한 화해의 교리(5:11-6:2)에서 멀어지게 하는 자들을 가리키는 것 같다. 바울이 불신자들과 "멍에를 함께 메지 말라"(헬라어로는 하나의 동사이며, 두 가축이 서로 다른 방향으로 끌어당기는 모습을 가리킨다)고 말할 때는 진정한 신자들에게 그리스도의 참된 복음과 어긋나게 움직이는 그리스도인들과 어울리지 말고 그들 자신을 보존하라고 권면하는 것이다.

바울이 공공연한 불신자들과의 관계를 단절하라고 말하고 있는 것이 아니다. "만일 그리하려면 너희가 세상 밖으로 나가야 할 것"(고전 5:10)이기 때문이다. 오히려 신자로 가장한 불신자들("어떤 형제라 일컫는 자", 고전 5:11)로부터 분리되라고 명령하고 있다. 문제는 기독교 사역과 신앙생활에서 '파트너십'(문자적으로는 '나눔')과 '교제'를 나누는 것이지 하나님의 형상으로 창조된 다른 인간을 공손하게 대우하는 것이 아니다.

이는 다섯 개의 수사적 질문 중 처음 두 개로, 각각 이런 거짓 교사들로부터 분리되라는 권면의 근거가 되고 즉시 부정적인 답변을 기대한다. 방금 (법적이 아니라) 도덕적 또는 윤리적 의미의 "의의 무기"를 말한 만큼(7절), 바울은 이제 독자들에게 도덕적인 "의"(경건함)와 "불법" 사이의 절대적 단절에 대해 상기시킨다. 이 세상에는 약간의 타협을 전반적인 올바름과 섞고 싶은 충동이 있다. 불법을 철저히 배격하는 것은 지나치게 배타적이거나 너무 심하다고 느낄 수 있다. 바울은 그런 조건부 혼합을 논박한다. 그것은 마치 "빛과 어둠"을 섞는 것과 같다. 하나님은 이미 우리의 마음속에서 "어두운 데에 빛이 비치라"(4:6)고 말씀하셔서 우리를 새 창조 안으로 몰아가셨다. 이 둘은 서로 배타적이다. 그리고 종말론적 빛의 날이 단번에 도래했다. 죄와 죽음과 마귀의 어둠은 결정적으로 압도당했다(사 9:2; 42:16; 마 4:16; 요 1:5; 8:12; 12:35, 46; 롬 13:12; 엡 5:8; 살전 5:5; 요일 2:8).

6:15 셋째와 넷째 수사적 질문은 14절의 추상적 실재들("의"와 "불법")로부터 '인격적' 양극으로 움직인다. "그리스도"와 "벨리알", "믿는 자"와 "믿지 않는 자"이다. 바울은 계속해서 별개의 양극단을 제기하는데, 이는 경건함 대 불경함을 묘사할 뿐 아니라 옛 시대 대 새 시대도 묘사한다.

"벨리알"은 바울이 앞에서 "이 세상의 신"(4:4)이라 부른 사탄을 가리킨다. 이 용어는 '무가치함'을 뜻하는 히브리어 단어를 헬라어로 음역한 것으로, 바울 당시 유대 문헌에서는 하나님의 백성으로 죄를 짓도록 유혹하는 개별적인 불경건한 영을 언급했다.[63] 따라서 벨리알은 옛 시대 및 그리스도와 상반되는 모든 것을 대표한다. 그리스도는 그분의 속죄 사역을 통해 사람들에게 그들의 가치를 되돌려주고, 그들의 죄를 용서하시기 때문이다.

그런즉 '신자'는 '불신자'와 나눌 '몫'이 없다. 다시금 바울이 이 편지와 신약의 다른 글에서 그런 호칭을 무슨 뜻으로 사용하는지를 기억할 필요가 있다. '신자' 또는 '불신자'라는 말은 단순히 신조의 여부만 가리키는 것이 아니다. 신조도 포함하지만, 신자는 현재 "그리스도 안에"(5:17) 있는 자, "새 언약"(3:6)을 통해 세워진 '새 창조'(5:17, 참고. 4:6)의 일부인 자, 종말의 시작을 반영하는(1:22; 5:5) 성령이 내주하시는 자(3:3, 6, 8), "빛"에 속한 자(6:14), 종말론적 성전의 일부(6:16)인 자를 말한다. 불신자는 여전히 수건에 가려져 있고(4:3), 어둠 속에 있으며(4:4), 요컨대 옛 시대에 속해 있다.

---

63 다음 책에 나오는 논의를 보라. Paul Barnett, *The Second Epistle to the Corinthians*, NICNT (Grand Rapids, MI: Eerdmans, 1997), 347-348. 《고린도후서》(부흥과개혁사); Harris, *Second Epistle to the Corinthians*, 502-503.

6:16 다섯째 수사적 질문은 좀 더 오래된 범주로 이끌어준다. 성경의 줄거리와 그리스도의 중요성을 이해하는 데 근본이 되는 성전의 범주다. "하나님의 성전"과 "우상"은 끝까지 서로 배타적인 쌍이다. 왜 그런가?

다시 한 번 그 답변은 개시된 종말론과 바울 및 고린도 교인이 몸담은 구속 역사상의 위치와 관계가 있다. "우리는 살아 계신 하나님의 성전"이기 때문이다. 말하자면 성막(이동용 성전)과 성전이 포착하려고 했던 모든 것 (하나님과의 교제 회복)이 마침내 새 시대에 성취되었다. 에덴동산에서는 하나님과 사람이 조화롭게 살았다. 죄로 인해 그 교제가 깨어졌고 하나님께서 물러나셨다. 하지만 성전은 축소판 에덴동산이었다. 푸른 하늘과 같은 천장과 번창하는 나무와 같은 장식된 등잔대로 완성된 장소였다(출 25:31-26:37). 성전은 실체적이고 물리적인 장소로서 불멸의 존재가 죽을 존재와 만나고, 초자연적 존재와 자연적 존재가 충돌하고, 영원한 존재와 한시적 존재가 교차하고, 거룩한 존재와 세속적인 존재가 얼굴을 맞대고 섰던 곳이다. 성전은 신적 존재와 육신적 존재가 만날 수 있었던 곳이며, 절대로 섞일 수 없고 잠깐 서로 접촉할 수 있을 뿐이었다. 그곳은 하나님께서 거주하시던 곳이다(참고. 고후 6:16b). 구약에는 하나님께서 그분의 백성 가운데 계신다는 주제가 줄곧 전개되었고, 그 임재는 유대의 가장 신성한 장소인 성막과 이후의 성전을 중심으로 이루어졌다. 그러나 모든 인간 역사의 중심에 이르면 신적인 것과 육신적인 것이 서로 섞인다. '말씀이 육신이 되어 우리 가운데 장막을 치셨다' (요 1:14, 참고. 2:19-22). 그리고 믿음으로 그리스도와 연합한 이들은 그 살아 있는 성전의 일부가 된다(엡 2:19-22).

바울을 레위기 26:12로 돌아가게 하는 것은 바로 하나님의 임재라는 주제이며, 그 본문은 고후 6:16-18절에 나오는 구약 인용문들 중에 앞쪽에 나오는 구절이다. 구약 전체에 걸쳐 하나님은 자기 백성의 하나님이 되고 그들은 하나님의 백성이 될 것이라는 약속이 나오는데, 이 약속은 성막/성전에서 성취되기를 기대했다가 그리스도의 도래로 갑자기 완성되었고, 그리스도는 바로 하나님의 임재를 몸소 구현하신 인물이었다. 하나님께서 그분의 백성 "가운데 거하[시는]" 것이 성전을 가리키는 것임은 레위기

26장의 문맥을 살펴보면 분명히 알 수 있다. 거기서 하나님께서 "내가 내 성막을 너희 중에 세우리니"(레 26:11)라고 말씀하시기 때문이다.

6:17 바울은 이제 레위기 본문으로부터 이사야 본문으로 전환한다. 아마 일부러 율법과 선지서를 함께 묶어서 성전과 하나님의 임재에 관한 그의 논점이 구약 전체를 근거로 삼고 있음을 강조하기 위해서일 것이다. 그는 이사야 52:11을 인용한다. 사실 5-7장에 걸쳐 바울은 이사야 40-55장에 의지하여 고린도 교인들과 모든 신자(유대인이든 이방인이든)가 진정한 하나님의 백성이라고 주장하고 있다(참고. 고후 6:2 주석). 구체적으로 이사야 52:11은 하나님의 백성에게 바벨론에서 나와서 예루살렘으로 돌아가라고 요청하는 구절이다. 그런즉 바울은 본래 이스라엘의 포로 생활에서의 귀환에 적용되던 본문을 택하여 고린도 교인들에게 지리적으로가 아니라 영적으로 주변의 이교주의로부터 분리되라고 요청하는 대목에 적용한다.

17절의 마지막 줄 "내가 너희를 영접하여[에이스데코마이(*eisdechomai*)]"는 이사야가 아니라 에스겔 20:34에서 인용한 것으로, 이는 하나님께서 그분의 백성을 흩어져 있는 여러 나라로부터 '모을'(에이스데코마이, 70인역) 것이라고 약속하시는 구절이다. 이 포로 귀환이라는 주제가 이사야 40-55장에서는 제2의 출애굽 사건으로 간주되고, 첫 번째 출애굽에 따르는 하나님의 임재를 약속하는 레위기 26장 본문에 들어간다.

따라서 이 연속적인 구약 인용문들을 통틀어 바울은 성경 전반에 나오는 두 가지 큰 주제들, 곧 출애굽/포로에서의 귀환과 성전을 합병시키고 있다. 이는 하나님께서 처음 아브라함을 부를 때 주신 약속, 즉 땅에 대한 약속과 하나님의 임재에 대한 약속(창 12:1-3)을 반영한다. 포로에서의 귀환을 거론하는 이사야 52:11에도 성전이라는 주제가 없지는 않다. 이 구절은 즉시 '나가야' 할 자가 누군지를 밝히고 있다. "여호와의 기구를 메는 자들", 즉 성전의 제사장들이다. 그런데 바울이 여기서 무엇을 하는지 주목하라. 그는 이스라엘에게 한 이 진술을 '이방인 고린도 교인들'에게 적용하고 있다. 바울은 고린도 교인들이 이사야 52장에서 인종적 이스라엘에게 주신 약속을 성취하고 있다고 이해하는 것이다. 이는 새 시대가 고린도 교인들이 처한 곳까지 뚫고 들어왔다는 바울의 전반적인 논점과 잘 들어맞는다. 그렇다면 그들이 어떻게 마치 여전히 옛 시대에 속한 것처럼 살 수 있단 말인가?

6:18 바울은 구약 구속 역사의 높은 지점을 끌어와서 결론을 내린다. 하나님께서 (다른 약속들 중에) 다윗에게 아버지가 되겠다고 약속하시는 대목(삼하 7:14)이다. 히브리서 1:5은 이 약속이 그리스도를 통해 성취되었다고 말하는 한편, 바울은 여기서 다윗에게 준 약속을 고린도 교인들에게 적용한다. 이는 집합적 연대성이라는 해석학적 전제를 염두에 둘 때에만 가능한 일이다(참고. 고후 5:14 주석). 그리스도는 다윗의 희망이 성취된 인물이다. 그리고 그리스도 안에 있는 사람들은 그리스도와의 연합 덕분에 그 성취의 공동 상속자가 되는 것이다.

그러나 고린도후서의 중간 부분에 줄곧 이사야 40-55장 본문이 나오는 것을 감안하면, 하나님의 '아들들과 딸들'(개역개정은 "자녀")에 대한 바울의 언급은 이사야 43:6에서 가져왔을 가능성이 많다. "내 아들들을 먼 곳에서 이끌며 내 딸들을 땅 끝에서 오게 하며." 이 구절은 이사야 52:11과 에스겔 20:34처럼, 하나님께서 그분의 백성을 포로 생활에서 귀환시키되 출애굽의 범주를 사용해서 그렇게 하겠다고 말씀하시는 문맥이다(특히 사 43:2-3을 보라). 약속된 입양에 대해서는 바울이 로마서 8:14-30과 갈라디아서 3:23-4:31에서 상세히 설명한다.

7:1 이 구절은 바울이 6:14 이후 말해온 내용을 종합하고, 이 단락에 담긴 모든 것이 흘러들어가는 초점을 묘사한다. 바울은 여기에 인용된 구약 본문들을 한마디로 "약속"이라고 말한다(참고. 1:20). 그는 이런 일련의 구약 본문이 미치는 영향을 하나님께서 주시는 은혜와 그의 백성에 대한 위로로 이해한다. 하나님의 주도권에 놀라는 분위기다. 그렇다. 고린도 교인들이 이방의 더러운 것을 삼가라는 권면을 받고 있다(6:17). 추상적으로 보면

이는 하나의 명령이지 약속이 아니다. 그러나 이 명령은 하나님의 임재에 대한 약속(6:16)과 입양(6:18) 사이에 끼어 있다. 하나님의 명령은 결코 홀로 오지 않는다. 항상 그분의 은혜와 공급에 의해 촉발된다(예. 출 20:2). 그리고 그분의 명령과 약속은 모두 우리의 유익을 위한 것이다.

복음의 직설법(하나님께서 행하시는 것)과 복음의 명령법(우리에게 행하라고 하시는 것) 사이의 이 운율은 1절에 간결하게 표현되어 있다. 이런 약속들이 있기(직설법) 때문에 우리는 어떤 길로 걷게끔 되어 있는데(명령법), 그것은 (소극적으로) 우리 자신을 더러움에서 깨끗하게 하고 "거룩함을 온전히 이루[는]" 것이다. 이 구절은 마지막 동인으로 끝난다. 바로 하나님을 두려워하는 것이다. 5:11에 나오듯이, 하나님의 마음 깊은 곳을 오해하는 (하나님에 대한) 불건전한 두려움이 있을 뿐 아니라 올바른 삶을 촉구하는 건전한 두려움도 있다.

그리스도인의 삶은 순전한 직설법도 아니고 순전한 명령법도 아니다. 직설법만 있으면 디트리히 본회퍼(Dietrich Bonhoeffer)가 '값싼 은혜'라 부른 것이 될 터이다. 하나님의 용서를 확신한 채 우리가 좋아하는 예전 방식으로 계속 살아가는 모습이다. 그러나 명령법만 있는 것도 똑같은 파탄이다. 용서에 대한 확신, 성령의 선물 등과 같이 복음이 실어주는 능력과 분리된 채 도덕적 권면만 남는 상태기 때문이다.

≋≋≋≋ 응답 ≋≋≋≋

만일 그리스도와 연합되어 있다면 당신이 누군지 깊이 생각하라. 당신은 하나님께서 친히 거주하시는 성전, 살아 있고 자라나는 성전의 일부다. 구약에서는 물리적인 건물 안에서 초자연적 존재가 자연적 존재와 충돌하고, 그 건물은 접근이 지극히 제한된 가운데 인간이 영광중에 계신 하나님을 만날 수 있는 곳이었다. 구약의 성전은 병자와 장애자와 불결한 자를 배척했다. 하지만 신약의 성전은 병자와 장애자와 불결한 자를 끌어당긴다. 우리는 더 이상 하나님과 만나기 위해 나무와 돌로 만든 성전에 들어가지 않는다. 하나님은 우리와 만나고 우리를 성전에 합류시키기 위해 살과 피로 된 성전에 들어가셨다.

만일 이것이 진실이라면, 하나님의 은혜로운 사역 덕분에 우리가 존귀하게 된 것(참고. 고전 6:19)에 어떻게 깜짝 놀라고 감사하지 않을 수 있겠는가? 열왕기상 8:27에서 솔로몬은 성전을 봉헌하는 기도를 드릴 때 성전과 같은 지상의 건물이 하늘의 하나님을 모실 수 있다는 생각에 크게 의아해한다. 조나단 에드워즈는 이 구절에 관해 그의 성경의 여백에 손으로 이렇게 썼다.

> 만일 솔로몬이 보기에, 하나님께서 성막과 성전에서 거주했던 방식으로 이 땅에 거주하신 것이 그처럼 놀라운 낮아지심의 사례로서 그토록 놀라운 일이었다면, 그분이 그리스도의 인성 안에서 행하신 방식으로 우리의 임마누엘로 우리와 함께 거주하신 것은 얼마나 더 크고 더 놀라운 일이었는가.[64]

64 Jonathan Edwards, *The Works of Jonathan Edwards*, vol. 24, *The Blank Bible*, ed. Stephen J. Stein (New Haven, CT: Yale University Press, 2006), 378.

2 마음으로 우리를 영접하라 우리는 아무에게도 불의를 행하지 않고 아무에게도 해롭게 하지 않고 아무에게서도 속여 빼앗은 일이 없노라 3 내가 이 말을 하는 것은 너희를 정죄하려고 하는 것이 아니라 내가 이전에 말하였거니와 너희가 우리 마음에 있어 함께 죽고 함께 살게 하고자 함이라 4 나는 너희를 향하여 담대한 것도 많고 너희를 위하여 자랑하는 것도 많으니 내가 우리의 모든 환난 가운데서도 위로가 가득하고 기쁨이 넘치는도다

2 Make room in your hearts¹ for us. We have wronged no one, we have corrupted no one, we have taken advantage of no one. 3 I do not say this to condemn you, for I said before that you are in our hearts, to die together and to live together. 4 I am acting with great boldness toward you; I have great pride in you; I am filled with comfort. In all our affliction, I am overflowing with joy.

5 우리가 마게도냐에 이르렀을 때에도 우리 육체가 편하지 못하였고 사방으로 환난을 당하여 밖으로는 다툼이요 안으로는 두려움이었노

라 6 그러나 낙심한 자들을 위로하시는 하나님이 디도가 옴으로 우리를 위로하셨으니 7 그가 온 것뿐 아니요 오직 그가 너희에게서 받은 그 위로로 위로하고 너희의 사모함과 애통함과 나를 위하여 열심 있는 것을 우리에게 보고함으로 나를 더욱 기쁘게 하였느니라 8 그러므로 내가 편지로 너희를 근심하게 한 것을 후회하였으나 지금은 후회하지 아니함은 그 편지가 너희로 잠시만 근심하게 한 줄을 앎이라 9 내가 지금 기뻐함은 너희로 근심하게 한 까닭이 아니요 도리어 너희가 근심함으로 회개함에 이른 까닭이라 너희가 하나님의 뜻대로 근심하게 된 것은 우리에게서 아무 해도 받지 않게 하려 함이라

5 For even when we came into Macedonia, our bodies had no rest, but we were afflicted at every turn—fighting without and fear within. 6 But God, who comforts the downcast, comforted us by the coming of Titus, 7 and not only by his coming but also by the comfort with which he was comforted by you, as he told us of your longing, your mourning, your zeal for me, so that I rejoiced still more. 8 For even if I made you grieve with my letter, I do not regret it—though I did regret it, for I see that that letter grieved you, though only for a while. 9 As it is, I rejoice, not because you were grieved, but because you were grieved into repenting. For you felt a godly grief, so that you suffered no loss through us.

10 하나님의 뜻대로 하는 근심은 후회할 것이 없는 구원에 이르게 하는 회개를 이루는 것이요 세상 근심은 사망을 이루는 것이니라 11 보라 하나님의 뜻대로 하게 된 이 근심이 너희로 얼마나 간절하게 하며 얼마나 변증하게 하며 얼마나 분하게 하며 얼마나 두렵게 하며 얼마나 사모하게 하며 얼마나 열심 있게 하며 얼마나 벌하게 하였는가 너희가 그 일에 대하여 일체 너희 자신의 깨끗함을 나타내었느니라 12 그런즉 내가 너희에게 쓴 것은 그 불의를 행한 자를 위한 것도 아

니요 그 불의를 당한 자를 위한 것도 아니요 오직 우리를 위한 너희의 간절함이 하나님 앞에서 너희에게 나타나게 하려 함이로라 13 이로 말미암아 우리가 위로를 받았고

우리가 받은 위로 위에 디도의 기쁨으로 우리가 더욱 많이 기뻐함은 그의 1)마음이 너희 무리로 말미암아 안심함을 얻었음이라 14 내가 그에게 너희를 위하여 자랑한 것이 있더라도 부끄럽지 아니하니 우리가 너희에게 이른 말이 다 참된 것같이 디도 앞에서 우리가 자랑한 것도 참되게 되었도다 15 그가 너희 모든 사람들이 두려움과 떪으로 자기를 영접하여 순종한 것을 생각하고 너희를 향하여 그의 심정이 더욱 깊었으니 16 내가 범사에 너희를 신뢰하게 된 것을 기뻐하노라

10 For godly grief produces a repentance that leads to salvation without regret, whereas worldly grief produces death. 11 For see what earnestness this godly grief has produced in you, but also what eagerness to clear yourselves, what indignation, what fear, what longing, what zeal, what punishment! At every point you have proved yourselves innocent in the matter. 12 So although I wrote to you, it was not for the sake of the one who did the wrong, nor for the sake of the one who suffered the wrong, but in order that your earnestness for us might be revealed to you in the sight of God. 13 Therefore we are comforted.

And besides our own comfort, we rejoiced still more at the joy of Titus, because his spirit has been refreshed by you all. 14 For whatever boasts I made to him about you, I was not put to shame. But just as everything we said to you was true, so also our boasting before Titus has proved true. 15 And his affection for you is even greater, as he remembers the obedience of you all, how you received him with fear and trembling. 16 I rejoice, because I have complete confidence in you.

1) 헬, 영

1 Greek *lacks in your hearts*

〰〰〰 단락 개관 〰〰〰

슬픔을 통한 기쁨

바울은 그의 복음 사역이 세상적인 기준으로 보면 평범했음에도 불구하고 그 사역의 정통성을 길게 변호했고(2:14-7:1), 이제는 그 자신과 고린도 교인들 간의 구체적인 관계로 되돌아간다. 이 단락을 지배하는 주제는 고린도 교인에 대한 바울의 기쁨이다. 그는 먼저 그들의 우정과 연대에 대한 기쁨을 전달하고, 이후 그들의 경건한 슬픔에 대해 성찰하며, 끝으로 그들이 디도를 따뜻하게 영접한 것에 크게 기뻐한다. 바울이 7장의 끝에서 말하듯이 그들의 관계가 안정되고 강한 만큼, 이제는 그들에게 다른 신자들을 위한 재정 후원을 요청하고(8-9장) 거짓 교사들에 대한 정면 공격을 감행할(10-11장) 준비가 되어 있다.

〰〰〰 단락 개요 〰〰〰

II. 바울이 자기 사역을 변호하다(1:3-7:16)

　　G. 바울이 고린도 교인을 기뻐하다(7:2-16)

　　　　1. 바울이 고린도 교인의 우정을 기뻐하다(7:2-7)

　　　　　　a. 바울이 고린도 교인을 기뻐하다(7:2-5)

　　　　　　b. 고린도 교인이 바울을 기뻐하다(7:6-7)

2. 바울이 고린도 교인의 구속적 슬픔을 기뻐하다(7:8-13a)

   a. 세상적 슬픔 대 경건한 슬픔(7:8-10)

   b. 경건한 슬픔의 결과(7:11-13a)

3. 바울이 고린도 교인의 디도 영접을 기뻐하다(7:13b-16)

   a. 디도가 축복받다(7:13b-14)

   b. 고린도 교인이 축복받다(7:15-16)

7장

〰〰〰 **주석** 〰〰〰

7:2 바울의 편지들 가운데 '공간을 만들다'[코레오(*chōreō*)]로 번역된 동사가 나오는 곳은 여기가 유일하다. 하지만 사복음서에는 여러 곳에 나온다. 예컨대 마가복음 2:2에서는 예수님이 가르치시는 집이 사람들로 너무 꽉 차서 "들어설 자리"가 없어 중풍병자의 친구들이 그를 지붕에서 달아 내렸다고 한다. 개념적으로 보면, 바울의 호소는 고린도후서 6:13에서 말하는 것과 비슷하다. "너희도 마음을 넓히라."[65] 우리 각자의 내면에는 다른 사람에 대한 심정을 좁히거나 넓힐 대인관계 상의 충동, 감정적 및 심리적 차원에서 상대방에 대한 우리 마음의 공간을 몰아내거나 만들어내는 충동이 존재한다.

바울은 고린도 교인들에게 그 자신과 동료들을 향한 마음을 넓혀야 할 많은 이유를 상기시켜준다. 바울과 그 동료들은 "아무에게도 불의를 행하지 않[았다]"['악을 행하다' 또는 '부당하게 대우하다'라는 뜻의 아디케오(*adikeō*)를 사용한다. 이는 12절에도 두 번 나온다]. 그들은 "아무에게도 해롭게 하지 않[았

---

65 ESV 각주가 가리키듯이 "너희 마음에"라는 어구가 헬라어(7:2)에는 나오지 않지만, 이 구절과 6:13에 담긴 생각의 흐름을 감안하면 그렇게 번역하는 것이 타당하다.

다]"[프테리오(*phtheirō*), 고전 15:33("악한 동무들은 선한 행실을 더럽히나니")에도 사용된다]. 그들은 "아무에게서도 속여 빼앗은 일이 없[다]"[플레오네크테오, 신약에서 바울만 다섯 번 사용하고, 그중에 네 번이 고린도후서에 나온다(2:11; 7:2; 12:17, 18)]. 바울과 그 일행은 불의하지도, 부도덕하지도, 교묘하게 조종하지도 않았다. 그들은 완전히 객관적이고 공정했으며, 건전하고, 순결한 것만 북돋우고, 투명하게 성실하고, 진실했다.

7:3 문자적으로는 '정죄하려고 내가 말하지 않는다'이다. 신약에서 "정죄"(카타크리시스)라는 뜻의 이 단어가 사용된 다른 유일한 용례는 이 편지의 앞부분에서 바울이 '정죄의 사역'(3:9)을 언급할 때였다. 하지만 동사형은 신약에 18번 나온다(예. 롬 2:1; 8:34; 고전 11:32). 바울이 2절에서 그의 악의 없는 순수함을 주장한다고 해서 허물을 자기에게서 고린도 교인에게 돌리는 것은 아니다. 바울과 그들이 공유하는 연대를 감안하면 이는 불가능하다. "너희가 우리 마음에 있어[참고. 고후 6:11-13] 함께 죽고 함께 살고자 함이라." '함께 죽다'(co-die)와 '함께 살다'(co-live)에는 신학적 뜻이 가득 담겨 있는데, 그리스도와의 연합을 강조하는 바울신학과 관련이 있기 때문에 특히 후자가 그렇다. 예컨대 디모데후서 2:11에서 바울은 신자들이 그리스도와 '함께 죽었고' 그러므로 '또한 그분과 함께 살 것'(참고. 롬 6:8)이라고 가르칠 때 이 두 동사를 사용한다. 신자들은 믿음으로 그들을 위한 그리스도의 죽음과 생명(부활)을 받아들이는 자들일 뿐 아니라, 이미 4-5장에서 살펴보았듯이, 그 죽음과 생명에 참여하는 자들이기도 하다.

놀라운 점은 7장에서 바울이 이 동사를 수직적 관계가 아니라 수평적 관계, 즉 바울이 고린도 교인들과 함께 죽고 함께 사는 것을 말하기 위해 사용하고 있다는 것이다. 고린도 교인들이 지내는 대로 바울도 그렇게 지낸다. 그들은 바울과 그 동료들의 "마음[안]"에 있다. 고린도 교인들은 그들과 바울 사이에 적대감이 싹터서 커지도록(분명히 거짓 사도들이 개입해서) 허용한 데 비해, 바울은 그들이 바울 자신의 견해, 즉 고린도 교인들의 평안과 바울의 평안이 지금과 영원토록 함께 묶여 있다는 견해를 갖도록 권유한다(참고. 1:23-2:4).

7:4 바울은 그가 고린도 교인들과 깊은 유대를 맺고 있다고, 그들의 대적이 아니라 동맹이라고, 적대적으로 맞서지 않고 하나가 되어 어깨를 나란히 한다고 생각하기 때문에 정직하게 4절의 글을 쓸 수 있다. 과장된 듯한 바울의 표현은 그의 목회적 현명함을 드러내지만 보다 깊은 차원에서는 고린도 교인을 향한 아버지의 심정을 반영한다. 이런 표현은 그들이 고린도 교회에 침투한 거짓 가르침에 취약한 사실에 비춰보면 시의적절하다.

바울은 그들에 대한 심정의 네 가지 특징을 언급하는데 모두 최상급이다. 담대함(솔직함, 모든 말을 은밀하게 타산적으로[66] 따지지 않는 투명한 의사소통), 자랑(바울의 높은 기대와 그들에 대한 보고가 실제로 일치할 것이라는 확신), 위로[파라클레시스(*paraklēsis*), 1:3-11에 나오는 "위로"와 동일한 단어], 그리고 기쁨(불리한 환경을 문제 삼지 않고 이를 계기로 생기는 하나님에 대한 기쁨)이다. 바울은 "환난"(틀립시스, 1:3-11에서 아시아에서 겪은 환난을 묘사하려고 사용한 단어, 6:4에도 나온다)을 겪고 심한 고통에 시달리는 와중에도 기쁨이 넘쳐난다.

목회자인 바울은 고린도 교인을 향한 사랑과 확신을 표현할 때 결코 타산적이지 않고, 조심스럽지 않고, 자제하지 않는다. 영적 아버지로서 품는 그의 부성애는 한이 없다.

7:5 2:12-13에서 바울이 드로아를 떠난 후 마게도냐로 간 것은 거기서 디도를 만나지 못했기 때문이라고 말했다. 바울은 4절에서 환난 속 기쁨을 언급한 만큼 자연스럽게 고린도 교인에 대한 그의 행동과 교신을 다시 변호할 수 있다. 왜냐하면 바울이 마게도냐에서 끔찍한 상황에 처했을 때 디도를 만나서 고린도 교인의 영적 진보와 안전에 대한 소식을 들었기 때문이다. 1-2장에서는 바울이 고린도 교회를 직접 방문하는 대신 편지(실종

---

66 BDAG, s.v. παρρησία.

된 '가혹한 편지')를 쓰기로 한 결정을 변호했는데, 7장에서는 바울이 그 편지에 실제로 쓴 내용을 변호한다.

"육체"로 번역된 헬라어 단어는 '사르크'로서 바울에게 중요한 신학적 용어임을 살펴보았다(참고. 1:17). 이 단어가 때로는 인간의 신체를 가리키지만, (성령의 선물로 대변되는) 새 시대의 침입 없이 옛 시대에 속하는 인간성을 지칭하려고 '영'과 마주 놓는 경우가 더 많다. 바울이 마게도냐에서 단지 신체적 환난만 겪은 것이 아님을 주목할 필요가 있다. 이 구절의 끝부분에 분명히 밝히듯이 "밖으로는 다툼이요 안으로는 두려움"이었다. 바울의 "육체"가 쉼을 얻지 못했다는 것은 몸과 마음과 영 등 그의 전인(全人)이 연약한 존재임을 가리키고, 옛 시대 아래서 인간은 멸망할 수 있는 상태임을 암시하는 듯하다.

7:6 바울이 1:3에서는 하나님을 "모든 위로의 하나님"이라 불렀고, 여기서는 그와 비슷하게 "낙심한 자들을 위로하시는"(1:3과 어원이 같다) 분으로 부른다. 하나님은 바로 이런 분이다. 위로는 하나님의 마음속 깊은 데서 가장 자연스럽게 흘러나온다. 바울이 사용하는 '낙심하다'는 말은 무슨 뜻인가? 이는 신약의 다른 곳에서 '겸손한'(예. 10:1; 벧전 5:5) 또는 '낮은'[예. 롬 12:16; 약 1:9, 이 단어의 어원적 친척인 타페이노프로쉬네(*tapeinophrosynē*)는 엡 4:2; 골 3:12에서 겸손을 가리키는 데 사용된다]으로 번역된 단어인 타페이노스(*tapeinos*)다. (앞 구절이 말하듯이) 바울은 처음부터 끝까지 육체의 환난을 겪는 바람에 낙심하고, 의기소침하고, 스트레스에 시달리고, 절망할 뻔하고, 곤궁한 상태에 빠지게 되었다. 인간적으로 말하면 자랑할 것이 하나도 남지 않았다. 만사가 절망적이었다.

그러나 하늘에 계신 하나님을 자석처럼 끌어당기는 사람은 바로 이런 종류의 사람이다(시 138:6; 눅 1:51-53). 성경은 하나님의 전지하심을 부인하지 않은 채, 하나님께서 거주하길 좋아하시는 두 '장소'가 저 높은 곳에 있는 하늘과 저 낮은 곳에 있는 곤궁한 자라고 가르친다(사 57:15; 66:2). 이곳이 하나님께서 사시는 장소다. 하나님은 때로는 곤궁한 자를 직접 위로하시고(고후 1:3-7), 어느 때에는 7장에 나오듯이 다른 사람들을 통해 우리를 위로하신다. 우리 가운데 (외향적이든 내성적이든 상관없이) 고통을 겪을 때 친구로부터 큰 위로를 받은 적이 없는 사람이 있을까?[67]

7:7 바울은 먼저 친구 디도의 방문으로 위로를 받았다. 그것만이 아니었다. 디도는 바울에 대한 연대를 베풀었을 뿐만 아니라 디도와 바울에 대한 고린도 교인의 우정과 연대까지 중재해주었다. 디도는 바울에게 위로의 근원과 통로가 되었던 셈이다.

인간적으로 말하면, 이런 일이 바울에게 일어날 줄은 전혀 몰랐을 것이다. 그는 이미 가혹한 편지를 써서 보냈었다. 고린도 교회에는 거짓 교사들이 침투해 있었다. 바울의 이름과 온전함이 땅에 떨어지고 있었다. 바울이 그들을 방문하지 않는 바람에 고린도 교인들이 바울의 동기를 의심하고 있었다. 그런 상황에서 디도로부터 고린도 교인들이 바울에 대해 "사모함"과 "애통함"과 "열심"을 품고 있다는 소식을 들었을 때, 바울은 얼마나 큰 안도의 숨을 쉬었을까! 이 세 명사는 가장 숭고하고 기독교적인 인간관계에서 공유하는 깊은 애정을 묘사한다. 이는 호불호를 뛰어넘어 마음과 마음을 이어주는 관계다. "사모함"과 "열심"은 11절에서 반복되어 고린도 교인들이 바울을 향해 품고 있는 마음을 더욱 설명해준다.

7:8 바울은 이 지점에서 고린도 교인의 우정에 대한 기쁨으로부터 그들의 구속적 슬픔에 대한 기쁨으로 눈을 돌린다. 슬픔(개역개정은 "근심")을 뜻하는 어원(뤼프-)은 8-11절에 8번(2:1-7에는 9번) 나오고, 바울이 이 대목에서 줄곧 되풀이하는 기쁨과 뚜렷한 대조를 이룬다.

8절의 요점은 이것이다. 고린도 교인을 슬프게 한 것이 단기적으로는 바울을 슬퍼지게 했으나, 그들의 장기적인 영적 생명력을 위해 그렇게 해

---

67 이 주제에 관해서는 통찰력 있는 분석을 제공하는 Hunter, *Made for Friendship*, 59-96을 보라.

야만 했음을 그가 알았다는 것이다. 7-13절을 관통하는 작동 원리는 슬픔에는 두 종류가 있다는 것이다. 경건한 슬픔이 세상적인 슬픔과 비슷하게 보이고 또 느껴질지도 모른다. 어쨌든 둘 다 슬픔이니까. 그러나 이 둘은 다음 구절들이 보여주듯 상당히 다른 결과를 낳는다.

7:9 바울이 기뻐한다. 이것이 7장의 지배적인 분위기다. 하지만 슬픔도 역시 존재한다. 이 둘은 어떤 관계인가? 바울이 기뻐하는 이유는 고린도 교인의 슬픔이 "회개"로 이어졌기 때문이다. 달리 말하면 그것은 '경건한 슬픔'이다. 문자적으로는 그들이 '하나님을 따라' 슬퍼했다. 이는 무엇을 의미하는가?

이 경건한 슬픔은 사람들이 아니라 하나님께서 보시는 것에 대한 염려로 촉발된 감정적 경험이다. 이는 죄를 짓다가 '들켜서' 생긴 슬픔이 아니라 죄 안에 '있어서' 생긴 슬픔이다. 경건한 슬픔은 마음을 완고하게 하는 게 아니라 참회를 해야 끝난다. '하나님을 따라' 생기는 슬픔은 당사자를 외로움이나 자기 정당화의 절망에 빠지게 하지 않고 하늘, 하나님과의 교제 회복 그리고 다른 사람과의 교제 회복으로 끌어올려준다. 경건한 슬픔은 슬픔으로 끝나지 않고, 슬픔을 넘어 회개와 기쁨을 향해 흐른다. 그래서 바울이 기뻐하는 것이다. 크리소스톰은 이렇게 설명한다. "자기 아들이 수술 받는 모습을 지켜보는 아버지처럼, 바울은 겪고 있는 고통 때문이 아니라 궁극적 결과인 치료 때문에 기뻐한다."[68]

이 경건한 슬픔 때문에 고린도 교인이 "우리로 말미암아 손해를 본 것은 없[다]"(새번역). 이 이상한 어구 전환에는 다음과 같은 뜻이 있다. 고린도 교인의 슬픔이 그들로 바울에게서 멀어지게 하기보다는 하나님을 향해 돌이키게 했기 때문에, 바울이 가혹한 편지에서 그들에게 심한 말을 한 것은 헛되기보다는[바울이 '손해를 보다'라는 뜻의 제미오오(*zēmioō*)를 사용한 다른 구절은 고

---

68 Chrysostom, "Homilies on the Epistles of Paul to the Corinthians 15:1," cited in Bray, *1-2 Corinthians*, 266.

전 3:15과 빌 3:8이다] 열매를 맺은 셈이다. 그들에 대한 바울의 사역이 효과를 본 것이다. 이는 바울이 2:15-16에서 똑같은 복음 메시지가 청중에게 정반대의 결과(한 사람에게는 죽음, 다른 사람에게는 생명)를 낳는다고 말하는 것과 비슷하다.

7:10 이 구절은 바울이 슬픔에 대해 말해온 원리에 입각한 결론으로 이어지고, 이 원리가 고린도 교인들에게 적용된다.

바울은 두 종류의 슬픔을 대조하되 더 깊이 성찰한다. 9절에서 경건한 슬픔이 회개로 이어진다고 말한 데 비해, 10절에서는 세 번째 요소를 더한다. 바로 구원이다. 경건한 슬픔이 회개로 이어지고 회개가 구원으로 이어진다. 이는 기계적으로 이해하면 안 되고, 더 넓은 신약의 가르침에서 떼어놓은 채 따로 이해해도 안 된다. 이 말은 감정적으로 슬픔을 경험한 뒤에 회개를 하는 것이 구원에 이르는 비밀 열쇠라는 뜻이 아니다. 오히려 회심 이후 자신의 죄에 대해 경건한 슬픔을 경험하고 그 결과 회개에 이르는 것이 최종적인 구원과 아름답게 또 자연스럽게 부합된다는 뜻이다. 완전함이 아니라 회개가 영혼을 최후의 구원에 이르게 한다.

바울은 두 번째로 "후회"를 언급한다(헬라어로는 '후회 없이'라는 뜻의 한 단어다). 8절에서 바울은 자기가 고린도 교인을 슬프게 하는 것을 후회하지 않는 이유는 그것이 회개에 이르는 관문이 되었기 때문이라고 했다. 이제 10절에서는 전반적으로 회개를 수반하는 경건한 슬픔의 본질에 관해 말한다. 이 경험은 당사자에게 쓰라린 후회의 뒷맛을 남기지 않는다. 여기서 신약의 가르침에 따르면 회개와 후회가 다르다는 것을 짚고 넘어갈 필요가 있다. 유다(마 27:3-5; 눅 22:3; 행 1:25)와 에서(히 12:17)는 쓰라린 후회를 경험했으나 둘 다 회개하지 않았다.[69] 어떤 죄에 대한 슬픔은 그 자체로 끝나고 속마음의 변화가 없다. 이것이 바로 바울이 마지막 부분에서 말하는 것이다. '세상적인 슬픔은 죽음에 이르게 한다.' 여기서 '죽음'은 신체적인 죽음이 아니라 앞쪽에 나온 "구원"의 정반대다. 이는 영원한 죽음을 가리킨다. 옛 시대 특유의 죄에 대한 슬픔(문자적으로 '세상의 슬픔')은 갈수록 완고한 마음에 정착하려는 마음을 낳고 결국에는 영원한 죽음에 이르게 된다.

7:11 바울은 이제 추상적인 것에서 구체적인 것으로, 원리에서 그 원리의 예증으로 움직인다. 디도와 바울에 대한 고린도 교인의 반응은 그들의 슬픔이 세상적인 것이 아니라 경건한 것이었음을 분명히 나타낸다. 바울은 그들의 경건한 슬픔이 일곱 가지 방식으로 나타났다고 말하면서 그것들을 열거한다.

(1) 간절함: 열정적인 준비를 갖춘 채 자기 좌석의 끝에 앉은 자세(12절, 8:7, 8, 16에도 나온다).

(2) 너희 자신을 해명하려는 열심: 냉담하게 어깨를 으쓱하지 않고 교정책에 대해 즉시 진심으로 반응하려는 강한 충동[헬라어로는 아폴로기아 (*apologia*)라는 한 단어이며, 다른 문맥에서는 공식적인 법적 변호를 의미한다(예. 딤후 4:16)].

(3) 분노: 본인의 것이든 남의 것이든 악행에 대해 격노하는 건강한 상태. 이 경우에는 다음 구절에 나오는 악행을 범하는 자를 겨냥하는 것으로 추정된다.

(4) 두려움: 본인의 단점에 대한 진실한 염려. 그리고 하나님 및 다른 신자와의 교제가 깨어진 것에 대한 놀람(우리는 이미 고후 5:11과 7:1에서 건강한 두려움을 살펴보았다).

(5) 사모함: 관계에 불화가 생겨서 깊고 조화로운 관계를 갈망하는 것(7절에도 나온다).

(6) 열정: 행동을 촉구하는 활기찬 열성[이 구절과 9:2에서처럼 긍정적으로 사용되기도 하고, 갈 5:20(여기서는 "시기"로 번역된다)에 나오는 육체의 일들처럼 부정적으로도 사용된다].

---

69 Bavink, *Reformed Dogmatics*, 4:138-139.

(7) 처벌: 공정한 보상이 실행되는 것을 보겠다는 진지한 결의로서, 아마 다음 구절에 나오는 악행을 범한 자를 향한 응징일 것이다(참고. 행 7:24; 롬 12:19; 살후 1:8; 히 10:30).

이 목록은 모든 것을 망라하지는 않고 경건한 슬픔이 어떤 모습인지 그 포괄적인 초상화를 그리고 있다. 이런 것들은 죄에 대한 경건한 슬픔이라는 태양에서 발산되는 밝은 광선들이다. 경건한 슬픔은 결코 안일한 것이 아니다. 오히려 점점 더 건강한 반응과 진정한 감정을 불러일으킨다. 그렇기 때문에 고린도 교인들은 이제 그들 슬픔의 이쪽 면에서는 '이 문제에 잘못이 없다'.

7:12-13a 앞서 보낸 바울의 '가혹한 편지'(참고. 2:4)는 일차적으로 고린도의 가해자나 피해자 중 어느 한 편과 관련된 것이 아니었다(참고. 2:5-11). 오히려 그 어려운 편지를 쓴 목적은 바울과 복음을 향한 고린도 교인들의 충성심이 진실하다는 것을 명백하게 드러내기 위해서였다. 고린도 교인들이 가해자를 징계한 것(2:5-11)은 그들이 신앙의 아버지인 사도 바울에게 헌신했음을 공개적으로 보여주었다. 놀랍게도 바울은 이런 헌신을 목격하는 주요 청중은 바로 고린도 교인들이라고 말한다("너희에게 나타나게 하려 함이로라"). 바울의 편지가 고린도 교인들로 하여금 제정신을 차리게 했다. 그들은 최근 바울이 없는 동안 충성을 받으려고 하는 거짓 교사들로 인해 자기기만으로 흔들리고 있었다. 그런데 바울과 복음을 향한 충성은 사람의 눈에만 보이는 것이 아니었다. 그것은 무엇보다도 '하나님 앞에 나타나는' 것이었다(4:2도 보라). 하나님은 모든 인간의 동기를 빠짐없이 객관적으로 보시는 분이다.

그 결과 "우리가 위로를 받았[다]". 바울은 고린도후서에 줄곧 나오는 핵심 개념으로 되돌아가서, 서두에 나오는 "모든 위로의 하나님"(1:3)에서 서로 주고받는 "위로"(13:11)와 편지 끝부분에 나오는 "성령의 교통하심"(13:14)까지 그 범위를 넓힌다. 바울은 이제 고린도 교인이 경건한 슬픔을 통해 회개에 이른 것이 충분히 입증되어 큰 안도의 숨을 쉰다.

7:13b 바울은 고린도 교인이 그 자신과 맺은 연대(2-7절)와 그들의 구속
적 슬픔(8-13a절)을 기뻐한다고 말한 후, 이제는 그들이 디도를 포용한 것
에 대한 기쁨을 표현한다(13b-16절). 바울은 자기가 위로를 받은 것뿐 아니
라(13a절) 디도가 경험한 것 때문에 더욱 기뻐한다. 이것이 인간관계에서
작용하는 복음의 논리다. 마치 하나님의 마음이 베푸는 것에 있고(요 3:16-
17), 그리스도의 중심 목적이 섬김을 받는 게 아니라 섬기는 것(막 10:44-
45)이듯, 기독교 제자도에서 가장 숭고한 기쁨은 남의 평안을 추구할 때 느
낄 수 있다. 크리스마스 이브가 되면 자녀들은 선물 받는 것을 고대하는
데 비해, 부모는 선물 주는 것을 고대한다(행 20:35). 바울은 고린도 교인들
로 인해 위로받은 것을 기뻐하지만, 그의 가장 큰 기쁨은 디도의 기쁨에서
비롯된다.

　그러면 무엇이 디도를 기쁘게 했는가? '그의 영이 너희로 인해 평안을
얻었다.' 이 단어(프뉴마)는 하나님의 영을 가리킬 때 사용될 수 있지만 여
기서는 인류학적으로 디도의 내적 상태를 가리키는 데 사용된다['영혼'(프
쉬케, *psychē*)과 비슷하지만 영혼이 지닌 영원성의 의미는 없다]. 바울이 쓴 글 중에 어
느 본문에서는 "위로"와 "기쁨"과 '평안'(개정개역은 "안심함")이라는 개념들
이 하나로 수렴된다. 바로 빌레몬서 1:7에서 바울이 빌레몬에게 말하는 내
용이다. "형제여 성도들의 마음이 너로 말미암아 '평안함'을 얻었으니 내가
너의 사랑으로 많은 '기쁨'과 '위로'를 받았노라." 여기서는 마음이 평안함
을 얻었다고 말하는데, 이는 '영'이 '평안'을 얻는다는 개념과 비슷하다. 디
도는 고린도 교인들에게 받아들여짐으로써 내면의 안식과 대인관계 상의
평온한 화합을 찾았다(예수님이 "내가 너희를 쉬게 하리라"고 말씀하시는 마 11:28에
도 이 단어가 사용되었다).

7:14 바울이 디도를 고린도 교인에게 보낼 때 그들에 대해 '좋게 말했던'
것이 분명하다. 바울은 다시금 '자랑하다'라는 표현을 사용해서 명민하게

그 자신이 사적으로 디도에게 그들을 칭찬한 것을 은근히 알게 한다. '자랑하다'의 반대말은 수치이므로, 바울은 그 점을 부정적으로도 진술한다. "내가…부끄럽지 아니하니."

이후 바울은 이 편지의 앞부분에서 납득시키려고 애썼던 점, 즉 그의 말에 악의가 없고 진실하고 온전하다는 점을 되풀이한다("우리가 여러분에게 모든 것을 진실하게 말한 것과 같이", 새번역). 진실한 말의 개념은 1:12-2:4에서 변호한 바 있다(그리고 1:14에서 고린도 교인을 "자랑"한 것을 주목하라). 바울이 항상 고린도 교인에게 진실한 말을 한 것처럼, 그들에 대해 디도에게 자랑한 것도 참된 말로 입증되었다. 흥미롭게도 바울은 그의 진실한 말을 고린도 교인의 순종과 연결시킨다. 만일 고린도 교인이 그의 '고통스러운 편지'를 받고 회개하지 않는 세상적인 슬픔으로 반응했다면, 바울의 자랑이 거짓말로 입증되었을 것이다. 여기서 바울이 그 자신과 고린도 교인이 얼마나 밀접하게 묶여 있다고 보는지(참고. 6:11-13; 7:2-3)를 가늠할 수 있다. 그들의 운명은 곧 바울의 운명이다.

7:15 "심정"이라는 단어[스플랑크나(*splanchna*)]는 6:12에서도 사용되어 거기서도 "심정"으로 번역되었다. 이 단어는 본래 몸의 창자 내지는 내장을 가리키는 것으로, 깊은 감정이 실린 용어다. 우리는 디도가 고린도에서 보낸 시간을 그의 멘토와 함께 뒤돌아보면서 서로 부둥켜안는 모습을 그릴 수 있다. 사도 바울이 고린도 교인의 "순종"에 관해 듣고 나서 그의 어깨가 누그러지고 천천히 숨을 내쉬는 모습을 상상할 수 있다. 그것도 그들 중 소수가 아니라 "너희 모든 사람들"이 순종했다고 하니 얼마나 안심이 되었겠는가. 이는 공동체 전체의 회개다. 더구나 디도가 그들의 사랑과 애정이 커진 것을 가리키며 고린도 방문에 대해 반추할 때, 바울은 디도의 얼굴이 빛나는 것을 목격했다. 그들은 디도를 냉정하고 초연한 자세로 맞아들인 게 아니라 '두렵고 떨리는 마음으로 영접했다'. "두렵고 떪으로"[메타 포부 카이 트로무(*meta phobou kai tromou*)]라는 어구는 바울이 여러 번 사용하는데(고전 2:3; 엡 6:5; 빌 2:12), 으레 생각하듯 '심각한 위험을 직면해 치명적으로 떠는

것'을 의미하지 않는다. 오히려 이 어구는 '영원한 운명이 걸려 있음을 유념하는, 지극한 진지함과 전심어린 성실함'을 가리킨다. 고린도 교인은 디도를 사랑하는 형제요 복음의 동역자로 받아들였다. 그들은 그를 마음속 깊이 영접했다.

7:16 최종 결론은 불가피하게 "내가…기뻐하노라"라는 말이다. 고린도 교인이 바울과 복음에 대해 주저하며 어느 정도만 충실하게 반응한 것이 아니다. 그들은 온전한 충성을 다했다. 이 본문은 '모든 일에서 나는 너희를 신뢰한다'로 번역될 수 있다. 사실 부분적인 순종은 결코 순종이 아니다. 그런 순종은 우리가 언제 순종하고 언제 순종하지 않을지를 여전히 선택하는 것이기 때문이다. 참된 순종은 그 본질상 총체적이다. 진정한 순종은 '모든 일에서' 순종한다.

그래서 바울이 그들을 신뢰한다. 이 단어(타르레오)는 바울이 장래 부활에 대한 그리스도인의 확신을 말할 때(5:6, 8) 사용한 것이고, 앞으로 고린도 교인에 대한 바울의 담대함을 이야기할 때(10:1, 2) 다시 사용할 것이다. 이 용어는 강철 같이 확고한 마음과 결의를 가리킨다. 바울은 디도를 통해 고린도 교인의 영적 건강에 대해 확신했고, 이제는 그들에 대한 온전한 신뢰를 확신시킨다.

〰〰〰 **응답** 〰〰〰

이 타락한 세상에서 참된 기쁨을 어디서 찾을 수 있을까? 물론 우리에게 필요한 모든 것이 그리스도 안에 있다(빌 3:8). 그러나 선교 개척자인 바울에게 인간 상호 간의 우정이 얼마나 중요한지를 주목해야 한다. 바울은 그 자신과 고린도 교인들이 서로 화평하다는 것을 알고는 기쁨이 넘쳤다. "내게 사는 것이 그리스도니 죽는 것도 유익함이라"(빌 1:21)고 말했던 그 사도가 친구들에게 "너희가 우리 마음에 있어 함께 죽고 함께 살게 하고자 함이라"(고후 7:3)고 말한다. 수직적 교제는 기본이다. 그러나 수평적 교제는 인간으로서 풍성한 삶을 사는 데 필수불가결하다.

그런데 이 수평적인 교제는 무척 혼잡하다. 우리는 모두 다른 신자들과의 관계에서 실패한 경험이 있을 것이다. 오해, 실망, 의도치 않은 상처 등이 적지 않다. 한마디로 슬픔이다. 하지만 고린도후서 7장은 우리에게 앞날에 대한 청사진을 제공한다. 대인관계 상의 슬픔이 우리를 완고한 마음이 아니라 부드러운 마음으로, 자기정당화가 아니라 회개로, 자기 자신이 아니라 다른 사람을 향해 나아가도록 이끌어준다면, 우리는 세상적인 슬픔이 아니라 경건한 슬픔에 의지해서 움직일 수 있다. 그런 겸손의 토양에서는 인간관계가 더욱 깊어져서 꽃을 피울 것이고, 예전보다 더 깊은 교제를 즐기게 될 것이다.

7장

1 형제들아 하나님께서 마게도냐 교회들에게 주신 은혜를 우리가 너희에게 알리노니 2 환난의 많은 시련 가운데서 그들의 넘치는 기쁨과 극심한 가난이 그들의 풍성한 연보를 넘치도록 하게 하였느니라 3 내가 증언하노니 그들이 힘대로 할 뿐 아니라 힘에 지나도록 자원하여 4 이 은혜와 성도 섬기는 일에 참여함에 대하여 우리에게 간절히 구하니 5 우리가 바라던 것뿐 아니라 그들이 먼저 자신을 주께 드리고 또 하나님의 뜻을 따라 우리에게 주었도다

1 We want you to know, brothers,*1* about the grace of God that has been given among the churches of Macedonia, 2 for in a severe test of affliction, their abundance of joy and their extreme poverty have overflowed in a wealth of generosity on their part. 3 For they gave according to their means, as I can testify, and beyond their means, of their own accord, 4 begging us earnestly for the favor*2* of taking part in the relief of the saints— 5 and this, not as we expected, but they gave themselves first to the Lord and then by the will of God to us.

⁶ 그러므로 우리가 디도를 권하여 그가 이미 너희 가운데서 시작하였은즉 이 은혜를 그대로 성취하게 하라 하였노라 ⁷ 오직 너희는 믿음과 말과 지식과 모든 간절함과 우리를 사랑하는 이 모든 일에 풍성한 것 같이 이 은혜에도 풍성하게 할지니라

⁶ Accordingly, we urged Titus that as he had started, so he should complete among you this act of grace. ⁷ But as you excel in everything—in faith, in speech, in knowledge, in all earnestness, and in our love for you³—see that you excel in this act of grace also.

⁸ 내가 명령으로 하는 말이 아니요 오직 다른 이들의 간절함을 가지고 너희의 사랑의 진실함을 증명하고자 함이로라 ⁹ 우리 주 예수 그리스도의 은혜를 너희가 알거니와 부요하신 이로서 너희를 위하여 가난하게 되심은 그의 가난함으로 말미암아 너희를 부요하게 하려 하심이라 ¹⁰ 이 일에 관하여 나의 뜻을 알리노니 이 일은 너희에게 유익함이라 너희가 일 년 전에 행하기를 먼저 시작할 뿐 아니라 원하기도 하였은즉 ¹¹ 이제는 하던 일을 성취할지니 마음에 원하던 것과 같이 완성하되 있는 대로 하라 ¹² 할 마음만 있으면 있는 대로 받으실 터이요 없는 것은 받지 아니하시리라 ¹³ 이는 다른 사람들은 평안하게 하고 너희는 곤고하게 하려는 것이 아니요 균등하게 하려 함이니 ¹⁴ 이제 너희의 넉넉한 것으로 그들의 부족한 것을 보충함은 후에 그들의 넉넉한 것으로 너희의 부족한 것을 보충하여 균등하게 하려 함이라 ¹⁵ 기록된 것같이 많이 거둔 자도 남지 아니하였고 적게 거둔 자도 모자라지 아니하였느니라

⁸ I say this not as a command, but to prove by the earnestness of others that your love also is genuine. ⁹ For you know the grace of our Lord Jesus Christ, that though he was rich, yet for your sake he became poor, so that you by his poverty might become rich. ¹⁰ And in this matter I

give my judgment: this benefits you, who a year ago started not only to do this work but also to desire to do it. [11] So now finish doing it as well, so that your readiness in desiring it may be matched by your completing it out of what you have. [12] For if the readiness is there, it is acceptable according to what a person has, not according to what he does not have. [13] For I do not mean that others should be eased and you burdened, but that as a matter of fairness [14] your abundance at the present time should supply their need, so that their abundance may supply your need, that there may be fairness. [15] As it is written, "Whoever gathered much had nothing left over, and whoever gathered little had no lack."

[16] 너희를 위하여 같은 간절함을 디도의 마음에도 주시는 하나님께 감사하노니 [17] 그가 권함을 받고 더욱 간절함으로 자원하여 너희에게 나아갔고

[16] But thanks be to God, who put into the heart of Titus the same earnest care I have for you. [17] For he not only accepted our appeal, but being himself very earnest he is going[4] to you of his own accord.

[18] 또 그와 함께 그 형제를 보내었으니 이 사람은 복음으로써 모든 교회에서 칭찬을 받는 자요 [19] 이뿐 아니라 그는 동일한 주의 영광과 우리의 원을 나타내기 위하여 여러 교회의 택함을 받아 우리가 맡은 은혜의 일로 우리와 동행하는 자라 [20] 이것을 조심함은 우리가 맡은 이 거액의 연보에 대하여 아무도 우리를 비방하지 못하게 하려 함이니 [21] 이는 우리가 주 앞에서뿐 아니라 사람 앞에서도 선한 일에 조심하려 함이라 [22] 또 그들과 함께 우리의 한 형제를 보내었노니 우리는 그가 여러 가지 일에 간절한 것을 여러 번 확인하였거니와 이제 그가 너희를 크게 믿으므로 더욱 간절하니라 [23] 디도로 말하면 나의 동료요

너희를 위한 나의 동역자요 우리 형제들로 말하면 여러 교회의 ¹⁾사자들이요 그리스도의 영광이니라 ²⁴ 그러므로 너희는 여러 교회 앞에서 너희의 사랑과 너희에 대한 우리 자랑의 증거를 그들에게 보이라

¹⁸ With him we are sending⁵ the brother who is famous among all the churches for his preaching of the gospel. ¹⁹ And not only that, but he has been appointed by the churches to travel with us as we carry out this act of grace that is being ministered by us, for the glory of the Lord himself and to show our good will. ²⁰ We take this course so that no one should blame us about this generous gift that is being administered by us, ²¹ for we aim at what is honorable not only in the Lord's sight but also in the sight of man. ²² And with them we are sending our brother whom we have often tested and found earnest in many matters, but who is now more earnest than ever because of his great confidence in you. ²³ As for Titus, he is my partner and fellow worker for your benefit. And as for our brothers, they are messengers⁶ of the churches, the glory of Christ. ²⁴ So give proof before the churches of your love and of our boasting about you to these men.

8장

1) 헬, 사도들

1 Or *brothers and sisters 2* The Greek word *charis* can mean *favor or grace or thanks*, depending on the context *3* Some manuscripts *in your love for us 4* Or *he went 5* Or *we sent*; also verse 22 *6* Greek *apostles*

가난함을 통한 풍부함

이번 장은 하나님의 은혜와 인간의 베풂에 관한 내용이다. 베풂이 없는 은혜는 일종의 기만이고 진정한 은혜가 아니다. 은혜가 없는 베풂은 사회 개량주의이고 괴짜 그리스도인을 더 괴짜로 만들 뿐이다. 그러나 복음에 나타난 하나님의 은혜, 우리가 마땅히 받을 것과 상관없이 터무니없이 베푸시는 과분한 은혜가 마음속에 흘러들어오면, 꽉 쥐었던 손이 부드럽게 열리고 우리는 관대함의 기쁨을 누리게 된다.

이번 장에서 바울은 마게도냐 교인들의 놀라운 헌금에 대해 성찰하면서(1-5절), 사랑하는 고린도 교인들에게 그들이 받을 모든 유익에 비추어(8-15절) 그 마게도냐 교인들의 본보기를 따르도록 촉구한다(6-7절). 이후 고린도 교인의 선물을 받으려고 오는 삼인조 대리인단을 설명한다(16-24절).

〜〜〜〜 단락 개요 〜〜〜〜

8장

≋≋≋≋ 주석 ≋≋≋≋

8:1 바울은 고린도 교인에 대한 큰 신뢰를 표현한 만큼(7:16), 이제는 자연스럽게 예루살렘의 신자들을 위해 관대하게 헌금하도록 호소한다. 하지만 첫 발걸음은 상관관계를 통한 외교 전략이다. 그는 고린도 교인들에게 가난에 빠진 마게도냐 신자들의 관대한 모습을 알려준다. 바울은 부드럽게 고린도 교인들에게 마게도냐 신자들과 선의의 경쟁을 벌일 기회를 주고 있다. 이는 "성도들의 쓸 것을 공급하[는]" 면에서 "서로 우애하고 존경하기를 서로 먼저 하[는]" 경쟁이다(롬 12:10, 13).

놀랍게도 바울은 마게도냐의 관대한 헌금을 하나님의 은혜의 선물이라 부른다. 이는 바울이 이 편지에서 줄곧 "은혜"(카리스)를 유연하게 사용하는 방식과 일치한다. 이 말은 무슨 뜻인가? 일부 기독교 진영에서는 "은혜"라는 말을 성경에서 거론되는 여러 방식 중 하나로 국한시키는 경향이 있다. 그러나 성경의 전반적인 가르침에 따르면, 하나님의 은혜는 우리가 받을 선물일 뿐만 아니라 사랑이 다른 이들에게 흘러가게 하는 통로이기도 하다. 하나님의 은혜는 용서하는 것과 변화시키는 것을 모두 포함한다. 사실 후자가 없으면 과연 전자가 존재하는지 묻지 않을 수 없다. 그리고 우리는 자신의 영적 자원으로 그런 사랑의 행위를 만들어낼 수 없기 때문에 그것은 오직 '하나님의 은혜'로만 가능하다고 말해야 한다.

8:2 1절은 마게도냐 교회들이 하나님의 은혜를 경험했다고 일러준다. 2절은 어떻게 경험했는지를 말해준다. 바울은 이미 마게도냐에서 끔찍한 시련을 겪었다고 말했다(7:5, 참고. 2:13-14). 바울만 그랬던 것은 분명 아니다. 마게도냐 신자들 역시 "환난[틀립시스, 참고. 1:4, 8; 2:4; 4:17; 6:4; 7:4]의 많은 시련[도키메, 참고. 2:9, 9:13]"을 겪고 있었다. 바울이 이 환난의 정확한 성격을 밝히지 않는 만큼 주석가들과 설교자들은 억측을 자제할 필요가 있다. 바울은 단지 "극심한 가난"만 말할 뿐이다. 하지만 물질적 부족 하나가 바울이 "환난의 많은 시련"이라 부르는 것을 모두 포함할 수는 없다. 주목할 점은, 이런 역경이 끝난 뒤가 아니라 그 와중에 마게도냐 신자들이 관대하게 헌금했다는 사실이다. 고린도후서 전체에 나오듯이, 여기서도 약함과 강함, 죽음과 생명은 상호배타적이면서도 십자가에서 죽고 부활하신 그리스도와 연합한 이들의 삶에서는 서로 겹치는 실재들이다.

바울이 그들의 관대함을 묘사하는 방식이 무척 매력적이다. 그 이미지는 "극심한 가난"과 결합된 "넘치는 기쁨"이 비범한 관대함이라는 유력한 칵테일을 만들어내는 모습이다. 이는 '풍부한[플루토스(*ploutos*), 부자들이 지배하는 '금권 정치'와 연관된 단어] 관대함'으로 드러나는 '흘러넘치는'(이 동사가 1:5에 두 번 사용된다, 참고. 3:9; 4:15) 관대함이었다. '관대함'[하플로테스(*haplotēs*), 개역개정은 "풍성한"]으로 번역된 단어는 성실함 또는 순박함을 의미하고, 바울이 종이 주인에게 "성실한[하플로테스] 마음"으로 순종해야 한다고 말할 때 사용한 것이다(엡 6:5; 골 3:22). 요점은 마게도냐 교회의 헌금은 그리스도인의 순수한 사랑과 기쁨 이외의 목적으로 추진되지 않았고, 타산적인 것도 아니었다는 점이다(참고. 마 6:1-4).

8:3 마게도냐 신자들의 흘러넘치는 관대함을 보여주는 증거는 그들이 베푸는 정신(2절)뿐만 아니라 그 정도(3절)에도 나타난다. 바울은 마게도냐 신자들의 헌금을 두 가지 차원에서 말한다.

첫째, 그들은 "힘대로" 했다[힘으로 번역된 단어는 뒤나미스(*dynamis*)로 4:7; 6:7; 12:9에서는 "능력"으로 번역된다]. 그들은 타당한 기대치에 걸맞게 베풀었다. '그들의 능력 안에서' 헌금했다고 말해도 무방하다.

그러나 이 구절의 진짜 요점은 두 번째 차원이다. 그들은 신중하게 타당한 정도로 헌금했을 뿐만 아니라 "힘에 지나도록"(여기서도 뒤나미스를 사용한다) 헌금했다. 그들은 타당한 기대치를 뛰어넘는 헌금을 한 것이다. 그들은 자신을 위해 챙기기보다 상대방을 먼저 배려하는 방식으로 베풀었다. 이것은 '나의 삶을 위한 너의 삶'과 상반되는 '너의 삶을 위한 나의 삶'이라는 사고방식이다. 바로 희생적으로 자기를 내어주신 그리스도의 사고방식이다(9절).

"자원하여"라는 어구는 헬라어 단어 아우타레토스(*autharetos*)를 번역한 것으로 신약에서 이곳과 17절에만 나오는 단어다. 이는 외부의 강제력에 의한 행동과 정반대다. 바울이 그들에게 강요한 것이 아니다. 그들의 헌금은 성령이 주신 새 시대의 생명을 반영하는 것이었다. 이는 '바깥에서 안으로'가 아니라 '안에서 바깥으로' 표출되는 행동이다(참고. 3:3, 6, 18; 4:6, 16-18).

8:4 마게도냐 신자들의 헌금이 내적 동기로 유발되었다는("자원하여") 것은 그들의 외적 행동에 나타난다. "그들은 성도들을 구제하는 특권에 동참하게 해 달라고, 우리에게 간절히 청하였습니다"(새번역). "간절히"는 문자적으로 '많은 위로와 함께'인데, 이는 '환난 중에 위로'라는 이 편지의 큰 주제와 연결된다. ESV 각주가 부각하듯이, 여기에 나오는 '특권'(개역개정은 "은혜")은 1절에서 마게도냐의 신자들에게 주신 '하나님의 은혜'를 말할 때 사용했던 그 단어(카리스)다. 그들은 단지 은총을 요청한 것이 아니다. 그들이 전해 받은 것("은혜")을 남들에게 전해주기를 간절히 열망했다. 그들은 참으로 새로운 삶, 도래하는 종말의 삶으로 부름 받았고, 성령이 그들 가운데

살아 계셨다. 하늘이 그들 가운데 뿌리를 내렸다. 하나님께서 이미 그들을 '구제하려고' 오셨기 때문에 그들도 주 안에서 형제 자매된 자들을 '구제하는' 일에 동참하기를[코이노니아(koinōnia), 교제, 나눔] 간절히 원했다. 은혜를 받은 그들이 남들에게 은혜 베풀기를 갈망한 것이다.

8:5 '기대했다'라는 뜻의 단어는 보통 '바랐다'[엘피조(elpizō)]로 번역되지만, 여기서 이 동사는 마게도냐 신자들이 바울이 예상했던 것보다 더 많이 주었다는 뜻인즉 '기대했다'가 최상의 번역이다. 마게도냐 신자들은 무엇을 주었는가? 앞에서 바울은 그들이 베푼 정신과 정도에 대해 말했으나 이제는 그들이 돈 이외에 준 것에 대해 말한다. '그들이 그들 자신을 드렸다.'

물론 그렇다. 만일 마게도냐 신자들이 힘에 지나도록 또 환난 중에도 즐거운 마음으로 드렸다면, 이는 그들 자신을 드린 것이 아니고 무엇이겠는가? '그들의 재정적 드림은 더 깊은 드림의 외적 양상이었을 뿐이다.' 돈은 빙산의 일각이었다. 만일 마게도냐 신자들이 그들 자신을 예루살렘 신자들에게 넘겨주지 않았다면, 그들은 결코 돈을 주지 않았을 것이다. 마게도냐 교회들은 바울이 다른 곳에서 가르치는 교훈, 즉 그리스도와 연합한 이들은 따라서 서로 연합한 것이라는 교훈을 실천하고 있었다. 몸의 한 지체가 고통을 받으면 나머지 지체들도 함께 고통을 받는다(고전 12:12-27).

그들 자신을 다른 신자들에게 내어주는 것은 그보다 더 깊은 실재를 가리킨다. 그들이 "먼저 자신을 주께" 드렸던 것이다. 자신을 하나님께 양도하는 일은 희생적으로 자기를 남들에게 내어주는 일의 선제 요건이다. 수직적으로 자기를 넘겨주는 일이 없으면, 수평적으로 자기를 넘겨주는 일은 불성실함이나 위선이나 겉치레에서 나오는 헛된 바리새주의다.

8:6 바울이 이제는 마게도냐의 헌금에서 고린도의 헌금으로 전환한다. 디도는 작년에 그들을 방문했을 때 예루살렘 교회를 위한 재정 후원에 참여하도록 권유하는 일을 시작했었다. 아마 고린도 교인들이 이미 헌금하기 시작했거나 헌금하겠다고 약속만 했을 것이다(11-12절을 감안하면 후자일 가능

성이 더 많다). 어느 경우든 간에, 바울과 디도가 보기에는 고린도 교인들의 편에서 중요한 탄력이 붙었다고 믿을 만한 이유가 있다. 그래서 바울이 그들에게 그것을 완수하도록 촉구한다(11절에서 다시 그럴 것이다). 그리스도인의 삶은 시작하는 일뿐 아니라 유지하고 완수하는 일이 중요하다. 이는 바울이 갈라디아 교인들과의 관계에서 직면했던 큰 딜레마였다(갈 1:6; 3:3, 참고. 빌 1:6). 여기서 바울은 모금 과정에서 디도의 역할이 매우 중요하다고 생각하여 (그 헌금은 디도의 것이 아니라 고린도 교인의 것인데도), 디도에게 고린도 교인들의 헌금을 완수하는 일을 맡으라고 요청한다.

바울은 마게도냐 신자들의 관대함을 "은혜"의 사안으로 불렀다(고후 8:1, 4). 이제는 (디도를 경유하는) 고린도 교인의 관대함에도 '이 은혜(카리스, 참고. 7절)의 일'이라고 똑같은 딱지를 붙인다. 본인의 자원을 다른 신자에게 주는 일은 신성하다. 하늘의 사역이다. 이것은 옛 시대의 사고방식에서 벗어나 새 시대의 사고방식으로 들어가는 것이다. 이것은 영원의 공기를 내쉬는 것이며, 이는 하나님의 은혜를 맛보지 못한 사람들에게는 너무나 희박한 공기다.

8:7 바울은 이미 고린도 교인들에게 그들의 영적 건강을 신뢰한다고 확신시켜주었다(1:13-14; 7:4, 7, 11, 14). 이제는 이것을 지렛대로 삼아 구체적인 사랑의 행위를 하도록 권면한다. 즉 이 사랑의 행위에서도 '뛰어나라'고 한다[이 구절에 두 번 사용된 '뛰어나다'(개역개정은 '풍성하다')는 2절에서 '넘치다'로 번역된 단어다. 바울은 마게도냐 신자들처럼 관대함에서 풍성하라고 권면하듯이, 다른 많은 은혜에서 풍성한 것처럼 이 점에서도 풍성하라고 한다].

이 본문의 논리를 주목하라. 고린도 교인들에게 은혜의 여러 모습이 나타나듯이, 은혜의 이런 모습(재정적 관대함) 역시 잘 드러나야 한다. 신약의 기독교에서 부분적 순종은 결코 순종이 아니다. 만일 누군가가 자신을 주님께 정말로 드렸다면(참고. 5절), 밖으로 드러나는 사랑의 실천이 자연스럽게 따라온다. 바울은 다른 곳에서 성령의 '열매들'(복수)이 아닌 "열매"(단수)에 대해 말한다(갈 5:22-23, 물론 아홉 가지 특징을 열거하지만). 달리 말하면 아무도 일부는 옛 시대에, 일부는 새 시대에 속할 수 없는 법이다. 누구나 근본 적으로 어느 한 시대에 속해 있지만, 새 시대로 옮겨진 자들이 여전히 옛 시대의 (지금은 안 어울리는) 유물에 시달리고 있다. 그런즉 바울은 지금 고린 도 교인들에게 이미 자리 잡은 다른 미덕들에 또 하나의 미덕을 더하라고 권면하는 것이 아니다. 그들이 진실로 새 시대에 속해 있음을, 그들이 진실 로 그리스도 안에 있음을 증명하라고 권면하고 있다.[70]

8:8 바울의 호소가 너무나 열렬해서 그는 잠시 멈추고 고린도 교인이 그 를 오해하지 않도록 확실히 조치한다. 그는 재정적 관대함에 대한 촉구를 (차갑고, 딱딱하고, 순전한 권위를 내세워서) "명령으로" 한 것이 아니다. 물론 바울 은 사도인 만큼 얼마든지 그런 권위를 행사할 수 있었지만 말이다. 그 대 신 오네시모와 관련해 빌레몬에게 호소한 것처럼(몬 1:8-9), 사랑에 호소한 다. 그는 전면적인 공격을 하지 않고 부드럽게 뒷문으로 들어온다. 바울이 마게도냐 신자들의 헌금을 이야기한 것은 고린도 교인에게서 똑같은 것을 부드럽게 유도하기 위해서다. 고린도 교회의 그런 헌금은 그들의 사랑을 창조하지 않고 확증해줄 것이다. 그들의 관대함은 바울이 7:11과 8:7에서 밝힌 그 사랑을 표면에 떠오르게 할 것이다[여기서 '증명하다'로 번역된 도키마조 (dokimazō)는 22절에서 '확인하다'로, 13:5에서 '확증하다'로 번역된 단어다].

8:9 바울은 마게도냐 신자들의 헌금을 "은혜"(1절)라고, 그리고 고린도 교 인들의 헌금도 "은혜"(6절)라고 말했는데, 이제는 주 예수의 베푸심 역시 "은혜"라고 말한다. 이렇게 함으로써 다른 신자들에게 희생적으로 베푸는 가장 깊은 이유를 말하기 시작한다. 바로 복음 그 자체다. 바울은 방금 자 기가 "명령"을 내리는 것이 아니라고 말했다(8절). 단순한 명령은 순종적인 헌금을 요구할 것이다. 명령은 의지에 작용한다. 하지만 복음을 이야기하

---

70 ESV 각주가 가리키듯이, 여기서 "너희에 대한 우리의 사랑 안에서"로 번역된 어구는 사본에 따라 차이가 있다. 그 뜻은 '우리가 낳은, 너희 안에 있는 그 사랑 안에서'인 듯하다.

면 마음을 파고든다. 명령은 의지에 지렛대를 갖다 대지만 복음은 애정에 호소한다.

바울이 행하는 일을 주목하라. 그는 단순하게 복음을 이야기하는 것이 아니다. 복음을 '돈의 견지에서' 이야기한다. 이렇게 말하지 않는다. "너희가 우리 주 예수 그리스도의 은혜를 알다시피 그분은 너희 죄를 용서하려고 너희에게 자신의 생명을 주셨다." 그는 현재의 이슈, 즉 재정 이슈에 맞추어 복음을 묘사한다. 그리스도는 성육신하기 이전에는 '부유했고' 천사들이 있는 곳에서 아버지와 끊임없이 교제를 나누는 등 지극히 행복한 상태였다. 그런데 그분이 '가난하게 되었다'. 그리스도는 이루 말할 수 없는 연민에 이끌려 스스로 낮아져서 죽을 인간의 몸을 입고 이 땅에 오셨다. 그는 죄를 제외하고(히 4:15) "범사에[모든 점에서] 형제들과 같이 되[신]" 것이다(히 2:17). C. S. 루이스는 "당신이 그 의미를 파악하고 싶다면, 당신이 어떻게 민달팽이나 게가 되고 싶은지 생각해보라"[71]고 썼다. 억만장자가 악운 때문에 가난하게 되는 것과 남을 위해(헬라어 본문에는 "너희를 위하여"가 맨 먼저 나와서 강조되어 있다) 기꺼이 가난하게 되는 것은 별개다. 그리고 억만장자가 자기 원수들을 위해 가난하게 되는 것(참고. 롬 5:6-11)은 또 다른 일이다. 아울러 예수님이 가난을 받아들이신 것은 한갓 화려한 과시가 아니었다. 겉보기를 위한 제스처가 아니었다. "그의 가난함으로 말미암아 너희를 부요하게 하려 하심이라." 은혜 안에서 부유하고, 아버지의 사랑 안에서 부유하며, 영원한 유산을 확보해서 부유하게 만들기 위해서다(참고. 벧전 1:4). 이는 모든 재정적 행운을 무색하게 하는 부유함이다.

과분하게도 우리가 그런 풍부함을 선물로 받고 그런 사랑에 푹 잠긴 만큼, 사랑의 삶이 제공하는 진정한 안정과 즐거움을 위해 재산이 주는 가짜

---

71 Lewis, *Mere Christianity*, 179. 성육신에 관한 역사적 논의로 가장 유명한 책은 Athanasius, *On the Incarnation*. 《말씀의 성육신에 관하여》(죠이북스)이며 여러 판본이 있다. 현대적 논의는 다음 책을 보라. John Clark and Marcus Johnson, *The Incarnation of God: The Mystery of the Gospel as the Foundation of Evangelical Theology* (Wheaton, IL: Crossway, 2015).

안정과 즐거움을 기꺼이 포기하지 않을 수 있겠는가? 그런 은혜에 경이감을 느끼면 우리가 관대한 마음을 품지 않을 수 없다.

8:10-11 여기서 '판단'(개역개정은 "뜻")으로 번역된 헬라어 단어는 보통 하나님의 평가[이 경우에는 크리마(*krima*, 예. 롬 2:2) 또는 크리시스(*krisis*, 예. 살후 1:5)를 쓴다]를 거론할 때 사용되는 단어가 아니다. 여기서 사용된 단어[그노메(*gnōmē*)]는 '지식'을 가리키는 단어군과 관련된 것으로 어떤 사안에 대한 타당한 결론을 가리킨다(몬 1:14에서는 "승낙"으로, 계 17:13, 17에서는 "뜻"으로 번역된다). 이는 "명령"(고후 8:8)을 내리는 것과 정반대다. 그러면 바울의 의견은 무엇인가? 고린도 교인들이 궁극적으로 헌금을 통해 유익을 얻는다는 것이다. "이 일은 너희에게 유익함이라." 그들의 희생은 곧 그들의 만족이다. 그들의 비움은 곧 그들의 채움이다. 다시금 복음이 이 타락한 세상에서 번창하는 법에 관한 우리의 직관적 생각을 뒤집어놓는 것을 보게 된다.

10절의 끝부분이 11절로 이어져서, 그들이 이미 시작했기에 이제 그 일을 완수하게 하라는 논점이 전개된다(참고. 6절). 무산된 충실함은 전혀 충실함이 아니다. 동일한 단어가 '끝내다'와 '완성하는'[에피텔레오(*epiteleō*)]의 저변에 있고 이는 6절('성취하다')에서도 사용되었다. 이는 이미 시작된 것을 완성시키거나 완수하는 것을 말한다. 11절 후반부의 요점은 헌금하겠다는 그들 애초의 열정이 그 완성과 조화를 이루는 편이 옳다는 것이다. 만일 애초의 열정이 식어버렸다면, 그 애초의 흥분은 가볍고 허망한 것, 즉 육신적 열정에서 나왔으며 경건한 의향을 반영한 것이 아니었다고 결론을 내릴 수밖에 없다. 따라서 그 일은 반드시 진정한 믿음을 증명하고(약 2:14-26), 재정적 관대함을 완수하는 일은 애초의 의향의 진정성을 증명한다. 고린도 교인들은 물론 그들이 할 수 있는 만큼 헌금해야 한다. "여러분이 가지고 있는 것으로"(새번역). 복음으로 촉발된 헌금은 불가능한 것을 드린다는 뜻이 아니다.

8:12 "할 마음만 있으면"은 기꺼이 바칠 열정, 튀어나갈 자세, 바울이 이

미 마게도냐 교인들의 것으로 말한 태도(1-5절)를 의미한다. 이는 드릴 길을 찾고 있다가 그런 통로를 못 찾으면 실망하는 마음이다. 반면에 드릴 기회로부터 물러서다가 그런 기회가 생기면 실망하는 그런 마음이 아니다.

이런 식으로 마음이 복음에 잘 맞춰지면, 헌금은 즐겁게 드리는 구약 제물처럼 '용납될 수 있다'(6:2에서 "은혜 받을 만한"으로 번역된 단어). 이 단어가 간신히 용납되는 선물로 들릴지 모르지만 사실은 그런 뜻이 아니다. 그런 선물은 완전히 만족스럽다는 뜻이다. 누구에게? 하나님에게. 고린도 교인들은 다른 신자들에게 베풀도록 권면을 받지만 그와 관련된 주된 당사자는 하나님이다.

바울이 본인의 소유에 따라 바치도록 권유한다고 해서 희생적인 헌금을 억제하려는 것은 아니다. 복음(8:9)은 우리에게 미지근한 관대함이 아니라 아끼지 않는 관대함을 요구한다. 바울은 우리에게 없는 것은 줄 수 없다고 말할 뿐이다.

8:13-14 바울이 간결한 문체(헬라어로는 열 단어)로 또 다른 반론을 차단한다. 8절에서는 사도적 권위로 고린도 교인들에게 명령하고 있다는 오해를 차단한 바 있다. 이번에는 예루살렘 교회의 어려운 형편과 고린도 교회의 부유함을 뒤바꿔야 한다고 주장하고 있다는 오해를 불식시킨다. '평안하게 하다'라는 단어는 다른 곳에서 '편안함'[아네시스(*anesis*), 예. 2:13; 7:5]으로 번역되어 있고, '곤고하게 하다'(틀립시스)는 이제 우리 독자들에게 익숙한 단어다. 보통은 "환난"으로 번역되었다(1:4, 8; 2:4; 4:17; 6:4; 7:4; 8:2). 바울은 지금 고린도 교인들에게 헌금을 해서 그들은 환난 속에 들어가는 반면 예루살렘 신자들은 편안함 속에 들어가게 하라고 제안하는 것이 아니다. 오히려 바울의 목표는 13절과 14절의 마지막 단어에 포착되어 있다. '균등함' 내지는 '공평함'이다.

일부 주석가들은 바울이 13-14절을 순전히 재정적 견지에서 말하고 있는 것으로 이해한다. 물론 앞으로 언젠가 예루살렘 신자들이 여분을 갖게 되고 고린도 교인들이 궁핍한 처지에 놓인다면, 현재 고린도가 예루살렘을 돕도록 촉구 받고 있듯이 예루살렘 교회가 고린도 교회를 도울 수 있을 것이다. 그러나 바울이 예루살렘이 고린도 교인들의 부족한 것을 채운다고 말할 때는 그보다 더 깊은 '풍성함'과 '필요'를 염두에 두고 있다. 고린도후서 전체에 퍼져 있는 주제, 즉 우리가 줌으로써 받고, 우리가 약함으로써 강하고, 우리가 죽음으로써 생명을 얻는다는 주제를 기억하면, 바울은 14절에서 고린도 교인들이 예루살렘 성도들을 구제하는 일은 고린도 교인의 영적 유익을 위한 것이라고 말하는 듯하다. 그래서 10절에서 "이 일은 너희에게 유익함이라"고 말한다. 8장 내내 바울은 금전적 관대함을 "은혜"라고 말했다. 다른 사람에게 베푸는 것은 우리의 마음속 거짓된 안정감을 느슨하게 하고, 베푸시는 하나님의 마음을 경험하도록 우리를 더 높이 또 더 깊이 이끌어준다.

8:15 바울은 시사성이 많은 구약 본문을 인용하면서, 본인의 자원을 아끼지 않는 것은 개인적 유익을 준다는 논점을 납득시키고 있다. 인용문은 이스라엘 백성이 이집트의 속박에서 풀려난 직후 하늘에서 내린 만나에 관한 이야기에서 끌어온 출애굽기 16:18이다. 한 사람에 한 오멜(약 2리터)을 거두라는 명령을 받았으나, 일부는 더 많이 일부는 더 적게 거두었다(출 16:16-17). 바울이 8장에서 주목하는 신기한 일은, 더 많이 거두는 이들이 사실상 더 많이 갖지 않았고, 더 적게 거두는 이들도 충분히 가졌다는 사실이다. 이것은 고린도후서가 줄곧 강조하는 원리, 즉 위로 올라가는 길이 아래로 내려가고 아래로 내려가는 길이 위로 올라간다는 원리를 보여주는 구약의 예증이다. 축적된 만나는 썩어버린다(출 16:20). 반면에 믿음으로 그 날에 필요한 것만(또는 안식일 전날에는 두 배로) 거두는 사람들은 부족함이 없다. 바울은 고린도 교인의 생각을 출애굽기로 돌아가게 해서 그에 따라 행동하도록 슬쩍 권한다. 본인의 자원을 관대하게 베풀면 번영에서 멀어지지 않고 오히려 번영을 확보하게 된다는 점을 유념하라는 것이다.

8:16 바울은 이제까지 기독교적 관대함의 성격에 대해 폭넓게 성찰해왔

다. 이제는 이것이 고린도 교인의 경우 어떻게 실행될 것인지에 대해 실질적으로 가르친다. 그는 16-24절에서 기금 모으는 일을 시작하도록 자기보다 먼저 보낼 세 명의 동료들을 언급할 것이다.

셋 중에 이름을 밝힌 사람은 디도뿐이다. 바울은 고린도 교인들에게, 디도가 바울의 명령으로 마지못해 그들에게 가는 것이 아님을, 단지 형식적이고 의무적으로 따르는 것이 아님을 알려주고 싶어 한다. 그렇지 않다, 하나님께서 "여러분을 위한 나의 열성과 똑같은 열성을 디도의 마음에 주[셨다]"(새번역). 6:11에서 바울은 '우리의 마음이 활짝 열려 있다'고 말했다. 이제는 디도가 그 본문에 나오는 복수 "우리"의 일부임을 명백히 밝힌다. 디도는 바울이 고린도 교인에게 품은 배려하는 마음을 똑같이 품고 고린도로 향하고 있다. 그리고 이 간절한 마음은 디도나 바울이 스스로 만들어 낸 것이 아니다. 하나님께서 거기에 '심으신' 것이다. 그러므로 바울이 하나님께 "감사" 드리고 있다. 모든 기독교적 은혜는 그리스도인의 책임이되 그와 동시에 하나님의 사역이기도 하다.

8:17 "권함"에 해당하는 헬라어 단어는 '파라클레시스'로서 고린도후서 전체에서 위로를 거론할 때 사용하는 것이다. 여기서의 뜻은 6절('우리가 디도를 권했다')에서 동일한 단어의 동사형(파라칼레오)을 사용한 만큼 '호소', '권면' 또는 '촉구'에 더 가깝다. 그러나 이 단어가 이 편지의 큰 주제인 위로와 관련이 있다는 점도 놓치면 안 된다.

바울은 자기가 디도에게 가도록 강요할 필요가 없었다는 점을 되풀이한다. 디도가 자원해서 가고 싶어 했기 때문이다. 여기서 바울이 디도의 고린도 방문을 묘사할 때 그 자신이 8-9장에서 고린도 교인들에게 헌금을 촉구하는 방식과 똑같이 묘사하는 것을 주목하라. "자원하여"란 하나님께서 그들에게 복음을 통해 주신 은혜에 놀란 나머지 즐거운 마음으로 풍성하게 주는 것을 말한다. "자원하여"로 번역된 헬라어 단어가 사용된 신약의 유일한 다른 구절은 바로 이 대목의 3절로서 마게도냐 신자들이 자원해서 헌금한 것을 언급한 구절이다. 마게도냐 신자들은 자발적으로 베풀었다.

디도가 그들에게 자발적으로 오고 있다. 고린도 교인들은 과연 이에 합류해서 자발적으로 헌금할 것인가?

8:18 바울이 이제 삼인조 대리인단의 둘째 멤버를 언급한다. 그러나 그의 이름은 밝히지 않는다. 이 본문을 다루는 가장 현명한 방법은 이 사람이 누구일지를 추측하는 대신, 바울이 디도의 이름은 언급하고 둘째 동료와 셋째 동료는 언급하지 않을 만한 타당한 이유가 있다고 생각하는 것이다. 바울이 둘째 멤버를 복음 설교로 유명하다고 밝힌 것을 감안하면, 유명인사를 친구인 양 말하는 모습을 억제한다는 암시가 있는 듯하다. 그의 유명세를 감안하면 굳이 그 이름을 언급할 필요가 없을 것이다. 하지만 그의 정체와 관련해 유창한 설교보다 더 근본적인 것은 또 다른 신실한 "형제"라는 사실에 있다.

'복음을 전하는 일'(ESV)로 번역된 어구는 헬라어로 보면 '복음 안에서'다. 설교가 이 형제의 충실함이 드러나는 일차적인 양상이기는 하지만, 중요한 점은 그가 강단의 설교자로서 특별한 은사를 받았다는 것이 아니라 그리스도의 종으로서 특별히 신실하다는 것이다. 그는 은혜의 복음을 전하는 훌륭한 사역으로 인해 널리 존경을 받고 있다.

8:19 복음 전파에 신실한 이 형제는 교회들에 널리 알려졌을 뿐 아니라 공식적으로 교회들의 위임을 받은 사람이다. 이는 현대 교회에 교훈을 주는 두 가지 사실이다. 이 형제가 복음 사역으로 유명할 뿐만 아니라 교회 자체가 재가한 사람이라는 점이다. 우리는 교회와의 '연대'보다 먼저 교회 내에서 '유명해지려고' 하면 안 된다.

이 설교자는 여러 교회의 축복과 함께 파송되었을 뿐 아니라 한 팀의 일부로 일하고 있기도 하다. 바울이 이 설교자에 대해 이렇게 말하는 것을 주목하라. "'우리'가 수행하고 있는 이 은혜로운 일을 돕는 사람입니다. '우리'는 주님의 영광을 드러내고, '우리'의 좋은 뜻을 이루려고 이 일을 합니다"(새번역). 재능 있는 설교자는 홀로 각광을 받는 곳에 먼저 올라가고 싶은 유혹을 받을지 모르지만, 그런 충동에 따라 행동하는 것은 신약이 말하는 진정한 사역과는 거리가 멀다. 신실한 복음 사역의 북소리는 그것이 "주의 영광"을 위한 것이라는 소리다. 진정한 사역자는 의식적으로 스스로가 아니라 그리스도가 주목을 받게 한다. 만일 어떤 사역자가 설교로 유명하다면, 그는 그리스도가 각광을 받게 하는 점에서 유명해야지 자기가 각광을 받아서 유명해지면 안 된다.

8:20-21 바울이 재정적으로 정직하다는 점은 고린도 교회에 보낸 그의 편지 곳곳에 되풀이된다(11:7-12; 고전 9:1-23). 분명히 그는 자기가 모으고 있는 기금을 다루는 방식에 대해 고린도 교인들로부터 어느 정도 의심을 받고 있음을 의식하고 있다['흠을 잡다', '비난하다'라는 뜻의 모마오마이(*mōmaomai*)가 사용된 유일한 다른 구절은 고후 6:3이다]. 바울의 설명인즉, 그가 복음 설교로 유명한 이 형제를 보내는 이유는 바울이 기금 모금에 조심스럽게 또 정직하게 행하고 있음을 인정받기 위함이라는 것이다. '관대한 선물'(ESV 참고, 개역개정은 "거액의 연보")은 한 헬라어 단어[하드로테스(*hadrotēs*)]를 번역한 것으로 '풍부함'이라는 뜻이다. 바울은 지금 자기가 얼마나 고결한지를 내세우려는 것이 아니라, 그런 거액의 기금을 들고 여행하면 당연히 따르는 감시에 대해 현실적인 태도를 취할 따름이다. 그러면 사도 바울이 정말로 그런 의심의 대상이 될 수 있었을까? 칼빈은 왜 그럴 수 있었는지를 이렇게 설명한다. "한 사람이 완전히 고결할 때 사탄이 모든 책략을 동원하여 그의 평판을 떨어뜨리기 위해 이런저런 수단을 찾는다. 그의 타락이 훨씬 더 큰 범죄를 유발할 수 있기 때문이다."[72]

21절의 첫 단어 '왜냐하면'(개역개정에는 없음)은 바울이 20절에 말했듯이, 그의 행실이 결백하도록 양심적으로 조심하는 이유를 알리고 있음을 가리킨다. 바울은 고린도 교인들이 기금 마련 프로젝트를 다루는 그의 행동

---

[72] Calvin, *Second Epistle of Paul*, 116.

을 이해하도록 돕기 위해 그 동기 속으로 한 차원 더 깊이 내려간다. "우리는 주님 앞에서뿐만 아니라, 사람들 앞에서도, 좋은 일을 바르게 하려고 합니다"(새번역). 여기에 사용된 헬라어 단어 칼로스(kalos)는 보통 '좋은', '아름다운' 또는 '올바른'이라는 뜻이다(참고. 13:7; 고전 7:8, 26; 살전 5:21; 딤전 2:3). 그 개념은 가장 깊은 차원에서 어떤 것의 참된 목적과 일치한다는 것이다(BDAG). "앞에서"라는 말은 청중을 가리키는 헬라어 전치사[에노피온(enōpion)]를 번역한 것이다. 바울은 자기가 사람들의 생각을 무시하면서 하나님 앞에서 바른 일을 하고 있는 것처럼 그릇된 영적 확신을 갖는 것이 아니라고 말한다.

한편으로, 바울은 인간의 의견에 좌우되지 않는다. 그 자신조차 판단하지 않는다(고전 4:3)! 그러나 가능한 한, 그는 다른 사람들 앞에서 올바르고 적절한 일을 하려고 한다. 최후의 입장이 정해지는 궁극적 차원에서는 오직 하나님의 승인만이 중요하다(참고. 갈 1:10). 하지만 이 둘이 서로 충돌할 때는 하나님의 평가가 중요하다(행 4:19-20; 5:29). 이를 달리 표현하면 이렇다. 나 자신을 기쁘게 하는 것과 다른 사람을 기쁘게 하는 것 중에 선택해야 한다면, 나는 다른 사람을 기쁘게 한다. 다른 사람을 기쁘게 하는 것과 하나님을 기쁘시게 하는 것 중에 선택해야 한다면, 나는 하나님을 기쁘시게 한다.

8:22 이 구절은 삼인조 대리인단의 셋째 멤버를 소개하는데 이번에도 이름을 밝히지 않는다. "그들과 함께"는 '디도와 잘 알려진 설교자와 함께'라는 뜻이다. 이 셋째 형제는 자주 '테스트를 받았고'(도키마조), 다양한 경우에 '열성적'[스푸다이오스(spoudaios)]임을 증명했다. 이는 8절에서 고린도 교인들에게 "다른 사람들의 열성[스푸다이오스]을 말함으로써, 여러분의 사랑도 진실하다는 것을"(새번역) 증명하라고(도키마조) 요청할 때 사용했던 단어다. 바울의 사상에서, "열성"은 단지 '가속된' 신실함이 아니라 '증명된' 신실함을 말한다. 8장 내내 바울은 고린도 교인들에게 그들이 이미 마음으로 서약한 것을 행동으로 증명하도록 촉구해왔다. 바울의 신학에서 마음과 행

실, 고백과 행동, 믿음과 순종은 결코 분리될 수 없다. 이 형제는 그의 성실함을 입증했고, 바울은 고린도 교인들에게 그들도 그와 같이 행하도록 조용히 권면하는 듯하다. 이 사람이 특히 강한 열성을 품고 있는 이유는 바울처럼 고린도 교인들을 '신뢰하기' 때문이다(1:13-14).

8:23 바울은 디도로 되돌아가는데, 그는 고린도 교인들에게 친숙한 삼인조의 한 멤버다. "나의 동료요 너희를 위한 나의 동역자"라는 어구는 디도가 바울과 고린도 교인 모두에게 축복이라는 이중적인 복을 가리키는 말이다. 그는 "나의" 파트너이면서 "너희[의]" 동역자이기도 하다. 바울은 고린도 교인을 존귀하게 여긴다. '이것은 너희의 일이기도 하다!'라고 암시하기 때문이다.

그리고 이것은 '너희의 유익을 위한' 것이다. 고린도후서 전체의 일관된 주제는 바울의 주장, 즉 그 자신과 동료들이 고린도 교인들을 위해 처신해왔다는 주장이다. 그들의 사역은 명예나 다른 유익이 자신들에게 되돌아오게 하는 타산적인 것이 아니다. 자기를 내어주는 것이다.

바울은 이 구절에서 두 가지 방식으로 디도를 묘사했다(나의 파트너, 너희의 동역자). 이제 바울이 이름을 밝히지 않은 두 형제를 두 가지 방식으로 묘사한다. "여러 교회의 사자들이요 그리스도의 영광이니라." 첫째 묘사는 헬라어 단어 아포스톨로스를 사용하는데, 이는 '사도' 또는 '보냄 받은 자'라는 뜻이다. "사자"(메신저)는 적절한 번역이다. 이 용어를 사용하되 예수님으로부터 직접 받은 복음을 지키고 전달하기 위해 하나님의 특별한 위임을 받은 사람들이라는 공식적인 의미에서 사용하는 것이 아니기 때문이다. 아포스톨로스를 공식적으로 사용하는 경우에는 보통 "그리스도의"(참고. 1:1: 11:13) 사도라고 부르는데, 여기서는 두 형제가 "교회의" 사도라고 불린다. 그런데 그들이 "그리스도의 영광"이라는 말은 무슨 뜻인가? 바울이 3:7-4:6에서 "영광"이라는 표현을 사용한 것을 기억하면, 이 형제들을 "그리스도의 영광"이라고 부른 것은 아마 이런 뜻일 터이다. 새 언약 사역의 경이로움, 즉 평범한 사람들이 새 언약의 영광에 휩쓸려 들어간 자들로서, 십자가에서 죽은 구원자를 선포하면서 그리스도의 영광에 동참하고 그 영광을 밝게 비추는 그 사역을 가리키는 말인 듯하다.

8:24 바울은 자기가 보내는 세 명의 대리인단에 관해 이야기하다가 이제는 고린도 교인들에게 직접 말한다. 그가 디도와 두 동반자에 관해 말한 모든 것이 바울의 호소, 즉 이 세 사람을 환영해서 고린도 교인들의 동료 신자를 향한 사랑에 대해 바울이 자랑한 것이 진실이었음을 확증해달라는 호소로 흘러들어간다. 고린도 교회는 잡다한 역기능에도 불구하고, 이 교회에 보낸 두 편지가 뚜렷이 보여주듯이, 큰 은사들을 받은 신자들의 공동체다(고전 1:5-7; 4:8, 10; 8:1; 12:4-11, 28; 고후 1:14-15; 7:4, 7, 11, 14; 9:2). 그러나 두 편지에 나타난 바울의 주관심사는 그들의 은사가 아니라 그들의 성품, 그들의 외적 화려함이 아니라 그들의 내적 실체, 그들의 지식이 아니라 그들의 사랑이다.

〰〰〰 **응답** 〰〰〰

고린도후서 8장이 제기하는 근본적인 질문은 우리가 돈의 견지에서 순종적으로 살 것인지 여부가 아니라 우리가 '기쁘게' 순종적으로 살 것인지 여부다. 우리는 그릇된 동기로 또는 마지못한 마음으로 올바른 일을 쉽게 행할 수 있다. 그러나 무정한 순종은 전혀 순종이 아니다. 단지 가장된 불순종일 뿐이다(신 28:47-48; 빌 4:4). C. S. 루이스는 "세 종류의 사람"이라는 짧은 에세이에서 이를 잘 포착한다.

세상에는 세 종류의 사람이 있다. 첫째 부류는 단순히 그들 자신과 즐거움을 위해 사는 사람들로서, 인간과 자연을 원재료로 여겨서 그것들을 잘라 그들에게 필요한 모양으로 만든다. 둘째 부류는 그들에 대한 타자의 권리(하나님의 뜻, 정언 명령 또는 사회의 유익)를 인정하고 정직하게 그들의 이익을 추구하되 이 권리가 허용하는 선을 넘어가지 않는 사람들이다. 그들은 더 높은 권리가 요구하는 만큼 그 권리에 순복하려고 하되(사람들이 세금을 내는 것처럼) 다른 납세자들처럼 남은 것이 살아가기에 충분하기를 바란다. 그들의 삶은 군인의 삶이나 학생의 삶처럼 '행진할 때'와 '행진하지 않을 때'로, '학교에 있을 때'와 '학교 밖에 있을 때'로 나뉜다. 그러나 셋째 부류는 사도 바울처럼 그들에게 '사는 것이 그리스도'라고 말할 수 있는 사람들이다. 이 사람들은 자아의 권리를 모두 배격하는 방법을 취한 나머지, 자아와 하나님의 경쟁적인 권리들에 적응하는 피곤한 일을 제거했다. 예전의 이기적인 의지가 방향이 바뀌고 고쳐져서 새로운 것이 되었다. 그리스도의 뜻이 더 이상 그들의 뜻을 제한하지 않고 그들의 것이 되었다. 그들은 그분의 것이기 때문에 그들의 모든 시간이 그분께 속해 있는 만큼 그들에게 속해 있기도 하다.

그리고 세 부류가 존재하기 때문에 세상을 단지 선과 악 두 부분으로 나누는 것은 파탄을 초래한다. 이는 (우리 대부분이 속한) 둘째 부류에 속한 사람들이 언제나 반드시 불행하다는 사실을 간과한다. 도덕적 양심이 우리의 욕구에 부과하는 세금은 사실상 우리가 살기에 충분한 만큼을 남기지 않는다. 우리가 이 부류에 속해 있는 한, 우리는 세금을 내지 않아서 죄책감을 느끼거나 세금을 내서 빈곤해질 수밖에 없다.[73]

이번 장에서 바울은 고린도 교인들을 둘째 부류에서 셋째 부류로 이동시키려고 애쓴다. 또는 적어도 그들이 셋째 부류에 속해 있음을 증명하도록 권면한다.

여기서 우리는 자신의 마음을 성찰하지 않을 수 없다. 우리는 우리가 가진 모든 것이 하나님의 것임을 인정하는 가운데, 우리의 재정을 사용하는

---

73 C. S. Lewis, "Three Kinds of Men," in *Present Concerns* (London: Collins; 1986), 21-22.《현안: 시대 논평》(홍성사).

면에서 그분께 온전히 순종하고 있는가? 우리는 우리의 양심을 달래려고 하나님께 부분적인 순종만 드리는 어리석음을 버리고, 그분의 은혜로운 팔에 안겨서 우리 자신을 그분께 드렸는가? 혹시 우리를 하나님께 완전히 드릴 때에만 풍성한 삶을 얻을 수 있음을 인식하지 못한 채, 그분께 부분적으로만 드리지는 않았는가?

2 Corinthians
고린도후서
9:1-15

¹ 성도를 섬기는 일에 대하여는 내가 너희에게 쓸 필요가 없나니 ² 이는 내가 너희의 원함을 앎이라 내가 너희를 위하여 마게도냐인들에게 아가야에서는 일 년 전부터 준비하였다는 것을 자랑하였는데 과연 너희의 열심이 퍽 많은 사람들을 분발하게 하였느니라 ³ 그런데 이 형제들을 보낸 것은 이 일에 너희를 위한 우리의 자랑이 헛되지 않고 내가 말한 것같이 준비하게 하려 함이라 ⁴ 혹 마게도냐인들이 나와 함께 가서 너희가 준비하지 아니한 것을 보면 너희는 고사하고 우리가 이 믿던 것에 부끄러움을 당할까 두려워하노라 ⁵ 그러므로 내가 이 형제들로 먼저 너희에게 가서 너희가 전에 약속한 ¹⁾연보를 미리 준비하게 하도록 권면하는 것이 필요한 줄 생각하였노니 이렇게 준비하여야 참 ¹⁾연보답고 ²⁾억지가 아니니라

¹ Now it is superfluous for me to write to you about the ministry for the saints, ² for I know your readiness, of which I boast about you to the people of Macedonia, saying that Achaia has been ready since last year. And your zeal has stirred up most of them. ³ But I am sending¹ the brothers so that our boasting about you may not prove empty in this

matter, so that you may be ready, as I said you would be. ⁴ Otherwise, if some Macedonians come with me and find that you are not ready, we would be humiliated—to say nothing of you—for being so confident. ⁵ So I thought it necessary to urge the brothers to go on ahead to you and arrange in advance for the gift² you have promised, so that it may be ready as a willing gift, not as an exaction.³

⁶ 이것이 곧 적게 심는 자는 적게 거두고 ³⁾많이 심는 자는 ³⁾많이 거둔다 하는 말이로다 ⁷ 각각 그 마음에 정한 대로 할 것이요 인색함으로나 억지로 하지 말지니 하나님은 즐겨 내는 자를 사랑하시느니라 ⁸ 하나님이 능히 모든 은혜를 너희에게 넘치게 하시나니 이는 너희로 모든 일에 항상 모든 것이 넉넉하여 모든 착한 일을 넘치게 하게 하려 하심이라 ⁹ 기록된 바
그가 흩어 가난한 자들에게 주었으니 그의 의가 영원토록 있느니라
함과 같으니라
¹⁰ 심는 자에게 씨와 먹을 양식을 ⁴⁾주시는 이가 너희 심을 것을 ⁵⁾주사 풍성하게 하시고 너희 의의 열매를 더하게 하시리니 ¹¹ 너희가 모든 일에 넉넉하여 너그럽게 연보를 함은 그들이 우리로 말미암아 하나님께 감사하게 하는 것이라 ¹² 이 봉사의 직무가 성도들의 부족한 것을 보충할 뿐 아니라 사람들이 하나님께 드리는 많은 감사로 말미암아 넘쳤느니라 ¹³ 이 직무로 증거를 삼아 너희가 그리스도의 복음을 진실히 믿고 복종하는 것과 그들과 모든 사람을 섬기는 너희의 후한 연보로 말미암아 하나님께 영광을 돌리고 ¹⁴ 또 그들이 너희를 위하여 간구하며 하나님이 너희에게 주신 지극한 은혜로 말미암아 너희를 사모하느니라 ¹⁵ 말할 수 없는 그의 은사로 말미암아 하나님께 감사하노라

⁶ The point is this: whoever sows sparingly will also reap sparingly, and whoever sows bountifully⁴ will also reap bountifully. ⁷ Each one must

give as he has decided in his heart, not reluctantly or under compulsion, for God loves a cheerful giver. 8 And God is able to make all grace abound to you, so that having all sufficiency[5] in all things at all times, you may abound in every good work. 9 As it is written,

"He has distributed freely, he has given to the poor;

his righteousness endures forever."

10 He who supplies seed to the sower and bread for food will supply and multiply your seed for sowing and increase the harvest of your righteousness. 11 You will be enriched in every way to be generous in every way, which through us will produce thanksgiving to God. 12 For the ministry of this service is not only supplying the needs of the saints but is also overflowing in many thanksgivings to God. 13 By their approval of this service, they[6] will glorify God because of your submission that comes from your confession of the gospel of Christ, and the generosity of your contribution for them and for all others, 14 while they long for you and pray for you, because of the surpassing grace of God upon you. 15 Thanks be to God for his inexpressible gift!

1) 헬, 복 2) 또는 탐심이 3) 헬, 복으로 4) 헬, 공급하시는 5) 헬, 공급하사

1 Or *I have sent* *2* Greek *blessing*; twice in this verse *3* Or *a gift expecting something in return*; Greek *greed* *4* Greek *with blessings*; twice in this verse *5* Or *all contentment* *6* Or *you*

베풂을 통한 수확

바울은 예루살렘을 위한 기금 마련을 위해 그 자신에 앞서 고린도에 대리 인단을 보내는 이유를 마저 설명한 후, 신자들이 자기 자원을 아끼지 말아야 할 많은 동기에 대해 성찰한다. 그는 논점을 전개하려고 농업 사회에서 끌어온 이미지를 계속 사용한다. 이런 동기들의 놀라운 점은 철저히 하나님 중심이라는 것이다. 언제나 바울은 고린도 교인의 관대함을 하나님과 연결시킨다. 그것은 우리의 관대함에 대한 그분의 보답, 그분의 풍성한 공급, 그분께 대한 감사, 그분을 영화롭게 하는 것 등이다. 우리는 이 단락 내내 참된 기독교 제자도의 특징에 해당하는 것들, 즉 하나님의 은혜와 인간의 교제, 수직적인 것과 수평적인 것 간의 밀접한 관계를 보게 된다.

≋≋≋≋≋ 단락 개요 ≋≋≋≋≋

6. 하나님의 백성이 하나가 되다(9:14)

G. 마지막 감사(9:15)

〰〰〰 **주석** 〰〰〰

장

9:1-2 1절을 명백히 이해하려면 이후에 나오는 구절들과 함께 묶어야 한다. 처음 읽으면 바울이 고린도 교인들에게 예루살렘의 성도들을 위한 모금에 관해 글을 쓰는 것이 '불필요하다'는 말이 이상하게 들릴 수 있다. 아니, 이것이 바울이 8장 전체에서 다룬 주제가 아니었는가!

그러나 문맥을 살펴보면 바울이 왜 그렇게 할 필요가 없는지 설명하는 대목을 접하게 된다. 바로 그들 자신("아가야"에 있는 이들)이 관대한 헌금을 선도해왔기 때문이다. 바울이 8:1-5에서는 이 논점을 밝히지 않았다. 거기서는 마게도냐 신자들의 지극하고 희생적인 헌금만 거론했다. 이제 9장에서는 다시 마게도냐 신자들로 돌아가서 고린도 교인들이 기꺼이 관대하게 드리려는 것["준비하였다", 참고. 8:11, 12, 19(후자는 "좋은 뜻"으로 번역된다)]을 마게도냐 신자들에게 자랑했다고 밝히고 있다. 더구나 이 "열심"(고린도 교인의 '준비된' 상태를 달리 표현한 것)은 마게도냐 신자들의 헌금을 촉발시킨 것이다.

이는 복음적인 경쟁을 벌이는 기쁘고 건강한 게임이다. 바울은 다른 곳에서 로마 교회에게 "서로 우애하고 존경하기를 서로 먼저 하며"(롬 12:10)라고 일러준다. 여기서는 바울이 고린도 교인들에게 마게도냐 신자들의 관대함을 밝히지만 이는 그들을 부끄럽게 하거나 죄책감을 이용해 동기를 유발하려는 것이 아니다. 바울은 절대로 그런 행동을 하지 않는다(고후 8:9을 기억하라!). 그와 반대로, 고린도 교인들은 마게도냐의 헌금을 촉구하는 데 필수적인 역할을 했다. 바울은 단지 고린도 교인들에게 애초에 헌금하기로 "준비"했던 것과 "열심"을 완수하도록 요청할 뿐이다. 그들은 이미

고린도후서 9:1-15 _ 241

시작한 것을 끝내도록 요청받고 있는 것이다.

9:3 바울은 8:16-24에서 간단하게 소개한 세 명의 대리인단을 다시 거론하며, 신중한 태도로 왜 그들을 보내는지(그리고 암묵적으로 왜 그는 가지 않는지)를 분명히 밝힌다. 그들이 방문하는 이유는 고린도 교인의 헌금 준비(3b절)라는 기어에 기름을 치는 것인데, 그 헌금은 바울이 마게도냐 신자들에게 고린도 교인에 대해 자랑한 것을 입증하게 될 터였다(3a절). 바울이 대리인들을 보내는 것은 위협하거나 꾸짖거나 판단하기 위해서가 아니다. 그 목적은 성도들의 필요를 위해 관대하게 헌금하고픈 고린도 교인의 답답한 심정에 출구를 제공하는 것이다.

이어서 바울은 자기가 고린도 교인들의 너그러운 마음을 신뢰해왔다는 것을 알게 한다("너희를 위한 우리의 자랑", "내가 말한 것같이"). 그런 지식이 마음을 누그러지게 한다는 것을 우리는 잘 안다. 다른 사람이 우리에 대해 뒷담화를 하고 있다고 의심할 때는 우리의 생각이 어두워진다. 마음이 뒷걸음질 친다. 그러나 그 사람이 우리에 대해 좋게 말했다는 것을 알게 되면 마음이 느긋해지고 좋게 말한 내용에 충실해지고 싶다. 우리는 이런 바울의 목회적 지혜를 따를 필요가 있다.

9:4-5 여기서 바울은 자신의 여행 계획을 자세히 밝힌다. 그는 대리인단의 고린도 방문에 이어서 직접 방문할 생각이다. 그뿐만 아니라 마게도냐 사람 몇 명을 데려가려고 한다! 때문에 고린도 교인이 예루살렘 성도들을 위해 관대한 헌금을 하겠다는 애초의 의도를 이행하는지에 많은 것이 걸려 있다. 만일 그들이 완수하지 못하면, 바울이 마게도냐 신자들에게 그들을 자랑한 것이 완전히 무산되고 헛소리로 드러날 것이다. 바울은 마게도냐 신자들과 함께 얼굴을 맞대고 고린도 교인들을 만날 것인데, 그들은 관대하다는 소문이 나서 마게도냐 신자들이 "환난의 많은 시련"에도 불구하고 "풍성한 연보"를 하도록(8:2) 자극했던 바로 그 사람들이다. 만일 그렇게 되면 입이 떡 벌어지고, 관계가 깨어지고, 복음 자체를 내버리는 사태(8:9)

가 벌어질 것이다. 바울과 마게도냐 신자들과 고린도 교인들, 그들 모두가 '치욕을 당하게'[카타이스퀴노(kataischynō), '부끄럽게 되다', 7:14도 보라] 되리라.

바울의 두 단계 여행 일정은 5절에 나오는 그의 결론, 곧 그가 마게도냐 신자들과 함께 고린도에 가기 전에 삼인조 대리인단의 파견이 최선이라고 생각했다는 것과 함께 더 자세히 설명되어 있다. 다시 한 번 바울은 그들에게 헌금을 권유하는 것이지 강요하는 것이 아님을 말한다. 바울이 강압적으로 독자들에게 어떤 일을 시키는 곳은 그 어디에도 없다. 그의 동기유발 전략은 언제나 은혜의 복음과 연결되어 있다(참고. 8:9). 복음에 나타난 하나님은 우리에게 새로운 삶을 강요하는 대신 사랑의 손길과 포옹으로 호소하신다. 바울 역시 고린도 교인들에게 기금을 하나의 '선물'[율로기아(eulogia), 이 구절에 두 번 나오고, 종종 '복'으로 번역된다]로 준비하도록 격려한다. 예루살렘 성도들을 위해 기꺼이 재정을 '선물'로 준비하는 것의 대안은 그 기금을 '강제 징수금으로'[플레오네크시아(pleonexia), 보통은 '탐욕'으로 번역된다] 여겨서 할 수 없이 준비하는 것이다.

이 대목에서 줄곧 바울은 우리가 그릇된 동기로 올바른 일을 할 수 있다고 다시 말하고 있다. 문제는 우리가 '무슨' 일을 행하느냐가 아니라 '왜' 행하느냐 하는 것이다. 신약에서 가장 긴 악덕 목록인 디모데후서 3:1-5에서 바울은 "자기를 사랑하며 돈을 사랑하며 자랑하며 교만하며 비방하며 부모를 거역하며 감사하지 아니하며 거룩하지 아니하며 무정하며 원통함을 풀지 아니하며 모함하며 절제하지 못하며 사나우며 선한 것을 좋아하지 아니하며 배신하며 조급하며 자만하며 쾌락을 사랑하기를 하나님 사랑하는 것보다 더하[는]" 사람들을 거론한 다음 마지막 항목을 덧붙인다. 바로 "경건의 모양은 있[는]" 것이다. 어떤 사람은 자기를 사랑하는데 겉으로는 경건한 듯 보일 수 있다. 어떤 사람은 돈을 사랑하는데(특히 고후 8-9장에 적실하다), 그것이 경건한 모습으로 가장될 수 있다. 이런 식이다. 문제는 고린도 교인들이 돈을 낼 것인지 여부가 아니다. 그들이 진심으로 그렇게 할 것인지, 하나님께서 그들에게 베푸신 풍성한 관대함을 의식해서 그럴 것인지 여부다. 오늘날 우리 역시 똑같은 문제에 직면한다.

9:6 바울은 그동안 고린도 교인들이 관대해야 할 이유를 계속 추가했고 이제는 근본적인 원리를 제시하는데, 이는 헬라어로는 두 개의 교차 구도로 되어 있다.

(A) 심는 자
  (B) 적게
  (B′) 적게
(A′) (그는) 거둘 것이다

(A) 심는 자
  (B) 많이
  (B′) 많이
(A′) (그는) 거둘 것이다

이 문학적 특징은 해석학적으로 내부 요소에 주목하게 한다. 이 경우에 "적게" 또는 "많이"는 모든 것을 결정하는 베풂의 성격이다. 이 말은 우리가 5절에서 배운 통찰을 강조한다. 문제는 우리가 '심을' 것인지 여부가 아니다. 누구나 심는다. 문제는 우리가 '어떻게' 심는지에 있다. 적게 심는가? 또는 많이 심는가?

"적게"에는 한 헬라어 부사[페이도메노스(*pheidomenōs*)]가 사용된 반면, "많이"의 어원인 헬라어 구문은 헬라어 전치사 에피(*epi*, 위에, 에, 기초하여)와 명사 율로기아('복', 5절에서 두 번 '선물'로 번역됨)를 합친 것이다. 5절에서 그랬듯이, 6절에서도 '많이 심다' 또는 '남을 축복하려는 충동에 의해 심다'는 개념은 근본적으로 '유출하다'이다. 그 본질은 사랑이다. 이는 타산적이 아니라 아낌없는 관대함이다. 하나님께서 우리에게 영적으로 베푸신 것을 반영하는 방식으로 금전적으로 남에게 베푸는 것이다.

하지만 이 본문의 요점은 단지 자기 소유를 내어주는 것이 아니다. 바울은 자기 소유를 내어주는 것이 최상의 투자라고 말한다. 많이 심는 것은 필연적으로 많이 거두는 것으로 끝난다(참고. 갈 6:7-8). 바깥으로 관대하게 내보내는 것은 그 베푸는 자에게 되돌아온다. 반드시 재정적으로 되돌아오지는 않지만 (때로는 이런 일이 일어나지만) 정말로 중요한 방식으로 그렇게 된다. 하나님과의 더 깊은 교제 속으로 들어가게 되는 것이다.

9:7 8-9장 내내 표면 아래 있던 주제가 다시 표면에 떠오른다. 마지못해, 강요받아서, 외적 행동으로만 베풀지 말고, 오히려 내적으로 하나님을 기뻐하면서, 복음을 통해 우리가 받은 하나님의 은혜를 의식하면서, 아낌없이 또 기쁘게 베풀어라. 여기서 "각각"으로 표현되는 건강한 개인주의를 주목하라. 집단적으로 압력을 받는 모습은 없다.

'인색하지 않는'에 해당하는 어구는 '뤼페로부터가 아닌'이다. 뤼페는 바울이 세상적인 슬픔과 경건한 슬픔을 대조시킬 때 7장에서 줄곧 '슬픔'을 가리키는 단어로 쓴 것이다. "억지로"[아낭케(*anankē*)]는 6:4과 12:10에서 "궁핍"으로 번역된 단어다. 이는 바깥에서 강요한 것이 유발한 괴로움을 의미한다. 복음으로 빚어진 사람은 억지로 관대해지지 않는다. 이는 결코 관대함이 아니다. 베풂은 기쁨이다. 즉, 베푸는 일은 복음으로 빚어진 삶의 모습이다. 좀 더 깊은 차원에서, 그리스도인의 베풂은 우리가 누군지를 반영한다. 인색한 그리스도인은 어불성설이다. 우리가 그리스도 안에서 새로운 삶을 얻은 것은 하나의 선물이었다. 우리가 선물을 받았은즉 이제는 선물을 주는 자가 된 것이다.

그리고 그런 베풂을 '하나님께서 사랑하신다'. 이는 우리가 재정적 관대함으로(또는 다른 어떤 은혜로운 행동으로) 하나님의 사랑을 산다는 뜻이 아니다. 이는 하나님의 베푸는 마음이 그분의 백성에게 반영되고 재현되면 그분의 마음이 매우 기뻐진다는 뜻이다.

9:8 바울이 6절의 요점, 즉 아낌없이 베푸는 일은 적절한 때에 우리에게 기쁨을 안겨줄 확실한 투자라는 점으로 되돌아간다. 하지만 그는 재정적 영역에서 더 넓은 영역으로 확장시키면서, 최상급 표현으로 재정적 관대

함을 통해 우리 삶에 몰려드는 복들은 영적 포괄성이 있다고 말한다. 우리는 충분히 공급을 받고 또 만족하게 된다.

바울이 앞에서는 고린도 교인들에게 모금에 관해 글을 쓰는 것이 '불필요하다'[페리소스(perissos), 과잉, 1절]고 말했었다. 그러나 이제는 동일한 단어를 사용해서 하나님은 '모든 은혜를 너희에게 넘치게 하실(페리소스)' 능력이 있다고 말한다.[74] 바울이 크게 기뻐하는 완전한 공급은 결코 인간의 전략이나 재간에 달려 있지 않고 온전히 하나님의 능력에 의존한다. "하나님은 능히…하심이라." 그런데 바울은 그 이상을 말한다. 하나님의 능력은 은혜를 줄 뿐만 아니라 풍성하게 준다고 한다. 하나님의 속마음은 인색하지 않다. 그분의 본성은 베푸시는 것이다. 은혜가 하나님의 존재로부터 흘러넘쳐 궁핍하고 연약한 죄인들에게 들어간다.

사실 바울이 하나님의 넘치는 은혜에 대해 적절하게 말하려고 애쓸 때 미소와 함께 욕구불만을 느끼는 모습이 떠오른다. 바울은 '넘치는'(페리슈오)이라는 단어를 사용할 뿐만 아니라 이 한 구절에서 헬라어 단어 '모든'[파스(pas)]의 변형을 다섯 번이나 사용한다. "하나님이 능히 모든 은혜를 너희에게 넘치게 하시나니 이는 너희로 모든 일에 항상 모든 것이 [모두] 넉넉하여 모든 착한 일을 넘치게 하게 하려 하심이라." 바울은 하나님께서 마지못해 또는 억지로 은혜를 베푸신다는 우리의 어둔 생각을 아예 차단시켜 버린다.

그러면 이 은혜는 무슨 일을 하는가? 고린도후서가 전반적으로 그렇듯이, 바울은 용서하는 은혜가 아니라 능력을 주는 은혜를 염두에 두고 있다. 이것은 흐르는 전기처럼, 바울이 고린도 교인들에게 권유하는 재정적 관대함을 지탱해주는 은혜다. 아울러 "모든 착한 일"도 지탱해준다. 바울은 부분적인 순종이라는 것을 모른다. 미지근한 것은 하나도 없다. 이는 이생

---

74 가장 초기의 헬라어 사본들을 보면, 9:1과 9:8에는 단락을 구분하는 곳이 두 군데밖에 없는데, 이는 은근히 페리스(periss-)라는 어원을 대조적으로 사용하는 용례를 주목하게 하는 듯하다. *The Greek New Testament, Produced at Tyndale House, Cambridge*, ed. Dirk Jongkind (Wheaton, Il: Crossway, 2017), 390.

에서 정말로 중요한 모든 것은 결코 없어질 수 없음을 알고, 전부를 기쁘게 하나님께 드리는 온전한 순종이다.

9:9 처음 읽으면 9절의 주어가 하나님인 것처럼 들린다. 하나님께서 8절의 주어이기 때문이다. 그러나 바울이 인용하는 시편 112편에 나오는 "그"는 한결같이 주님을 경외하고 신뢰하며, 그 경건이 사람들을 관대하고 정직하게 대우하는 모습으로 나타나는 사람이다. 바울이 그 본문을 인용하는 이유는 8절이 진리임을 입증한 성도의 예를 들기 위해서다. 시편 112편의 성도는 궁핍한 사람들과 관련해 그의 돈을 다루는 방식에서 무척 관대한 사람이다("가난한 사람들에게 넉넉하게 나누어주니", 새번역). 이것은 이생과 내세에서("그의 의가 영구히 있고") 하나님 앞에서 한 사람의 의로움을 세워주는 관대한 모습이다. 그는 베푸는 마음과 손으로 인해 영원토록 배당금을 받는 일이 그치지 않을 것이다.

바울이 이 시편을 인용한 것은 6절부터 지속된 농업의 은유를 이어가기 때문일 것이다. 여기서 "흩어"라고 번역된 단어는 구체적으로 씨앗을 흩는 것을 가리킨다. 이 대목에서 바울의 초점은 우리가 관대함의 씨앗을 많이 심으면 심을수록 결국 더 많이 거둘 것이라는 점이다.

9:10 바울은 농업 이미지를 이어가면서 시편 112편의 인용문을 고린도 교인의 경험과 연결시킨다. 그는 수확의 시작("심는 자에게 씨")과 끝("먹을 양식")을 모두 이야기하면서 하나님께서 친히 둘 다를 공급하신다고("주시는 이") 한다. 인간이 수확을 위해 손으로 일하지만, 정작 인간의 일을 통해 공급하시는 분은 바로 하나님이다. 그러나 이제 바울은 농업 영역에서 끌어온 이 진리를 영적 영역으로 옮기면서 그의 진정한 논점을 전개한다.

바울은 이렇게 할 때 시편 112편처럼 물질적인 것을 영적인 것에서 떼어놓지 않고 둘을 함께 묶는다. 시편 112:9이 가난한 자에 대한 관대함과 영원한 의를 연결시키듯이, 고후 9:10 역시 하나님께서 "심을 것"을 공급하시고(즉, 그분이 재정적 자원이 가난한 자에게 주어지도록 허락하신다) 또한 "너희의의 열매를 더하게"(즉, 하나님 앞에서 너희의 안정과 견고함이 강화되고 확보되게) 하실 것이라고 한다. 그리고 물질적 영역과 영적 영역 모두에서 하나님께서 '공급하실' 뿐 아니라 '증식시키실' 것이라고 바울이 말한다. 하늘의 경제를 운영하는 하나님의 수학은 서로 주고받는 우리의 타산적인 수학과 전혀 다르다. 관대한 자들의 경우, 하나님은 그들이 남에게 베푸는 그 자원을 증식시키신다. 우리는 적은 양을 주지만 그곳에 더 많은 양이 채워진다. 그 경위는 우리가 미처 설명할 수 없다.

9:11 바울은 다시 "모든"(파스)이라는 표현을 사용해서 10절을 확장시킨다. 8-9장에서 말한 대로 고린도 교인들이 헌금을 관대하게 또 기쁘게 낼 때 그들은 '모든 면에서 넉넉하게 되어 모든 면에서 관대하게 될' 것이다. 넉넉해지는 것은 자신이 아니라 다른 사람을 위해서다. 하나님께서 세계를 세우신 방식은 우리가 그런 식으로 살 때 우리 자신도 큰 즐거움과 만족을 찾게 되는 것이다. 이는 최후의 희생이 아니다. 하나님께서 자원을 증식시켜주시는 목적에 따라 본인의 자원을 나누어주는 것은, 현재 다른 사람에게 복을 줄 뿐 아니라 본인을 위해 장래의 복을 쌓는 일이다. 자기의 소유를 내어주는 것은 곧 투자하는 것이다. 씨를 심는 것은 언젠가 수확하기 위해서다.

"우리로 말미암아"는 고린도 교인으로부터 예루살렘으로 가는 선물의 촉진자요 통로의 역할을 하는 바울과 그의 동료들을 가리킨다. 바울은 이제 이번 장의 끝까지 끌고 갈 주제로 눈을 돌린다. '하나님께 감사하는 것'이다. 하나님은 모든 역량의 진정한 근원이기 때문에 진정한 감사의 대상이 되신다. 그렇다고 해서 헌금하는 사람들(고린도 교인들)이나 그 선물을 촉진하는 사람들(바울 등)에게 감사하면 안 된다는 뜻은 아니다. 이는 올바른 곳에 강조점을 두는 문제일 뿐이다. 고린도 교인들이 소유한 것조차 그들의 독창적인 산물이 아니라 하나님에게서 온 것이기 때문이다.

9:12 바울은 11절 끝에 나오는 '하나님께 대한 감사'로 다시 돌아간다. 이

제는 헌금 자체보다 헌금의 결과에 더 초점을 맞춘다.

바울은 고린도 교인이 선물을 주는 행위를 "이 봉사의 직무"라는 특정한 방식으로 묘사한다. "직무"(사역)로 번역된 헬라어 단어는 '디아코니아'로 고린도후서에서 12번 사용되고(바울의 어느 편지보다 더 많이) 가장 가까운 곳은 1절("성도를 섬기는 일")이다. 이는 기본적으로 요구하기보다는 섬기고, 취하기보다는 주는 타인 중심적인 활동을 가리킨다. "봉사"(섬김)라는 단어[레이투르기아(*leitourgia*)]는 구체적으로 유대인의 성전 활동(참고. 눅 1:23; 빌 2:17; 히 9:21)과 관련된 용어지만, 일반적으로는 한 그리스도인이나 기독교 집단이 다른 집단을 돕는 것을 언급하기도 한다(예. 빌 2:30).[75] 바울은 이 두 용어를 함께 묶음으로써 예루살렘 성도들에게 하는 헌금, 즉 복음의 핵심을 반영하는 그 헌금의 타인 중심적 성격을 강조하고 있다.

바울은 이 "봉사"의 두 가지 결과를 언급한다. (1) '성도들의 부족한 것을 보충'한다. (2) '하나님께 드리는 많은 감사가 넘치게' 한다. 첫째는 바울이 이 단락에서 줄곧 말해온 것을 되풀이하고, 둘째는 현재 그가 강조하는 점이다. 바울의 요점은 고린도 교인의 관대함이 하나님께 대한 미지근한 감사가 아니라 홍수처럼 넘치는 감사를 유발할 것이라는 점이다. 감사는 예루살렘 교회의 풍조, 문화, 생생한 분위기가 될 것이다. 이것만이 온전하고 건강한 기독교다. 감사가 없는 그리스도인은 최대의 어불성설이다.

9:13-14 "봉사"는 12절에서 "직무"로 번역된 단어(디아코니아)를 골라낸다. "이 직무를 증거로 삼아"는 예루살렘 성도들이 그 기금을 고린도 교인의 진정한 믿음의 증거로 받아들이고 하나님께 영광을 돌리는 것을 가리킨다. 이는 바울이 예루살렘에 도착했을 때 사도행전 21:19-20에서 실제로 일어나는 일이다.

그러면 예루살렘 신자들이 고린도 교인의 관대한 선물에 비추어 그들에

---

75 BDAG, s.v. λειτουργία.

대해 무엇을 분별하게 될 것인가? (1) 그들이 "그리스도의 복음을 믿고 복종하는 것"이고, (2) "그들과 모든 사람을 섬기는[문자적으로는 '교제', 코이노니아] 너희[그들]의 후한 연보"다. 고린도 교인은 그들이 수직적 관계와 수평적 관계의 건강에 의거해 행동하고 있음을 증명할 것이다. 그리스도에 대한 순종은 반드시 우리가 다른 신자들을 대하는 방식으로 나타나는 법이다. 여기서 바울이 그리스도에 대한 충성과 동료 신자에 대한 사랑을 함께 묶는다는 점을 놓치면 안 된다. 전자는 후자 없이 존재할 수 없다. 서로에 대한 우리 사랑은 하나님에 대한 순종과 사랑에서 흘러나온다. 서로 간의 교제를 하나님과의 교제 앞에 두는 것은 둘 다 무너뜨린다.

바울이 계속 고린도 교인의 헌금과 예루살렘 성도들의 반응을 내다보는 동안 상향적 교제와 외향적 교제의 연합이 14절로 이어진다. 바울은 예루살렘 신자들의 마음속을 응시하고 그들이 아가야의 형제들로부터 기금을 받을 때 어떤 불이 붙을지를 분별한다. 그들의 마음은 그리움과 기도로 향할 것이다. 양편은 결코 만나지 못할 것이다. 그러나 그들의 영혼은 고린도 교인들과 심오한 연대를 맺고 굳게 묶이리라. 그리고 이 수평적 연대는 더 깊은 수직적 연대를 반영한다. 고린도 교인들에게 임하는 "지극한 [하나님의] 은혜"다. 그리스도인의 사랑은 언제나 하나님께서 주도하시는 하늘의 능력과 자비를 반영하기 마련이다.

9:15 헬라어 단어 카리스가 고린도후서에 18번 나오는데 그중에 10번은 8-9장에 집중적으로 나온다. 보통은 "은혜" 또는 "은혜의 행위"로, 때로는 "은총"(예. 8:4)으로, 때로는 이 구절처럼 "감사"로 번역된다. 이 단어가 재정적 관대함을 다루는 두 장에 집중적으로 나온다는 사실은 바울신학에 관한 중요한 진리를 보여준다. 이 땅에서의 순종은 언제나 하나님께서 베푸신 은혜의 결과라는 것이다. 그리스도인들은 은혜를 받을 때 자연스럽게 그것을 넘겨준다. 그리스도인의 상호 관계는 그 힘과 특성을 하나님과의 관계에서 끌어온다.

여기서 바울은 이 단락의 끝부분을 고린도 교인의 마음을 하늘을 향해 끌어올려 하나님께 감사하는 것으로 마감한다. 감사는 9장의 뒷부분에 나오는 주된 주제였다. 이처럼 두 장의 결론부에서 감사를 강조하는 것은 고린도 교인의 편에서 자기네의 희생을 자랑하지 못하게 하기 위해서다. 그들이 무엇을 주든지 간에 그것은 그들이 받은 것과 비교될 수 없다. 그리스도 안에서 그들이 받은 하나님의 은혜(8:9)는 '말로 다 표현할 수 없다'. 우리 같은 가난한 죄인들이 그리스도와 함께 그분의 모든 부유함을 받았다. 그런 자비를 생각하면 재정적 자원을 꽉 쥔 손을 열지 않을 수 없다. 정말로 하나님께 감사할 일이다.

≋≋≋ 응답 ≋≋≋

재정 기부는 한계가 있다. 기부금은 계산할 수 있다. 아무리 관대해도 그것은 금액으로 표시된다. 그러나 자격이 없는 죄인들에게 쏟아지는 하나님의 은혜는 그렇지 않다. 그들을 그리스도와 연합시키고, 죄 사함을 확신시키고, 새 하늘과 새 땅에 있는 영원한 집을 보장하고, 하나님과의 관계와 인간 상호 간의 관계를 회복시키는 그 은혜는 '말로 다 표현할 수 없다'(15절). 도무지 측량할 수 없고, 묘사할 수 없고, 계산할 수 없다. 그처럼 풍성하고 관대한 사랑을 받은 우리는 마음이 누그러져서 우리의 자원을 아낌없이 베풀게 된다.

하지만 이것은 희생이 아니다. 우리는 심은 것은 거두게 되기 때문이다. 자기 소유를 내어주는 것은 가장 확실한 투자다. 남에게 베푸는 일은 본인이 받을 최후의 복을 보증한다. 이것이 우리가 상상할 수 있는 최상의 세계다. 참으로 하나님은 그리스도 안에서 우리에게 이루 말할 수 없는 복을 주셨다.

"말할 수 없는 그의 은사[선물]로 말미암아 하나님께 감사하노라"(15절).

¹ 너희를 대면하면 유순하고 떠나 있으면 너희에 대하여 담대한 나 바울은 이제 그리스도의 온유와 관용으로 친히 너희를 권하고 ² 또한 우리를 육신에 따라 행하는 자로 여기는 자들에 대하여 내가 담대히 대하는 것같이 너희와 함께 있을 때에 나로 하여금 이 담대한 태도로 대하지 않게 하기를 구하노라 ³ 우리가 육신으로 행하나 육신에 따라 싸우지 아니하노니 ⁴ 우리의 싸우는 무기는 육신에 속한 것이 아니요 오직 어떤 견고한 진도 무너뜨리는 하나님의 능력이라 모든 이론을 무너뜨리며 ⁵ 하나님 아는 것을 대적하여 높아진 것을 다 무너뜨리고 모든 생각을 사로잡아 그리스도에게 복종하게 하니 ⁶ 너희의 복종이 온전하게 될 때에 모든 복종하지 않는 것을 벌하려고 준비하는 중에 있노라

¹ I, Paul, myself entreat you, by the meekness and gentleness of Christ—I who am humble when face to face with you, but bold toward you when I am away!— ² I beg of you that when I am present I may not have to show boldness with such confidence as I count on showing against some who suspect us of walking according to the flesh. ³ For

though we walk in the flesh, we are not waging war according to the flesh. 4 For the weapons of our warfare are not of the flesh but have divine power to destroy strongholds. 5 We destroy arguments and every lofty opinion raised against the knowledge of God, and take every thought captive to obey Christ, 6 being ready to punish every disobedience, when your obedience is complete.

7 너희는 외모만 보는도다 만일 사람이 자기가 그리스도에게 속한 줄을 믿을진대 자기가 그리스도에게 속한 것같이 우리도 그러한 줄을 자기 속으로 다시 생각할 것이라 8 주께서 주신 권세는 너희를 무너뜨리려고 하신 것이 아니요 세우려고 하신 것이니 내가 이에 대하여 지나치게 자랑하여도 부끄럽지 아니하리라 9 이는 내가 편지들로 너희를 놀라게 하려는 것같이 생각하지 않게 함이라 10 그들의 말이 그의 편지들은 무게가 있고 힘이 있으나 그가 몸으로 대할 때는 약하고 그 말도 시원하지 않다 하니 11 이런 사람은 우리가 떠나 있을 때에 편지들로 말하는 것과 함께 있을 때에 행하는 일이 같은 것임을 알지라 12 우리는 자기를 칭찬하는 어떤 자와 더불어 감히 짝하며 비교할 수 없노라 그러나 그들이 자기로써 자기를 헤아리고 자기로써 자기를 비교하니 지혜가 없도다

7 Look at what is before your eyes. If anyone is confident that he is Christ's, let him remind himself that just as he is Christ's, so also are we. 8 For even if I boast a little too much of our authority, which the Lord gave for building you up and not for destroying you, I will not be ashamed. 9 I do not want to appear to be frightening you with my letters. 10 For they say, "His letters are weighty and strong, but his bodily presence is weak, and his speech of no account." 11 Let such a person understand that what we say by letter when absent, we do when

10장

present. 12 Not that we dare to classify or compare ourselves with some of those who are commending themselves. But when they measure themselves by one another and compare themselves with one another, they are without understanding.

13 그러나 우리는 분수 이상의 자랑을 하지 않고 오직 하나님이 우리 에게 나누어 주신 그 범위의 한계를 따라 하노니 곧 너희에게까지 이 른 것이라 14 우리가 너희에게 미치지 못할 자로서 스스로 지나쳐 나 아간 것이 아니요 그리스도의 복음으로 너희에게까지 이른 것이라 15 우리는 남의 수고를 가지고 분수 이상의 자랑을 하는 것이 아니라 오직 너희 믿음이 자랄수록 우리의 규범을 따라 너희 가운데서 더욱 풍성하여지기를 바라노라 16 이는 남의 규범으로 이루어 놓은 것으로 자랑하지 아니하고 너희 지역을 넘어 복음을 전하려 함이라 17 자랑하 는 자는 주 안에서 자랑할지니라 18 옳다 인정함을 받는 자는 자기를 칭찬하는 자가 아니요 오직 주께서 칭찬하시는 자니라

13 But we will not boast beyond limits, but will boast only with regard to the area of influence God assigned to us, to reach even to you. 14 For we are not overextending ourselves, as though we did not reach you. For we were the first to come all the way to you with the gospel of Christ. 15 We do not boast beyond limit in the labors of others. But our hope is that as your faith increases, our area of influence among you may be greatly enlarged, 16 so that we may preach the gospel in lands beyond you, without boasting of work already done in another's area of influence. 17 "Let the one who boasts, boast in the Lord." 18 For it is not the one who commends himself who is approved, but the one whom the Lord commends.

명예훼손을 통한 칭찬

10장은 이 책의 핵심이며, 바울이 이 편지를 통해 고린도 교인들에게 말하고자 하는 주안점이라고 할 수도 있다. 1장은 서론이고, 2-7장에서 바울은 자기 사역의 정통성을 길게 변호한다. 8-9장은 바울이 예루살렘 성도를 위한 헌금을 준비시키면서 관대하도록 호소하는 장면이다. 마침내 바울은 빙 돌아서 이 편지의 요점에 도달한다. '영적 능력은 뜻밖의 통로를 통해 흘러나온다는 것'이다. 바울은 이번 장에서 군대 이미지를 이용해 엄청난 영적 능력에 관해 말할 것이고, 이어서 대적들이 그를 외견상 얼마나 평범하고 웃기는 인물로 만들었는지를 인정한다. 그러나 둘 다 하나님 나라에서는 진리에 해당한다. 하나님의 능력은 인간의 약함과 맞물려 있다.

10장

그래서 이 편지의 흐름이 이 지점에서 방향을 바꾸지만, 많은 학자들이 주장하는 것만큼 바꾸지는 않는다. 10-13장에서 분위기가 전환되기는 하지만 바울은 전반적인 주제, 즉 사물이 하나님 나라에서는 겉보기와 같지 않다는 주제를 계속 이어간다.

IV. 바울이 참된 사역의 역설을 보라고 열정적으로 호소하다
(10:1-13:14)
    A. 참된 사역은 겉보기와 다르다(10:1-11:15)
        1. 바울의 현존 대 부재(10:1-11)
           a. 바울이 부재중에 호소하다(10:1-2)
           b. 바울이 부재중에 싸우다(10:3-6)

c. 바울이 부재중에 일관성을 유지하다(10:7-11)

2. 다른 사람이 아닌 주님의 추천을 받다(10:12-18)

a. 자기 추천의 위험성(10:12)

b. 바울이 자랑할 만한 이유(10:13-16)

c. 신적 추천의 안전함(10:17-18)

〰〰〰 주석 〰〰〰

10:1 이 대목은 어느 곳 못지않게 비애와 갈망으로 가득하다. 호소로 시작되지만 그 호소를 설명하지는 않는다. 설명은 2절에 나온다. 1절에서는 먼저 그리스도에 관해, 이어서 그 자신에 관해 무언가를 말함으로써 호소를 설정할 따름이다.

호소의 서두는 신약 전체에서 유일무이하다. 바울이 "그리스도의 온유와 관용"으로(헬라어 어순 참고-옮긴이 주) 고린도 교인들에게 호소한다. 여기서 우리는 사복음서에서 예수님이 자기 마음을 "온유하고 겸손하니"(마 11:29, 이 두 단어는 바울이 1절에서 사용한 단어들과 똑같다)라고 묘사하신 유일한 구절을 기억하게 된다. 우리가 예수님이 누구신지를 깊이 탐구하면 그분이 '온유하고 겸손하다'는 것을 알 수 있다. 그래서 바울이 이 점에 호소하는 것이 적절한 이유는, 고린도 교인들이 슈퍼 사도들과 그들의 세상적인 사고방식으로 공격받고 있고 또 바울은 자신의 불안정한 입장을 개선시키려고 애쓰기 때문이다. 바울은 고린도 교인들에게 그리스도가 누구신지를 상기시키며 그 자신과 함께 (대인관계 상의) 푸른 초장과 쉴 만한 물가로 들어가자고 초대한다. 그런 온유함은 바울이 편지의 나머지 부분을 위해 조성하는 분위기다.

이후 바울은 그가 비난받고 있는 내용(참고. 10절)을 재생산하기 위해 건전한 풍자를 사용해서 그 자신에 관해 평한다. 내용인즉, 그는 고린도 교인들과 함께 있을 때는 이런 식으로('유순하게') 행동하고, 그들로부터 안전하게 떨어져 있을 때는 저런 식으로('담대하게') 행동한다는 것이다. 그런 조롱을 용인하면 그 비난이 터무니없다는 사실이 드러난다. 바울은 이번 장 내내 다양한 방식으로 그 비난을 해체할 것이다.

10:2 이제 1절의 준비 작업에 따른 실제적인 호소를 듣게 된다. 바울은 자기가 마침내 현장에 나타날 때 슈퍼 사도들을 취급할 것처럼 고린도 교인들을 대우할 필요가 없기를 바란다.

"내가 여러분에게 청[한다]"(새번역)는 우리가 흔히 생각하듯 바울이 무력해서 무릎을 꿇고 고린도 교인들에게 간청한다는 뜻이 아니다. 헬라어 단어[데오마이(*deomai*)]는 기존 관계를 배경으로 긴급한 요청을 한다는 뜻이다. 10장의 첫 두 구절은 이제 고린도후서의 마지막 네 장을 이해하는 데 필요한 우산 같은 역할을 한다. 바울이 그 자신을 강경하게 변호하고, 고린도 교인들을 날카롭게 꾸짖고, 슈퍼 사도들을 무자비하게 고발하겠지만, 어디에서도 고린도 교인들을 부끄럽게 하거나 그들에게 명령하지는 않는다. 모든 내용은 호소, 갈망, 손짓의 우산 아래서 펼쳐진다.

"우리를 육신에 따라 행하는 자들로 여기는" 사람들은 슈퍼 사도들이다. '여기다'(로기조마이)로 번역된 단어는 '보다', '생각하다' 또는 '간주하다'라는 뜻이다. 이들은 고린도에 있는 사람들로서 바울과 그의 동료들이 세상적인 기준으로 보면 평범하고 꼴불견이라서 배척해야 한다고 판단한 자들이다. 그러나 이 육신적인 사고방식은 바울이 이미 배격했다고 말한 것이며(5:16), 고린도 교인들에게 자기와 함께 육신이 아니라 복음적 기준에 따라 평가하자고 권유한 바 있다. 바울이 고린도에 도착할 때는 즉시 공개적으로 그처럼 복음을 배격하는 태도를 다루지 않을 수 없을 것이다.

10:3 이 구절은 2장의 마지막 어구, 곧 고린도 교인 중 일부가 바울을 "육신에 따라 행하는 자"로 간주한다는 것을 계속 다룬다. 5:16에서 그랬듯

이, 이는 중요성과 성공에 대해 생각할 때 세상의 직관에 따라 처신하는 바람에 인간적인 평범함과 약함과 '변변치 못한' 말주변을 피하는 반면 인상적인 모습과 강함과 유창함을 칭송한다는 뜻이다. 바울은 이제 3절에서 모든 복음 사역자의, 아니 모든 진정한 그리스도인의 근본적인 공리를 천명한다. 우리는 육신을 입고 살지만, 그리스도 안에 있는 사람들에게 삶의 가장 깊은 실재는 육체적인 것이 아니라 영적인 것이라는 진리이다. 따라서 바울은 두 개의 다른 전치사("으로" 대 "따라")가 가리키듯이 "육신"이라는 단어를 두 가지 다른 방식으로 사용한 셈이다. "육신으로"는 육체적 존재를 가리킨다. 반면에 "육신에 따라"는 우리의 선천적인 타락한 본능, 곧 슈퍼 사도들이 바울을 조롱하는 모습으로 나타난 본능을 따르는 사고방식을 가리킨다.

구체적으로 바울은 '우리는 육신을 따라 싸우지 않는다'고 말한다. 여기서부터 계속 군대 이미지를 사용하는데, 이는 9장의 후반부가 계속 농업 이미지(심다, 거두다, 씨, 수확 등)를 사용하는 것과 같다. 신약성경은 우리가 하나님과 평화를 누리고(롬 5:1) 성령의 근본적인 표지로서 서로 화평하도록 부르심을 받았다고(갈 5:22) 말하지만, 일정하게 그리스도인의 삶을 일종의 싸움으로 묘사하곤 한다(고전 9:7; 딤전 1:18; 6:12; 딤후 2:3-4; 4:7; 약 4:1; 벧전 2:11).[76] 다음 두 구절에서 바울이 이 싸움의 성격을 설명할 것이다.

10:4-5 바울의 논리가 계속 펼쳐진다. 3절에서 싸움을 벌인다는 개념을 소개한 후, 4절에서는 이 싸움에 사용되는 무기를 규정함으로써 이 생각을 더욱 진전시킨다. 그는 (부정적으로) 이 무기가 무엇이 아닌지를 진술한 다음 (긍정적으로) 이 요새들이 갖고 있는 능력을 진술한다.

우리의 무기는 "육신에 속한" 것이 아니다. 이는 한 헬라어 단어(사르키코스, '육신적인')를 번역한 것으로 이 편지에는 한 번 더(1:12), 그리고 신약 전

---

76 그리스도인 간의 싸움과 평화의 관계에 대해서는 Edwards, *Religious Affections*, 350-352를 보라.

체에는 다섯 번 더 사용되었다[롬 15:27; 고전 3:3(2번); 9:11; 벧전 2:11]. 바울은 참된 그리스도인은 복음에 적대적인 자들과 그들의 방식으로 싸우지 않고, 그들의 규칙에 따라 놀지 않으며, 겉보기에 인상적인 것을 자랑하지 않는다고 말한다. 이러한 것들은 우리의 타락한 직관에나 걸맞은 것이다. 오히려 우리의 무기는 '요새들을 무너뜨리는 하나님의 능력'을 갖고 있다. '무너뜨리다'로 번역된 단어는 신약에 세 번밖에 안 나오는데 모두 고린도후서에 나온다. 다른 두 번은 '세우다'의 반대말로 사용된 것으로, '무너뜨리다'(고후 10:8)와 '넘어뜨리다'(13:10)로 번역된 경우다. 바울의 말은, 그의 왜소함과 약함을 하나님께 드리면 그의 사도 사역에 다름 아닌 하나님의 능력 자체를 불러오게 되고, 이는 복음의 진보를 방해하는 장애물, 즉 세상적인 기준으로는 아무리 인상적이고 힘겨운 장애물일지라도 그런 것을 무너뜨린다는 것이다.[77]

헬라어로 보면 10:3-6은 한 문장이다. 그래서 5절은 앞의 생각을 이어가며 그 싸움의 성격을 더 깊이 파고든다. '무너뜨리다'는 4절에서 '무너뜨림'으로 번역된 명사의 동사형이다. 여기는 이 동사가 바울의 서신들에서 사용된 유일한 곳이다. 다른 곳에서는 다음과 같이 사용되었다. 예수의 몸을 십자가로부터 내리는 것(막 15:36, 46; 눅 23:53; 행 13:29), 이방 나라들을 멸망시키는 것(행 13:19), 여신 아데미의 장엄한 지위를 폐위시키는 것(행 19:27), 권세 있는 자를 내리치는 것(눅 1:52), 그리고 더 큰 곳간을 짓기 위해 곳간을 헐어버리는 것(눅 12:18)을 묘사할 때다. 이 모든 경우의 공통 개념은 세워진 것을 붕괴시키거나 낮추는 것이다. 이는 고린도후서의 폭넓은 주제, 즉 우리가 내려감으로써 올라가는 반면 올라가는 자는 낮아질 것이라는 주제에 부합하는 개념이다. 이 개념은 복음을 대적하여 "높아진 것"에 대한 언급과 함께 계속 이어지는데, 이는 바울과 모든 참된 그리스도인이 하나님의 능력이 그들을 통해 흘러감에 따라 개인적 강점이 아니

---

77 쉐퍼가 말하듯이, "작은 것이라도 성별해서 하나님께 드리면 그로부터 많은 것이 나올 수 있다고 성경은 강조한다," Francis A. Schaeffer, *No Little People* (Wheaton, IL: Crossway, 2003), 25. 《신앙의 거인》(보이스사).

라 약점을 통해 해체하는 것이다.

그러면 이 싸움의 대상은 무엇인가? 무엇을 정복하게끔 되어 있는가? "모든 생각"이다. "생각"(노에마)이라는 단어는 신약에 6번 나오는데, 이곳만 제외하고 모두 복수형이고 한 곳(빌 4:7)만 제외하고 모두 고린도후서에 나온다(2:11; 3:14; 4:4; 11:3). 이 단어는 단지 인지적인 또는 지적인 특성 이상의 것을 의미한다. 이는 마음이 확정한 충성을 가리킨다. 자기 생각을 사로잡아 그리스도에게 복종시킨다는 개념은 인간의 선천적 자기 자랑을 끌어내려 그리스도를 높이려는 열망에 굴복시키고, 우리의 육신적인 사고방식의 방향을 전환시켜 재조정하는 것이다.

10:6 이 구절은 군대 이미지를 계속 이어간다. 첫 절은 군인이 준비 태세를 갖추는 모습을 암시하고, '모든 불복종을 벌한다'는 말은 '반역이 끈질기게 이어지는 지역을 완전히 정복하는 로마의 군사적 관행'[78]을 가리킨다. 우리는 또한 복음이 인간의 자기 예찬에 대해 벌이는 싸움이 얼마나 포괄적인지를 주목하게 된다. "[모든] 높아진 것"을 무너뜨리고(5절), "모든 생각"을 사로잡고(5절), "모든 복종하지 않는 것"을 벌한다고(6절) 한다.

이 편지에서 줄곧 바울은 고린도 교회에서 목소리가 큰 반역적인 소수파를 언급해왔는데, 그들은 반복음적인 육신적 사고방식으로 회중을 혼란시키고 있다. 바울이 대리인단에 이어 고린도에 모습을 드러낼 때(8:16-24)는 슈퍼 사도들이 주도하는 반대 세력에 대해 영적 대청소를 감행할 생각이다. 그런데 이 처벌은 고린도 교인들의 신실함과 묶여 있다. 바울의 반대파 처벌이 고린도 교인의 순종과 부합되는 이유는 바로 그들의 순종이 반대파의 전복적 방식을 거절하는 것이기 때문이다. 슈퍼 사도들이 교회를 어느 정도 지배하는 한, 고린도 교인들은 아직 그리스도께 완전히 순종하지 않고 있는 셈이다.

---

[78] Harris, *Second Epistle to the Corinthians*, 685.

10:7 "너희는 외모만 보는도다"는 하나의 책망이다. 고린도 교인들이 그들의 눈앞에 있는 것만 보고 올바로 보지 않았다는 지적이다! "고린도 교인들이 그들의 눈이 헛된 쇼에 현혹되게 한 것에 대해 바울이 꾸짖고 있다"고 칼빈이 말한다.[79] '너희 눈앞에'라는 어구는 문자적으로 '얼굴에 따라'이다(1절도 마찬가지다). 바울은 비록 지금은 떨어져 있지만 예전에는 그들의 눈앞에 있었다. 바울은 자신이 비록 겉으로는 평범했으나 그의 사역은 하나님의 능력, 곧 그리스도에 대적하는 요새들을 쳐부수는 능력과 함께했다는 것을 상기시킨다. 이에 반해 잠입자들은 겉으로는 인상적이나 영적으로는 무능하다.

잠입자들과 그 추종자들은 자기들이 '그리스도의 것'이라고 생각할지 모른다. 그리고 고린도 교인들 중 신실한 자들도 (보다 정당하게) 그들 자신이 그리스도 안에 있다고 믿을지 모른다. 만일 그렇다면, 그들은 바울이 그리스도의 참된 종이라고 얼마나 더 굳게 믿어야겠는가? 바울의 사역은 사탄의 요새들을 무너뜨리는 초자연적 능력이 있음을 입증하고(4-5절), 바울은 육신을 입고 살지만 육신에 따라 싸우지 않고(3절), 친히 복음을 고린도 교인들에게 전했으니(14절) 말이다! 만일 고린도 교인들이 바울의 사도 사역에 너무나 분명히 드러난 능력에 대해 올바로 생각한다면, 그것이 세상적인 기준으로는 아무리 어리석게 보일지라도, 복음의 짠 맛과 함께 영적 혼미상태에서 깨어날 것이다.

10:8 10-13장에 줄곧 나오는 자랑이라는 주제가 계속 이어지고 여기서는 그것을 보다 날카롭고 분명하게 설명한다. 우리는 바울이 자랑하기를 주저하는 모습을 보게 된다. 다음 장에서 그는 자기의 약함을 자랑할 것이다. 하지만 여기서는 그 어떤 종류든 자랑하는 것을 불편해 하는 모습을 보인다. 바울은 그의 '권위'를 행사할 모든 권리를 갖고 있다. 그러나 고린

---

[79] Calvin, *Second Epistle of Paul*, 131-132.

도 교인들을 괴롭히고 싶지 않다. 그들을 들볶기보다는 사랑하기를 원한다. 그래서 자기가 (좀 지나치게라도) 자랑하고 있다는 것을 인식하자마자 즉시 두 가지를 명료하게 밝힌다. 하나는 그에게 있는 권위의 근원과, 다른 하나는 권위의 목적과 관련되어 있다.

첫째, 그의 권위는 하나님께서 주신 것이다("주께서 주신"). 바울은 스스로 조작하여 사도라는 권위 있는 지위를 갖게 된 것이 아니다. 사실 그는 그런 부름을 받기에 가장 자격이 없는 사람이었다(고전 15:9)! 그런즉 그가 자신의 권위를 행사할지라도 거만하게 과시하지 않고 지극히 겸손한 자세로 그렇게 할 것이다.

둘째, 그 권위의 목적과 관련해서 이 자랑은 자연적인 인간의 자랑과 같지 않다. 정상적인 인간의 자랑은 자기를 위한 것이다. 자신의 이익을 위해 스스로를 높인다. 바울의 자랑은 다른 사람을 위한 것이다. 다른 사람의 이익을 위해 상대방을 높인다. 그래서 바울은 '너희를 무너뜨리기 위해서가 아니라 세우기'(4절에 나오는 '무너뜨리다'와 같은 단어를 사용해서, 참고. 13:10) 위해 다소 건강하게 자랑하는 것에 굴복한다. 그런즉 그는 부끄럽지 않게 그렇게 하는 것이다.

10:9 헬라어로 보면 이 구절은 8절에서 시작된 문장을 이어간다. 이는 "나는 편지로 여러분에게 겁을 주려고 하는 것처럼 보이고 싶지는 않습니다"(새번역)로 번역될 수 있다. 따라서 바울은 그가 사도적 권위를 휘두르는 것이 아니라는 논점을 이어가는 셈이다. 오히려 그는 그들에게 유익과 격려를 베풀려고 애쓴다. 10절에서 바울은 그를 비난하는 말을 직접 인용할 것이다. 그중에 하나는 "그의 편지들은 무게가 있고 힘이 있으나" 그의 현존과 말하는 방식은 그렇지 않다는 주장이다. 바울은 고린도 교인들에게, 자기가 멀리 있을 때와 함께 있을 때가 서로 다른 이중적인 사람이 아님을 확신시켜야 할 부담을 안고 있다. 1:12-2:4에서 그의 여행 계획과 관련해 그랬던 것과 비슷하다.

이런 오해를 불식시키기 위해 바울은 우리가 흔히 우리보다 높은 권위자에 대해 품고 있는 의심을 깊이 파고든다. 인간의 마음 속 왜곡된 성향은 우리를 지배하는 권위자들이 자신의 이익을 추구하고, 그들 아래에 있는 자들에게 '군림하며'(막 10:42), 스스로의 자아를 달래려고 그 직책을 이용한다고 생각한다. 사실은 종종 그렇기 때문에 어쩌면 그런 의심은 근거가 있을 수 있다. 그러나 바울과 그 동료들은 고린도 교인들에게 권위를 행사하는 것을 즐거워하지 않았다. 오히려 바울은 앞에서 이렇게 표현한다. "우리는 여러분의 믿음을 지배하려는 것이 아닙니다. 우리는, 여러분이 기쁨을 누리게 하려고 함께 일하는 일꾼일 따름입니다"(고후 1:24, 새번역).

10:10 바울의 편지들 대다수는 '거울에 비추어 읽어야' 한다. 우리는 대화의 바울 편만 볼 수 있고 그가 정확히 무슨 일에 관여하는지 추측만 할 수 있기 때문이다. 하지만 여기에는 대화의 상대편, 잠입자들 내지는 슈퍼 사도들의 편을 뚜렷이 들여다볼 수 있는 창문이 있다. 바울은 그의 편지, 그의 신체적 현존, 그의 말과 관련된 그들의 삼중적인 주장을 인용한다.

헬라어로 보면 "편지들"[에피스톨라이(*epistolai*)]이라는 단어는 두 개의 짧은 헬라어 단어들에 의해 9절에 나오는 동일한 단어로부터 떨어져 있다. 그는 9절에서 고린도 교인들에게 겁을 주려고 하지 않는다고 주장함으로써, 잠입자들이 그에 관해 비난한 것과 다투고 있음을 가리킨다. 바울이 9절에서 그의 편지로 고린도 교인들에게 '겁을 준다'고 묘사하는 것을 10절에서는 "무게가 있고 힘이 있[다]"고 말한다. 말은 뻔뻔스럽게 하지만 진짜 싸움에서는 오래 버티지 못하는 겁쟁이처럼, 바울의 편지들은 기껏해야 수백 마일 떨어진 안전한 곳에서 발사한 헛된 호언장담에 불과하다는 것이 일부 사람의 주장이다.

반대파가 고린도 교인들에게 이 점을 설득시키는 증거는 바울의 존재와 말이 '무게가 있고 힘이 있는 것'과는 거리가 멀다는 것이다. 그와 반대로, "직접 대할 때에는, 그는 약하고, 말주변도 변변치 못하다"(새번역)고 한다. 바울의 외모에 관한 묘사가 남아 있는 것은 2세기에 기록된 바울 행전(*Acts of Paul*)밖에 없는데, 거기에는 "작고, 대머리며, 밭장다리에다, 건강한 모습이며, 눈썹은 하나뿐이고, 코가 약간 길다"(3.3)고 묘사되어 있다. 신체적 관점에서 보면 바울은 전혀 인상적이지 않은 인물이었던 것이 분명하다. 그의 말도 마찬가지였다. 여기서 "시원하지 않다"로 번역된 단어는 '멸시받을 만한'으로 번역될 수도 있다(참고. 눅 18:9; 고전 1:28; 16:11). 11:6에 이르면 그는 자기가 '말에는 능하지 못하다'고 시인하는데, 이는 고린도 교회에 보낸 앞선 편지에서 이미 분명히 밝힌 점이다(고전 2:1-5). 바울을 비난하는 두 단어("약하고"와 '말주변이 변변치 못하다')는 고린도전서 1장에서도 사용된 적이 있다. "그러나 하나님께서 세상의 미련한 것들을 택하사 지혜 있는 자들을 부끄럽게 하려 하시고 세상의 '약한 것'들을 택하사 강한 것들을 부끄럽게 하려 하시며 하나님께서 세상의 천한 것들과 '멸시 받는 것들'과 없는 것들을 택하사 있는 것들을 폐하려 하시나니"(고전 1:27-28). 고린도전서 1장에서는 이것이 추상적 진리지만, 고린도후서 10장에서는 바로 바울이 이 진리의 살아 있는 증거임을 보게 된다.[80]

10:11 그러므로 바울은 자연스럽게 이미 설파한 논점으로 되돌아간다. 그는 떠나 있을 때와 함께 있을 때에 동일한 사람이라는 것이다. 바울은 그 자신과 동료들이 온전한 사람들임을 알아달라고 반대파에게는 직접("이런 사람은…알지라"), 그리고 고린도의 공동체에게는 암묵적으로 호소한다. '말하다'로 번역된 단어는 앞 구절에서 "말"(로고스)로 번역된 단어와 동일하다. 바울은 말과 관련된 세 번째 비난을 골라내되 그들의 비난과 같은 수준에서 대응하지 않는다. 그는 자기의 말이 하찮지 않다거나 유창하다고 주장하지 않는다. 바울과 반대파는 그가 말주변이 없다는 점에 동의한다! 그에게 말솜씨가 없다는 것이 요점이 아니다. 요점은 멀리서 하는 말과 함께 있을 때의 행동이 정확히 일치한다는 것이다.

---

80 Richard I. Pervo, *The Acts of Paul: A New Translation with Introduction and Commentary* (Eugene, OR: Cascade, 2014), 89.

10:12 바울은 10절에서 그에 대한 반대파의 평가를 언급했다. 이제는 그들 자신에 대한 평가를 언급한다. 그들은 바울에 대해서는 멸시하며 비난한다. 그들 자신에 대해서는 계산기로 비교한다. 여기에 신약 전체에서 진정한 복음 사역이 제시하는 가장 통찰력 있는 분석 중 하나가 나온다.

이 한 구절에 헬라어 재귀대명사 헤아우투(*heautou*)가 여섯 번이나 나오고, 이는 '그들 자신', '우리 자신' 또는 '서로'로 번역되어 있다. 이 점은 바울이 싸우고 있는 핵심 문제를 들여다 볼 수 있는 창문이다. 그의 반대파는 자기 지시적인 감옥에 갇혀 있다. 그들이 아는 방법이라고는 서로를 '평가하고' 또 '비교하는' 것밖에 없다. 이는 육신이 좋아하는 일이다. 이는 복음이 없는 사람을 움직이게 하는 영혼의 니코틴이다. 우리 마음이 하나님의 온전한 인정에 대해 살아 있지 않으면 자연스럽게 다른 곳에서 받는 인정으로 공백을 메우게 된다. 기독교 사역은 이런 역학에서 면제되기는커녕 특히 그렇게 되기 쉽다. 슈퍼 사도들은 참된 '깨달음'이 없음을 드러내면서 그렇게 행동한다. 바울은 그렇지 않다. 그는 일찍이 사람들에게 인정받는 것을 포기한 사람이다(참고. 갈 1:10). 심지어 그 자신을 남들과 "감히" 비교하지도 않았다. 긍정적 평가가 나오면 교만해지고 부정적 평가가 나오면 낙심할 것을 알았기 때문이다.

10:13 헬라어 구문에서는 "우리"가 강조되어 있다. 우리의 대적들은 자기들끼리 비교하는 데 갇혀 있으나(12절) "우리"는 다르게 움직인다고 바울이 말한다. 어떻게? 바울과 그 동역자들이 그들의 사역과 관련해 자랑할 바를 조심스럽게 억제함으로써. 12-13절에는 언어유희가 있다. 12절에서 바울이 그의 대적들은 "자기를 척도로 하여 자기를 재고[메트룬테스 (*metrountes*)]"(새번역)라고 말한다. 바울은 이 단어를 13절에서도 사용하는데 이를 매끄럽게 번역하기가 어렵다. 13절을 '그러나 우리는 분수 이상의[아메트라(*ametra*), 15절에도 나온다] 자랑을 하지 않고, 오직 하나님께서 우리에게 나누어 주신 그 범위의 한계[메트론(*metron*)]를 따라 하노니 곧 너희에게까지 이른 것[메트루(*metrou*)]이라'고 번역하는 것이 그나마 공통 어원을 보여주는

방법이다. 여기에 미묘한 아이러니가 있다. 대적들은 불건전한 자랑과 비교를 위해 그들 자신을 평가하는 반면, 바울은 어떤 불건전한 자랑도 억제하기 위해 매우 다른 방식으로 그 자신을 평가한다.

여기에 명백히 드러나는 바는 바울과 그 동료들이 어떤 사역을 하든지 간에 그것은 오직 하나님께서 그들에게 맡기신 것이라는 바울의 깨달음이다. 그들은 자신의 노력으로 이런 청지기직을 맡은 것이 아니다. 자격이 없지만 이 사역을 선물로 받은 것이다(참고. 고전 15:8-10; 딤전 1:12-16).

10:14 이 구절의 전반부는 13절의 후반부가 긍정적으로 진술하는 것("너희에게까지 이른 것")을 부정적으로 재진술한다("우리가 너희에게 미치지 못할 자로서 스스로 지나쳐 나아간 것이 아니요"). 바울은 참된 사실 이상으로 자랑하지 않을 것이다. 그러나 실제로 그의 사역을 통해 이루어진 것을 부인하지도 않을 것이다. 여기서 놀라운 바울의 객관적 자세를 보게 된다. 그는 손을 주머니에 찔러 넣은 채 땅을 내려다보며 '수줍어하는' 자세를 취하지 않는다. 공개적으로 자기가 행한 일을 인정한다. 바울과 그의 동료들은 실제로 복음을 고린도에 가져왔다. 이것은 한마디로 사실이다. 그것도 무척 중요한 사실이다. 그런데 고린도 교인들은 바울로부터 멀어지고 있고 외견상 훨씬 더 인상적인 사역에 충성하라는 유혹을 받고 있다. 그들이 슈퍼 사도들을 받아들이는 것은 앞으로 나가는 발걸음이 아니라 복음을 저버리는 일이 될 터이다.

바울은 그래서 고린도 교인들에게 자기가 "여러분에게까지 가서 그리스도의 복음을 전한"(새번역) 첫 번째 사람이었음을 상기시킨다. 고린도는 예수님의 삶과 사역이 펼쳐진 곳에서 멀리 떨어져 있었다. 갈릴리 예수에게는 고린도라는 도시가 사실상 세계의 반대편이었다. 그런데도 바울이 거기까지 갔던 것이다. 바울이 그들에게 보낸 앞선 편지에 썼듯이, 그들에게 많은 선생이 있을지 몰라도 아버지는 많지 않다. 그는 그들의 아버지가 되었다(고전 4:15).

10:15 이제 바울이 13절의 논점을 재진술한다. 슈퍼 사도들과 달리, 그는 사역을 과장하거나 다른 사람들이 이룬 것을 자신의 것으로 주장하지 않겠다고 한다. 그리고 여기에 한 마디를 덧붙인다. 자신이 이룬 것을 과장하지는 않겠으나, 그렇다고 해서 사역과 복음을 더욱 확장하고픈 열망이 전혀 없다는 뜻은 아니라고 한다(이에 대해 롬 15:23-27을 보라. 그리고 롬 15:26에 나오는 "아가야"는 고린도에 대한 언급임을 기억하라). 그와 반대로, "다만 바라는 것은 여러분의 믿음이 자람에 따라 우리의 활동 범위가 여러분 가운데서 더 넓게 확장되는 것입니다"(새번역)라고 한다. 바울의 말은, 곧 고린도 교인의 영적인 삶과 복음의 지리적 확장은 함께 올라가고 함께 내려간다는 뜻이다. 어떻게 그렇게 되는가? 고린도 교인들이 '어린 아이'라서 '단단한 음식'이 아니라 '젖'이 필요한 동안에는(고전 3:1-2) 그 지방에서 바울의 사도 사역이 그들에게 집중되어야 한다. 기초가 든든해야 건물을 더 세울 수 있기 때문이다. 그러나 고린도 교회가 성숙해지면 물질적으로 또 영적으로 바울의 사역을 지원할 수 있다.

10:16 바울의 '활동 범위'가 확장되는 것(15절)은 단지 이름을 쌓거나 권력을 키우는 것이 아니다. 그 취지는 "너희 지역을 넘어 복음을 전하려[는]" 것이다. 헬라어가 명시적인 1인칭 복수형 없이 수동 부정사를 사용하는 것은 아마 자기를 내세우지 않고 누가 하든지 복음이 전파되길 바라는 열망을 표현하기 위함일 것이다. 문자적으로는 '너희를 넘어서는 땅에 복음이 전파되게 하려고'이다. 다시금 이는 사역이 겹치는 불상사를 방지할 것이다. "남들이 자기네 지역에서 이미 이루어 놓은 일을 가지고 자랑하려는 것이 아닙니다"(새번역). 지중해 세계는 복음 전파에 활짝 열린 미답의 지역이자 영적으로 문명화되지 못한 지역이었다. 바울은 그런 상황에 부응해서 복음을 전하도록 부름 받았던 것이다.

10:17-18 이 두 구절은 이번 장 전체에 걸친 바울의 주장을 요약하고, 하나님을 이 논의에 끌어들임으로써 가장 폭넓고 깊은 각도에서 바울의 추

론을 뒷받침한다. 앞의 문맥에서 바울은 줄곧 그의 행동을 설명하고, 그의 희망을 변호하고, 그 자신을 슈퍼 사도들과의 대척점에 놓고, 그들의 끊임 없는 비교 작업을 폭로했다. 이제 하나님께서 그 그림에 들어오신다.

17절은 예레미야 9:24("자랑하는 사람은 나를 이해하고 아는 것…으로 자랑하라", 현대인의성경)을 끌어온다. 고린도전서 1:31에서 처럼 바울은 그 구절을 약간 바꿔서 고린도 교인을 가르치는 동시에 자신의 말을 변호한다. 그는 이 편지에서 줄곧 자랑을 해왔지만, 그것은 잘난 체하며 우쭐대는 것과 자기가 이룬 업적을 과시하는 것이 아니라 주 안에서 자랑하는 것, 즉 하나님께서 바울과 그 동료들을 통해 행하시고 오직 하나님께서 지탱하신 일을 기뻐하는 것이다(참고, 고전 15:10; 골 1:29). 반면, 슈퍼 사도들은 스스로의 우월함을 자랑하는 타락한 본능을 발산하는 육신적 사고방식을 예시하고(그리고 고린도 교인들도 거기에 빠지도록 손짓하고) 있는 것이 분명하다.

18절은 주 안에서 자랑하는 이유를 말한다('왜냐하면'이 가리키듯이, 개정개역 에는 없음). "참으로 인정을 받는 사람은 스스로 자기를 내세우는 사람이 아니라, 주님께서 내세워주시는 사람입니다"(새번역). "자기를 내세우는 사람" 은 분명히 12절에 나온 "자기를 내세우는 사람들"(새번역)에서 끌어온 것이 지만, 이 대목 전체가 모두 종합되어 대대적인 결론에 이른다. 바울은 여기 서 해방된 사역에 이르는 큰 비결을 발견한다. 우리는 날마다 기독교 사역 을 다음 두 가지 방식 중 하나로 수행할 수 있다. 하나는 인간의 마음에 자 연스럽게 떠오르는 일을 하고, 남들에 비해 자신의 정체성을 키워주는 정 신적 내러티브로부터 힘을 끌어오는 것이다. 이런 작동 방식은 자기보다 열등한 사람들에 대해서는 오만해지고, 자기보다 우월한 사람에 대해서는 질투와 절망을 느끼는 등 악순환을 낳는다.

다른 방식은 모든 비교와 자기 평가를 그만두고 하나님께서 정하신 중 요한 의미를 찾는 것이다. 이들에게는 푸른 초장과 잔잔한 물가가 기다린 다. 하나님은 모든 것을 아시고, 우리의 잡다한 동기를 보시고, 우리의 모 든 생각을 아시는 분인 만큼 그분에게 평가를 받는다고 생각하면 우리는 겸손해지고 침착해진다. 이 복된 방식은 또한 우리가 불굴의 정신을 갖도록 격려해주는데, 우리는 더 이상 자신을 다른 사람들과 비교하지 않고 그들이 우리를 어떻게 생각하는지에 좌우되지 않기 때문이다. 그런 게임은 끝났다. 우리는 그런 방식에 대해 죽었다. 인간의 모든 칭찬은 결국 헛될 뿐이다. 하나님의 칭찬이 영원히 중요할 따름이다.

〰〰〰 응답 〰〰〰

고린도후서 10장의 메시지는 하나님의 인정이 참으로 중요하다는 것이다. 그것은 우리 자신을 다른 사람들과 비교하는 선천적 직관을 따르지 않고, 하나님께서 주시는 인정에 승복할 때 생긴다. 이것은 1세기 당시의 문제만이 아니라 영구적인 문제다. 신자들 사이에서도 그렇다. 새로운 탄생이 인간의 선천적인 성향, 즉 우리가 다른 사람들과 비교해서 우리의 중요성을 평가하고 우리의 정체성을 세우려는 성향을 완전히 없애지는 않는다. 어느 순간에든 우리 각자는 다음 두 가지 방식 중 하나로 움직인다. 우리가 하나님 앞에서 누구인지로부터 힘을 끌어내어 다른 사람들을 향해 차분하게, 평화롭게, 안정적으로 움직이든지, 또는 우리가 다른 사람들과 비교해서 누구인지로부터 힘을 끌어내어 하나님을 향해 불확실하게, 불안정하게 움직인다. 진정한 사역은 주변을 둘러보기 전에 먼저 위를 바라본다. 진정성이 없는 사역은 위를 바라보기 전에 먼저 주변을 둘러본다.

　우리가 조용히 우리 자신을 다른 사람들과 비교할 때는 실제로 무엇을 하는 것일까? 우리는 복음으로부터 멀어지는 중이다. 비교는 복음이 없을 때 생기는 일이다. 바울이 비교의 문제를 치유하기 위해(12절) 하나님의 인정을 끌어온다는 점(18절)을 주목하라. 수직적 관계가 수평적 문제를 해결해준다. 우리의 삶과 교회에서 발생하는 대인관계 상의 역기능은 하나님이 누구인지를 제대로 알지 못해서 생기는 문제다. 이를 A. W. 토저(A. W. Tozer)는 이렇게 표현한다.

동일한 소리굽쇠에 조율된 100대의 피아노가 자동적으로 서로에게 조율되었다고 생각한 적이 있는가? 그것들은 조율되어 하나가 되었으나 서로에게 그런 것이 아니라 각각이 개별적으로 맞춰야 할 또 다른 기준에 대해 그렇게 된 것이다. 따라서 100명의 예배자들이 의식적으로 '하나'가 되기 위해 하나님으로부터 눈을 돌리고 더 친밀한 교제를 위해 노력할 때보다 각자가 눈길을 그리스도께 돌릴 때 마음으로 서로에게 더 가까워진다.[81]

하나님을 추구하라. 그분과 함께하는 삶을 개발하라. 남들의 칭찬보다 하나님의 칭찬을 구하라. 그러면 조화로운 인간관계가 뒷문으로 들어올 것이다.

---

81 A. W. Tozer, *The Pursuit of God* (Harrisburg, PA: Christian Publications, 1982), 80.《하나님을 추구하라》(복있는사람).

¹ 원하건대 너희는 나의 좀 어리석은 것을 용납하라 ¹⁾청하건대 나를 용납하라 ² 내가 하나님의 열심으로 너희를 위하여 열심을 내노니 내가 너희를 정결한 처녀로 한 남편인 그리스도께 드리려고 중매함이로다 그러나 나는 ³ 뱀이 그 간계로 하와를 미혹한 것같이 너희 마음이 그리스도를 향하는 진실함과 깨끗함에서 떠나 부패할까 두려워하노라 ⁴ 만일 누가 가서 우리가 전파하지 아니한 다른 예수를 전파하거나 혹은 너희가 받지 아니한 다른 영을 받게 하거나 혹은 너희가 받지 아니한 다른 복음을 받게 할 때에는 너희가 잘 용납하는구나 ⁵ 나는 지극히 크다는 사도들보다 부족한 것이 조금도 없는 줄로 생각하노라 ⁶ 내가 비록 말에는 부족하나 지식에는 그렇지 아니하니 이것을 우리가 모든 사람 가운데서 모든 일로 너희에게 나타내었노라

¹ I wish you would bear with me in a little foolishness. Do bear with me! ² For I feel a divine jealousy for you, since I betrothed you to one husband, to present you as a pure virgin to Christ. ³ But I am afraid that as the serpent deceived Eve by his cunning, your thoughts will be led astray from a sincere and pure devotion to Christ. ⁴ For if someone

comes and proclaims another Jesus than the one we proclaimed, or if you receive a different spirit from the one you received, or if you accept a different gospel from the one you accepted, you put up with it readily enough. 5 Indeed, I consider that I am not in the least inferior to these super-apostles. 6 Even if I am unskilled in speaking, I am not so in knowledge; indeed, in every way we have made this plain to you in all things.

7 내가 너희를 높이려고 나를 낮추어 하나님의 복음을 값없이 너희에게 전함으로 죄를 지었느냐 8 내가 너희를 섬기기 위하여 다른 여러 교회에서 비용을 받은 것은 탈취한 것이라 9 또 내가 너희와 함께 있을 때 비용이 부족하였으되 아무에게도 누를 끼치지 아니하였음은 마게도냐에서 온 형제들이 나의 부족한 것을 보충하였음이라 내가 모든 일에 너희에게 폐를 끼치지 않기 위하여 스스로 조심하였고 또 조심하리라 10 그리스도의 2)진리가 내 속에 있으니 아가야 지방에서 나의 이 자랑이 막히지 아니하리라 11 어떠한 까닭이냐 내가 너희를 사랑하지 아니함이냐 하나님이 아시느니라

7 Or did I commit a sin in humbling myself so that you might be exalted, because I preached God's gospel to you free of charge? 8 I robbed other churches by accepting support from them in order to serve you. 9 And when I was with you and was in need, I did not burden anyone, for the brothers who came from Macedonia supplied my need. So I refrained and will refrain from burdening you in any way. 10 As the truth of Christ is in me, this boasting of mine will not be silenced in the regions of Achaia. 11 And why? Because I do not love you? God knows I do!

12 나는 내가 해 온 그대로 앞으로도 하리니 기회를 찾는 자들이 그 자랑하는 일로 우리와 같이 인정받으려는 그 기회를 끊으려 함이라 13 그런 사람들은 거짓 사도요 속이는 일꾼이니 자기를 그리스도의 사도로 가장하는 자들이니라 14 이것은 이상한 일이 아니니라 사탄도 자기를 광명의 천사로 가장하나니 15 그러므로 사탄의 일꾼들도 자기를 의의 일꾼으로 가장하는 것이 또한 대단한 일이 아니니라 그들의 마지막은 그 행위대로 되리라

12 And what I am doing I will continue to do, in order to undermine the claim of those who would like to claim that in their boasted mission they work on the same terms as we do. 13 For such men are false apostles, deceitful workmen, disguising themselves as apostles of Christ. 14 And no wonder, for even Satan disguises himself as an angel of light. 15 So it is no surprise if his servants, also, disguise themselves as servants of righteousness. Their end will correspond to their deeds.

1) 또는 너희가 과연 나를 용납하느니라 2) 헬, 참

〰〰〰 단락 개관 〰〰〰

낮아짐을 통한 높아짐

바울이 사랑하는 고린도 교인들은 자기도 모르는 채 영적 간음과 불장난을 하고 있다. 11장의 전반부에서 바울은 이 위험을 폭로하고, 대적들의 베일을 벗기며, 이런 슈퍼 사도들(5절)이 사실은 "거짓 사도"(13절)들이자 사탄의 일꾼들(14-15절)임을 드러낸다. 고린도 교인들이 바울이 그들로부터 금전적 후원을 받지 않는 것에 대해 당혹스러워한다면(7-11절), 이는 그 반대파의 '너희가 지불하는 것을 취하라'는 반복음적인 사고방식으로 기울

고 있다는 반증이다. 바울은 마음이 썩 내키지 않아도 자기 사역의 타당성을 변호하고, "자랑"(10절)을 통해 반대파의 속임수를 폭로해야 한다. 궁극적으로 그는 고린도 교인을 사랑하고 그리스도 안에 있는 그들의 삶이 꽃피우기를 원하기 때문이다.

〰〰〰〰 **단락 개요** 〰〰〰〰

IV. 바울이 참된 사역의 역설을 보라고 열정적으로 호소하다
   (10:1-13:14)
   A. 참된 사역은 겉보기와 다르다(10:1-11:15)
      3. 목회적 사랑과 그리스도에 대한 헌신(11:1-6)
         a. 목회적 사랑을 표현하다(11:1-2)
         b. 목회적 사랑이 위협받다(11:3-4)
         c. 목회적 사랑을 변호하다(11:5-6)
      4. 목회적 사랑과 재정 지원(11:7-11)
      5. 목회적 사랑과 거짓 교사들(11:12-15)
         a. 바울이 활동하는 방식(11:12)
         b. 거짓 교사들이 활동하는 방식(11:13-15)

〰〰〰〰 **주석** 〰〰〰〰

11:1 만일 어떤 신자들이 복음 사역을 세상적인 눈으로 보면서 오로지 어리석은 것만 목격하고 있다면, 당신은 어떻게 그들의 주목을 끌겠는가? 그들에게 고함쳐서 꼼짝 못하게 하거나 노골적으로 도전하는 것이 아니라,

이제부터 그들에게 하는 말이 이상하게 들릴 것임을 인정하는 것으로 시작할 수 있다. 그들이 스스로의 어리석음을 보도록 도와주어서 그런 생각을 폭발시키기 전에, 발언의 기회를 얻기 위해 조금도 양보하지 않은 채 그 잘못된 생각으로 곧장 파고들 수 있다.

바울은 고린도 교인들에게 자기를 "용납하라"고 부탁한다. 지금은 물론 바울이 그들을 용납하고 있는 중인데도 말이다. 그는 그들에게 "좀 어리석은 것"을 참아달라고 요청한다. 지금은 물론 그들이 어리석은 자들인데도 말이다. 바울은 겸손한 태도와 풍자의 수법으로 그의 대적들이 고린도 교인들에게 과시한 인상적인 사역의 마법을 깨뜨리고 있다. 그는 이제 고린도 교인들에게 그의 특별한 사랑을 상기시킬 것이다.

11:2 이것은 신부에 대한 남편의 사랑이다. 다른 곳에서 바울은 신부인 교회를 향한 그리스도의 사랑을 묘사하려고 이 유비를 사용한다(엡 5:22-33). 여기서는 하나님께서 고린도 교인들에게 품으시는 질투를 자기도 품고 있다고 주장하면서 그들을 향한 사랑을 묘사한다. 이는 구약 전반에 나타난 하나님께서 그분의 언약 백성에게 품으시는 열렬한 질투를 상기시킨다(예. 출 20:5; 34:14; 신 4:24; 5:9; 수 24:19; 겔 39:25; 나 1:2; 슥 1:14; 8:2).

바울은 이어서 그리스도를 그 백성의 진정한 남편으로 묘사하고, 자신은 신랑과 신부 사이의 중매쟁이라고 말한다. 고린도 교인들이 현재 그리스도와 약혼한 상태며, 장차 그리스도가 재림하시는 위대한 혼인의 날에 그 혼인관계가 완성될 것이라고 한다. 그동안 바울의 관심사는 신부의 순결함 또는 영적 처녀성을 보호하는 것이다. 어떤 약혼한 처녀가 갑작스럽게 잔인한 의향을 품은 남자의 매력적이고 달콤한 말에 유혹 당하고 있다고 상상해보라. 염려가 가득한 연인인 바울이 그 싸움에 뛰어들어, 신부에게 이 침입자에게 스스로를 주는 어리석음에 대해 경고한다. 네가 무슨 짓을 하고 있는지 깊이 생각해보라고 외친다. 당신의 진정한 연인이 때가 되면 사랑의 팔을 벌린 채 당신을 기다리고 있을 텐데, 그동안 소중한 처녀성을 다른 사람에게 주지 말라!

11:3 이는 바울이 이 편지에서 사탄을 언급한 첫 번째 구절은 아니다. 2:11에서 만일 그들이 회개하는 범죄자를 용서하고 회복시키지 않는다면, 그 교회가 '사탄의 계책'에 넘어가는 것이라고 말했다. 4:4에서는 "이 세상의 신"(사탄)이 불신자들의 마음을 가리고 있다고 했다. 11:14에서는 사탄이 거짓 사도들처럼 그 자신을 "광명의 천사"로 가장한다고 말할 것이다. 그리고 12:7에서는 사탄이 바울에게 있는 육체의 가시에 적극적으로 개입하고 있다고 진술할 것이다. 고린도후서는 바울의 다른 어느 편지보다 더 보이지 않는 영적 전쟁, 즉 모든 신자가 참여하고 있고 거짓 사역이 종종 참된 사역 행세를 하는 그런 전쟁에 대해 폭넓게 의식한다.

하와의 미혹과 고린도 교인들의 미혹 사이에 어떤 유사점이 있는가? 두 경우 모두, 사탄이 하나님에 대한 순수한 신뢰를 악화시키고 타협하게 하는 방식으로 번지르르하고 매력적인 것으로 눈멀게 만든다. 금지된 과일과 하와의 관계는 슈퍼 사도들의 외견상 인상적인 사역과 고린도 교인들의 관계에 해당한다. 하와는 실패했다. 고린도 교인들은 도대체 어떻게 할 것인가? 우리는 또한 3절이 약혼을 거론하는 2절 뒤에 나온다는 점을 주목해야 한다. 하와가 하나님을 배신한 것은 가장 참된 남편을 배신한 것이었다. 이와 같이 고린도 교인들이 슈퍼 사도들에게 충성하도록 유혹을 받는 것은 그들의 참된 남편이자 사랑하는 주님이신 그리스도를 배신하도록 유혹을 받고 있는 셈이다.

11:4 바울은 고린도 교인을 감질나게 하는 '과일'의 성격을 탐구한다. 그는 그 유혹을 세 가지 방식으로 묘사한다(표7).

1	누군가 전파하다	다른 예수를	바울이 전파하지 않은
2	고린도 교인이 받다	다른 영을	그들이 받지 않은
3	고린도 교인이 용납하다	다른 복음을	그들이 용납하지 않은

표7. 고린도 교인의 유혹에 대한 세 가지 묘사

이것이 사도 사역의 세 가지 기본 요소다. 예수님과 그분의 사역과 주 되심이 전파될 때 이 복음을 받아들이는 이들은 성령을 받는다.[82] 그런데 슈퍼 사도들은 모든 점에서 참된 사역을 뒤집어서 다른 예수와 다른 영, 즉 다른 복음을 제시한다. 어떻게? 11장의 맥락과 고린도전후서 전체의 맥락이 분명히 밝히는 것이 있다. 비공격적이고 인상적인 그리스도를 제시함으로, 초자연적인 은혜에 앞서 초자연적인 은사들을 내쫓는 영을 제시함으로, 죽음이 없는 생명과 환난이 없는 안락함을 제공하는 복음을 제시함으로써 그렇게 한다.

그 아이러니는 바울이 이 구절의 끝에서 '용납하다'는 표현을 사용하는데서 뚜렷이 나타난다. 이 헬라어 동사[아네코마이(*anechomai*)]는 바울이 1절에서 고린도 교인에게 자기를 용납하라고 두 번 간청할 때 사용한 것이다. 그들은 바울을 참는 데는 느리고 거짓 가르침을 참는 데는 빠르다.

11:5 바울은 처음으로 대놓고 잠입자들을 '슈퍼 사도들'(참고. 12:11)이라는 풍자적 이름으로 부른다. 그가 사용하는 어구는 "사도"(아포스톨로스) 앞에 형용사 휘페를리안(*hyperlian*)을 붙인 것인데, 이는 '큰 정도로' 또는 '지극히'라는 뜻이다. 이와 연관된 용어[리안(*lian*)]는 예수님의 옷이 '매우' 하얗다(막 9:3)고 말하거나, 빌라도가 예수의 침묵에 '크게' 놀랐다(마 27:14)고 말할 때에 사용되었다. 바울은 이 용어를, 이런 기만적인 선생들이 그들 자신을 높임으로써 그들의 복음이 얼마나 공허하고 무력한지를 드러낸다는 것을 폭로하는 말로 사용한다. 그들은 말 그대로 '슈퍼' 사도들이다.

생각의 흐름을 보면 바울이 스스로를 변호할 필요성에 진력이 나는 것이 분명하다. 그래도 자기변호를 하지 않을 수 없다. 왜냐하면 진정한 복음, 곧 우리에게서 모든 자기 홍보하기와 외모 손질하기와 기반 구축하기를 박탈하는 그 복음이 위태롭기 때문이다. 고린도 교인들의 영혼은 바울

---

82 11:4에 나오는 "영"(프뉴마)이라는 단어는 '성령'(Spirit)으로 번역될 수도 있다.

이 오해를 푸는 작업에 달려 있다.

11:6 지식은 눈에 보이지 않는다. 말은 눈에 보인다. 그렇기에 어떤 사람은 지식이 부족해도 혀를 빨리 놀려서 다른 이들을 자기편으로 만들 수 있다. 바울은 정반대에 속한다. 바울의 말은 유창하거나 재치와 끄는 힘이 없지만, 그는 상당한 지식을 갖고 있다. 그는 지금 반드시 그럴 필요가 없어도 고린도 교인들에게 이 점을 상기시킨다. 바울과 그의 동료들은 이미 '모든 일'에서 그들에게 '모든 방식으로' 이를 분명히 했다. 바울에게 타고난 수사적 능력이 없다고 해서 그의 지식이 상쇄되지 않는다는 것이 그동안 명명백백했다. 복음의 보배가 질그릇에 담길 수 있듯이(4:7), 진리는 평범한 강사를 통해 중재될 수 있다. 외적인 실체가 내적인 실체의 가치에 부합하는 것은 아니다. 오히려 평범한 외적 실체가 안전한 토대가 된다. 복음을 듣는 자들은 복음 전도자의 인기에 반하기보다는 전파된 메시지에 반할 것이기 때문이다.

11:7-8 7-9절은 바울이 8-9장에서 기금 마련에 대해 상세히 논의한 것을 상기시킨다. 거기서는 바울이 고린도 교인의 (그리고 마게도냐 신자의) 헌금에 대해 말했으나, 이곳에서는 고린도전서 9:1-18에서처럼, 그 자신의 금전 처리 방식에 대해 말한다. 바울은 고린도 교인들 가운데서는 그의 사역에 대한 보상을 전혀 요구하지 않았다. 그가 고린도에서 공개적으로 순수한 사역을 수행하고 싶은 마음에서 취한 이 접근이 제대로 인정을 받지 못했거나 심지어 불리한 결과를 초래한 듯하다. 그는 고린도 교인들을 높이기 위해 그 자신을 낮추었다('겸허한'과 '높이다'에 해당하는 두 동사는 문자적으로 '낮추는 것'과 '높여지는 것'이라는 뜻이다). 그는 고린도 교인들을 해방시키고 사랑하는 방법으로 아무것도 부담시키지 않고 그들에게 그의 사역을 받을 모든 기회를 주었다. 그런데도 고린도 교인들이 너무나 까다로워서 이것조차 바울에게 문제를 불러일으켰다. 따라서 사도는 그들의 둔감한 종기를 날카로운 아이러니가 담긴 말로 찌르고 있다. 그의 질문은 자신의 돈을 받

지 않는 사역에 대한 모든 반론이 얼마나 어리석은지를 폭로한다.

바울은 "하나님의 복음"과 그 복음을 "값없이" 전한 자신의 사역을 언급함으로써 복음 그 자체, 곧 하나님께서 우리에게 오셔서 은혜의 사역을 값없이 베푸신 그 복음을 고린도 교인들에게 상기시킨다. 여기에 "값없이"[도레안(dōrean)]로 번역된 부사는 로마서 3:24에서 "하나님의 은혜로 값없이[도레안] 의롭다 하심을 얻[었다]"고 말할 때 사용된 것이다.

그 아이러니가 8절까지 이어진다. 다른 교회로부터 '후원을 받아들이는 것'은 당연히 그들에게서 "탈취"하는 것이 아니다. "탈취"하는 것은 누군가가 양도하기를 원치 않는 것을 취하는 것인 반면, 다른 교회들은 기꺼이 바울에게 '후원'을 제공했기 때문이다. 따라서 이 어불성설로 바울은 고린도 교인들 가운데 퍼진 그의 재정적 '작업 방식'에 대한 모든 반론이 어리석다는 점을 계속 폭로하고 있다.

11:9 바울은 계속해서 고린도 교인들에게 재정에 대한 그의 순수함을 상기시킨다. 8절에서는 고린도에 올 때의 그의 준비 자세에 관해, 9절에서는 고린도 교인 가운데서의 그의 행실에 관해 말한다. 그는 매우 긴박할 때도 고린도 교인들에게 '짐'을 지우지 않으려고 도움을 요청하지 않았다. 다행스럽게도 하나님께서 마게도냐로부터 동료 신자들을 보내서 바울의 물질적 필요를 채우게 하셨다. "나의 부족한 것을 보충하였음이라"는 어구는 빌립보서 2:30에 나오는 어구와 거의 동일하다. 그 구절은 바울이 에바브로디도가 목숨을 아끼지 않고 바울을 향한 빌립보 교인의 사역을 통해 "부족함을 채우려" 했다고 말하는 대목이다.

이 대목에서 우리가 주목할 점은 바울이 그의 재정적 관대함 자체를 하나의 목적으로 과시하는 모습이 아니라, 고린도 교인들에게 그의 처신이 '그들을 위한' 것임을 주장하기 위해 이 사실을 이용하는 모습이다. 이 대목에 속한 각 구절에 뿌리박힌 최종 목적을 눈여겨보라(표8).

7절	너희를 높이려고
8절	너희를 섬기기 위하여
9절	아무에게도 누를 끼치지 아니하였음은…내가 모든 일에 너희에게 폐를 끼치지 않기 위하여 스스로 조심하였고 또 조심하리라
11절	내가 너희를 사랑함을 하나님이 아시느니라

표8. 고린도후서 11:7-11에 나오는 바울의 목적 진술

요컨대 바울이 11절에서 명시적으로 말하듯이, 그의 모든 행실은 사랑에서 나온 것이다.

11:10-11 방금 그리스의 북부 지방인 마게도냐를 언급한 바울은 이제 고린도가 대표적인 도시였던 남부 지방 아가야를 거론한다. 바울이 고린도가 위치한 아가야 지방 전역에서 그의 자랑이 '묵살되지 않을 것'이라고 말하는 것은, 그가 고린도 교인의 후원을 거절한 것이 부끄러워하거나 당혹스러워할 문제가 아님을 주지시킨다. 바울이 교회들로부터 기금을 받지 않는다는 '소문이 돌지라도' 그는 결코 우려하지 않는다. 그와 반대로, 바울은 주변 지역이 그의 접근을 알고 있다는 사실에 아주 만족한다.

물론 그 지방의 다른 신자들이 풍요로운 고린도 교인들이 궁핍한 사도를 후원하지 않는다는 말을 들으면, 그것은 고린도 교회의 평판을 떨어뜨릴 수 있다. 그래서 고린도 교인들은 바울이 정말로 그들의 유익을 생각하는지 의심할 수 있다. 따라서 11절의 의문이 생긴다. "어떠한 까닭이냐 내가 너희를 사랑하지 아니함이냐." 하지만 바울이 다른 신자들로 하여금 그의 자급자족형 사역을 알게 하는 이유는, 바로 고린도 교인에 대한 사랑 때문이다. 이는 고린도 교인들의 상대적인 인색함을 널리 알릴 소지가 있다. 그리고 이것은 긴진한 방식으로 그들을 당혹스럽게 하고 그들이 마지못해 사도를 후원하려는 어리석음을 드러냄으로써 유익한 영향을 미칠 수 있다. 마치 사랑하는 아버지가 아들의 범죄를 공동체에 알리도록 허용할

때, 그 아들이 공개적인 폭로에 자극을 받아 회개하도록 유도하는 것과 비슷하다.

11:12 바울은 그의 전략을 바꿀 생각이 없다. 이것은 한시적인 작업 방식이 아니다. "나는 지금 하고 있는 대로 앞으로도 하겠습니다"(새번역). 무슨 말인가? 그의 사역 방법의 타당성을 자랑하겠다는 말이다. 이는 고린도 교인의 행복을 위한 건강한 종류의 자랑이다. 이런 의미에서 그것은 '그리스도의 십자가 안에서' 자랑하는 일이다. 바울은 그것밖에 자랑하지 않겠다고 천명한 바 있다(갈 6:14).

바울이 계속해서 자기 사역의 타당성을 자랑하겠다고 말하는 또 다른 이유가 있다. 그의 대적들이 그들도 바울처럼 복음적인 관대함으로 일한다고 하는 거짓된 주장을 '무너뜨리기'(문자적으로는 '잘라내기') 위해서다. 바울은 그들이 스스로를 순수한 자로 드러내고 있으나 사실은 이기적이며, 그리스도를 따르는 자보다 자신들을 추종하는 자로 만들려고 애쓰고 있음을 알고 있다.

11:13 바울은 이제 완전히 베일을 벗기고 대적들의 정체를 드러낸다. 그 정체가 애초의 겉모습과 아무리 상반되는 듯 보일지라도 드러내고야 만다. 바울처럼 온전한 사역을 수행하고 있다고 주장하는 자들의 정체는 사실은 다음과 같다.

(1) "거짓 사도": 신약에서 여기에만 나오는 복합 단어[프슈다포스톨로이(*pseudapostoloi*)]로서 본인이 그리스도의 진정한 메신저인 척 속여서 과시한다는 뜻이다.

(2) "속이는 일꾼": "일꾼"[에르가타이(*ergatai*)]은 일하는 사람이나 노동자를 의미하는 중립적인 단어. 형용사 "속이는"[돌리오이(*dolioi*)]은 신약에서 여기에만 나오고, 그 명사형[돌로스(*dolos*)]은 11번 나오는데 속이기 위한 고의적인 교활함을 가리킨다.

(3) "자기를 그리스도의 사도로 가장하는 자들": '자기를 가장하는'[메타스케마티조(*metaschēmatizō*)]으로 번역된 단어는 신약에 다섯 번 나오고, 그중 세 번은 고린도후서 11:13-15에 나온다. 다른 두 번은 긍정적으로 사용되는데, 그 본문은 고린도전서 4:6(바울이 자기의 가르침을 그 자신과 아볼로에 '적용한' 대목)과 빌립보서 3:21(예수님이 다시 오실 때 신자들의 몸을 그분의 몸처럼 '변화시키실 것'을 말하는 대목)이다. 이 세 번째 묘사는 첫째 것("거짓 사도")을 반복하되 속이려는 의도를 덧붙인다.

우리가 이해해야 할 사실이 있다. "거짓 사도", "속이는 일꾼", "자기를 그리스도의 사도로 가장하는 자"와 같은 묘사는 불길한 예감과 그리스도를 따르는 자들을 즉시 당황케 할 어둡고 악한 지도자의 이미지를 떠올리게 한다. 그러나 실제로는 그처럼 명확하고 간단하지 않다. 이 편지 내내 고린도 교인들이 그들의 충성심을 반대파에게 넘겨주다시피 했다는 것이 분명히 드러났다. 하지만 바울은 거듭해서 고린도 교인들에게 큰 믿음과 사랑을 갖고 있다고 단언했다. 이런 현실을 이해하려면 그 반대파가 얼마나 매력적이고 매혹적이었는지를 알 필요가 있다. 첫눈에는 이처럼 강하고 유창하게 말하며 매력적인 지도자들을 좇는 것이 너무나 당연하게 보였음에 틀림없다.

11:14-15 반대파는 고의적으로 고린도 교인들을 속이려는 속셈으로 그들의 주인이 행하는 짓을 하고 있을 따름이다. 그들은 사탄의 "일꾼들"이다(15절). 다시 한 번 사탄이 등장하는데, 이번에는 바울의 반대파와 동조하는 모습으로 나온다. 바울은 사탄이 '자기를 빛의 천사로 가장한다'(메타스케마티조)고 말한다. 거짓 복음의 매력은 그것이 진짜처럼 보인다는 점이다. 선천적인 마음에는 그런 것이 너무나 잘 통한다. 스스로를 칭찬하는 것(10:18), 스스로를 남들과 견주어보는 것(10:12), 화려한 말로 강한 인상을 남기는 것, 그들의 가치관을 따라 공동체를 움직이는 자들을 흔드는 것 등이다. 과연 누가 그런 것을 문제로 삼겠는가?

그런데 문제는 이것이 주님이 그분의 사역을 수행하신 방식이 아니었다는 사실이다. 그분은 불명예와 배척과 수치의 길을 걸으셨고 궁극적으로는 죽음에 이르렀다. 바울이 이 편지에서 줄곧 주장해왔듯이 그분을 따르는 자들도 마찬가지다. 이는 하나님께서 참 신자를 거짓 신자로부터 가려내시는 현명한 방식이다. 거짓 신자들은 그런 복음을 위협적인 것으로 본다. 참된 신자들은 그들의 죄와 그들을 대신해서 고난을 당한 구원자가 필요하다는 것을 아는 만큼, 그런 복음을 자유롭게 하는 것으로 본다. 거짓신자들이 교회를 손에 넣는 유일한 방법은 교묘하게 참된 복음을 인간적 매력에 호소하는 자기 예찬형 메시지로 바꿔놓고 그들 자신을 "의의 일꾼"으로 가장하는 것이다(11:15).

그러나 "그들의 마지막은 그들이 행한 대로 될 것입니다"(15절, 새번역, '행함'은 13절에 나온 "일꾼"과 관계가 있다). 공의의 지연이 공의의 부재를 의미하지는 않는다. "하나님은 업신여김을 받지 아니하시나니"(갈 6:7). 언젠가 모든 사람이 바로잡히고, 의혹이 풀리고, 모든 것이 숨김없이 드러날 것이다. 모두에게 책임을 물을 것이다. 이는 신자들에게 큰 위안을 주며, 교회의 거짓 지도자들이 도무지 피할 수 없는 일이다.

≋≋≋≋ **응답** ≋≋≋≋

오늘날에도 생생하게 살아 있는 거짓 복음들이 상당히 많다. 우리는 그런 복음을 목격할 때 과연 잘 알아채는가? 거짓 복음과 마주칠 때 그것을 "용납"하지는 않는가(고후 11:4)? 그리스도는 우리에게 서로를 용납하라고 말씀하시지 거짓 가르침을 용납하라고 하지 않으신다. 우리는 서로에게 함부로 대하고 거짓에 대해서는 부드러워질 수 있다. 하지만 신약은 우리에게 그와 반대로 행하라고 한다. 서로에게 온유하고 거짓에 대해 단호하라는 것이다. (고린도후서에 나오듯이) 복음이 우리에게 적실해지려면 복음에 인간적 매력을 더해야 한다는 이야기를 듣는다면, 그것은 (갈라디아서에 나오듯이) 복음에 선행을 더해야 한다는 사도적인 메시지가 아니다. 우리는 그런 복음에서 달아나 십자가에 죽은 그리스도의 품 안으로 들어가서, 세상의 지혜를 당혹스럽게 하고, 회개하는 자를 깨끗하게 씻어주는 복음으로 인해 새롭게 되어야 한다.

2Corinthians
고린도후서
11:16-33

¹⁶ 내가 다시 말하노니 누구든지 나를 어리석은 자로 여기지 말라 만일 그러하더라도 내가 조금 자랑할 수 있도록 어리석은 자로 받으라 ¹⁷ 내가 말하는 것은 주를 따라 하는 말이 아니요 오직 어리석은 자와 같이 기탄없이 자랑하노라 ¹⁸ 여러 사람이 육신을 따라 자랑하니 나도 자랑하겠노라 ¹⁹ 너희는 지혜로운 자로서 어리석은 자들을 기쁘게 용납하는구나 ²⁰ 누가 너희를 종으로 삼거나 잡아먹거나 빼앗거나 스스로 높이거나 뺨을 칠지라도 너희가 용납하는도다 ²¹ 나는 우리가 약한 것같이 욕되게 말하노라

그러나 누가 무슨 일에 담대하면 어리석은 말이나마 나도 담대하리라 ²² 그들이 히브리인이냐 나도 그러하며 그들이 이스라엘인이냐 나도 그러하며 그들이 아브라함의 후손이냐 나도 그러하며 ²³ 그들이 그리스도의 일꾼이냐 정신 없는 말을 하거니와 나는 더욱 그러하도다 내가 수고를 넘치도록 하고 옥에 갇히기도 더 많이 하고 매도 수없이 맞고 여러 번 죽을 뻔하였으니 ²⁴ 유대인들에게 사십에서 하나 감한 매를 다섯 번 맞았으며 ²⁵ 세 번 태장으로 맞고 한 번 돌로 맞고 세 번 파선하고 일 주야를 깊은 바다에서 지냈으며 ²⁶ 여러 번 여행하면서 강

의 위험과 강도의 위험과 동족의 위험과 이방인의 위험과 시내의 위험과 광야의 위험과 바다의 위험과 거짓 형제 중의 위험을 당하고 27 또 수고하며 애쓰고 여러 번 자지 못하고 주리며 목마르고 여러 번 굶고 춥고 헐벗었노라 28이 외의 일은 고사하고 아직도 날마다 내 속에 눌리는 일이 있으니 곧 모든 교회를 위하여 염려하는 것이라 29 누가 약하면 내가 약하지 아니하며 누가 실족하게 되면 내가 1)애타지 아니하더냐

16 I repeat, let no one think me foolish. But even if you do, accept me as a fool, so that I too may boast a little. 17 What I am saying with this boastful confidence, I say not as the Lord would¹ but as a fool. 18 Since many boast according to the flesh, I too will boast. 19 For you gladly bear with fools, being wise yourselves! 20 For you bear it if someone makes slaves of you, or devours you, or takes advantage of you, or puts on airs, or strikes you in the face. 21 To my shame, I must say, we were too weak for that!

But whatever anyone else dares to boast of—I am speaking as a fool—I also dare to boast of that. 22 Are they Hebrews? So am I. Are they Israelites? So am I. Are they offspring of Abraham? So am I. 23 Are they servants of Christ? I am a better one—I am talking like a madman—with far greater labors, far more imprisonments, with countless beatings, and often near death. 24 Five times I received at the hands of the Jews the forty lashes less one. 25 Three times I was beaten with rods. Once I was stoned. Three times I was shipwrecked; a night and a day I was adrift at sea; 26 on frequent journeys, in danger from rivers, danger from robbers, danger from my own people, danger from Gentiles, danger in the city, danger in the wilderness, danger at sea, danger from false brothers; 27 in toil and hardship, through many a sleepless night, in hunger and thirst, often without food,² in cold and exposure. ²⁸ And, apart from other things, there is the daily pressure on me of my anxiety for all the churches. ²⁹ Who is weak, and I am not weak? Who is made to fall, and I am not indignant?

³⁰ 내가 부득불 자랑할진대 내가 약한 것을 자랑하리라 ³¹ 주 예수의 아버지 영원히 찬송할 하나님이 내가 거짓말 아니하는 것을 아시느니라 ³² 다메섹에서 아레다 왕의 고관이 나를 잡으려고 다메섹 성을 지켰으나 ³³ 나는 광주리를 타고 들창문으로 성벽을 내려가 그 손에서 벗어났노라

³⁰ If I must boast, I will boast of the things that show my weakness. ³¹ The God and Father of the Lord Jesus, he who is blessed forever, knows that I am not lying. ³² At Damascus, the governor under King Aretas was guarding the city of Damascus in order to seize me, ³³ but I was let down in a basket through a window in the wall and escaped his hands.

1) 헬, 타지 않더냐
1 Greek *not according to the Lord* 2 Or *often in fasting*

~~~~~ 단락 개관 ~~~~~

역경을 통한 확신

바울로서는 원치 않아도 어쩔 수 없는 일이다. 만일 고린도 교인들이 슈퍼 사도들의 자랑을 경청한다면, 바울 역시 자랑할 수밖에 없을 것이라는 말이다. 그런데 그의 자랑은 아무도 예상할 수 없는 자랑이다. 바울은 그의

약함과 역경을 자랑한다. 이 대목을 통틀어 28가지 역경을 열거한다("수고
하며 애쓰고" 또는 "주리며 목마르고"를 하나로 계산해서). 이 목록은 매우 다양하고
포괄적이다. 바울의 삶에서 손대지 않은 부분이 없다.

이 대목 내내 바울은 그의 대적들과 맞대응하고 있지만 매우 다른 규칙
에 따라 그렇게 한다. 그는 사랑하는 고린도 교인들에게 (심지어 그들에게 해
로운 지경까지) 속아서 외적인 매력에 잘못 끌려드는 어리석음을 폭로한다
(20절). 그는 고린도에 있는 친구들을 사랑한다. 이 때문에 그에게 매우 불
편한 일인, 그의 생애에 대해 이야기하는 데까지 이른다. 그런데 그가 말하
는 내용은 슈퍼 사도들이 옳다고 말하는 점을 납득시킬 뿐이다. 바울은 실
제로 약하고 평범하다는 사실이다. 바로 거기에 십자가에 죽으신 그리스
도의 복음에 기초한 능력의 비결이 있다.

≈≈≈≈ 단락 개요 ≈≈≈≈

IV. 바울이 참된 사역의 역설을 보라고 열정적으로 호소하다
  (10:1-13:14)
  B. 바울의 역설적 자랑(11:16-21)
    1. 바울의 자랑을 위한 장치(11:16-21)
      a. 바울의 전략(11:16-18)
      b. 고린도 교인의 과거 행실(11:19-21)
    2. 바울의 자랑의 내용(11:22-28)
      a. 옛 언약적 강함(11:22)
      b. 새 언약적 약함(11:23-28)
    3. 바울의 자랑의 결론(11:29-33)
      a. 약함(11:29-30)

〰〰〰〰 **주석** 〰〰〰〰

11:16 이 구절은 "다시 말하노니"라는 어구로 시작해서 1절을 암시하는 뉘앙스를 풍기는 만큼 놀랍도록 1절과 비슷하다.

- 1절: "원하건대 너희는 나의 좀 어리석은 것을 용납하라 청하건대 나를 용납하라"
- 16절: "내가 다시 말하노니 누구든지 나를 어리석은 자로 여기지 말라 만일 그러하더라도 내가 조금 자랑할 수 있도록 어리석은 자로 받으라"

이는 바울의 영리한 책략이다. 그는 자기에 대한 고발을 어리석은 짓으로 본다. 만일 일부 사람이 정말로 자기를 어리석은 자라고 주장한다면, 그래도 좋다. 그는 어리석은 자처럼 자랑하겠다고 한다. 바울은 그들의 규칙에 따라 놀이할 때 그 자신의 신빙성을 증명하는 한편, 동시에 그 대적들의 어리석음을 노출시킨다. 그래서 고린도 교회에게 스스로를 조금 자랑하겠다고 말한다. 바울의 뛰어난 전략은 바로 이것이다. 긍정적인 자질로 시작하다가 재빨리 고린도 교인을 움츠리게 만드는 것인 그의 약함을 자랑하는 전략이다. 이런 방식으로 바울은 고린도 교인들을 유인하는 대적들의 얄팍한 성격과 세상적인 속성을 더 철저히 노출시킨다.

11:17 고린도 교인들이 오해하지 않도록 바울은 자랑의 성격을 더욱 분

명히 밝힌다. 사도는 폭넓은 맥락에서 매우 강력하게 말한다. 우리가 오늘날 그의 편지를 읽더라도, 그의 언어가 이 편지에서는(10:1) 말할 것도 없고 다른 곳에서 요청한 온유함(갈 5:23; 엡 4:2)과 어떻게 일치하는지 의아해할 수밖에 없다. 그러므로 그의 전략이 그에게 불편하다는 것과 지금은 고린도 교인들에게 그 대적을 제대로 폭로하는 시도임을 계속 분명히 한다.

"주를 따라 하는 말이 아니요"(ESV는 "not as the Lord would")라는 말은 바울이 자랑에 제한을 둔다는 뜻이다. 이는 바울이 주 예수님께서 말씀하지 않았을 방식으로 말한다는 것이 아니라, 오히려 일시적으로 자랑하는 것은 십자가에 못 박힌 약한 그리스도의 복음(고후 13:4)과 일치하지 않는다는 뜻이다. 복음은 자신을 자랑하는 그 모든 자신감을 털어버린 사람들의 삶에 풍성한 복을 준다. 반면에 바울의 대적들처럼 자신을 남들 앞에 내세우는 자들에게는 그런 복을 주지 않는다.

11:18 앞에서 바울은 "육신에 따라" 행동하는 자들에 관해 말했고(5:16) 여기서 다시 그렇게 한다. "여러 사람이 육신을 따라 자랑하니." 이는 "주를 따라"와 정반대되는 것이다. '육신을 따라 자랑하는 것'은 우리에게 가장 자연스럽게 생기는 것을 발산시키고, 우리의 자원을 통해 스스로 중요한 존재라는 의식을 세우는 것이다. 이는 바깥에서(다른 존재로부터) 안으로 들어오기보다 안에서(자기로부터) 바깥으로 나가는 정체성이다. 이는 약함 가운데 하나님을 올려다보기보다 강함 가운데 남들을 내려다보며 살아가는 것이다. 육신을 따라 자랑하는 것은 우리에게 자연스런 일이지만, 주님 안에서 자랑하는 것은 뜻밖의 일이다.

'육신을 따라 자랑하는 것'은 설령 기독교적 언어와 범주를 사용할지라도 루터가 "영광의 신학"이라 불렀던 것이다. 바울은 이런 자랑을 루터가 "십자가의 신학"이라 불렀던 것으로 무너뜨린다. 영광의 신학은 전적으로 반복음적인 사고방식이다. 그런데도 바울은 고린도 교인들을 영적 혼수상태에서 흔들어 깨우려고 한시적으로 그것을 채택한다("나도 자랑하겠노라").

이제 그는 대적들과 정반대 방향으로 나가서 그의 강함보다 약함을 자랑할 것이기 때문에 사실은 그런 사고방식을 채택하는 것이 아니다. 영광의 신학은 고통과 약함을 피한다. 반면에 십자가의 신학은 고통과 약함에 진입한다. 그런 곳에 하나님의 능력이 존재하기 때문이다.

11:19 우리는 다음과 같이 의역하여 바울의 말에 담긴 의미를 끌어낼수 있다. "너희가 내 대적의 어리석은 자랑을 용납할 만큼 분별력이 없다면, 내가 그들처럼 자랑할지라도 너희가 나를 용납할 것이 확실하다. 너희가 그토록 '지혜로우니' 말이다!" "지혜로운"으로 번역된 단어[프로니모스(*phronimos*)]는 흔히 사용되는 용어[소포스(*sophos*)]가 아니라 다른 곳에서 '신중한'으로 번역된 것이다. 바울이 이 단어를 사용하는 것은 고린도 교인의 잘못된 생각을 부각시키기 위해서다. 그들은 영적 성숙과 진정성을 옳게 평가한다고 생각하지만, 사실은 슈퍼 사도들에게 미혹되어 영적 속임수를 간파할 수 없는 무능력을 드러내기 때문이다. 그들은 사도행전 17장에 나오는 베뢰아 사람들처럼 행동했어야 했다["간절한 마음으로 말씀을 받고 이것이 그러한가 하여 날마다 성경을 상고하므로"(행 17:11)].

11:20 바울은 고린도 신자들이 슈퍼 사도들의 사역에 열려 있는 것이 역행적인 발걸음임을 계속 폭로한다. 그는 고린도 교인들이 용납하는 슈퍼 사도들의 다섯 가지 행동을 열거한다. 각 경우에 해당하는 동사는 한 단어로 되어있다.

(1) 너희를 종으로 삼는다[카타둘로오(*katadouloō*)]
(2) 너희를 잡아먹는다[카테스티오(*katesthiō*)]
(3) 너희를 이용한다[람바노(*lambanō*)]
(4) 스스로 높인다[에파이로(*epairō*)]
(5) 너희의 뺨을 친다[데로(*derō*)]

고린도 교인들은 학대받는 것을 일종의 영예로 생각하는 것이 분명하다. 바울이 고린도 교인들로 보게 하려고 애쓰는 것은 슈퍼 사도들이 그 교인들의 유익을 구하지 않는다는 사실이다. 그들의 사역이 겉으로는 아무리 매력적이라도 그들은 결국 자신들의 이익만 챙긴다. 슈퍼 사도들은 고린도 교인들을 섬기는 대신 그들을 이용하고 있다. 그들은 '너희의 삶을 위한 나의 삶'이 아니라 '나의 삶을 위한 너희의 삶'의 자세를 취한다. 바울이 지닌 전자의 사역관이야말로 진정한 기독교 사역인 이유는, 그리스도께서 죄인들에게 '너희 삶이 나의 삶을 위한 것이 아니라, 나의 삶이 너희 삶을 위한 것'이라고 말씀하셨던 그 복음에 의해 빚어졌기 때문이다.

11:21 바울은 슈퍼 사도들처럼 자기가 높아지려고 그들을 받침대로 이용하는 등 자신의 유익을 위해 고린도 교인들을 통제하거나 부끄럽게 하려 하지 않았다. 슈퍼 사도들의 경우, 고린도 교인들이 그들을 위해 존재했다. 바울의 경우에는 바울이 그들을 위해 존재한다. 바울이 이 본문에서 '부끄러움'과 '약함'을 언급하는 것은 대적들의 고발에 항복한다는 뜻이 아니다. 고린도 교인들의 실수를 노출시키기 위해 조롱을 인정하는 듯한 제스처를 취할 뿐이다. 바울은 세상적인 기준에 따르면 그 자신이 약하다는 것을 부인하지 않는다. 그는 스스럼없이 그 점을 인정한다. 그는 이 점을 납득시키기 위해 다음 몇 구절을 사용할 것이다. 하지만 이 세상적인 약함이 영적인 약함과 부합한다는 것은 부인한다. 바울이 이 편지에서 줄곧 보여주려고 애썼고 또 12:7-10에서 절정에 도달할 진리는, 바울의 약함이 바로 복음의 능력을 덧입을 자격이라는 것이다. 인간의 약함이 바로 하나님의 능력이 거주하는 곳이다. 빈 컵만 채워질 수 있는 법이다.

그래서 바울은 그의 글에 나오는 놀라운 대목들 중 하나를 시작할 준비를 한다. "그래, 우리가 이제 자랑 경쟁을 하게 될 것이지?" 하고 바울이 눈살을 찌푸린 채 미소를 지으며 묻는다. 슈퍼 사도들이 자기네 업적을 자랑삼아 내보이기 원한다면 바울도 똑같이 하고 싶다. 아무도 그가 자랑할 만한 이유가 되는 긴 목록과 경쟁할 수 없기 때문이다. "내가 어리석은 말을 해보겠다"(새번역)고 제한을 붙이는 만큼, 이는 물론 전형적인 인간의 자랑이 아니라 많은 약함과 환난을 가리킨다. 세상이 멸시하는 것을 하나님은 소중히 여기신다. 우리가 아무것도 갖지 않은 곳에서 하나님은 무언가를 행하신다.

11:22 바울은 그의 인종(참고. 빌 3:5)과 연관된 세 가지 사안과 함께 '자랑할 만한'(21절) 이유에 관한 이야기를 시작한다. 먼저는 그가 출생 덕분에 물려받은 사역의 정통성에 대해 주장한다. 왜 이런 식으로 시작하는 것일까? 아마 반대파가 고린도 교회에게 바울은 "이방인의 사도"(롬 11:13)이자 이스라엘 밖에서 태어난 자(행 21:39)로서 디아스포라 유대인이었다고, 따라서 슈퍼 사도들에 따르면 '진정한' 유대인이 아니라고 주장했을 것이다. 바울은 이를 부인한다.

세 가지 용어는 모두 존경스러움, 고대성, 존엄성을 내포한다. "히브리인"[헤브라이오이(Hebraioi)]은 신약의 다른 두 곳에만(빌 3:5; 행 6:1) 나오는데, 바울의 문화적 및 언어적 본능을 형성하는 데 일차적 영향을 미친 팔레스타인을 가리키는 듯하다. "이스라엘인"[이스라엘리타이(Israēlitai)]은 다른 여덟 구절에 나오고 그중에 둘은 바울의 편지(롬 9:4; 11:1)에 나온다. 이는 야곱이 이스라엘이 된 사건(창 32:28)과 진정한 하나님의 백성들이 물려받은 족장의 약속들을 상기시킨다. 그리고 "아브라함의 후손"은 하나님께서 처음에 아브라함에게 주신 아들에 대한 약속, 그를 족장들의 머리로 삼아 이스라엘을 존재하게 하신 약속으로 되돌아가게 한다(창 12:1-3; 17:7; 22:18).

11:23 여기서 바울은 옛 언약을 상기시키는 것들로부터 새 언약의 도래로 전환하는데, 본인이 어떤 인종으로 태어났는지 뿐만 아니라 어떻게 처신하는지의 문제를 제기한다. 바울의 전반적 주장은 자신이 그리스도의 참된 일꾼(종)이라는 것이다. 그가 편지를 쓸 때 종종 이렇게 시작하는 것을 감안하면 이는 놀랄 일이 아니다(롬 1:1; 빌 1:1, 참고. 고전 3:5; 딛 1:1).[83]

"[내가] 정신없는 말을 하거니와." 바울이 그의 대적들보다 더 나은 그리스도의 종이라고 주장할 때, 그는 고린도 교인들에게 그 모든 자랑 프로젝

11장

트가 전적으로 터무니없고 복음에 어긋나는 것임을 다시금 상기시키지 않을 수 없었다. 그러나 고린도 교인을 너무나 사랑하는 나머지 자기 자랑이 불편함에도 불구하고 침묵을 지킬 수 없었다.

바울은 이제 대적들이 스스로 내세우려고 했을 주장들로부터 그의 우월함이 아니라 약함을 보여주는 것들로 이동한다. 그중에 네 가지로 시작하는데, 각 항목은 강한 부사로 더욱 고조된다. 바울은 "수고"를 했을 뿐 아니라 "넘치도록" 했다. "옥에 간[혔을]" 뿐 아니라 "더 많이" 간혔다. "매도 맞[았을]" 뿐 아니라 "수없이" 맞았다. "죽을 뻔" 했을 뿐 아니라 "여러 번 죽을 뻔" 했다. 바울의 역경은 지나가는 것이거나 가벼운 것이 아니었다. 만일 역경이 어떤 대의에 대한 헌신을 증명한다면, 바울은 타의 추종을 불허한다.

11:24-25 방금 "여러 번 죽을 뻔" 했다고 말한 만큼, 바울은 그 항목을 더 깊이 파고들어 그를 죽음의 문턱까지 데려간 구체적인 경험들을 언급한다. 먼저 유대 지도자들에게 다섯 번 매를 맞은 것을 이야기한다. 율법(신 25:3)은 처벌을 받는 사람이 '품위가 떨어지지' 않도록 40대 이상을 허락하지 않기 때문에 39대는 잘못 계산해서 율법에 저촉되는 일이 없게 하는 방법이었다. '채찍'에 해당하는 단어는 없지만, 이는 금속과 나무 조각이 묶인 채찍으로 등을 치는 태형을 가리키는 듯하다.

바울은 세상을 향해 구약 율법의 참된 뜻과 메시아(그리스도)를 통한 영광스러운 성취에 대해 어느 누구보다 더 많이 설명했던 인물이었지만, 그 자신이 그 율법을 위반하는 자들에게 부과되는 그 형벌을 받았다고 시인하고 있다.

바울은 세 번 "태장으로 맞[았다]". "태장"은 로마의 형벌로서 유대의 채

---

83 11:23에서 "일꾼"에 사용된 헬라어 단어는 둘로스(*doulos*)가 아니라 디아코노스(*diakonos*)다. 전자는 '노예'로 번역될 수 있고 문화적으로 더 친숙한 용어였던 것에 반해, 디아코노스는 구체적으로 기독교 봉사와 사역을 지칭하는 데 사용되었다.

찍과 대조되는 단단한 막대기로 치는 것이었다. 사도행전 14:19에 기록된 바에 따르면, 한번은 바울이 (스데반이 그랬듯이, 행 7:58-60) 너무나 심하게 돌로 맞아서 죽은 줄 알고 도시 바깥으로 끌려 나갔으나, 제자들이 그를 돌봐서 회생시킨 적이 있다. 파선은 물론 바울이 어느 대적으로부터 비난받을 만한 사안이 아니다. 그러나 그것은 바울이 세계 전역에 복음을 전하기로 헌신한 만큼 그에게 닥치는 거듭된 역경이었다. 당시에는 구명조끼나 해안경비대가 없었기에 파선은 참으로 끔찍한 경험이었다. 그 가운데 한번은 바울이 24시간 동안 바다에 표류했던 경우다. 추운 계절에 온통 물에 젖는 비참한 경험은 가히 상상할 수 없을 정도로 고통스러웠을 것이다.

11:26-28 바울은 이제 그 자신이 죽을 뻔했던 비참한 경험에서 좀 더 일반적인 역경으로 범위를 넓힌다. 바울의 다양한 곤경의 폭넓은 배경에 해당하는 26절에 나온 첫째 항목("여러 번 여행")만 제외하고, 26절의 나머지 여덟 항목은 모두 "위험"[킨뒤노스(*kindynos*), 이 구절에 나오는 여덟 번을 제외하면 신약에 단 한 번 더 나온다, 롬 8:35]과 연계되어 있다. 이 가운데 다섯 항목은 특정한 위협("강", "강도", "동족", "이방인", "거짓 형제")으로부터 온 위험이고, 세 항목은 특정한 장소("시내", "광야", "바다")에서 생긴 위험이다. 일부는 도덕적인 문제("강도", "거짓 형제")고, 일부는 도덕적으로 중립적이다("강", "바다", "도시"). 바울이 이런 위험한 경험들을 자주 언급하는 것은 그런 사건들이 주는 감정적 및 심리적 압박을 강조하기 위해서다.

27절에서 바울은 자초한 개인적인 위험들로 옮기지만 다 그런 것은 아니다('춥고 헐벗은 것'은 항상 피할 수 있는 것은 아니었다). 그리고 28절은, 마치 이 모든 것이 그다지 어렵지 않았던 것처럼, 그가 지중해 전역에 설립한 모든 교회를 위해 끊임없이 염려하고 있음을 전달함으로써 그 목록을 마무리한다. 바울의 편지들이 증언하듯이, 그는 분명히 염려할 만한 이유가 있었다. 그 목적은 고린도 교회의 역기능과 파벌주의, 갈라디아 교회에서 율법에 전염된 복음이 힘을 얻는 현상, 골로새 교회의 문제였던 그리스도를 손상시키는 거짓 가르침, (디도에게 쓴 글에 나오는) 그레데 교회에 만연한 부도덕성, 젊고 병약한 디모데가 에베소에서 적대감을 헤쳐 나가야 하는 문제, 데살로니가 교회가 그리스도의 재림에 대해 혼란스러워하는 모습 등이다.

이 목록의 놀라운 점은 우리가 방금 분류한 것처럼 바울이 그의 역경을 풀어놓지 않는다는 것이다. 그는 자초한 것, 다른 사람의 손에 당한 것, 날씨, 잠, 정서적 및 심리적 평안 등과 관련된 온갖 역경을 한 덩어리로 묶어 놓는다. 자기가 기꺼이 견디고 있는 고난들을 골라내어 선택하지 않는다. 완전히 올인한 상태다. 그는 죽었고, 그의 생명은 그리스도와 함께 하나님 안에 감춰져 있다(참고. 골 3:3). 그는 더 이상 자기를 보존하려고 하지 않는다(갈 2:19-20). 또는 이 편지에서 말하듯이, 더 이상 "육신을 따라" 살지 않고 그를 위해 죽은 그리스도를 위해 살아간다(고후 5:13-16). 그는 그의 모든 것을 살아 계신 주님께 드렸고 그 자신을 조건 없이 넘겨주었다. 완전히 자기를 질식시킬 만큼, 그의 약함과 고통을 통해 다가오는 시대의 새로운 생명이 폭발해서 그의 존재 속으로 들어오는 것을 경험했다. 우리는 바울이 참고 견딘 일로 인해 그를 존경하고 싶은 마음이 들 수도 있다. 그는 분명히 우리의 존경을 받을 만하다. 그러나 그는 밖에 나가서 인간의 탄력성을 증명하는 금욕주의자가 아니다. 모든 타락한 인간이 추구하게끔 되어 있는 자기 수양 프로젝트를 포기했을 따름이다. 그는 그리스도에게 속해 있다. 태양이 촛불을 무색케 하듯이, 예수 그리스도의 영광에 대한 숭고한 비전이 더 작은 영광들을 무색하게 했다.

11:29-30 바울은 그의 눈길을 슈퍼 사도들로부터 고린도 교인들에게 돌린다. 그들이 턱을 들어 그를 똑바로 쳐다보게 하면서 이렇게 묻는다. 너희 중에 누가 약하다고 느끼면 너희의 느낌을 내가 모르겠는가? 너희 중에 누가 넘어져서 죄를 지으면 내 마음이 애타지(참고. 엡 6:16의 '타오르는') 않겠는가? 요점은 바울이 고린도 교인들과 완전히 '연대하고 동일시한다'는 것이나. 그는 대적들이 과거에 그랬던 것처럼 결코 무관심하지 않다. 바울은 그들과 하나다. 그들의 곤경은 곧 그의 곤경이고, 그는 믿음 안에서 그들의 아버지다(고전 4:15).

그래서 만일 바울이 꼭 자랑해야 한다면, 그는 (문자적으로) '나의 약함에 관한 것들'(고후 11:30)을 자랑할 것이다. 낮고 멸시받는 것들, 피하고 싶은 것들, 인간의 무능력과 무력함 등 이 모든 것에 복음 사역이 기초를 두고 있다고 바울이 주장한다.

11:31 바울은 명시적으로 하나님께 호소함으로써 자기 말이 진실임을 엄숙하게 증언한다. 너희 고린도 교인들이 어떻게 생각하든지 간에 하나님께서 진실을 알고 계신다고 한다. 그분이 나의 온전함과 정직함을 아신다. 이 주장은 아마 방금 나눈 긴 이야기와 곧 이야기할 다메섹 경험을 가리킬 것이고, 어쩌면 12장 앞부분에서 묘사할 황홀한 체험 또한 염두에 두고 있는 듯하다.

그러나 오늘날 고린도후서의 독자들이 알아야 할 요점은 바울의 이런 주장에 담긴 것, 즉 그가 그동안 말한 것이 얼마나 반직관적인가 하는 것이다. 아니, 이처럼 평범하고, 사고를 잘 당하고, 종종 고난을 겪고(때로는 자발적으로), 어눌한 사람이 정말로 개시된 영광의 새 시대(3:7-18)를 대변할 수 있을까? 인간의 약함이 과연 하나님의 영광을 전달하는 통로가 될 수 있을까? 이처럼 진실함을 주장하는 바울의 배후에 모든 것을 뒤집어놓는 복음이 있다는 점을 새삼 상기하게 된다.

11:32-33 그런데 갑자기 (접속사조차 없이) 이 자서전적인 에피소드가 등장한다. 바울의 편지들을 샅샅이 살펴봐도 바울이 부주의하게 글을 쓰는 곳은 한 군데도 없다. 오히려 신중하게 생각하면 그의 글은 심오한 뜻을 담고 있음을 알게 된다. 여기서도 마찬가지다. 바울은 또 다른 사건(성벽에 있는 창문에서 줄로 달아내려 하나님의 종들을 구출한 사건, 수 2:15)을 끌어내면서 일부러 그의 약함을 납득시키고 있는 것 같다. 사도 바울이 광주리 속에 몸을 움츠린 채 천천히 성벽을 따라 수직으로 내려오고 있는 모습을 상상해보라. 세상의 눈에는 얼마나 멍청한 모습인가! 그러나 하나님은 세상이 말하는 고귀함의 기준에 따라 일하지 않으신다.

바울은 이 사건을 이야기함으로써 더 심오한 일을 한다. 12장에서는 거의 믿을 수 없는 에피소드, 그 자신이 저 높은 곳, 하늘로 끌려올라가서 말로 표현할 수 없을 만큼 놀라운 것을 목격한 사건을 이야기할 것이다. 위로 올라간 사건을 묘사하기 전에 아래로 내려간 사건을 묘사한다. 이것이 바로 복음으로 빚어진 삶의 패턴이다. 이는 바울이 이 편지에서 줄곧 분명히 드러내려고 애쓰는 패턴이다.

〰〰〰 응답 〰〰〰

복음은 우리를 구원하고 용서하지만, 과거의 모습 그대로 두지 않는다. 우리의 방향을 바꾸기도 한다. 우리가 예전에는 피했던 것을 이제는 받아들인다. 우리를 움츠리게 했던 것을 지금은 자랑한다. 왜 그런가? 진정한 그리스도인은 그리스도의 영광을 보았기 때문이다.

우리는 방향을 전환해서 하늘을 향한 길을 걷고 하나님과 완전한 교제를 나누는 길을 되찾았다. 우리가 그 길을 걷는 동안 부딪히는 역경은 때때로 지극히 고통스러울지라도 그분을 향한 여정의 일부다. 우리의 눈은 그분께 고정되어 있고, 그분의 아름다움은 그 모든 고통을 능가한다.

그러나 우리는 단지 우리의 약함을 용납만 하는 것이 아니다. 그것들을 자랑하기도 한다(18, 21, 30절). 그것들을 높인다. 그것들을 주목하게 한다. 왜냐하면 그렇게 하는 것이 안전하기 때문이다. 우리는 우리의 약함을 자랑함으로써 그리스도를 높이고 영적 교만이 생기는 것을 막는다. 뿐만 아니라 세상의 전략과 본능을 혼란스럽게 하고, 불신자들을 놀라게 하며, 우리에 대해 물어보게 만든다. 그러면서 복음이 전파된다.

인생이 어려울 때 우리는 우리의 전부이신 그리스도를 자랑한다. 어려운 환경에 처할 때 우리의 얼굴이 주님의 아름다움으로 빛나게 한다. 우리는 주변 사람들에게 복음이 선사하는 안전과 행복을 보여주는 살아 있는 실제 사례다.

¹ 무익하나마 내가 부득불 자랑하노니 주의 환상과 계시를 말하리라 ² 내가 그리스도 안에 있는 한 사람을 아노니 그는 십사 년 전에 셋째 하늘에 이끌려 간 자라 (그가 몸 안에 있었는지 몸 밖에 있었는지 나는 모르거니와 하나님은 아시느니라) ³ 내가 이런 사람을 아노니 (그가 몸 안에 있었는지 몸 밖에 있었는지 나는 모르거니와 하나님은 아시느니라) ⁴ 그가 낙원으로 이끌려 가서 말로 표현할 수 없는 말을 들었으니 사람이 가히 이르지 못할 말이로다 ⁵ 내가 이런 사람을 위하여 자랑하겠으나 나를 위하여는 약한 것들 외에 자랑하지 아니하리라 ⁶ 내가 만일 자랑하고자 하여도 어리석은 자가 되지 아니할 것은 내가 참말을 함이라 그러나 누가 나를 보는 바와 내게 듣는 바에 지나치게 생각할까 두려워하여 그만두노라 ⁷ 여러 계시를 받은 것이 지극히 크므로 너무 자만하지 않게 하시려고 내 육체에 가시 곧 사탄의 사자를 주셨으니 이는 나를 쳐서 너무 자만하지 않게 하려 하심이라 ⁸ 이것이 내게서 떠나가게 하기 위하여 내가 세 번 주께 간구하였더니 ⁹ 나에게 이르시기를 내 은혜가 네게 족하도다 이는 내 능력이 약한 데서 온전하여짐이라 하신지라 그러므로 도리어 크게 기뻐함으로 나의 여러 약

한 것들에 대하여 자랑하리니 이는 그리스도의 능력이 내게 ¹⁾머물게
하려 함이라 ¹⁰ 그러므로 내가 그리스도를 위하여 약한 것들과 능욕과
궁핍과 박해와 곤고를 기뻐하노니 이는 내가 약한 그때에 강함이라

¹ I must go on boasting. Though there is nothing to be gained by it, I
will go on to visions and revelations of the Lord. ² I know a man in
Christ who fourteen years ago was caught up to the third heaven—
whether in the body or out of the body I do not know, God knows.
³ And I know that this man was caught up into paradise—whether
in the body or out of the body I do not know, God knows— ⁴ and he
heard things that cannot be told, which man may not utter. ⁵ On behalf
of this man I will boast, but on my own behalf I will not boast, except
of my weaknesses— ⁶ though if I should wish to boast, I would not be
a fool, for I would be speaking the truth; but I refrain from it, so that no
one may think more of me than he sees in me or hears from me. ⁷ So to
keep me from becoming conceited because of the surpassing greatness
of the revelations,¹ a thorn was given me in the flesh, a messenger
of Satan to harass me, to keep me from becoming conceited. ⁸ Three
times I pleaded with the Lord about this, that it should leave me. ⁹ But
he said to me, "My grace is sufficient for you, for my power is made
perfect in weakness." Therefore I will boast all the more gladly of my
weaknesses, so that the power of Christ may rest upon me. ¹⁰ For the
sake of Christ, then, I am content with weaknesses, insults, hardships,
persecutions, and calamities. For when I am weak, then I am strong.

1) 헬, 장막으로 덮게

*1 Or hears from me, even because of the surpassing greatness of the revelations. So to keep
me from becoming conceited*

≋≋≋ 단락 개관 ≋≋≋

약함을 통한 능력

바울에게는 자랑할 것이 하나 더 있다. 너무나 숭고해서 말로 표현할 수 없는 하늘의 경험이다. 누구든지 정말로 자랑할 만한 이유가 있다면 바로 이런 것이다. 그러나 하나님께서 바울을 하늘로 데려가서 말할 수 없는 영광을 맛보게 하신 데는 더 깊은 목적이 있었다. 주님은 바울에게 진정한 영적 능력이 어디에 있는지를 보여주려고 하셨다. 그래서 바울은 하늘의 환상을 본 뒤에 고통스러운 육체의 "가시"와 함께 타락한 세상의 냉혹한 현실로 되돌아와야 했다. 그러나 환난과 약함의 와중에 바울은 그리스도의 종에게 필요한 교훈 중의 교훈을 배우게 된다. 하나님의 능력은 죽을 인간의 약함과 맞물려 있다는 것이다.

12장

≋≋≋ 단락 개요 ≋≋≋

12:1 바울의 자랑은 끝나지 않았다. 아직 자랑의 최종 목적에 도달하지 않았는데 어떻게 끝낼 수 있겠는가? 바울은 육체의 가시를 이야기하는 방향으로 나가고 있고, 그 경험이 어떻게 그로 하여금 고린도후서를 관통하는 요점을 알게 했는지 진술할 것이다. 하나님의 능력은 인간들과 맞물려 있되, 그들이 높이 올라가서 유능한 가운데 그분을 만날 때가 아니라 가장 약한 지점에서 그분을 만날 때 드러난다는 것이다.

이 점을 납득시키기 위해 바울에게는 마지막으로 자랑할 것이 있다. 11장의 후반부에서 바울은 많은 약함에 대해 이야기했다. 그의 마지막 자랑은 '육체의 가시'(12:7)에서 나오는 뿌리 깊은 약함에 대한 자랑인데, 그러려면 하나님께서 그것을 주신 계기가 된 경험을 설명하지 않을 수 없다. 바로 하늘로 끌려올라간 경험이다. 이 경험을 이야기한다고 해서 바울에게 유익한 것은 없다("자랑함이 나에게 이로울 것은 없으나", 새번역). 그는 고린도 교인들에게 강한 인상을 남기려는 것이 아니다. 그래도 그들은 유익을 얻을 것이다. 바울의 관심사는 여전히 그들의 유익이다.

12:2-3 바울은 신약의 어떤 편지도 쓰기 전, 아마 예수님이 십자가에 죽고 10년이 흐른 후, 지금으로부터 14년 전에 겪은 경험으로 되돌아간다. 그것은 너무도 신성한 순간이라 바울이 어떻게 묘사할지를 모른다. 바울이 그 자신을 3인칭으로 말하는 것을 보면["내가…한 사람을 아노니"(2절), "이런 사람"(3, 5절), 그 자신을 염두에 두고 있음이 5-7절에서 분명해진다] 그 에피소드에 거리를 두는 수줍음이 느껴진다.

하나님은 그 경험의 정확한 성격을 아시지만, 바울은 그의 경험이 '몸 안에서 일어났는지 몸 밖에서 일어났는지' 모른다. 그는 이 어구를 3절에서 반복하는데, 추정컨대 바울에게 생리적으로 일어났던 일이 비물질적 경험임을 납득시키려는 것일 터이다. 여기서 고린도 교회가 특히 인간학과 영과 몸의 관계를 오해하는 경향이 있었음을 기억할 필요가 있다(예. 고전 2:11-16; 3:16-17; 6:12-19; 7:2-5; 8:8-9; 9:4-5; 11:21-22; 12:1; 15:35-49; 고후 4:16-18; 5:1-5; 6:14-7:1). 바울은 주의가 산만해지는 것을 막고 싶다. 그래서 이 경험의 구체적인 심신적 성격에 대해서는 우려하지 말라고 한다. 그렇게 하면 요점을 놓치게 되기 때문이다.

바울은 자기가 "셋째 하늘에 이끌려" 갔다고 말한다. '셋'은 온전함 또는 완전함의 숫자다. 어쩌면 바울이 구약 본문에 의거한 우주론에 따라 하늘을 3'층'으로 생각했을 수도 있다('하늘, 가장 높은 하늘', 즉 "하늘과 하늘들의 하늘", 참고. 신 10:14; 왕상 8:27; 대하 2:6; 6:18; 느 9:6). 요점은 바울이 하늘의 핵심부, 즉 하나님의 숭고한 임재가 있는 곳에 들어갔다는 것이다. 그는 하늘을 묘사하는 또 하나의 단어인 "낙원"(고후 12:4)을 사용한다. 이 단어[파라데이소스(paradeisos)]는 신약에 두 번 더 나오는데, 예수님이 강도에게 그날 그와 함께 "낙원에" 있을 것이라고 말씀하실 때(눅 23:43)와 내세에 있을 "하나님의 낙원"을 언급하는 경우다(계 2:7).

'이끌리다'[하르파조(harpazō)]는 강한 단어로서 신약에 14번 나오고 종종 강압적으로(예. 마 11:12) '낚아 채이다'(예. 요 10:28)라는 뜻이다. 바울은 거기에 도달하려고 영적 사다리를 타고 올라간 것이 아니었다. 하나님에 의해 순간적으로 옮겨진 것이다.

12:4 놀랍게도, 바울이 반복 불가능한 것으로 강조하는 바는 그가 본 광경이 아니라 그가 들은 말이었다. 그는 "말로 표현할 수 없는 말"[아레타 레마타(arrēta rhēmata)]을 들었다. 그가 들은 말은 인간의 입으로 반복될 수 없었다. 뿐만 아니라 반복해서도 안 되는 것이었다. 반복하는 것은 옳지 않았다. "가히 이르지 못할"에 나오는 "할"[에크세스틴(exestin)]이라는 단어는 합법적인('못할'은 불법적인) 것을 가리킨다(예. 마 12:2).

여기에는 '너희도 거기에 있었어야 한다'는 말보다 더 많은 뜻이 있다. 바울에게 주어졌던 것은 하나님의 말할 수 없는 경이로움, 찬란한 눈부심, 빛나는 영광, 숭고한 평온, 이루 표현할 수 없는 아름다움을 맛보는 것, 조숙한 경험이었다. 그것도 중재되지 않는 채로 말이다. 그런데 그는 어떻게

재로 변하지 않았을까? 그를 삼킬 만큼 엄청난 두려움과 기쁨 앞에서도 어떻게 순간적으로 녹아버리지 않았을까? 그가 "그리스도 안에" 있어서 안전했기 때문이다(고후 12:2).

D. L. 무디(D. L. Moody)는 뉴욕에 있는 동안 하나님의 사랑을 너무나 크게 경험한 적이 있다. 그 사건이 "너무나 신성해서 이름을 붙일 수 없는 경험"이라 묘사하면서 "하나님께 그것을 멈춰달라고 요청해야" 했다고 한다.[84] 그것이 누군가가 땅 위에서 경험한 일이었다면, 바울처럼 하늘로 옮겨진 것은 얼마나 굉장한 경험이었을까?

12:5 첫눈에는 바울이 자기가 하늘로 이끌려 올라간 사람이 '아닌' 것을 증명하는 듯이 보일 수 있다. 바울은 "이런 사람을 위하여[는]" 기꺼이 자랑하겠으나 그 자신을 위해서는 자랑하지 않겠다고 말한다. 그러나 이어서 그 "계시"가 바울 자신의 것임(7절)을 인정하므로 5절을 다르게 이해해야 한다. 바울은 방금 이야기한 경험으로부터 건강한 거리를 두려고 애쓰는 중이다. 그 경험을 자기의 것으로 밝히는 일이 불편해서 반드시 필요한 경우에만 빙 둘러서 밝히고 있다. 현재로서는 그가 계속해서 그 에피소드와 약간의 거리를 둔다. 달리 말하면, 바울의 직관이 복음에 의해 거꾸로 뒤집힌 것이다. 그리스도 밖에 있는 자들은 그들의 강함을 자랑하고 약함을 숨겨두는 반면, 바울은 그의 약함을 자랑하고 강함과는 거리 두기를 갈망한다.

12:6 바울이 천상의 경험을 자랑한다고 해도 그것은 나무랄 데가 없을 것이다. 그는 단지 '진실을 말할' 것이다. 바울은 11장에서 약함을 자랑하면 경솔한 고린도 교인들에게 틀림없이 그가 "어리석은 자"[아프론(*aphrōn*)]가 될 것임을 인정했으나(11:16, 19), 그가 하늘의 보좌로 옮겨진 것을 자랑

---

84 Willaim R. Moody, *The Life of Dwight L. Moody* (New York: Fleming H. Revell, 1900), 149. 《D. L. 무디(하)》(두란노).

한 만큼 그런 위험을 직면하지는 않을 것이다['내가 어리석은 자(아프론)가 되지 않을 것이다'].

그러나 바울은 육신이 기뻐하는 것을 자랑하기를 거부한다. 그는 오늘날 많은 지도자들이, 심지어 교회 내에서도, 행하는 일을 하지 않으려 한다. 어떤 가면을 꾸미는 것, 기반을 구축하는 것, 유명 인사가 되는 것, 각광을 받기 위해 신중하게 자신을 치장하는 것 등이다. 지도자들은 자기가 실제로 어떤 사람인지 알지만, 본인을 공개적으로 나타낼 때가 되면 스스로 보이고 싶고 알리고 싶은 부분만 투영하고픈 유혹을 받는다. 하지만 바울은 이와 다른 방향으로 나간다. 그는 진정한 바울을 다른 이들이 보고 또 알게 되기를 원한다. 고린도 교인들이 보고 싶어 하는 자기 초상화를 그리지 않는다. 그렇게 하면 너무나 많은 것이 위태롭기 때문이다. 바울이 원하는 것은 자기 자신에 대한 것이 아닌 고린도 교인들의 영적 평안과 (우리의 일부가 아닌 전부를 구속하시는) 살아 계신 그리스도의 영광이다.

12:7-8 이제 우리는 네 구절로 된 대목에 진입하는데, 이 대목은 그리스도인의 세대가 바뀔 때마다 큰 희망을 주고 또 그들을 겸손하게 한다. 성경 전체에서 구속 사역의 '객관적' 측면을 고린도후서 5장보다 더 풍성하게 말하는 본문이 드물고, 구속 사역의 '주관적' 측면을 고린도후서 12장보다 더 풍성하게 말하는 본문도 드물다. 진정한 기독교는 하나님의 화해와 하나님의 능력 둘 다를 포함하며, 전자가 후자를 촉진한다.

여기서 바울은 천상의 경험 이후에 그를 괴롭힌 육체의 가시를 소개한다. 오늘날 우리는 작은 장미꽃 가시를 상상할지 모르지만 여기에 사용된 용어[스콜로프스(*skolops*)]는 사람을 찔러 죽일 수 있는 말뚝만큼 큰 물체를 가리킬 수 있다. 그 가시는 짜증나게 하는 정도를 넘어서 바울이 가장 높은 하늘에서 보았던 영광에 상응하는 큰 고통을 유발했다. 그 가시는 (추정컨대) 14년 전에 바울의 삶에 들어왔으나 8-10절은 그것이 여전히 오늘의 현실임을 가리키고 있기에 오랜 기간에 걸친 고통이라 할 수 있다. 그 가시는 무엇이었을까? 막연한 추측은 전혀 도움이 안 된다. 한마디로 우리는 모른다. 이는 오히려 다행이다. 본인의 환난이 바울의 것과 다른 사람들은 그의 가르침을 자기에게 적용할 자격이 없다고 느낄 수도 있기 때문이다. 어쩌면 바울이 의도적으로 모호하게 말했을지도 모른다. 최대한 폭넓게 적용되게 할 뿐 아니라 그 자신의 삶이 필요 이상으로 주목을 받지 않게 하기 위해서다. 바울의 중점은 가시의 내용이 아니라 그 목적에 있다.

그 목적은 무엇인가? 바울의 겸손이다. "너무 자만하지 않게 하시려[는]" 것이다. 자만하다라는 동사[휘페라이로마이(*hyperairōmai*)]는 '들어 올리다'라는 뜻이다. 가시의 목적은 바울이 이루 묘사할 수 없는 하늘 경험 때문에 우쭐해질 것이 확실해서 그런 자만을 깨는 것이다. 과연 가시가 없으면 그런 거품을 터뜨리는 것이 가능하겠는가? 그래서 주님이 사랑스럽게, 부드럽게, 주권적으로, 그분의 사랑하는 사도를 괴롭히신다. 아니, 주님이었는가? 본문이 가시를 사탄이나 그의 하수인의 탓으로 돌리지 않는가? 그렇다. 그 가시는 바울을 '괴롭히려고' 주어졌고, 그것은 확실히 마귀의 짓이다. 하지만 괴롭히려는 욕구를 둘러싸는 것은 바울을 겸손케 하려는 목적이라고 이 구절의 처음과 끝에 두 차례나 언급되어 있다. 사탄의 목적이 하나님의 목적 안에 끼어 있는 셈이다. 신비롭게도, 하나님의 주권과 악이 겹친 나머지 사탄의 활동조차 하나님의 주권적 목적 안에 포함되는 것이다. 하나님은 스스로 도덕적 과실을 떠맡아야 할 그런 악의 창시자가 아니다. 그분은 도덕적인 흠이 있는 일은 일체 행하실 수 없다. 그럼에도 인간 역사에서 가장 악한 행위조차 하나님이 정하신 것이다(행 2:23; 4:27-28). 그보다 작은 악도 마찬가지다.

그래서 바울은 8절에서 우리도 당연히 했을 일을 했다. 그 가시를 제거해달라고 간청했던 것이다. "셋째" 하늘(2절)이 하늘들의 하늘, 하늘의 핵심부를 언급하는 것처럼, "세 번"이라는 말은 바울이 탈진할 때까지 주님께 호소했다는 뜻인 듯하다. 두 번 이상 하지만 네 번 이하로 요청했다는 뜻이 아니다. 오히려 그것은 완전하고 포괄적이고 충분한 요청이었다. 그는 소심하게 또는 잠시 동안 요청한 것이 아니다. 그가 사용하는 동사가 '내가 요청했다'가 아니라 '내가 간구했다'(파라칼레오)라는 사실이 이 점을 분명히 한다. 바울이 주님께 가시를 제거해달라고 간구했다는 사실은 바로 주님의 섭리가 가시를 준 사건의 배후에 있었다는 또 다른 증거다.

12:9 바울은 두 가지 가능성을 내다보았다. 주님이 (1) 가시를 제거해서 그가 생활과 사역을 잘 영위하게 하시든지, 아니면 (2) 가시를 그냥 두어서 그가 영원히 생활과 사역 면에서 불구로 지내게 하시는 것이었다. 하지만 주님은 세 번째 대안으로 응답하셨다. 가시를 그냥 두되 바울에게 은혜를 주시는 것이다. 이는 바울의 삶과 사역을 위해, 바울이 다른 방법으로는 결코 도달할 수 없었을 하나님의 능력을 받는 자리에 그를 두시는 것을 의미한다. 이것은 그분의 백성을 향한 하나님의 은밀한 전략이다. 또한 높은 곳에서 임하는 능력으로 들어가는 놀라운 길이다.

여기서 하나님의 "은혜"는 일차적으로 용서를 베푸는 객관적 은혜(예. 롬 3:24)가 아니다. 오히려 이 "은혜"는 좀 더 폭넓게 하나님의 임재를 가리키는 약칭이다. 지탱하시고, 힘을 주시고, 잠잠케 하시고, 지지하시고, 위로하시고, 담대하게 하시고, 만족케 하시는 은혜 등이다. "내 은혜가 네게 족하도다"는 말은 '내가 네게 족하다'는 뜻이다. 그러면 왜 "은혜"라는 단어를 사용하시는가? 주님이 바울에게 그가 하나님의 임재를 얻을 자격을 갖출 필요가 없음을 확신시키시기 위해서였다. 그것은 은혜로 주어진다. 이 은혜는 그 다음 절에 의해 더욱 분명해진다. "이는 내 능력이 약한 데서 온전하여짐이라." 하나님의 "능력"을 나르는 것은 은혜다. 하나님의 임재가 바울을 지탱할 것이고, 하나님의 능력이 그를 강하게 할 것이다. 우리가 놓치지 말아야 할 것은 그것이 바울의 강함이 아니라 하나님의 강함이라는 사실이다. 바울이 기여하는 바는 약함이다. 그러나 이것은 양보가 아니고 하나님에게 필요한 것이다. 우리의 약함은 하나님의 능력을 내쫓지 않고 오히려 끌어당긴다는 것, 이것은 사도적인 기독교의 신비이자 경이로움이며 영광이다. 우리의 낮음과 무능력, 즉 우리가 자연스럽게 우려하고 피하는 그곳이 바로 하나님이 거주하기 좋아하시는 곳이다.

그 결과 바울이 추구하는 것이 완전히 뒤집어졌다. 그는 1-6절에 나온 하늘의 계시를 받았었다. 그러나 7-10절에 나온 것처럼 하늘이 어떻게 타락한 죄인들과 교차하는지에 대한 계시도 받았다. 바로 인간의 약함을 통해 일한다는 것이다. 첫 번째 계시는 바울을 저 높은 곳으로 데려갔고, 두 번째 계시는 그를 저 낮은 곳으로 데려갔다(바울이 로마서 8:39에서 "높음이나 깊음이나⋯우리를 우리 주 그리스도 예수 안에 있는 하나님의 사랑에서 끊을 수 없으리라"고 말할 때, 그가 받은 하늘의 계시와 육체의 가시를 염두에 두고 있었을 것이다). 그리고 이 두 번째 계시는 그의 자랑의 출처를 역전시켰다. 그의 정체성을 강한 영역 위에 세우는 대신 세상과 육신이 피하는 약함 위에 세우게 된 것이다. 인간의 유능함은 하나님의 능력이 놓인 곳이 아니다. 취약함, 나약함이 그 능력이 있는 곳이다. 그런 곳에서 하나님의 은혜가 빛나기 때문이다. 바로 그런 곳에 하나님이 거주하신다.

바울은 하나님의 능력이 그에게 머물게 한다고 말할 때 고대의 언어를 사용한다. '머물다'[에피스케노오(*episkēnoō*)]라는 동사는 성막, 곧 그 옛날에 하나님의 임재가 머물던 이동식 성전을 가리키는 단어에 뿌리를 둔다. 하나님의 능력이 한때는 약하고 오염된 모든 죄인들로부터 차단되었으나, 지금은 죄인들의 약함이 하나님의 능력을 끌어들인다. 다시 한 번 바울이 새 시대가 그리스도 안에서 도래했음을 조용히 가리키고 있는 모습을 보게 된다. 새 시대에는 하나님의 능력이 우리가 기대하는 방식으로 작동하지 않는다.

12:10 바울은 그가 겪은 가시 경험에 대해 승리에 찬 결론을 내린다. 이 결론 또한 이 편지의 중요한 부분 중 하나인 듯하다. 이 구절이 고린도후서에 나타난 바울의 전반적 주장을 구체화하고 조명해준다. 이제 자신에게 머물러 있는 그리스도의 능력에 대한 비결을 알아낸 만큼 바울은 9절의 뜻을 '내가 약한 것들을 기쁘게 자랑하겠다'는 말로 설명한다. 그러면 어떤 종류의 약함인가? 바울은 어려움의 강도에 따라 다섯 가지 범주를 열거한다.

(1) 약한 것들[아스테네이아이(*astheneiai*), 11:30, 12:9(2번)]: 인간의 모든 무능력을 가리키는 일반적인 범주

(2) 능욕[휘브레이스(*hybreis*)]: 다른 사람들의 말이나 행동으로 학대받는 것

(3) 궁핍[아낭카이(*anankai*)]: 바울을 압박해서 불편한 한계까지 밀어붙이는 경험

(4) 박해[디오그모이(*diōgmoi*)]: 적대적인 원수들에게 당하는 환난

(5) 곤고[스테노코리아이(*stenochōriai*)]: 참으로 압도적인 경험, 파괴적인 환경

바울은 자기가 이런 것들로 '만족한다'[유도케오(*eudokeō*)]고 말하지만(ESV 참고), 이 헬라어 동사는 그보다 더 강한 뜻을 갖고 있다. 이는 무언가를 '기쁘게 여기다' 또는 '기뻐하다'라는 뜻이다. 이를테면 마태복음 3:17에서 성부께서 성자를 '기뻐한다'고 말할 때 사용된 단어다. 바울은 자기를 연약하게 또 겉으로 취약하게 만드는 모든 인간적 약점에 '만족한다'고 말하는 것이 아니다. 그는 그런 약점들 속으로 들어간다. 그것들을 받아들인다. 이는 단념이 아니라 열망의 말투다. 분명히 말하건대, 이것은 마조히즘이 아니다. 바울은 약함 그 자체를 기뻐하는 것이 아니다. 이 점은 "그리스도를 위하여"라는 말을 덧붙인 데서 분명히 드러난다. 바울이 약함을 기뻐하는 것은 그 약함이 그로 하여금 하늘의 복과 강함을 향해 열리게 하기 때문이다. 그래서 그의 영적 능력이 솟아오른다.

요컨대 "내가 약한 그때에 강함이라"다. 지금 바울은 이따금 약한 것을 경험해서 그때마다 강해지는 것을 말하고 있지 않다. "때"[호탄(*hotan*)]로 번역된 헬라어 단어는 그가 영구적으로 약한 상태, 그래서 하나님의 강함을 계속 받는 상태를 염두에 두고 있음을 시사한다. 바울은 이제 그의 약함이 장애물이 아니라 하나님의 강함을 얻는 관문임을 알게 되었다.

≋≋≋≋ 응답 ≋≋≋≋

능력, 강함 그리고 성공이 있으면 안전하게 느껴진다. 그러나 이런 것들은 자만심을 불러일으키기 때문에 대단히 위험하다. 무능력, 약함 그리고 실패는 위험하다는 느낌을 준다. 그러나 이런 것들은 겸손을 불러일으키기 때문에 매우 안전하다. 뿐만 아니라 신체적으로, 심리적으로, 지적으로, 교육적으로 그리고 영적으로 약해서 낮아질 때 우리는 하나님의 능력을 받을 수 있다. 무엇을 위한 능력인가? 평온함, 성장, 기쁨, 하나님과의 교제, 복음 전도의 열정, 복음 설교를 통해 찬송케 하는 능력이다. 요컨대 그리스도인의 삶에서 열매를 맺기 위한 것이다. 그래서 예수님이 이렇게 가르치신 것이다. "한 알의 밀이 땅에 떨어져 죽지 아니하면 한 알 그대로 있고 죽으면 많은 열매를 맺느니라"(요 12:24).

그리스도를 위하여 선한 영향을 미치고 싶은가? 그렇다면 우리의 왜소함, 우리의 결점, 우리의 과거, 우리의 넘어짐 때문에 낙심해서는 안 된다. 우리는 이런 것들을 하나님께 드릴 수 있다. 그분은 우리의 강점보다 이런 것들로 훨씬 더 많은 일을 행하실 수 있다. 그렇다고 해서 의식적으로 우리의 강점을 발휘하는 일(참고. 고전 12:4-11)을 피해야 한다는 뜻은 아니다. 오히려 우리가 은사 또는 강점을 발휘할 때는 스스로의 힘으로는 영구적인 열매를 맺을 수 없다는 영적 무능력을 의식해야 한다는 뜻이다.

뿐만 아니라 우리의 삶이 폭삭 내려앉을 때, 우리의 지반이 뜻밖의 사건으로 무너질 때에도 우리가 패배를 시인하지 않는다는 뜻이다. 우리는 새로운 마음으로 하나님께 돌아간다. 인생이 파열되는 순간 그것을 그리스도께 가져가면 마침내 영향력과 능력을 얻게 될 것이다. 우리의 고뇌가 있는 그곳에 하나님이 살아 계시기 때문이다.

하나님 없이 정상에 오르는 경험을 하고 싶은가, 아니면 하나님과 함께 골짜기에 내려가는 경험을 하고 싶은가?

¹¹ 내가 어리석은 자가 되었으나 너희가 억지로 시킨 것이니 나는 너희에게 칭찬을 받아야 마땅하도다 내가 아무것도 아니나 지극히 크다는 사도들보다 조금도 부족하지 아니하니라 ¹² 사도의 표가 된 것은 내가 너희 가운데서 모든 참음과 ¹⁾표적과 기사와 능력을 행한 것이라 ¹³ 내 자신이 너희에게 폐를 끼치지 아니한 일밖에 다른 교회보다 부족하게 한 것이 무엇이 있느냐 너희는 나의 이 공평하지 못한 것을 용서하라

¹¹ I have been a fool! You forced me to it, for I ought to have been commended by you. For I was not at all inferior to these super-apostles, even though I am nothing. ¹² The signs of a true apostle were performed among you with utmost patience, with signs and wonders and mighty works. ¹³ For in what were you less favored than the rest of the churches, except that I myself did not burden you? Forgive me this wrong!

¹⁴ 보라 내가 이제 세 번째 너희에게 가기를 준비하였으나 너희에게

폐를 끼치지 아니하리라 내가 구하는 것은 너희의 재물이 아니요 오직 너희니라 어린 아이가 부모를 위하여 재물을 저축하는 것이 아니요 부모가 어린 아이를 위하여 하느니라 15 내가 너희 영혼을 위하여 크게 기뻐하므로 재물을 사용하고 또 내 자신까지도 내어 주리니 너희를 더욱 사랑할수록 나는 사랑을 덜 받겠느냐 16 하여간 어떤 이의 말이 내가 너희에게 짐을 지우지는 아니하였을지라도 교활한 자가 되어 너희를 속임수로 취하였다 하니 17 내가 너희에게 보낸 자 중에 누구로 너희의 이득을 취하더냐 18 내가 디도를 권하고 함께 한 형제를 보내었으니 디도가 너희의 이득을 취하더냐 우리가 동일한 성령으로 행하지 아니하더냐 동일한 보조로 하지 아니하더냐

14 Here for the third time I am ready to come to you. And I will not be a burden, for I seek not what is yours but you. For children are not obligated to save up for their parents, but parents for their children. 15 I will most gladly spend and be spent for your souls. If I love you more, am I to be loved less? 16 But granting that I myself did not burden you, I was crafty, you say, and got the better of you by deceit. 17 Did I take advantage of you through any of those whom I sent to you? 18 I urged Titus to go, and sent the brother with him. Did Titus take advantage of you? Did we not act in the same spirit? Did we not take the same steps?

19 너희는 이때까지 우리가 자기변명을 하는 줄로 생각하는구나 우리는 그리스도 안에서 하나님 앞에 말하노라 사랑하는 자들아 이 모든 것은 너희의 덕을 세우기 위함이니라 20 내가 갈 때에 너희를 내가 원하는 것과 같이 보지 못하고 또 내가 너희에게 너희가 원하지 않는 것과 같이 보일까 두려워하며 또 다툼과 시기와 분냄과 당 짓는 것과 비방과 수군거림과 거만함과 혼란이 있을까 두려워하고 21 또 내가 다시 갈 때에 내 하나님이 나를 너희 앞에서 낮추실까 두려워하고 또 내가

전에 죄를 지은 여러 사람의 그 행한 바 더러움과 음란함과 호색함을 회개하지 아니함 때문에 슬퍼할까 두려워하노라

¹⁹ Have you been thinking all along that we have been defending ourselves to you? It is in the sight of God that we have been speaking in Christ, and all for your upbuilding, beloved. ²⁰ For I fear that perhaps when I come I may find you not as I wish, and that you may find me not as you wish—that perhaps there may be quarreling, jealousy, anger, hostility, slander, gossip, conceit, and disorder. ²¹ I fear that when I come again my God may humble me before you, and I may have to mourn over many of those who sinned earlier and have not repented of the impurity, sexual immorality, and sensuality that they have practiced.

1) 또는 이적

≋≋≋ 단락 개관 ≋≋≋

열등감을 통한 우월감

이 단락은 세 대목으로 명확하게 나뉜다. 첫째는 바울과 슈퍼 사도들의 관계, 둘째는 바울과 고린도 교인들의 관계, 셋째는 바울과 하나님의 관계와 관련이 있다. 이 개요는 신실한 사역의 성격을 상기시켜준다. 그리스도의 종들은 복음의 적, 복음의 친구 그리고 복음의 창시자를 예민하게 의식한다. 이 순서대로 하나님의 종들은 책망하고, 칭찬하고 그리고 예배한다.

바울은 격렬한 감정이 잔뜩 실린 이 편지를 마무리할 준비를 하는데, 12장의 후반부도 다를 바가 없다. 그의 갈망과 정념이 걸러지지 않은 채 표출된다. 바울은 그의 사역이 대적들의 사역보다 열등하지 않다고 설명하고, 이는 그 사역의 초자연적 요소들과 그의 성실한 총애로 증명되었다고

한다(11-13절). 이어서 고린도를 다시 방문하겠다고 알리고, 자녀들의 아버지로서 다시금 고린도 교인들에 대해 순전한 배려를 품고 있다고 주장한다(14-18절). 끝으로, 그의 사역이 그 자신을 변호하는 일이 아니라 무엇보다 하나님을 섬기는 문제임을 생각하고, 따라서 고린도에 도착할 때는 남은 죄들과 맞설 필요가 있을 것이다(19-21절).

≋≋≋ 단락 개요 ≋≋≋

IV. 바울이 참된 사역의 역설을 보라고 열정적으로 호소하다
  (10:1-13:14)
  D. 결론적인 요약(12:11-13:14)
    1. 바울과 슈퍼 사도들의 관계(12:11-13)
      a. 우월한(12:11)
      b. 초자연적인(12:12)
      c. 성실한(12:13)
    2. 바울과 고린도 교인의 관계(12:14-18)
      a. 고린도 교인들에 대한 바울의 배려(12:14-16)
      b. 고린도 교인들에 대한 바울 친구들의 배려(12:17-18)
    3. 바울과 하나님의 관계(12:19-21)
      a. 바울에게 최고의 실재이신 하나님(12:19)
      b. 바울을 낮추시는 하나님(12:20-21)

12:11 바울은 자기가 고린도 교인들 앞에서 그의 경험을 과시하는 일을 즐겼다는 주장에 다시 반박한다. 그들을 위해 그는 "어리석은 자"(아프론, 11:16, 19; 12:6)처럼 처신했다. 즉 슈퍼 사도들을 그들의 게임 규칙으로 이기기 위해 한시적으로 불쾌한 전략을 채택했던 것이다. 여기서도 주로 그의 강함보다 약함을 자랑함으로써 그렇게 한다. 그러나 그들이 바울이 그렇게 하도록 '강요했다'. 바울이 앞 구절에 나온 "궁핍"(아낭케, 역경)이라는 명사의 동사형[아낭카조(anankazō)]을 사용하는데, 이는 은근히 고린도 교인들이 바울의 많은 '역경들' 중 하나로 입증되었다는 아이러니한 점을 표현하는 듯하다. 그들은 평범해 보이는 베니어판을 뚫고 바울 사역의 성실함과 신적 능력을 직시하고 그를 '칭찬했어야' 마땅하다(앞에서 바울이 스스로를 칭찬하려 하지 않는다고 주장할 때 이 동사를 다음 구절들에서 사용한 것을 주목하라. 3:1; 4:2; 5:12; 6:4; 7:11; 10:12, 18).

11절의 후반부는 바울이 10:1 이후 고린도 교인들이 보게 하려고 그토록 애썼던 모든 것을 요약한다. 이 문장의 첫째 부분["(나는) 지극히 크다는 사도들(슈퍼 사도들)보다 조금도 부족하지 아니하니라"]은 그의 자랑거리를 설명하는 내용이다. 둘째 부분("내가 아무것도 아니나")은 그의 약함에 대한 자랑을 설명한다. 참으로 아무것도 아닌 사람들은 그 자신을 내세움으로써 육신을 자랑하는 자들이다. 그 자체로 "아무것도 아니고" 약하고 멋없는 바울, 하지만 주님과 그분의 충분한 은혜에 자신을 맡기는 바울은 결코 아무것도 아닌 존재가 아니다. 바울은 주 예수님 다음으로 교회 역사에서 가장 중요한 인물이다.

12:12 바울이 세상의 눈에는 아무리 어리석게 보일지라도 사도의 능력을 보여주는 표징들은 의심의 여지가 없다. 바울은 고린도 교인들을 그들이 직접 목격한 것으로 돌아오게 한다. 더 나아가 그들이 직접 경험한 것("너희 가운데서"는 '너희 안에서'로 번역될 수도 있다)으로 돌아오게 한다.

바울이 정통성을 지닌 사도임은 그가 고린도 교회를 설립할 때 이미 입증되었다. 그런데도 그들은 대적들의 리더십이 지닌 교묘한 매력에 휩쓸려서 그 사실을 너무도 쉽게 잊어버렸다. 바울은 진정한 사도다. 하지만 바울이 그의 사역을 통한 하나님의 통치를 언제나 주장하고 있는 모습을 주목하라. 진정한 사도의 표징들이 그들 가운데서 '수행되었다'(수동태). 결국 바울 자신은 '아무것도 아닌' 것이다(11절).

그러면 이런 "표적과 기사와 능력을 행한 것"은 무엇인가? 사도직의 진정성의 중요한 요소(그리고 특히 열두 제자의 하나가 아닌 바울에게 중요한 것)는 성령의 능력이 초자연적으로 나타나는 것이며, 이는 구약의 예언이 성취되어 새 시대가 시작되었음(행 2:19)을 나타내는 증인들을 우뚝 세운다. 사도행전 전체에는 그리스도가 출범시킨 하나님 나라의 실체를 증언하는 "표적과 기사"(여기서 "능력을 행한 것"으로 번역된 단어는 더 적게 나온다)가 자주 나온다(예. 행 4:30; 5:12; 14:3; 15:12). 중요한 점은 표적과 기사가 눈부신 사건일지라도 그 자체로는 아무것도 증명하지 않는다는 것이다(행 8:9-13; 16:16; 19:13을 보라). 사도행전에서 복음은 말씀과 행위, 복음 전도와 기적, 귀가 듣는 것과 눈이 보는 것이 나란히 병행될 때 전파된다. 고린도 교인들은 바울의 말을 과소평가할 뿐만 아니라(고후 10:10) 그들 가운데서 행한 기적도 잊어버리고 있다(12:12).

12:13 우리의 관계에 의심이 슬그머니 들어와 부당한 상처와 인위적인 피해의식을 유발하기가 얼마나 쉬운지 모른다. 바울이 고린도 교인들에게 그들이 다른 교회들보다 '총애를 덜 받았음'[헤사오마이(hēssaomai), 이 단어가 나오는 다른 유일한 신약 구절인 벧후 2:19-20에서는 '이기다'로 번역된다]을 명백히 부인하는 것은 그에게 되돌아온 비판에 대한 응답인 듯하다. 고린도 교인들이 슈퍼 사도들의 그럴 듯한 이야기에 자극을 받아 바울이 그들에게 차선의 것을 주었다고 의심했던 것 같다. 그러나 초자연적인 현상(고후 12:12)뿐만 아니라 사역을 통해서도 바울은 그 자신을 고린도 교인들에게 내주었다. 이 점을 다음 대목에서 분명히 밝힌다. 바울은 11절에서 그 자신이 열등하

다는 것을 부인하고, 13절에서는 고린도 교인들에 대한 그의 대우가 열등했다는 것을 부인한다.

그런데 바울이 고린도 교인들을 다르게 대우한 방식이 하나 있다. 물질적으로 그들에게 '부담'을 주지 않기로 한 것이다[이 동사 카타나르카오(katanarkaō)가 사용된 신약의 다른 두 구절은 고후 11:9; 12:14이다]. 그는 자급자족했다. 바울의 유일한 실수는 고린도 교인들에게 친절과 관대함을 베푼 것이다. 여기에 건전한 풍자가 뚜렷이 드러난다. "나의 이 공평하지 못한 것을 용서하라." 바울이 조롱하듯 부탁한다. 사실 용서를 구해야 할 쪽은 바울이 아니라 그들이다. 웬일인지 그들은 바울의 너그러움을 삐딱하게 보기에 이르렀다. 바울에게 일어났던 일이 오늘날 그리스도의 종들에게도 일어난다. 우리의 성실한 노력이 종종 큰 의심의 눈초리를 받곤 한다. 이 점에서 우리는 우리 주인의 고난을 따르고 있는 셈이다(눅 11:14-15).

12:14-15 바울이 이제 고린도 교인들을 위한 성실한 배려를 더 깊이 파고든다. 그들의 관계에 많은 오해가 있음에도 불구하고 바울은 포기하지 않았다. 팔레스타인에서 고린도로 여행하려면 많은 돈과 시간과 에너지가 들지만 이미 두 번이나 방문한 뒤에도 여전히 그만두지 않은 것이다(11:25-27). 고린도 교인들의 감정이 쉽게 상처를 받는 만큼 바울의 정서도 탄력적이다. 바울의 넓은 가슴은 그리스도가 알려지지 않은 곳에 그분을 전파하려는 열정에 힘입어 상처를 치료하기보다는 다툼을 끌어안는다. 바울은 관계 가운데 있는 고통에 무감각한 사람이 아니다. 그의 고통과 슬픔은 이 편지에 줄곧 명백히 나타난다(예. 7:2-4). 그러나 그는 더 깊은 열정, 모든 것을 삼키는 동기에 의해 움직인다. 바로 자기가 하나님의 사신이라는 사실이다(5:20).

그러므로 다시금 바울은 고린도 교인들에게 '부담'(참고. 12:13)을 주지 않겠다고 결심한다. 반면에 슈퍼 사도들은 고린도 교인들의 행복을 배려하지 않고 그들과 그들의 자원을 자신들이 자랑하는 프로젝트에 이용하려 한다(11:20). 바울은 정반대다. 바울은 그들의 지갑이 아니라 마음을 겨냥하기 때문에 그들로부터 어떤 물질도 받기를 거부한다. 그는 그리스도 안에서 그들의 아버지다(고전 4:15). 그래서 아버지처럼 그 자신을 쏟아 붓고 싶어 한다. 바울은 그들을 위해 "기쁜 마음으로 비용을 쓰겠고, 내[그의] 몸까지도 희생하[려고]"(고후 12:15, 새번역) 한다. 만일 어느 자녀가 적은 돈을 긁어모아 부모에게 드리는 대가로 자기 마음대로 살게 허락해달라고 하면 부모가 무슨 말을 할까? "나는 네 돈을 원치 않는다. 나는 너를 원한다"라고 반응할 것이다.

그런데 바로 이런 자세가 고린도 교인들로 하여금 바울을 마음 가까이 끌어당기는 대신 거리를 두게 만들었다. 바울은 그들을 풍성하게 사랑함에도 불구하고 그들의 "사랑을 덜" 받는다.

12:16 이 지점에서 고린도 교인들이 무슨 말을 하고 있을지 추측할 필요가 없다. 바울이 이따금 이 편지에서 그러듯이(예. 10:10) 그에 관한 말을 실제로 인용하다시피 한다("어떤 이의 말"은 번역가들이 넣은 것이지만 바울이 전달하고 있는 바를 잘 포착한다). 고린도 교인들 사이에 떠도는 소문에 따르면, 바울이 그들의 재정 후원을 거절하는 것은 이중적이고 비밀리에 고린도 교인들을 속이려는 숨은 동기로 인한 것이라고 한다. 세상의 타락한 본능으로 작동하는 마음은 의심을 빨리하고, 동기를 의문스럽게 여기고, 최악의 것을 가정하기 마련이다. 반면에 새 시대의 본능으로 작동하는 마음은 의심을 천천히 하고, 동기를 의문스럽게 여기지 않고, 최선의 것을 가정한다. 어두운 영혼은 어둠을 지향하는 성향이 있다. 반면에 밝은 영혼은 빛을 지향하는 성향이 있다(참고. 딛 1:15). 고린도 교인들은 이미 구속되었음에도 슈퍼 사도들의 교활한 영향을 받아 어둠을 향해 뒷걸음질치고 있다.

12:17-18 바울이 범위를 넓혀 그의 동료들까지 포함한다. 그는 8:16-24에서 고린도 방문을 준비하는 동안 먼저 대리인들을 보내는 것에 관해 말했다. 여기서 다시금 디도를 거명하고(고후 12:18, 참고. 8:16, 23), (이름을 안 밝힌) "형제"['복음 설교로 유명한'(8:18) 형제 또는 '모든 일에 열성이 있는'(8:22) 형제]를

언급한다. 바울은 디도가 바울의 순수함과 어긋나는 방식으로 행동했다는 것을 부인한다. "같은 정신"과 "같은 방식"(새번역)이라는 표현은 바울과 그의 동료들이 품은 시종일관된 처신과 건전한 사역의 야망을 가리킨다.

이 두 구절에 한 동사가 두 번 나온다. '이득을 취하다'(플레오네크테오, 참고. 2:11 주석)라는 동사다. 바울은 수사적으로 그 자신(12:17)이나 디도(18절)가 이득을 취한 적이 있는지 물어본다. 바울이 부인하는 것은 그 자신과 디도가 그동안 이기적인 동기를 품고 있으면서도 성실한 사역을 하는 체하면서 고린도 교인을 착취했다는 혐의다. 바울에게 그런 '사역'은 복음과 상반되는 활동이다. 복음에서 그리스도는 그분의 유익을 위해 우리를 이용하는 것이 아니라 우리의 유익을 위해 우리를 사랑하신다. 다른 사람을 착취하는 것은 우리의 유익을 위해 그들의 생명을 내려놓는 것이다. 반면에 그리스도는 우리의 유익을 위해 그분의 생명을 내려놓으셨다. 슈퍼 사도들은 신학적으로 의심스럽고 유감스럽게도 이기적이다. 뿐만 아니라 그들의 사역 방식은 복음이 말하는 자기희생적 사랑을 부인한다.

12:19 바울이 11-13절에서는 슈퍼 사도들과의 관계를 다루었고, 14-18절에서는 고린도 교인들과의 관계를 다루었다. 이제 19-21절에서는 다가오는 고린도 방문을 계속 생각하면서 가장 중요한 관계인 하나님과의 관계를 소개한다.

바울과 고린도 교인들 간의 드라마가 펼쳐지는 무대 앞에 있는 가장 진실한 청중은 바로 하나님이다. 법정을 머릿속에 그려보라. 슈퍼 사도들이 이끄는 고린도 교인들이 원고다. 바울은 피고다. 바울은 고린도 교인들에게, 궁극적으로 원고가 아니라 그들 위에 있는 판사에게 그 자신을 변호해 왔다는 것을 상기시킨다. 바울은 물론 원고를 이기고 싶다. 그는 그들을 사랑한다. 사실 그가 행한 "모든 것", 위로한 것과 책망한 것, 좋은 느낌이 드는 것과 나쁜 느낌이 드는 것은 모두 '그들을 유익하게 하기' 위해서다. 그러나 그들이 그의 가치 또는 타당성을 판가름하는 최종 심판자가 아니다. 판사가 그것을 결정한다. 그 판사는 하나님이다.

그리고 바울은 자신에 대한 판사의 판단을 확신한다. 그에게는 특별한 변호사인 그리스도가 계시기 때문이다. 19절에 나오는 "그리스도 안에서 하나님 앞에"는 문자적인 번역이다. 바울이 판사 앞에서 고린도 교인들에게 자기를 변호할 때 그는 그리스도 안에 있다.

12:20 바울이 고린도 교인들에게 행한 모든 일이 그들의 유익과 영적 성장을 위한 것이었지만 그들은 그렇게 느끼지 않는다. 그리스도인 사이의 관계가 종종 그렇다. 사랑으로 추진한 일이 의심의 눈초리를 받는다. 바울은 방문을 위해 길을 닦는 동안 이 점에 대해 무척 열려 있다. 그는 그들로 하여금 영적 생명력에 대한 그의 인식과 그들의 인식이 다르다는 것을 보게 하려고 애쓰는 중이다. 적어도 그들이 슈퍼 사도들의 말을 듣는 정도로 그렇다. 고린도 교인들은 자극적이고, 놀랍고, 영광스러운 리더십을 추구하는 경향이 있다. 바울은 그런 세상적 기준을 채택하는 것의 어리석음을 터득했고, 그 대신 자기를 낮추는 온유함과 단순함을 제시한다. 고린도 교인이 갈망하는 것이 바울을 움츠리게 만든다. 바울이 갈망하는 것은 고린도 교인을 움츠리게 만든다.

물론 푸딩은 먹어봐야 알 수 있다. 만일 육적인 평가 기준이 부추겨진다면, 그 결과는 바울이 고린도전서 3장에서 경고한 역기능적 문화일 것이다. 20절에 열거된 여덟 가지 악덕은 모두 인간의 상호 관계와 관련이 있고, 퉁명스러움과 성마름이 그 분위기를 조성하는 그림을 그리고 있다. 서로 이간질하는 것은 세상만이 아니다. 복음 없이 움직이는 신자들 역시 이른바 '사역'을 자기의 욕망을 채우고 불행을 확산하는 수단으로 변질시킬 수 있다.

12:21 바울은 고린도 교인들이 영적으로 제자리걸음을 걸었을까봐 우려한다. 그들을 위해 그 자신을 그토록 많이 내주었는데도(많은 방문, 많은 편지, 많은 눈물 등) 그 모든 것이 수포로 돌아갔는가? 그들은 정말로 그리스도 안에서 전혀 진도를 나가지 못했는가?

바울은 여기서 두 가지 두려움을 표현한다.

첫째, 이전에 방문할 때처럼 하나님께서 자신을 '낮추실지' 모른다는 두려움이다. 고린도 교인들이 복음적인 삶이란 올라가는 대신 내려가는 것임을, 우리의 약함이 우리의 강함이라는 것을 아직도 터득하지 못했다면, 바울이 다시 한 번 그들의 눈앞에서 살아 있는 실례를 보여줄 필요가 있을 것이다. 이는 그가 예전에 행한 적이 있다(예. 10:1, 10). 이처럼 낮아지는 것은 아마 재정적인 독립을 포함할 것이다(11:7을 보라).

둘째, 이미 회개한 것으로 추정되는 사람들 사이에 동일한 성적인 죄가 성행하는 모습을 발견할지 모른다는 두려움이다. 20절에 나오는 여덟 가지 죄는 혀로 짓는 죄인 데 비해, 이런 죄들은 몸으로 짓는 죄다. 바울에게는 삶의 변화가 없는 회개는 진정한 회개가 아니다.

~~~~~~ **응답** ~~~~~~

그리스도인들이 얼마나 쉽게 동기를 오해하는지 모른다! 고린도 교인들은 슈퍼 사도들이 성실하다고 생각한 나머지 그들의 동기를 오해했다. 그들은 또한 바울이 불성실하다고 생각한 나머지 그의 동기도 오해했다. 하지만 오해가 가장 깊은 시점에 바울이 그들을 가장 많이 사랑하고 있다.

하나님께서 그리스도 안에서 우리를 사랑하신 것처럼 우리가 남들을 사랑하려고 할 때 우리도 오해를 받을 것이다. 남들은 우리가 이기적이라고 생각할 것이다. 만일 그들이 옳다면, 우리는 회개하고, 깨어진 관계를 회복하고, 기쁘게 전진할 필요가 있다. 만일 그들이 틀리고 설득될 수 없다면, 우리는 그들의 오해를 삼킨 채 그것이 바로 그리스도의 고난에 참여하는 일임을 인식해야 한다. 그리스도야말로 이 땅에 살았던 사람들 중에 가장 많이 오해받은 인물이셨기 때문이다.

¹ 내가 이제 세 번째 너희에게 가리니 두세 증인의 입으로 말마다 확정하리라 ² 내가 이미 말하였거니와 지금 떠나 있으나 두 번째 대면하였을 때와 같이 전에 죄 지은 자들과 그 남은 모든 사람에게 미리 말하노니 내가 다시 가면 용서하지 아니하리라 ³ 이는 그리스도께서 내 안에서 말씀하시는 증거를 너희가 구함이니 그는 너희에게 대하여 약하지 않고 도리어 너희 안에서 강하시니라 ⁴ 그리스도께서 약하심으로 십자가에 못 박히셨으나 하나님의 능력으로 살아 계시니 우리도 ¹⁾그 안에서 약하나 너희에게 대하여 하나님의 능력으로 그와 함께 살리라

¹ This is the third time I am coming to you. Every charge must be established by the evidence of two or three witnesses. ² I warned those who sinned before and all the others, and I warn them now while absent, as I did when present on my second visit, that if I come again I will not spare them— ³ since you seek proof that Christ is speaking in me. He is not weak in dealing with you, but is powerful among you. ⁴ For he was crucified in weakness, but lives by the power of God. For

we also are weak in him, but in dealing with you we will live with him by the power of God.

5 너희는 믿음 안에 있는가 너희 자신을 시험하고 너희 자신을 확증하라 예수 그리스도께서 너희 안에 계신 줄을 너희가 스스로 알지 못하느냐 그렇지 않으면 너희는 버림받은 자니라 6 우리가 버림받은 자 되지 아니한 것을 너희가 알기를 내가 바라고 7 우리가 하나님께서 너희로 악을 조금도 행하지 않게 하시기를 구하노니 이는 우리가 옳은 자임을 나타내고자 함이 아니라 오직 우리는 버림받은 자 같을지라도 너희는 선을 행하게 하고자 함이라 8 우리는 진리를 거슬러 아무것도 할 수 없고 오직 진리를 위할 뿐이니 9 우리가 약할 때에 너희가 강한 것을 기뻐하고 또 이것을 위하여 구하니 곧 너희가 온전하게 되는 것이라 10 그러므로 내가 떠나 있을 때에 이렇게 쓰는 것은 대면할 때에 주께서 너희를 넘어뜨리려 하지 않고 세우려 하여 내게 주신 그 권한을 따라 엄하지 않게 하려 함이라

5 Examine yourselves, to see whether you are in the faith. Test yourselves. Or do you not realize this about yourselves, that Jesus Christ is in you?—unless indeed you fail to meet the test! 6 I hope you will find out that we have not failed the test. 7 But we pray to God that you may not do wrong—not that we may appear to have met the test, but that you may do what is right, though we may seem to have failed. 8 For we cannot do anything against the truth, but only for the truth. 9 For we are glad when we are weak and you are strong. Your restoration is what we pray for. 10 For this reason I write these things while I am away from you, that when I come I may not have to be severe in my use of the authority that the Lord has given me for building up and not for tearing down.

〰〰〰 **단락 개관** 〰〰〰

시험을 통한 회복

이 단락은 고린도후서 몸통의 마지막 단락이다. 그런 만큼 바울은 고린도
교인들에게 그와 그리스도에 대한 인식을 복음의 진리에 따라 바꿔달라고
마지막으로 호소한다. 복음의 진리란, 십자가에 죽었으나 부활하신 구원자
에 연합된 이들에게는 죽음이 생명을 낳고 약함이 강함을 낳는다는 것이
다. 이 단락의 전반부(1-4절)는 일차적으로 고린도에서 회개하지 않는 자
들, 바로잡을 필요가 가장 많은 자들을 겨냥한다. 후반부(5-10절)는 회개하
는 자들, 바울의 사역과 리더십에 열려 있는 듯한 이들을 겨냥한다. 이 대
목을 통틀어 특히 강한 주제는 "증거"(3절) 또는 "시험"(5-7절), 즉 슈퍼 사
도들이 보여준 세상적인 사고방식(인간의 강함을 칭찬하는 것)과 바울 및 그 동
료들의 복음적 사고방식(인간의 약함과 하나님의 강함을 칭찬하는 것) 중 어느 것
이 옳은지를 공개적으로 드러내는 것이다.

〰〰〰 **단락 개요** 〰〰〰

IV. 바울이 참된 사역의 역설을 보라고 열정적으로 호소하다
(10:1-13:14)

　D. 결론적인 요약(12:11-13:14)

　　4. 회개하지 않는 자에 대한 경고(13:1-4)

a. 바울의 의도(13:1-2)

b. 그리스도의 전례(13:3-4)

5. 회개하는 자에 대한 경고(13:5-10)

a. 바울의 권면: 시험(13:5-7)

b. 바울의 목표: 회복(13:8-10)

〰〰〰 **주석** 〰〰〰

13:1 바울이 고린도를 세 번째로 방문하는 의도를 되풀이한다(참고. 12:14). 그리고 그가 도착할 때는 뜬소문이나 한 개인이 내놓은 가벼운 고발을 수용할 생각이 없다. 바울은 구약 율법(신 19:15)의 지혜를 따라 즉시 그리고 갑작스럽게 고린도 교인들에게 "모든 소송 사건은 두세 증인의 말을 근거로 하여 결정지어야 합니다"(새번역)라고 상기시켜준다. 그러나 고린도후서 내내 바울은 분명히 홀로 있다고 느낀다. 물론 그는 때때로 동료들에 대해 말했다(예. 고후 8:16-24). 그런데 고린도 교인들 중 한두 명이 과연 그의 편에 설 것이라고 확신할 수 있을까?

바울이 한 구절 안에 "내가 이제 '세' 번째 너희에게 가리니"라는 말과 더불어 고발이 성사되려면 "두'세' 증인"이 있어야 한다고 말한 것을 놓칠 수 없다. 바울의 방문이 곧 증인이다. 그의 첫 번째 방문이 첫 번째 증언이었다. 그의 두 번째 '고통스러운' 방문(2:1)이 두 번째 증언이었다. 이제 이번 방문은 세 번째 증언이 될 것이다. 고린도 교인들이 심판을 피하고 싶다면 바로잡을 수 있는 마지막 기회가 있는 셈이다.

13:2 세 번의 방문이 구약 율법이 요구하는 세 증인이라는 것이 여기서 더욱 강화된다. 바울이 세 번의 방문에 상응하여, 회개하지 않는 자들에게

13장

고린도후서 13:1-10 ___ 325

발한 세 번의 경고를 언급한다.

- 경고 1: 첫 번째 방문 이후에('내가 전에 죄 지은 자들에게 경고했다')
- 경고 2: 두 번째 방문 동안('내가 두 번째 방문했을 때에 했던 것처럼')
- 경고 3: 고린도후서의 이 본문('내가 지금 떠나 있는 동안 그들에게 경고한다')

세 명의 증인, 세 번의 방문, 세 번의 경고다. 그들에게는 바울의 임박한 방문에 맞춰 제대로 준비할 시간과 조건이 충분했다. 만일 회개하지 않는 자들이 남아 있다면, 그들의 반항밖에는 탓할 것이 없고 바울은 선택의 여지가 없다. "내가 [그들을] 용서하지 아니하리라." 여기서 바울이 고린도의 회중 전체가 아니라 단지 회개하지 않는 소수에 대해 말하고 있음을 유념할 필요가 있다. 바울의 "용서하지 아니하리라"는 말은 무슨 뜻인가? 이는 출교를 가리킨다. 공손하게 대하지만 그들을 그리스도의 공동 상속자로 간주하지 않으면서 교회에서 추방하고 불신자처럼(마 18:17) 대우하는 것이다. 달리 말하면 교회가 그들을 사탄에게 넘겨주면서 장차 그들이 영적 의식을 회복하여 회개하기를 바라는 것이다(고전 5:5, 참고. 딤전 1:20).

13:3 복음적인 삶과 사역의 전복적인 성격을 마지막으로 상기시켜주는 분으로 그리스도를 도입하는 만큼 3절과 4절은 나란히 작동한다.

3절에서 바울은 고린도 교인들의 고집, 즉 그리스도가 바울을 통해 말씀하고 계시다는 "증거"를 바울이 제공해야 한다는 고집에 대답한다. 그들은 바울의 사도 사역이 참으로 그리스도의 관심사와 개시된 하나님 나라를 대변하고 있다는 증거를 내놓으라고 했다. 바울은 이 구절의 후반부에서 그리스도를 (문자적으로) '너희 안에서 약하지 않고 너희 가운데서 강한 분'으로 묘사한다. 이는 그들에게 그리스도의 능력이 있다는 그들의 주장을 반복하는 말인 것 같다. 바울은 여기서 널리 알려진 대로 고린도에서 성령의 기적적인 현상이 일어난 것을 암시할 수도 있지만, 그는 지금 '성령'이 그 자신 안에서 말씀하시는 것이 아니라 '그리스도'가 그 자신 안에서 말씀하신다는 증거에 대해 말하고 있다. 여기서 염두에 두고 있는 것은 수사적으로 인상적인 설교(10:10)와 승리에 찬 권위주의(11:20) 같은 것들이다. 요컨대 겉으로 번지르르한 육신적 '사역'이다. 슈퍼 사도들의 '설교' 대 바울의 '설교'가 전면에 있다는 것은 바울의 표현, 곧 그리스도가 그 자신 안에서 "말씀하시는" 것에 관한 언급이 암시하고 있다. 바울이 이렇게 말하는 셈이다. "너희가 알고 싶은 바는 내 대적의 설교 사역에 드러난 그토록 인상적이고 위압적인 이 그리스도가 정말로 나의 평범한 설교 사역에 함께할 수 있는지 여부다."

13:4 이어서 바울은 이 편지 내내 해왔던 일을 다시 한 번 행함으로써 고린도 교인들 가운데 그리스도의 능력이 있다는 주장을 거꾸로 뒤집어 생각하게 만든다. 즉, 그리스도의 능력이 어디에서 나타나는지에 대한 고린도 교인의 자연적인 직관을 뒤집어버리는 것이다. 이 한 구절에 신학적으로 중요한 의미가 가득 차 있다.

그리스도의 능력은 외적인 인상에 반영되지 않는다는 것을 바울은 고린도 교인들에게 상기시켜주고 싶다. 그렇다, 그리스도는 능력이 있다. 그러나 그분은 어떤 경로를 통해 거기에 도달하셨는가? 십자가에 못 박히셨다. 수치와 치욕, 이는 고린도 교인들이 슈퍼 사도들의 육신적 영향을 받아 그토록 싫어하는 것이다. 그러나 그리스도 안에 있는 참된 능력에 이르는 길은 바로 수치와 치욕이다. 고린도 교인들은 약함을 피한다. 그러나 그리스도는 "약하심으로" 십자가에 못 박히셨다. 그리스도는 죽음과 수치 속으로 내려감으로써만 영원히 생명과 영광 속으로 올라가시게 되었다("하나님의 능력으로 살아 계시니"). 고린도 교인들이 스스로 약함의 경험에서 물러설 때는 그리스도의 경험으로부터 물러서는 셈이다. 그리고 그리스도의 능력은 자기를 붙잡는 것이 아니라 자기를 비우는 것에서 생긴다(참고, 빌 2:6-11). 예수님은 죽음에 뛰어든 뒤에야 부활의 생명을 받으셨다.

그리고 바울은 그리스도의 죽음과 부활을 그 자신의 사도 사역과 연결시킨다. "우리도 그분 안에서 약합니다마는"(새번역). 그리스도와 연합한 신자들은 그리스도의 부활 생명에 참여할 뿐 아니라 십자가형을 지닌 약함에도 참여한다. 바울은 이 진리를 로마서 6:1-5에서는 개인적인 죄를 극복하는 데 적용하는 한편, 고린도후서 13장에서는 약함에 대한 육신적 혐오를 극복하는 데 적용하고 있다. 바울의 요점은, 그 자신이 십자가에 죽었으나 부활하신 그리스도에게 접속된 만큼 그의 약함이 진정한 강함을 가져온다는 것이다. 바울의 약함/강함과 그리스도의 약함/강함 간의 차이점은, 그리스도는 약함과 강함을 직선적인 방식으로 경험하신 데 비해 바울은 약함과 강함을 겹쳐진 실재로 동시에 경험한다는 것이다(이는 이 편지의 주된 주제다). 이는 12:10에서 "내가 약한 그때에 강함이라"고 말했던 것과 같다. 그리스도의 부활 생명은 장차 새 땅에서 완전히 드러나겠지만, 이미 지금 여기에서 약함을 통해 나타나고 있다.

13:5 바울은 13장의 이 지점까지 주로 회개하지 않는 사람들에 관해 말했는데, 이제는 회개하는 사람들에게로 방향을 바꾼다. 먼저 그들에게 스스로를 검토하라고 지시한다. 이 편지 내내 바울은 자기 사역의 정통성을 변호해왔다. 그는 검토를 받는 대상이었다. 이제는 형세를 역전시켜서 고린도 교인들에게 거울을 들고 그들의 영적 실재를 시험할 필요가 있다고 말한다. "그리스도께서 내 안에서 말씀하고 계시다는 증거를 구하고 있[던]"(3절, 새번역) 고린도 교인들이 이제는 그리스도가 실제로 '그들' 안에 계시다는 증거를 구해야 마땅하다.

따라서 바울의 권면은 고린도후서(3:18)를 포함해 성경 곳곳에 나오는 권면(요 3:14-15; 골 3:1-2; 히 3:1; 12:1-3), 즉 그리스도를 바라보라는 권면과 어긋나는 방식으로 본인의 마음을 파헤치는 과도한 자기반성을 촉구하는 것이 아니다. 스코틀랜드 설교자 로버트 머리 맥체인(Robert Murray M'Cheyne)은 회중에게 "자기를 한 번 볼 때마다 그리스도를 열 번 보라"[70]고 말한 것으로 유명하다. 이는 성경의 반복되는 진리를 포착하는 말이다. 자기 속을 들여다볼 때는 잠시 흘끗 보라. 그러나 그리스도를 바라볼 때는 길게 응시하라.

13:6 이 문장을 헬라어로 보면 "우리"가 강조되어 있다. 바울은 이렇게 말한다. "너희가 십자가에 죽은 그리스도와 연합한 이들에게 진정한 강함이 어떤 모습인지를 새롭게 생각하며 너희 자신을 검토할 때, 너희가 어쩌다 빠져버린 바로 그 세속적인 사고방식에 우리는 빠지지 않았음을 발견하게 되기를 바란다." 물론 바울에게 '바라다'(엘피조)는 나약한 희망적 사고를 의미하지 않는다. 바울은 그 자신 역시 복음적인 온전함에 의거해 일하는 존재로 드러날 것임을 확신한다는 의미에서 그렇게 발견되길 "바라고" 있다. 이는 '나는 너희가…발견할 것임을 믿는다'라고 표현할 수도 있다. 여기서 '발견하다'(ESV 참고)로 번역된 단어는 '알다'(개정개역)로 번역되는 경우가 더 많다. "우리가 실격자가 아니라는 것을 너희가 알 것이다." 고린도 교인들이 복음의 전복적인 사고방식에 맞추게 되면, 이러한 자기 성찰로 인해 그들의 눈이 열려 바울의 평범한 사역이 가지는 정통성을 보게 될 것임을 바울은 알고 있다.

13:7 그러나 바울은 고린도 교인의 눈에 보일 그의 결백함을 언급하자마자, 재빨리 자신의 우선적 관심사인 그들의 영적 평안으로 되돌아간다. 그들이 "악을 조금도 행하지 않[고]" 그 대신 복음적으로 건강하게 행동하기를 (겉으로는 아무리 약하게 보여도) 원하는 바울의 열망은 단지 그의 오명을 씻고 싶은 열망이 아니다. 그의 목표는 고린도 교회가 여태껏 알지 못했던 깊은 복음적 문화 속으로 걸어 들어가는 것이다. 그는 그들이 '옳은 일을 하게' 하려는 것인데, 여기서 '옳은'[칼로스(*kalos*)]은 선하거나 아름다운 것을 가리키는 단어다.

만일 고린도 교인들이 십자가에 죽고 부활하신 그리스도와 동일시되어 영적으로 건강한 상태를 회복할 수만 있다면, 바울은 그 자신과 동료들이

---

85 Robert Murray M'Cheyne, "Letter to Mr. George Shaw of Belfast (9/16/1840)," in *Memoir and Remains of the Rev. Robert Murray M'Cheyne*, ed. Andrew A. Bonar (Edinburgh, UK: Oliphant Anderson & Ferrier, 1894), 252.

고린도후서 13:1-10 _ 329

검증되지 않은 자들로 잘못 인식되는 것도 기꺼이 받아들이려고 한다. '실패했다'를 담은 어구는 5-7절에 나오는 동일한 어원을 가진 어구들 중 다섯 번째다.

(1) 시험하다[도키마제테(*dokimazete*), 5절]
(2) 시험에 합격하는 데 실패하다[아도키모이(*adokimoi*), 5절]
(3) 시험에 실패했다(아도키모이, 6절)
(4) 시험에 합격했다[도키모이(*dokimoi*), 7절]
(5) 실패했다(아도키모이, 7절)

이 어구들을 일렬로 세우면 다음 사실이 분명해진다. "우리는 실격자인 것처럼 보일지라도"(새번역)라는 말은 바울의 사역이 검증되지 않은 것으로 또는 입증되지 않는 것으로 드러나는 것, 그가 고린도 교인들에게 권면하는 진정한 복음 사역의 최소한의 기준도 충족하지 못하는 것으로 드러나는 것을 말한다.

13:8 바울은 이전에 고린도 교인들에게 그가 부득불 복음을 전하지 않을 수 없다고(고전 9:16) 말했던 것처럼, 여기서는 복음을 '특정한 방식으로' 전하지 않을 수 없다고 한다. 그는 조금 전에, 아니 이 편지에서 줄곧 설명해 온 방법이 아닌 다른 방식으로는 그리스도를 위한 사역을 수행할 수 없다. 그리스도는 비참한 인간의 약함을 보여주는 전시물로 십자가에 달렸고 이후에야 부활의 생명을 경험하셨다(고후 13:4). 그래서 바울 역시 죽음을 통한 생명, 약함을 통한 강함 등 필연적인 이원성에 어긋나는 방식으로 이 그리스도와 복음을 위한 사역을 수행할 수 없다. 이런 사역이 복음의 "진리"를 반영한다(참고. 갈 2:14). 이를 부정적으로 표현하자면, 거짓 사역은 오직 강함만을 흠모하는 사역일 터이다. 그런 육신적 접근은 부지중에 진정한 능력이 흘러가는 것을 막을 것이다. 하나님의 능력은 인간의 약함을 통해서 나타나기 때문이다(고후 12:9-10).

13:9 복음의 진리가 지켜지는 한(8절), 비록 그 자신이 검증되지 않거나 인정받지 못한(여기에 나온 '약한'의 일차적인 뜻) 인물로 보일지라도 그는 행복하다. 하지만 바울이 그 자신을 '약한' 존재로 언급할 때는 단지 인정받지 못한 것 이상을 의미한다. 그와 더불어 그의 사역이 지닌 외견상의 약함, 즉 보잘것없는 수사적 기술(10:10)로부터 많은 부끄러운 고난들(11:23-27)과 우스운 야밤 광주리 탈출(11:32-33)에 이르는 모든 연약함을 폭넓게 일컫는다. 만일 약함 가운데 그의 사역을 수행하는 것이 고린도 교인들이 영적으로 '강하게' 되는 것을 의미한다면, 그는 얼마든지 기쁘다. 여기서 "강한"이라는 말은 세상적인 의미가 아니라 진실로 건전한 의미에서 그렇다는 뜻이고, 상호 간의 관계, 바울과의 관계 그리고 주님과의 관계가 회복되는 것을 가리킨다. 이는 이 구절의 후반부("우리는 여러분이 완전하게 되기를 기도합니다", 새번역)로부터 분명히 알 수 있다. 바울이 고린도후서에서 줄곧 말한 어려운 내용은 결코 이 신자들을 낙심시키려는 것이 아니다. 그 대신 그들이 행복하게 번영과 평온함, 평화와 기쁨, 연합과 사랑 속으로 들어가는 모습을 보길 원한다. 이는 단순한 바람 이상이다. 바울의 기도다. 바울은 하나님을 대신하여 고린도 교인들에게 말해왔다(5:20). 그러나 그는 또한 고린도 교인들을 대신하여 하나님께 말씀을 드리기도 했다.

13:10 바울이 이제껏 쓴 모든 글은 그가 세 번째로 고린도에 도착할 때 상호 간의 평화롭고 기쁜 재회를 위한 길을 닦기 위해서였다. 바울이 사도의 권위를 행사할 수 없어서가 아니다. 필요하면 그는 '엄격할' 수 있다. 하나님께서 그에게 그런 권위를 '주셨다' 그러나 바울의 마음은 그렇지 않다. 그의 마음과 주된 사명은 하나님의 양떼를 "넘어뜨리[는]" 것이 아니라 "세우[는]" 것이다.

바울이 사용하는 두 단어를 주목할 필요가 있다. '세우다'로 번역된 '오이코도메'(*oikodomē*)는 12:19("이 모든 것은 너희의 덕을 세우기 위함이니라")에 사용된 것이다. 이보다 더 가까운 병행구절은 10:8, 곧 주께서 주신 그의 "권세"는 "무너뜨리려고" 하는 대신 "세우려고" 하신 것이라고 말하는 대목이다. 이 헬라어 단어는 건축 분야에서 나오는 것으로 건물 그 자체 또는 건물의 건축을 가리킨다. 마찬가지로 '무너뜨리다'는 신약에서 이 편지에만 두 번 더 나오는 단어(10:4, 8)로서 건물의 해체를 언급한다. 바울의 권위는 교회의 파괴가 아니라 교회의 건설을 위해 허락되었다. 거만하게 구는 권위, 잘못에 대한 지적을 즐거워하는 권위, 주님을 우러러보기보다 남들을 낮춰보는 데 더 많은 시간을 쓰는 권위 등은 성경적 권위가 아니다. 참된 권위는 그리스도인의 영적 건강을 위해 있다.

〰〰〰〰 **응답** 〰〰〰〰

'당신 안에' 예수 그리스도가 계시는가(13:5)? 만일 그렇다면, 당신은 '그분 안에서' 약하다는 것을 알고 있는가(4절)? 그리스도와의 연합은 우리를 해방시켜 새로운 존재 방식을 갖게 하는데, 이에 따르면 우리의 약함이 강함의 걸림돌이 아니라 강함에 이르는 촉매 역할을 한다. 왜 그런가? 그리스도가 친히 "약하심으로 십자가에 못 박히셨[기]" 때문이다(4절). 우리가 왜소함과 두려움과 불안정과 보잘것없음에서 달아나지 않고 오히려 그런 것들을 하나님께 드리면, 그런 약함이 계기가 되어 우리 일상에 하나님의 능력이 흘러넘친다. 우리가 자신의 힘으로 일할 때보다 예수 그리스도와 동행할 때 더욱 그렇게 된다. 하나님의 능력이 우리의 약함 속에 머물 때에는, 세상이 우리의 약함을 실패로 볼지라도, 우리는 더욱 잘 검증되고 더욱 잘 인정을 받게 된다.

이것은 인생의 큰 시험이다. 우리 자신의 역량을 벗어버릴 만큼 스스로를 낮추고 십자가에 죽은 그리스도의 능력에 의지할 마음이 있는가? 우리 자신을 바로 그분, 곧 한때는 연약했으나 이제는 우리의 약함을 환영하며 진정한 강함에 이르는 관문으로 여기는 그분께 의탁할 마음이 있는가? 그런 약함에서 달아나는 대신 그 약함을 통해 부활의 생명을 얻고 싶은 열망이 있는가?

고린도후서

13:11-14

11 마지막으로 말하노니 형제들아 기뻐하라 온전하게 되며 위로를 받으며 마음을 같이하며 평안할지어다 또 사랑과 평강의 하나님이 너희와 함께 계시리라 거룩하게 입맞춤으로 서로 문안하라 12 모든 성도가 너희에게 문안하느니라

13 주 예수 그리스도의 은혜와 하나님의 사랑과 성령의 교통하심이 너희 무리와 함께 있을지어다

11 Finally, brothers,¹ rejoice. Aim for restoration, comfort one another,² agree with one another, live in peace; and the God of love and peace will be with you. 12 Greet one another with a holy kiss. 13 All the saints greet you.

14 The grace of the Lord Jesus Christ and the love of God and the fellowship of the Holy Spirit be with you all.

1 Or brothers and sisters 2 Or listen to my appeal

고린도후서 13:11-13 _ 333

≋≋≋≋ 단락 개관 ≋≋≋≋

마지막 문안

바울은 몇 가지 마지막 권면과 문안과 축도로 이 편지를 다함께 묶어준다. 이 단락의 전반적인 분위기는 하나님의 사랑의 빛 가운데 살 때 생기는 신자들 간의 조화다.

≋≋≋≋ 단락 개요 ≋≋≋≋

IV. 바울이 참된 사역의 역설을 보라고 열정적으로 호소하다 (10:1-13:14)

　D. 결론적인 요약(12:11-13:14)

　　6. 마지막 문안(13:11-14)

　　　a. 마지막 권면(13:11)

　　　b. 마지막 인사(13:12-13)

　　　c. 축도(13:14)

≋≋≋≋ 주석 ≋≋≋≋

13:11 편지를 마치면서("마지막으로") 바울은 다섯 가지 권면을 열거한다. 이는 바울이 말하고 싶은 내용을 여태껏 다 말했으니 그저 가볍게 툭 던지는 한마디가 아니다. 그와 반대로 이 권면들은 바울이 그동안 편지에서 줄곧 말한 모든 내용을 요약하는 만큼 특별히 들을 만한 가치가 있다. 그는 이 서신의 메시지 전체를 한 마디로 요약한다.

다섯 가지 권면은 대부분 단일한 헬라어 단어로 되어 있다(예외는 "마음을 같이하며"다).

첫 번째 권면인 "기뻐하라"는 바울의 편지들을 읽어본 사람에게는 뜻 밖의 권면이 아니다. 그는 기쁨의 사도다. 바울은 환경이 좋아서 피상적으로 유쾌한 것을 옹호하는 사람이 아니다. 오히려 하나님 한 분 안에서 푸른 초장과 잔잔한 물가를 발견하도록 독자들을 인도하는 것을 목표로 삼은 인물이었다. 미국의 목사 조나단 에드워즈가 일부 교인이 제기했던 부당하고 사소한 문제로 교회에서 해고를 당했을 때 또 다른 목사가 이렇게 말했다. "나는 그 주간 내내 그의 얼굴에서 불쾌한 표정을 조금도 보지 못했다. 오히려 그는 하나님의 사람처럼 보였고, 그의 행복은 적들의 손이 미치지 못하는 곳에 있고, 그의 보배는 미래뿐만 아니라 상상할 수 있는 인생의 모든 불행을 능가하는 현재의 선(善)에 있는 것 같았다."[86] 이것이 바울이 늘 권하고 있는 그런 불굴의 기쁨이다.

두 번째 권면은 "온전하게 되[는]" 것이다. 여기에 사용된 단어[카타르티조 (katartizō)]는 9절에 나온 '회복'(ESV 참고)이라는 명사의 동사형이다. 바울은 부서진 어떤 것이 원래대로 복원되고 있는 모습을 말하고 있다. 복음은 비록 어렵지만, 우리로 회복을 막는 모든 점수 기록과 분노를 내려놓게 해서 온전한 상태로 회복시킨다.

세 번째 권면은 '서로 위로하는' 것이다. 바울은 이 동사(파라칼레오)를 이 편지에서 마지막이자 18번째로 사용한다. 위로가 필요한 곳은 고통이 있는 곳이고, 거짓 교사들이 잠입한 이 역기능적인 교회가 바로 그런 곳이었다. 그래서 바울이 그들에게 서로 위로하라고 요청하는 것이다.

넷째는 "마음을 같이하[는]" 것이다. 바울의 말은 절대로 그렇게 하라는 뜻은 물론 아니다. 그 자신이 바나바와 '심하게 다툰' 적이 있지 않은가(행 15:39). 그의 말은 그들이 서로 조화로운 관계, 연합하려는 열망, 서로 화평

86 George M. Marsden, *Jonathan Edwards: A Life* (New Haven, CT: Yale University Press, 2003), 361.

한 관계로 나아가는 것, 서로 존경하는 문화를 추구해야 한다는 뜻이다.

이로부터 자연스럽게 흘러나오는 것은 다섯 번째 권면, 곧 '화평하게 지내는 것'이다. 그들은 너무도 쉽게 내면에서 끓어오르는 다른 사람(다른 신자들도 포함해서)을 향한 적대감을 질식시켜야 한다.

이 구절의 마지막 절("사랑과 평강의 하나님이 너희와 함께 계시리라")은 바울의 권면이 이루어져야 가능한 것이 아니다. 마치 고린도 교인들이 노력해서 하나님의 사랑과 평강을 얻어야 하는 것처럼 말이다. 오히려 고린도 교인들이 은혜에 힘입어 이 다섯 가지 권면에 묘사된 아름다운 조화를 향해 움직이면, 그들이 자연스럽게 하늘의 입맞춤을 경험하게 될 것이라는 뜻이다. 수평적인 사랑은 수직적 사랑을 경험하도록 도와준다.

13:12-13 여섯 번째 권면이 12절에 나온다(이는 ESV의 절 구분이며, 개역개정에는 11절에 나온다-옮긴이 주). "거룩한 입맞춤으로 서로 인사하십시오"(새번역). 이는 1세기 당시 형제끼리 인사하는 따뜻한 몸짓이며, 오늘날 일부 문화에 그대로 남아 있다. 고린도 교인들에게는 서로 거리를 두고픈 유혹이 있었다. 이런 태도가 종종 아무리 옳게 느껴질지언정 바울은 그런 차가움을 정당한 것으로 여기지 않는다. 그는 고린도 교인들에게 서로를 포용하도록 권유한다. 성경이 보는 그리스도인의 관계는 거룩한 동시에 실제적이다. 바울은 "거룩[한]"(하나님의 완전하심을 반영하는 순수하고 영적인) 관계를 권유할 뿐 아니라 "입맞춤"(몸을 가진 우리의 본성을 반영하는 애정과 접촉이 있는)도 권유한다.

바울은 고린도 교인들에게 서로를 문안하도록 권유할 뿐 아니라 "모든 성도"의 안부를 전하기도 한다(13절, 개역개정은 12절). 여기서 바울이 누구를 염두에 두고 있는지는 알 수 없다. 바울이 편지를 쓸 때 함께 있는 소수의 신자들인지, 범세계적인 그리스도의 몸인지 또는 그 사이에 있는 신자 공동체인지는 알 길이 없다. 바울이 이 편지를 쓰는 시기가 지중해를 횡단하던 때였음을 감안하면, 범세계적인 교회를 염두에 두고 있을 가능성이 가장 많다. 그 세계적인 공동체는 바울이 방금 권면한 조화와 연합을 반영하는 실체이기 때문에 그렇다.

13:14(개역개정은 13절) 삼위일체의 성격을 지닌 이 축도는 바울이 편지를 끝맺을 때 고린도 교인들의 귀에 계속 울려 퍼질 말이다. 그는 이 편지를 쓰는 과정에서 그들에게 어려운 말을 했다. 이 마지막 축복의 고상한 평온함은 편지의 여러 곳에 나오는 거친 말투와 큰 대조를 이룬다. 어쩌면 어느 지점에서 바울이 그런 말투를 충분히 쓴 만큼 이제 포기한 것이 아닌가라는 생각마저 든다. 그러나 바울은 그의 어려운 말조차 그들의 영적 건강을 위한 것임을 분명히 한다. 바울은 고린도 교인들이 고양되어 기쁨과 사랑 속에 들어가기를 원하고 죄책감이나 낙심에 빠지기 원치 않는다는 것을 마지막에 이르러 그들에게 가장 풍성한 축복 중 하나를 남기는 데서 분명히 드러낸다.

청교도인 존 오웬(John Owen)은 신자들이 어떻게 삼위일체의 각 위격과 따로따로 교제할 수 있는지에 관해 쓴 글로 유명하다.[87] 그의 주장에 따르면, 우리는 성자 하나님과는 주로 은혜를 통해 교제하고, 성부 하나님과는 주로 사랑을 통해 교제하며, 성령 하나님과는 주로 위로를 통해 교제한다는 것이다. 오웬의 책은 여기에 나온 바울의 범주들과 뚜렷한 관계가 있는, 이 구절에 대한 훌륭한 해설이다. 세 위격 속에 한 하나님이 계시고, 이 세 위격은 각각 다르게 관계를 맺을 필요가 있다. 성자와는 불쌍한 죄인들과 피해자들에게 완전한 삶, 구속적인 죽음 그리고 승리의 부활로 인해 풍성하게 쏟아 붓는 은혜를 즐거워함으로써 관계를 맺고, 성부와는 사랑으로 선택하신 자들을 향한 가슴에서 자연스레 흘러나오는 바다 같은 사랑을 받아들임으로써 관계를 맺고, 성령과는 지금 우리에게 내주하시는 영을 통해 삼위일체 하나님과의 교제 속에 들어감으로써 관계를 맺게 된다.

삼위 하나님과 나누는 황홀하고 매혹적인 교제는 영적 엘리트만을 위한

---

87 John Owen, *Communion with the Triune God*, ed. Kelly M. Kapic and Justin Taylor (Wheaton, IL: Crossway, 2007).

것이 아니다. 그것은 '우리 모두'(ESV는 "you all")를 위한 것이다. 아무리 약하고 궁핍해도 모든 가련한 고린도 교인은 하나도 빠짐없이 하나님의 품 안에 안기라는 따스한 초대를 받는다.

〰〰〰 응답 〰〰〰

바울이 여기서 묘사하는 아름답고 인도적인 문화, 즉 기뻐하는 것, 관계의 회복, 상호 위로, 연합과 평화, 진실한 신체적 애정 등으로 채색된 문화는 복음이 양성하는 문화다. 복음은 우리를 바로 그런 곳으로 데려간다. 우리 를 새 언약의 영광으로 인도하고(3장), 전가된 의로움으로 하나님과 화해 시키는(5장) 은혜는, 다른 신자들이 아무리 엉망진창이라도 그들에게 분노 나 원한을 품거나 사랑을 주지 않는 권리를 앗아간다. 우리가 아무리 엉망 진창일지언정, 하나님은 우리에 대한 모든 고소를 포기하셨기 때문이다.

우리는 "주 예수 그리스도의 은혜와 하나님의 사랑과 성령의 교통하심 [사귐]"이 값없이 주어진 것을 생각하면서 복음 속에 푹 잠겨야 한다. 그렇 게 할 때 사랑스럽든지 그렇지 않든지 간에 다른 신자들과 평화롭고 조화 로운 관계를 맺을 수 있다.

참고문헌

Barnett, Paul. *The Second Epistle to the Corinthians*. NICNT. Grand Rapids, MI: Eerdmans, 1997.

> 오늘날의 고린도후서 주석들 가운데 바넷의 주석은 머리 해리스의 주석 다음으로 뛰어나다. 구문, 헬라어, 배경에 관해서는 해리스를 못 따라가지만 신학적 성찰은 해리스보다 낫다.

Barrett, C. K. *The Second Epistle to the Corinthians*. BNTC. Peabody, MA: Hendrickson, 1973.

> 명쾌하다. 바렛은 이 시리즈의 다른 주석가들보다 어떤 면에서 덜 보수적이기 때문에 좀 더 분별력을 갖고 읽을 필요가 있다. 그러나 글을 잘 쓰고 수렁에 빠지지 않으면서 본문의 핵심적인 뜻을 잘 짚어준다.

Calvin, John. *The Second Epistle of Paul to the Corinthians and the Epistle to Timothy, Titus, and Philemon*. Translateed by T. A. Smail. Edited by David W. Torrance and Thomas F. Torrance. CNTC. Grand Rapids, MI: Eerdmans, 1964.

> 칼빈은 '간단명료한' 주석을 쓰는 것을 사명으로 삼는 만큼, 목회자들은 그의 고린도후서 강해가 칼빈의 전형적인 글쓰기임을 알게 될 것이다. 문화를 초월하고, 거짓 가르침을 용납하지 않고, 하나님의 장엄하심에 매료되고, 본문에 나온 하나님의 은혜를 인간의 마음으로 끈질기게 전달하는 주석이다.

Harris, Murray J. *The Second Epistle to the Corinthians: A Commentary on the Greek Text.* NIGTC. Grand Rapids, MI: Eerdmans, 2005

> 최고의 고린도후서 주석이다. 여태껏 쓰인 성경의 어느 책에 관한 주석을 막론하고 최고의 주석 중 하나다. 전문적인 주석이지만 학자가 아닌 독자들도 읽을 수 있다. 철저하고, 잘 썼고, NIGTC에 속한 대다수 주석들보다 더 목회적이다. 특히 언어학적으로 또 구문론적으로 뛰어나다.

Ortlund, Dane. *2 Corinthians.* KTB. Edited by J. I. Packer. Wheaton, IL: Crossway, 2016

> ESV Study Bible와 함께 사용하도록 되어 있는 고린도후서 연구 가이드로, 개인용 내지는 소그룹용이다. esv.org에서 온라인 모듈로도 접근이 가능하다. 주석을 부담스럽게 여기는 독자들의 입문용으로 적합하다.

Savage, Timothy B. *Power through Weakness: Paul's Understanding of the Christian Ministry in 2 Corinthians.* SNTSMS 86. Cambridge: Cambridge University Press, 1996.

> 복음주의 목사가 고린도후서 3-4장을 집중적으로 다룬 단행본으로, 역사적 배경을 신중하게 연구하여 이 편지의 핵심에 있는 역설을 잘 조명해준다.

Sibbes, Richard. *The Works of Richard Sibbes.* 7 Volumes. Edited by Alexander B. Grosart. Reprint. Edinburgh, UK: Banner of Truth Trust, 1983.

> 십스의 전집 일곱권 중 3권과 4권은 고린도후서에 대한 그의 특별한 애정을 보여준다. 3권은 완전히 고린도후서 1장의 강해에 할애되었고, 4권은 거의 고린도에 보낸 편지에 관한 설교로 구성되어 있다.

성경구절 찾아보기

국제제자훈련원은 건강한 교회를 꿈꾸는 목회의 동반자로서 제자 삼는 사역을 중심으로 성경적 목회 모델을 제시함으로 세계 교회를 섬기는 전문 사역 기관입니다.

ESV 성경 해설 주석

고린도후서

초판 1쇄 인쇄 2022년 11월 02일
초판 1쇄 발행 2022년 11월 10일

지은이 데인 오틀런드
옮긴이 홍병룡

펴낸이 오정현
펴낸곳 국제제자훈련원
등록번호 제2013-000170호(2013년 9월 25일)
주소 서울시 서초구 효령로68길 98(서초동)
전화 02) 3489-4300 **팩스** 02) 3489-4329
이메일 dmipress@sarang.org

ISBN 978-89-5731-859-1 94230

　　　978-89-5731-825-6 94230(세트)